ARISTOTE

W0351202

DE L'ÂME

Traduction inédite,
présentation, notes et bibliographie
par
Richard Bodéüs

Traduit avec le concours
du Centre national des Lettres

GF-Flammarion

Dans la même collection

© Flammarion, Paris, 1993, pour cette édition.
ISBN 2-08-070711-6

PRÉSENTATION

Fascinant et déroutant ! Le texte du corpus aristotélicien intitulé *De l'âme* (*DA*) est à la fois ceci et cela.

Tout déroute à la première lecture de ce texte ancien, non seulement le style, si particulier, de son auteur, mais aussi son propos. Il y est question de l'âme, en effet. Or, sur un vieux fond de spiritualité chrétienne, la philosophie moderne, volontiers dualiste, nous a préparés à entendre l'âme comme une entité incorporelle irréductible. C'est la *res cogitans* de Descartes, l'esprit ou la pensée, par quoi l'homme se distingue des « animaux-machines », ce dont Leibniz reprochait à Hobbes de n'avoir pas assez considéré l'immortalité. Pour nous modernes, l'âme appelle d'emblée une réflexion d'ordre métaphysique. On est donc surpris, après cela, de voir Aristote prendre un parti si différent et se pencher sur l'âme comme sur le principe constitutif de tous les vivants, y compris les végétaux, qui croissent, portent des fruits et, ainsi que l'homme, se reproduisent. Nous sommes de la sorte renvoyés aux sciences de la nature, sur un terrain où les philosophes, de nos jours, ont peine à garder pied. Mais l'éventail des théories psychologiques qui se disputent aujourd'hui nos suffrages, appuyées sur la science positive ou se réclamant d'autres méthodes, n'est pas en mesure de nous éviter le dépaysement, lorsqu'à vingt-cinq siècles de distance, on prend contact avec les textes d'Aristote. D'autant que le contact, ici plus qu'ailleurs, a quelque chose d'inhospitalier. La manière sévère d'Aristote, dans le *DA*, rebute plus qu'elle ne séduit. Le style est sec, aride, rocailleux, monotone ; la pensée concise, dense, ramassée, allusive et, pour toutes ces raisons, souvent obscure. On est dérouté.

Mais, l'obstacle vaincu, le lecteur patient ne peut manquer d'être fasciné. C'est qu'il découvre l'un des documents les plus riches et les plus complexes de la pensée occidentale. Attentif aux difficultés de son sujet, Aristote est conscient, dirait-on, que celui-ci représente un défi. Il en appelle, pour relever ce défi, aux idées de ceux qui l'ont précédé, ressuscitant, pour nous, des générations de penseurs, depuis les obscurs Milésiens jusqu'aux illustres disciples de Platon, qu'il soumet à une critique impitoyable, sans concession. Méthodiquement, il propose ensuite cette fameuse « formule » de l'âme que lui souffle une vision hylémorphique de la nature et qui a suscité tant de commentaires, de façon quasiment ininterrompue, de Théophraste jusqu'à nos jours. Mais c'est pour se lancer bientôt dans l'analyse détaillée des célèbres « facultés » psychiques. Le lecteur est alors introduit dans les méandres d'une réflexion où se succèdent, mêlés d'apories et de digressions, mais dans un ordre qui reflète, semble-t-il, la hiérarchie de ces facultés, les arguments propres à faire entendre la nature des différentes fonctions constitutives de l'âme et, par elles, de chaque espèce de vivants. L'analyse, à mesure qu'elle avance, s'approfondit et suscite, à chaque pas, de nouvelles interrogations. Aristote insiste, au départ, sur le caractère fondamental de la fonction à la fois nutritive et reproductrice, propre aux végétaux, mais il s'étend surtout sur la fonction sensitive, propre aux animaux, à laquelle s'attache, le plus souvent, une fonction motrice. Et un luxe de détails, souvent problématiques, retiennent alors son attention, qui permettent de confirmer, nuancer les arguments et, surtout, d'élargir les perspectives. Sur la fonction intellective, propre à l'animal humain et elle aussi associée à une fonction motrice, le philosophe est un peu moins disert et son laconisme, à l'occasion, confine au mystère, lorsqu'il est question, par exemple, d'une intelligence « éternelle ».

Mais l'obscurité du mystère, que des générations de commentateurs n'ont pu entièrement lever, n'est pas sans exercer aussi une certaine fascination. Car, en définitive, ce qui fascine dans le *DA*, c'est peut-être, à tout prendre, ce par quoi il ne cesse de dérouter, même une fois surmonté le sentiment de dépaysement, ce par quoi, si l'on veut, il ne laisse pas d'intriguer, alors même qu'il devient familier. On comprend alors qu'une main sûre, guidée par un regard puissant, a fourni « l'esquisse » qu'on a sous les yeux. On ne voit pas toujours, dans le détail, jusqu'où pénétrait le regard du philosophe, mais on mesure pourquoi l'esquisse en question a fait date dans l'histoire de la pensée. Car on ne peut l'avoir lue sans éprouver, aujourd'hui encore, une impression de fraîcheur.

La complexité du *DA* justifie quelques mots d'introduction. Elle fait aussi que sa lecture ne peut être entreprise sans plusieurs notes explicatives.

Les multiples recherches savantes qui lui sont consacrées aujourd'hui et qui prennent le relais d'une longue tradition de commentateurs, malgré leur degré de spécialisation, n'ont pas réussi à résoudre toutes les difficultés du texte. Elles contribuent plutôt à mieux mettre en lumière ces difficultés. Elles invitent cependant, lorsqu'on en fait la synthèse, à replacer d'urgence le *DA* dans la perspective d'une comparaison avec les autres textes d'Aristote lui-même. Elles invitent aussi à reconsidérer, mieux qu'on ne l'avait fait dans le demi-siècle qui précède, la cohérence des exposés réunis pour former le *DA*, malgré les indices d'une composition ou d'une transmission imparfaite. Elles conduisent encore à cerner davantage les points majeurs sur lesquels se sont développées les controverses et jusqu'où sont légitimes les interprétations traditionnellement controversées que l'on connaît.

Nous nous sommes inspiré de ces enseignements pour présenter, aussi simplement que possible, une introduction qui permette à quiconque d'entrer dans la pensée aristotélicienne exposée au fil des pages qu'on a traduites. Ainsi, nous indiquerons, dans un premier temps, ce qui paraît être le propos fondamental du *DA* et sa place dans l'œuvre conservée d'Aristote. Nous préciserons ensuite ce que son contenu permet de comprendre, sinon du plan arrêté par le philosophe, du moins des lignes directrices suivies par sa pensée. Enfin, nous fournirons un bilan des interprétations que suscitent les trois thèmes principaux de l'ouvrage : le statut ontologique de l'âme, celui de l'intelligence et le système des facultés.

Comme la Présentation, les notes explicatives qui accompagnent la traduction obéissent à la même préoccupation de diriger l'attention sur le texte d'Aristote lui-même, plutôt que sur le tissu des commentaires et des études qui l'enveloppe de ses mailles serrées. Sans pour autant dissimuler les nombreuses querelles que soulève le *DA* parmi les spécialistes, nous avons, au contraire, rendu l'écho de celles-ci et pris nous-même parti, mais en renvoyant aux textes du philosophe, plutôt qu'à ceux de ses épigones, et en produisant, avec les références appropriées, tout le matériel « aristotélicien » nécessaire à qui veut faire le point ou entreprendre de nouvelles recherches.

Cela permet avantageusement d'alléger la présentation du poids que représenteraient sinon les références répétées à la surabondante littérature secondaire dont nous avons tiré profit. Celle-ci figure dans une bibliographie détaillée et mise à jour que nous offrons à part, selon un classement thématique. Ses différentes rubriques permettront de s'orienter parmi les éditions, les traductions, les commentaires et les études spécialisées, portant sur l'ensemble du *DA*, sur une partie du texte ou sur tel point précis que nous signalons.

1. — Le propos du *DA* et sa place dans l'œuvre conservée d'Aristote.

Les pages du *DA* s'inscrivent manifestement dans un vaste projet, partiellement réalisé, qu'Aristote souhaitait consacrer à l'étude de ce qu'il appelle la « nature vitale » (*Parties des animaux,* I, 5, 645 a 5-6). Ce projet devait englober ce que nous appelons le règne animal et le règne végétal et prolonger une enquête plus vaste encore, portant sur le ciel, les astres, les éléments corporels, les phénomènes de génération et de corruption, ainsi que les phénomènes, célestes et terrestres, dits « météorologiques », le tout précédé par une étude des causes et du mouvement naturels (cf. *Météorologiques*, I, 1, 338 a 20-26). La perspective où prend place le *DA* est donc celle, générale, de la « science (ou philosophie) naturelle », qui considère, pour une part, les réalités inanimées sujettes au mouvement et, d'autre part, les réalités animées. Prenant appui sur l'opinion reçue qui établit cette distinction de l'animé et de l'inanimé (403 b 26 ; etc.), qu'il entend comme la distinction du vivant et du non-vivant (413 a 21-22 ; cf. 412 a 13), Aristote envisage de préciser la nature de ce qui fait pareille différence. C'est, au départ, tout l'objet du *DA*.

Il semble, dans ces conditions, que l'on puisse caractériser le propos d'Aristote par rapport aux études de psychologie qui nous sont aujourd'hui familières, en mettant de l'avant deux considérations générales implicitement contenues dans la plupart des études actuelles sur le *DA*.

La première est qu'il n'y a pas, chez Aristote, de « psychologie » à proprement parler, c'est-à-dire de science spécifique, indépendante, proprement consacrée à l'âme. Quoique rarement noté de façon explicite, le fait est évident et sa raison n'est peut-être pas entièrement obscure. De même en effet qu'il est possible et même nécessaire de parler, par exemple, de l'homme à divers points de vue qui ne se recouvrent pas et dont la distinction s'oppose à l'idée d'une science une de l'homme, de la même façon, il paraît possible de parler de l'âme à divers points de vue. Et l'on sait qu'en dehors du *DA*, Aristote s'est effectivement autorisé à parler de l'âme en des contextes très différents et de façons parfois très différentes : dans un dialogue perdu (l'*Eudème*), mais aussi dans les questions éthico-politiques, dans les exposés de rhétorique, les problèmes d'épistémologie, et même dans ce qu'on appelle la métaphysique. Or il est malaisé de voir là les éléments épars d'une doctrine psychologique à reconstituer. Et les difficultés d'une telle reconstitution, souvent tentée de façon aléatoire, semblent indiquer qu'Aristote n'y invitait guère.

Mais, pour en revenir à l'exemple de l'homme, de tous les points de vue auxquels il est possible d'en parler, il s'en trouve un qu'on ne peut manquer de privilégier. L'homme peut être traité comme une simple grandeur à trois dimensions (d'après *Métaphysique*, M, 3, 1078 a 26), mais aussi comme un animal (par le naturaliste) ; et, surtout, il peut être étudié en tant qu'homme (par le moraliste). Donc, à défaut d'une science de l'homme, il y a tout de même, pour la science, une façon de parler proprement de l'homme. On en arrive ainsi à notre seconde considération générale.

A défaut de « psychologie » ou de science psychologique, il y a place, chez Aristote, pour une science où il est proprement question de l'âme, en ce qu'elle a de plus général. C'est la science naturelle. La raison en est fournie, visiblement, dans des passages comme celui où Aristote explique que l'âme doit être considérée par le naturaliste, « dans la mesure où elle ne va pas sans matière » (*Métaphysique*, E, 1, 1026 a 5-6). La formule est un peu abrupte, mais elle fournit le motif décisif pour lequel l'âme en général semble ainsi relever en propre de la science naturelle : elle est rigoureusement indissociable du corps qu'elle anime. Le *DA* défend la même position, tout en laissant deviner que le véritable point de vue du naturaliste est justement celui qui consiste à considérer ensemble la « matière » et la « raison » (403 b 8-9). « Toute réalité naturelle, répète ailleurs Aristote dans une comparaison célèbre, s'entend comme le *camus* » (*Mét.*, E, 1, 1025 b 34-1026 a 1). Le « camus » représente, en effet, la courbure (raison) du nez (matière). Or, de la même façon, l'âme représente manifestement la raison de certains corps (matière) que le naturaliste étudie ; ce sont les corps vivants.

Que le naturaliste ne puisse, sans l'âme, rendre raison de certains corps et que l'âme, parce qu'elle est le plus généralement cette raison, relève proprement de la science naturelle, tout cela néanmoins n'empêche pas qu'il soit possible et même nécessaire de parler de l'âme dans une autre perspective, celle, par exemple, du moraliste, si différente, comme l'ont noté la plupart des commentateurs. L'homme lui-même peut être, en effet, traité, non seulement comme simple animal, mais en tant qu'homme. Corrélativement, l'âme peut être considérée, non seulement en général, comme raison du corps vivant, mais singulièrement comme raison de l'homme. Le moraliste prend ainsi en compte, non plus l'âme en ce qu'elle a de plus commun, ni même l'âme animale, car celles-ci ne sont pas propres à l'homme, mais l'âme proprement humaine. Et, bien entendu, le moraliste néglige, dans ces conditions, la référence essentielle de l'âme au corps qu'elle anime, pour ne plus voir en elle que ce qui permet de décrire l'animal humain en ce qu'il a d'humain : un élément rationnel par quoi l'homme connaît et commande, et un élément irrationnel susceptible d'obéir à la raison (cf. *Éthique à Nicomaque,* I, 13, 1102 a 23 et sqq.).

Certains ont prétendu naguère que cette vision « bipartie » de l'âme exposée par le moraliste contredisait les propos du *DA,* qui la récuse, en effet, comme déficiente dans la perspective du naturaliste (spécialement, 432 a 26 et sqq.). Et ce genre d'argument a permis de soutenir l'idée d'une évolution spectaculaire dans les doctrines « psychologiques » d'Aristote. L'hypothèse de pareille évolution est cependant remise en question aujourd'hui et semble en effet très suspecte sur un point fondamental. Car les déclarations des *Éthiques* et celles du *DA* ne sont pas à mettre sur le même plan. Autant Aristote s'en prend ici à ceux qui, pour étudier l'âme, ne considèrent que l'homme parmi les vivants (402 b 3 et sqq.), autant là, lorsqu'il s'agit d'étudier l'animal humain, il insiste pour n'avoir à considérer, parlant de l'âme, que ce qui regarde proprement l'homme et exige d'oublier ce qui, dans le *DA,* lui sert à proposer sa formule commune de l'âme : « il faut laisser de côté le nutritif, puisqu'il n'a pas naturellement de part à l'excellence humaine » (*Éth. à Nicom.,* I, 13, 1102 b 11-12). Ainsi, tout donne à penser que le *DA* manifeste une entreprise destinée à comprendre ce qu'est l'âme en général, en récusant la singularité du point de vue imposé par la « psychologie » humaine.

On pourrait en dire autant d'autres considérations sur l'âme, qu'Aristote expose dans des contextes « épistémologiques » (spécialement, dans *Analytiques seconds,* II, 16).

Le *DA* traite longuement, dans la perspective du naturaliste, des fonctions cognitives (sensitive aussi bien qu'intellective) de l'âme. Mais c'est ailleurs qu'Aristote traite formellement du problème de la vérité, spécialement, bien entendu, lorsqu'il aborde la question de la science.

Cela ne revient pas exactement à dire que le *DA* n'étudierait pas toute espèce d'âmes, comme on pourrait le soutenir en pensant à la pure intelligence qui relève de la philosophie première (métaphysique). On peut admettre, certes, sans plus ample informé, que portant, par définition, sur un ordre de substance immatérielle qu'Aristote tient pour noétique, la philosophie première s'occupe, en un certain sens, d'une âme qui n'appartient pas à la nature (cf. *Parties des animaux*, I, 1, 641 a 14 et sqq.). Mais le *DA* n'ignore pas les formes de l'intelligence caractéristiques des vivants supérieurs de notre monde. Il en analyse, au contraire, le déploiement au-dessus de la sensibilité, comme principe cognitif, par ailleurs impliqué dans le mouvement. Et par là, on peut voir que, si le *DA* néglige, en effet, l'étude systématique de l'intelligence, lorsqu'elle est érigée en substance séparée, en revanche, il prend grand soin de la considérer en tant que forme spécifique attribuée à certains corps vivants. La métaphysique ne développe donc, semble-t-il, qu'un autre point de vue sur la même espèce d'âme, lorsque celle-ci constitue formellement une autre espèce de vivant.

Il est vrai que le *DA* nous éloigne de bien d'autres perspectives ouvertes par ailleurs dans le Corpus aristotélicien et que cet éloignement pose de sérieux problèmes à l'interprète soucieux de reconstituer le « système » du philosophe. Même si c'est là l'effet d'une méthode qui, on l'entrevoit de mieux en mieux de nos jours, préfère les distinctions de l'analyse aux simplifications de la synthèse, les problèmes qu'elle soulève sont loin d'être résolus. Cela dit, le *DA* n'est pas un document isolé. Il oriente, au contraire, vers un rapprochement avec tous les textes — et ils sont nombreux — où Aristote s'est attaché à explorer les avenues de la même science naturelle.

Les liens apparaissent ici plus ou moins étroits et de significations différentes, selon qu'on prend en compte les idées du philosophe sur la nature en général, les thèses qu'il défend sur les corps non vivants ou, enfin, l'immense chantier qu'il a ouvert en étudiant le monde de la vie.

1.1. — Le DA *et les grands principes de la science naturelle.*

Les grands principes exposés dans la *Physique* sur la nature en général sont à l'œuvre à travers le *DA* de manière tellement évidente qu'ils ne peuvent échapper à l'œil le moins exercé. En se bornant à l'essentiel, il faut néanmoins souligner ici l'importance qu'y revêt la célèbre distinction, par laquelle Aristote rend compte du mouvement naturel, entre potentialité et activité. Ces notions, liées à celles de matière et de forme, sont loin d'avoir livré aujourd'hui toute leur signification aux yeux des interprètes. Pour la même raison, l'on rappellera encore l'importance, dans le *DA,* de l'analyse conceptuelle du mouvement lui-même, qui permet, notamment, un répertoire de ses genres.

Le *DA* insiste d'emblée sur l'importance de la distinction entre potentialité et activité ou réalisation (402 a 25-26). Car c'est elle qui conduit à une définition générale de l'âme (moyennant une distinction supplémentaire entre réalisation première et réalisation seconde : 412 a 9-12 et sqq.). On a déjà indiqué le motif qui incline Aristote à cette définition. Bien qu'elle soit reconnue comme un « incorporel » (cf. 405 b 12-13), l'âme, en effet, paraît néanmoins liée à sa « matière naturelle » (403 b 17-18), le corps potentiellement vivant, dont elle semble devoir être ainsi la forme ou raison. Cette application de l'« hylémorphisme », dans sa redoutable simplicité, ne va pas sans soulever de graves problèmes, débattus depuis longtemps. Mais elle témoigne de l'intégration du *DA* aux doctrines les plus significatives et, nous le savons aujourd'hui, les plus définitives, développées par Aristote sur la nature. D'autant que l'hylémorphisme manifeste en raccourci une théorie précise de ce qu'on appelle traditionnellement la causalité — il vaudrait mieux dire : des principes constitutifs de l'être en devenir. Au principe matériel ou potentiel, correspond ici le corps. L'âme, de son côté, correspond, non seulement au principe formel, mais aux principes « efficient » et « final », en ce sens qu'elle constitue globalement le « moteur » du vivant (cf. 432 b 7 et sqq.) et, en somme, le but pour lequel le vivant utilise son corps comme un instrument (cf. 415 b 18 et sqq.). Encore une fois, une telle interprétation, dans le détail, peut laisser perplexe. Mais il est hors de doute qu'elle s'inspire d'une vision générale de la nature à laquelle tient le philosophe. En particulier, l'attention réservée à la finalité naturelle et, partant, la tendance téléologique de l'analyse se retrouvent, au fil du *DA*, jusque dans la différence singulière qu'il signale entre raison d'être des sens immédiats, qui visent à la survie de l'animal, et celle des sens à distance, qui visent à une perfection supérieure (par exemple : 420 b 16 et sqq.).

De son côté, le concept de mouvement, dans le *DA* comme dans la *Physique* (III, 1 et V, 1), représente un concept très large comportant de multiples significations. Même soigneusement distingué du concept d'activité, il s'applique à l'ensemble des manifestations (changements) du devenir naturel et il s'analyse en plusieurs genres précis, correspondant d'ailleurs aux différences catégoriales (changements substantiels, quantitatifs, qualitatifs, etc.). Le *DA* assume ces différences (cf. 406 a 12-13) et c'est sur elles, on le sait, qu'il appuie la distinction des principales capacités de l'âme. Le mouvement local (déplacement ou transport), qui est propre à la plupart des animaux (cf. 403 b 26-27 ; 432 a 17 ; etc.), l'altération, à quoi correspond la sensation (cf. 415 b 24 ; 416 b 33), l'accroissement, qui est spécifiquement la croissance dans le cas du vivant, et la génération, qui est spécifiquement la reproduction (cf. 415 a 25 et sqq.), sont autant de « mouvements » dont l'âme est le principe et qui permettent de lui attribuer ou de l'identifier à une capacité motrice (dans le premier cas), une capacité cognitive (dans le deuxième) et une capacité à la fois nutritive et reproductrice (dans les troisième et quatrième cas). Malgré les difficultés que présentent pareilles associations — la sensation, par exemple, est-elle une véritable altération ? —, il est évident qu'on se trouve en présence d'une exploitation systématique des principes fondamentaux de la science naturelle.

Bref, dans tous les cas, la science naturelle fournit au *DA* ce qu'on peut appeler les cadres généraux de son analyse. C'est si net qu'on peut se demander, comme l'ont fait certains en prenant un peu de recul, si ce n'est pas, à l'inverse, la considération du vivant qui, chez Aristote, aurait en bonne partie inspiré la vision vitaliste de la nature qu'on lui connaît. Mais c'est une autre histoire.

1.2. — Le DA *et la nature du monde inorganique.*

Le *DA* n'est pas non plus étranger aux théories exposées par ailleurs sur le monde inorganique, singulièrement sur la nature des corps élémentaires (cf. *Du ciel,* III). Mais ici, nous devons distinguer.

Sauf à l'occasion et de manière allusive (comme, par exemple, lorsqu'il précise sa théorie de la lumière, pour décrire le sens de la vue : cf. 418 b 12 et 16), Aristote ne fait pas de référence à la substance corporelle *sui generis* qu'il tient pour proprement céleste. Et cela, bien qu'il engage, par ailleurs, à concevoir les astres, composés de cette substance, « comme s'ils participaient de la vie » et n'étaient pas « totalement inanimés » (*Du ciel,* II, 12, 292 a 20-21). Ce propos ambigu, avancé avec un « comme si », ne peut sans doute être pris à la lettre malgré l'embarras légitime où il plonge l'interprète. Et, jusqu'à preuve du contraire, l'hétérogénéité du corps céleste par rapport à ceux de notre monde était, pour Aristote radicale. C'est pourquoi sans doute le *DA* garde pratiquement le silence sur le fameux cinquième élément céleste. Car son orientation est nettement circonscrite. Elle se limite strictement et à l'âme et au corps qui composent le vivant dont nous sommes familiers sur la terre, sans préjudice pour ce que pourrait être un autre vivant (le dieu, par exemple, donné, lui aussi, pour un « composé » d'âme et de corps : cf. 409 b 31-410 a 1).

Un tel parti est, vraisemblablement, la conséquence d'un principe de méthode. Car, pour Aristote, ce qui est lointain et hors de portée de l'expérience (les corps célestes) ne peut servir à faire connaître l'immédiatement connaissable (notre monde familier avec ses corps animés ou inanimés). Dans ces conditions, l'étude des vivants et singulièrement de leur principe ne peut profiter sérieusement d'aucune donnée relative au monde céleste. Ce n'est donc point par ignorance d'autres natures jugées supérieures que le *DA* paraît se consacrer à ce qu'on appelle, dans la tradition aristotélicienne, le monde « sublunaire ». Il y a là si peu d'ignorance que, devant la permanence des formes végétales et animales que nous connaissons, Aristote parle d'une participation de notre monde « à l'éternel et au divin » (415 a 28-b 1).

Laissant de côté ce qui n'est pas le monde des corps élémentaires dont nous sommes familiers, le *DA* se réfère en revanche constamment à ces derniers. Une telle référence est déterminante sur deux points intimement liés : la critique des conceptions matérialistes de l'âme et l'analyse des perceptions sensibles.

Dans le premier cas, Aristote tourne, en fait, contre ses devanciers une doctrine qu'il leur a partiellement empruntée (cf. *Génération et corruption*, ainsi que *Météorologiques*, IV) : celle de quatre corps fondamentaux (igné, aqueux, aéré et terreux), déterminés sensiblement par deux couples de contraires (le chaud et le froid ; le sec et l'humide), capables de se transformer mutuellement les uns dans les autres et de s'associer pour constituer des corps mixtes. Multiples sont les objections qu'il oppose à l'identification de l'âme à quelque élément matériel que ce soit (spécialement, 409 b 13 et sqq.). Ces objections subtiles paraissent même parfois injustes à l'égard d'autrui. C'est que le philosophe voit surtout, dans la pensée de ses prédécesseurs ce par quoi elle conduit à une vision réductrice et, par là, insatisfaisante, de l'âme.

Mais, dans le second cas, lorsqu'il rend compte de la connaissance sensible, particulièrement du toucher (cf. 423 b 26-29), Aristote accorde que le sens est potentiellement identique au sensible dont il reçoit les formes sans la matière et il soutient à l'occasion que l'organe sensoriel doit présenter les qualités sensibles de son objet dans un état d'équilibre, sous peine de ne rien discerner (cf. 424 a 17 et sqq. ; b 1-3). Enfin, il remarque que si la sensation exige un milieu matériel, de son côté, le corps de l'animal, pour percevoir, doit être lui-même composé des éléments de ce milieu (435 a 11 et sqq. ; cf. 425 a 3-13).

Au total, donc, la doctrine des éléments paraît fournir au *DA* ce qu'il faut bien appeler la base physiologique de son explication de la sensibilité animale. Elle n'est pas la doctrine qui rend compte de l'âme, mais celle sans laquelle on ne peut en rendre compte. Son importance est décisive, parce que, précisément, elle permet en principe de récuser la corporéité de l'âme et, en même temps, de poser les conditions de la relation intentionnelle qui s'établit, notoirement par la connaissance sensible, entre l'animal et le monde corporel où il vit.

On devine ainsi comment le *DA*, sur un plan plus général, entend dépasser la perspective étroite de la physiologie où se cantonnent volontiers les naturalistes. Or c'est en grande partie à ce dépassement que sert l'outillage conceptuel fourni par les principes généraux de la science naturelle dont nous avons parlé.

1.3. — Le DA *et l'étude des vivants.*

Entre le *DA* et les autres textes d'Aristote qui concernent l'étude des animaux, les rapports vont *a priori* de soi. *A priori*, parce que la même curiosité qui poussait Aristote à s'interroger sur le « principe des vivants » (402 a 6-7), le poussait aussi à étudier parallèlement ces vivants eux-mêmes dans la diversité de leurs espèces.

De fait, le *DA* porte la trace d'une connaissance étendue des formes de la vie et témoigne, pour l'époque, d'une singulière habileté de « comparatiste » chez son auteur. Cette habileté lui vaut de considérer aussi, et à juste raison, le monde des végétaux (cf. 410 b 23, 30 ; 411 b 28 ; 414 a 32, b 33 ; 415 a 1, 29 ; 416 a 12 ; 424 a 33 ; 432 b 18 ;...). Il est particulièrement attentif à la croissance des plantes (413 b 25), à la vitalité de leurs parties (411 b 19 ; 413 b 19 : propagation par greffes), à leur configuration (416 a 4 : racines), à la spécification de leurs organes (feuilles, péricarpes, etc. ; 412 b 1 et sqq.). Chez les animaux, outre l'homme, il considère les espèces rudimentaires, attachées à leur milieu, comme les plantes (410 b 20 ; 432 b 20 ; 434 b 4), ou « incomplètes », parce qu'elles n'ont pas le toucher et sont comme des animaux atrophiés ou mutilés (433 b 31 ; cf. 415 a 27 ; 425 a 10 ; 432

b 22-23), mais aussi les insectes (411 b 20 ; 413 b 20), en particulier, la fourmi et l'abeille (428 a 11), les animaux « marcheurs » (434 b 25) et les animaux supérieurs, dont il note les déficiences éventuelles : la taupe, réputée aveugle (425 a 11), les espèces dites « à œil dur », qui n'ont pas de paupières (421 b 30), les « non sanguins », qui n'ont pas d'odorat (421 b 20), ni d'organe phonateur (420 b 20) ; les animaux aquatiques aussi (419 a 35 ; 421 b 10), spécialement les poissons (420 b 10 ; 421 a 4 ; cf. 419 a 5) et même une espèce particulière de poisson qu'on trouve dans l'Archeloüs et dont les branchies produisent un son analogue à la voix (420 b 22),...

Tout cela suppose nécessairement une certaine documentation que reflète notamment la fameuse *Histoire des animaux,* sans qu'on puisse dire si cette *Histoire* a précédé ou non les réflexions consignées dans notre texte. La rédaction du *DA* a pu en effet comporter plus d'une étape, et les différentes sections qui le composent sous sa forme actuelle n'ont pas nécessairement été conçues exactement à la même date. Mais malgré ce qu'on en a dit naguère de manière parfois présomptueuse, trop de choses nous échappent dans la genèse du texte pour autoriser, à son sujet, des hypothèses recevables. En tout ou en partie, ce texte ne peut non plus être daté avec certitude relativement aux autres documents qui nous instruisent sur l'œuvre d'Aristote conservée par ailleurs. Ces rapports chronologiques sont toutefois ici d'un intérêt mineur. Car, globalement, le *DA* représente, de l'avis unanime, une pensée typiquement aristotélicienne et, en ce sens, un stade « achevé » de la réflexion du philosophe. Plus intéressants sont donc les rapports qui témoignent d'une certaine ordonnance dans l'étude des vivants et de l'articulation des différentes pièces constitutives d'une telle étude, bien que l'évidence, sur ce point, ne soit pas non plus à notre portée, comme l'ont montré les travaux les plus récents. Le rapport le moins obscur est peut-être celui du *DA* et de l'enquête intitulée *Les parties des animaux*.

Les travaux documentaires mis à part, Aristote, on le sait, a étudié spécialement et comparé selon les espèces, les « parties » des animaux, lesquelles sont, en fait, principalement (parties « anoméomères ») les organes de tout système vivant. Et si le *DA* offre parfois une description de certains d'entre eux (cf. 410 b 1 ; 435 a 24-25 ; 425 b 1, 3 ;...), dans le meilleur des cas, la description est sommaire (cf. 420 a 12-14 : l'oreille ; ou 421 a 1 et sqq. : les organes phonateurs) et, dirait-on, supposée connue. Or, de son côté, l'étude des « parties » des animaux, on ne l'a pas encore suffisamment reconnu, pose implicitement la question centrale du *DA*. Elle s'opère, en effet, du point de vue des fonctions organiques, qui représentent, globalement, toutes les fonctions vitales dont l'âme est tenue pour le principe, et elle analyse les parties du *corps* vivant, en raison de leur finalité. Elle constitue donc l'entreprise dont le *DA* apparaît comme le complément nécessaire, car la multiplicité des organes et des fonctions chez le vivant pose la question de l'unité du vivant en tant que tel.

Une étude comme celle qu'expose le *DA* répond ainsi à l'espoir, inouï pour l'époque, d'établir la possibilité d'attribuer à quelque vivant que ce soit, si complexe qu'il soit, la même unité qu'à l'organisme le plus élémentaire, qui se borne en somme à se reproduire. C'est bien pourquoi, semble-t-il, elle présente d'emblée (402 b 1), comme l'une des plus urgentes, la question de savoir si l'âme est morcelable en parties, autrement que pour la raison. Car l'unité du vivant est fondamentalement remise en cause lorsqu'on incline, comme Platon lui-même par exemple, à poser différentes parties de l'âme localisées dans différentes parties du corps. Et la question est évidemment liée au statut ontologique de l'âme, sur lequel le *DA* s'interroge aussi d'entrée de jeu. Car, au bout du compte, le morcellement de l'âme selon des grandeurs différentes implique, pour elle, un statut matériel éminemment contestable.

Complément d'une étude sur les parties de l'organisme vivant, le *DA* a lui-même, semble-t-il, ses compléments à d'autres titres. Car il fait une place à plusieurs fonctions vitales ou organiques dont il ne traite pas tous les aspects. Bien qu'il insiste, par exemple, sur l'âme « fondamentale » (416 b 25), responsable de la nutrition et de la reproduction, il renvoie rapidement à « plus tard » (416 b

31), l'étude de certaines questions relatives à l'alimentation ; et les problèmes qui concernent la reproduction sont étudiés ailleurs (*Génération des animaux*). Il n'est pas facile de dire précisément pourquoi ces enquêtes (comme celle sur la digestion, confinée dans *Les parties des animaux*), sont dissociées de l'étude de l'âme. La question se pose aussi pour l'enquête sur *Le mouvement des animaux* (et dans une moindre mesure, pour celle sur *La marche des animaux*). Le *DA* traite, en effet, longuement de la motricité comme fonction de l'âme, même s'il laisse de côté les mécanismes de la locomotion (cf. 433 b 29) ; or l'étude séparée sur le mouvement des animaux prolonge et précise, sur différents points, les préoccupations du *DA*, autant qu'elle traduit une préoccupation nouvelle. La question se pose surtout à propos d'une série de textes relativement brefs, réunis traditionnellement sous le nom de *Parva naturalia*, qui traitent spécifiquement du sens, de la mémoire, du sommeil, des rêves, du vieillissement, de la respiration, etc., autant de sujets que le *DA*, soit aborde de front (comme le sens), soit met directement en cause : cf. 408 b 28 ; 428 b 6 ; 429 a 4 (pour la mémoire) ; 428 a 8 ; 429 a 8 ; 432 a 11-12 (pour le sommeil) ; 408 b 20-23 (pour le vieillissement) ; 410 b 29 ; 420 b 25-29 ; 422 a 4 (pour la respiration). La complémentarité du *DA* et de tous ces textes est si notoire qu'on ne saurait, pour certaines questions, faire un peu de lumière sur la pensée, fort allusive, d'Aristote sans les confronter. Dans le *DA* (420 b 21 ; 421 a 6 ; 432 b 11 ;...), Aristote semble d'ailleurs faire allusion aux textes des *Parva naturalia*, lesquels, en retour, renvoient occasionnellement à ce traité.

Outre le hasard de la transmission des textes et le caprice des éditeurs anciens d'Aristote, toujours possibles, plusieurs raisons sans doute expliquent l'existence de ces petites dissertations à part du *DA*. Tantôt, celui-ci se borne visiblement à dire l'essentiel et abandonne les précisions de détails à une étude distincte. L'exposé a, en effet, souvent l'allure d'une esquisse. Tantôt, il réserve à une étude séparée le soin de considérer un sujet connexe qu'il ne touche pas ou, plus significativement, d'apporter aux sujets qu'il aborde l'éclairage de certains points de vue différents, celui, principalement, que suppose l'analyse des mécanismes physiologiques et qui domine au fil des *Parva naturalia*. Or l'on soupçonne que l'auteur du *DA*, agissant de la sorte, avait une bonne raison, puisqu'il s'attache, on l'a vu, à dépasser l'explication mécaniciste de la physiologie. Les recherches actuelles, cependant, sont généralement peu avancées sur ce chapitre. Mais une chose paraît hors de doute. C'est que le *DA* se trouve ainsi au centre d'études très diverses, qui explorent les singularités du monde vivant et dont il représente le pivot. Il a, en effet, pour sujet le principe unificateur de tous les phénomènes étudiés par ailleurs. Et, à l'importance que confère au texte du *DA* sa position centrale, s'ajoute celle que lui vaut du même coup un point de vue plus philosophique. D'où son intérêt.

On vient de le voir, en effet, la pensée du *DA* se trouve arrimée, par tous côtés, aux recherches consacrées au monde des vivants. Et ici, comme dans le reste de ses travaux de science naturelle, Aristote est largement tributaire d'un état des connaissances scientifiques qu'il contribuait lui-même à développer. Mais le *DA* n'est pas que le simple reflet de ces connaissances, en bonne partie périmées aujourd'hui. Il se hisse à un niveau de compréhension supérieure et il apporte à l'intelligence du principe des vivants, les ressources d'un outillage conceptuel beaucoup moins périmé, dont la philosophie, aujourd'hui encore, tire profit. En lui-même, le *DA* n'est d'ailleurs pas la synthèse de travaux entrepris par ailleurs. C'est une étude foncièrement originale, qui répond à une intention propre, obéit à des objectifs précis et se déroule méthodiquement, ainsi que le révèlent ensemble le plan et le contenu du texte.

2. — Le plan et le contenu du *DA*.

Le *DA* semble répondre à un plan précis et très rigoureusement structuré, que la critique la plus sévère n'a pas pu oblitérer. Son contenu dans le détail n'offre pas, certes, la même rigueur. Mais ce n'est pas incompréhensible. Il faut compter, ici encore, sur des morceaux agencés avec plus ou moins de bonheur par les éditeurs anciens d'Aristote et sur des accidents au cours de la transmission du texte. Malgré tout, à en juger globalement, les articulations d'un plan se reflètent dans le contenu et manifestent une intention de l'auteur.

Après quelques remarques qui font office d'introduction, le *DA* présente deux sections principales : (I) une revue critique des opinions les plus significatives sur la nature de l'âme, et (II) un essai personnel sur le même sujet, qui entreprend surtout d'analyser, l'une après l'autre, les différentes capacités de l'âme. La première section, la plus brève, bien qu'elle représente un quart de l'ensemble, se subdivise, à son tour, en deux parties : (I, A) un court exposé doxographique et (I, B) la critique proprement dite des opinions reçues. Quant à la seconde section, elle comporte d'abord (II, A) une très brève esquisse de définition de l'âme en général, puis (II, B) la très longue analyse de ses facultés. Cette analyse présente elle-même trois subdivisions majeures, consacrées, respectivement, à (II, B, 1) la faculté nutritive, (II, B, 2-4) la faculté cognitive et (II, B, 5) la faculté motrice. Cela traduit un plan strictement arrêté, parce qu'on devine aisément qu'il était bien dans l'intention d'Aristote de s'appuyer sur les données (I, A) et, plus encore, sur les déficiences (I, B) que présente la tradition doxographique pour justifier une conception générale de l'âme (II, A) et une répartition des facultés (II, B). C'est à tort que certains interprètes abandonnent aux historiens de la pensée pré-aristotélicienne le soin de considérer pour elle-même la première section du texte où le philosophe procède à la critique de ses devanciers.

2.1. — *La critique des opinions reçues.*

Pourquoi ce procédé ? Aristote en donne une raison sommaire (403 b 23-24), celle qu'il fournit habituellement lorsque, dans d'autres études, il choisit d'examiner d'abord ce que ses devanciers ont pensé sur le sujet : éviter leurs erreurs et recueillir leurs bonnes idées. Mais pourquoi cette démarche, somme toute assez commune, s'applique-t-elle ici, dans le cas d'une approche naturaliste de l'âme ? Il semble que l'Introduction fournisse les éléments de réponse à cette question. Elle annonce, en effet, une enquête sur un sujet « très difficile » (402 a 11) qui exige la solution d'un grand nombre de questions préjudicielles. Et, avant d'indiquer en quoi l'âme intéresse le naturaliste (à partir de 403 a 3), elle souligne le défaut de méthode et de point de départ évident pour déterminer ce qu'elle est. Il est probable dans ces conditions que la mise en cause des opinions « les mieux reçues » parmi les naturalistes (cf. 403 b 25) pallie ce défaut de point de départ évident et doive fournir, chemin faisant, de quoi trancher les questions préjudicielles. C'est l'application à la philosophie naturelle de l'épreuve dialectique, démarche bien connue, qui, par la « diaporie » (ou mise en question des opinions reçues : cf. 403 b 20), conduit à l'« euporie » (c'est-à-dire débarrasse ces opinions des difficultés qu'elles soulèvent et fournit ainsi à la recherche de quoi procéder sûrement : cf. 403 b 21). Les nombreuses études sur ce genre de démarche chez Aristote suggèrent son importance dans le *DA*.

Nous avons (en I, A) l'inventaire des principales opinions reçues à propos de l'âme. Celles-ci ont été identifiées, en bonne méthode (cf. *Topiques*, I, 10, 104 a 8 et sqq.), du fait qu'elles sont communément partagées et/ou défendues par des personnes savantes et tenues pour telles. Parmi ces dernières, figurent expressément les noms de Démocrite (403 b 31 ; 404 a 27 ; 405 a 8), Leucippe (404 a 5) et Anaxagore (404 a 25 ; b 1 ; 405 a 13 ; b 20-21), qui paraissent émerger du lot, Empédocle (404 b 4), Platon (pour le *Timée* : 404 b 16), Thalès (405 a 19), Diogène d'Apollonie (405 a 21), Héraclite (405 a 25), Alcméon (405 a 29), Hippon (405 b 3), Critias (405 b 6) et les Pythagoriciens (404 a 17). Aristote ratisse large et encore aucun contemporain n'est-il expressément cité, faute sans doute d'une autorité suffisante.

Le document que constitue ainsi la section I. A, tous les interprètes en tombent d'accord, n'est pas d'un historien (au sens moderne du terme), mais d'un philosophe, qui demande à de prestigieuses « autorités » de témoigner en faveur de certaines opinions et qui, donc, « interprète » leurs déclarations. Les arguments qui soutiennent l'interprétation d'Aristote indiquent comment l'on *pourrait*, de façon plausible, se réclamer de leurs déclarations ou leur donner un sens. Il ne s'agit pas, pour lui, de retrouver, au-delà des mots, les idées exactes ou les intuitions de tous ces penseurs désormais muets, mais de montrer que leurs propos sont susceptibles d'apporter une caution aux idées les plus courantes sur l'âme. Ces idées, quoique opinatives, doivent être prises avec le plus grand sérieux, pense Aristote, parce qu'elles sont en un sens partagées dans les milieux savants et que tous ces savants ne peuvent pas totalement se tromper. On peut voir à l'analyse qu'elles se ramènent à trois propositions principales :

(1) L'âme est **a.** un moteur (403 b 30 ; 404 a 19, 26 ; b 8), **b.** mobile (403 b 30 ; 405 a 28, 32), **c.** auto-moteur (404 a 21).

(2) L'âme est **a.** un instrument de connaissance (404 b 28 ; 405 b 6), **b.** semblable à ce qu'elle connaît (404 b 17 ; 405 b 15), **c.** de nature principielle ou élémentaire (404 b 10, 11, 17-18 ; 405 b 12-13, 16, 23).

(3) L'âme est le plus incorporel des principes élémentaires (405 a 1, 6, 22, 27 ; b 12-13).

Les propositions (1) et (2) sont le plus volontiers mises de l'avant. Elles sont d'ailleurs soutenues ensemble par plusieurs savants (cf. 404 b 29 ; 405 a 17, 23) et entraînent volontiers la proposition (3) de manière implicite (cf. 404 a 1 et 405 a 6). Mais cette dernière ne représente qu'une tendance, exprimant une position à mi-chemin entre celle, très fréquente, qui tient l'âme pour un élément corporel, et celle, notoirement exceptionnelle, qui la met à part de toute corporéité sous le nom d'intelligence (405 a 16-17 ; b 20). Les rapports entre les concepts d'âme et d'intelligence sont néanmoins ambigus dans l'opinion (cf. 404 a 31 et b 3). Enfin, il va de soi que l'âme est universellement regardée comme un principe (cf. 405 b 12).

Telles sont les propositions que soumet à la critique la section I, B. du *DA*, où, à l'aide d'une série impressionnante d'arguments, Aristote s'efforce d'en dénoncer les implications douteuses. On a prétendu que le philosophe, ici, se bornait à éprouver la cohérence logique des concepts, sans recours aux données empiriques. C'est faux. Ainsi, à l'idée que l'âme serait un principe numérique et varierait en raison du nombre qui la constitue, Aristote oppose les faits observables : une plante qu'on *divise* en segments donne des segments qui ont les *mêmes* propriétés vitales que la plante dont ils sont issus (409 a 7-10 ; cf. 411 b 19). Mais ce qui est vrai, c'est que les arguments du philosophe, empiriques ou non, conduisent souvent à montrer l'illogisme et la contradiction dans les thèses opinatives qu'il examine. Aussi bien Aristote ne condamne-t-il pas les opinions de ses prédécesseurs en bloc, mais seulement de manière très partielle. Son examen est, à première vue, d'allure très cahotique. Mais les apparences cachent une grande rigueur et une orientation précise qu'il vaut la peine de relever. En fait, sa critique porte sur les points suivants.

Il s'en prend d'abord (406 a 1 et sqq.) et très longuement à la proposition (1) b. et c. (c. impliquant b., évidemment), c'est-à-dire à l'idée que l'âme pourrait être mobile et auto-motrice. Ses nombreux arguments font ressortir que l'âme, alors, serait localisable et devrait être un corps ou une grandeur. C'est, au reste, l'objection qu'il fait valoir d'entrée de jeu devant Platon (407 a 3). Cette objection vise le statut ontologique de l'âme et dénonce implicitement, comme matérialiste, la prétention à conférer à l'âme le statut d'un objet mathématique. Car la grandeur mathématique, pour Aristote, ne peut être, ontologiquement, qu'une propriété corporelle. C'est pourquoi, au cours de sa critique de la proposition (1) b. et c., il s'attarde (408 b 33 et sqq.) sur une opinion singulière, mentionnée en passant dans la section doxographique (I, A : 404 b 18-30), selon laquelle l'âme serait un nombre auto-moteur. Cette opinion, qu'avançait en réalité un disciple de Platon, Xénocrate, est, dit Aristote, la plus déplacée qui soit, car elle ajoute aux difficultés que soulève l'auto-motricité de l'âme, celles qu'entraîne sa nature d'objet mathématique. Et le philosophe d'indiquer, *in fine*, ce en quoi pareille conception de l'âme comme grandeur ponctuelle (nombre) rejoint celle de Démocrite, pour qui l'âme s'identifie aux atomes les plus subtils (spontanément mobiles et moteurs : 408 b 32).

Or cette conclusion représente en définitive la mise en cause de la proposition (3) : l'âme est le plus incorporel des principes élémentaires. Cette proposition, à la lettre, devient insoutenable, dans la mesure où elle maintient tout de même une attache matérialiste.

La seconde critique d'Aristote va dans la droite ligne de ce qui précède. Elle porte (à partir de 409 a 23) sur la proposition (2) c. ; c'est-à-dire sur l'idée que l'âme serait composée des éléments. L'argumentation dirigée contre cette idée prend appui sur la proposition (2) b. (l'âme est semblable à ce qu'elle connaît) et consiste à montrer avant tout que, dans ces conditions, l'âme serait un instrument de connaissance dérisoire ; ce qui est le contraire de la proposition (2) a. L'âme, en effet, ne connaîtrait rien en dehors de ce qui strictement lui est semblable (entendez : les qualités sensibles des éléments, telles que le chaud, le froid, etc.).

Une extrême rigueur caractérise donc le cheminement d'Aristote jusqu'ici. Il importe de voir aussi l'orientation précise de ce cheminement. Si ruineux qu'il soit pour les opinions défendues par ses devanciers, l'examen d'Aristote, en effet, épargne partiellement celles-ci et donc se solde positivement de manière très significative. Ainsi, il reste acquis implicitement que l'âme doit être un principe. Il est par ailleurs hors de question de nier qu'elle soit un moteur : proposition (1) a. Et Aristote donne même pour entendu qu'elle est responsable à ce titre, non seulement du déplacement local, mais de la croissance des animaux (411 a 30), la croissance étant une sorte de mouvement (cf. 406 a 13). Il n'est pas non plus question de nier, au contraire, qu'elle soit un moyen de connaissance : proposition (2) a. ; d'autant que, si la sensation est une sorte d'altération, elle est aussi une sorte de mouvement (cf. 406 b 10). Enfin, la proposition (3) n'a été récusée qu'au profit d'une opinion qui, notamment, mettait l'âme, comme l'intelligence, à part de toute corporéité. Donc, au total, les conceptions autorisées de la doxographie ne se trouvent pas évacuées, mais seulement épurées, par la « diaporie », dont c'est d'ailleurs la fonction : éliminer les obstacles qui empêchent de pouvoir soutenir les idées les plus vraisemblables. Par conséquent, Aristote se trouve légitimé à penser que l'âme, telle qu'il s'apprête à en proposer la « formule », est ce que tous les savants disent qu'elle est, à condition de ne la croire, ni mobile ou auto-motrice, comme une grandeur, ni assimilable à quelque corps que ce soit, ni de nature élémentaire. Trois conditions qui, en fait, se ramènent aisément à l'unité : l'âme ne peut être matérielle.

Le bilan positif est, cependant, beaucoup plus large. Deux considérations principales sont, en effet, venues s'ajouter, chemin faisant. Quittant Platon et son mathématisme, Aristote reproche plus généralement à ses devanciers de négliger la relation de l'âme au corps, vu que seul, un certain genre de corps peut lui être associé (407 b 12 et sqq.). Dans la foulée, il produit une opinion respectable (l'âme serait l'harmonie, le mélange ou la composition des qualités corporelles : 407 b 27 et sqq.), qui a l'avantage de traduire intimement cette relation, mais l'inconvénient de ne rien expliquer, par exemple, des fonctions motrices ou de l'intelligence, reconnues comme des fonctions de l'âme. Or tout cela est, pour le philosophe, l'occasion de préciser ou de rappeler que l'âme est mobile « accidentellement », du fait de la mobilité du corps auquel elle est liée (408 a 31 ; cf. déjà 406 a 4 ; etc.) ; et que les affections qu'on lui prête ne lui appartiennent pas — elle est impassible, comme, dit-on, l'intelligence (408 b 25, 29) — mais sont les affections des vivants qu'elle anime (408 b 15 et sqq.). Ces considérations vont bien sûr dans le sens de l'immatérialité de l'âme, mais elles donnent clairement à comprendre que cette immatérialité ne peut être celle d'une entité distincte du corps vivant et donc n'implique pas une vision dualiste du vivant.

Une autre considération majeure figure à la fin de la section critique, lorsque Aristote fait grief aux partisans des propositions traditionnelles (1) et (2) de ne considérer que l'âme de certains vivants (410 b 17 ; cf. déjà 402 b 3-5) et à certains autres de considérer, au contraire, les non-vivants pour parler de l'âme (411 a 16). Car ces derniers (les « animistes » en quelque sorte), vu l'extension de leur propos, ne peuvent rendre compte des singularités de l'organique, tandis que les premiers, vu l'étroitesse de leur point de vue, négligent, à l'inverse, certains aspects génériques de tous les vivants. Aristote indique à l'occasion les moyens de trancher par la négative l'une des questions épineuses soulevées dans l'Introduction (402 b 1), celle de savoir si l'âme a la même forme partout (entendez : chez tous les vivants, plantes, animaux, hommes,...). A la différence de l'air, par exemple, qui, dans le milieu ambiant et dans l'animal (où certains pensent qu'il est l'âme) est parfaitement de même forme, l'âme n'est pas uniformément la même chez tous les vivants (411 a 16-23). Mais cela n'empêche pas son unité spécifique là où, comme chez l'homme, elle exerce plusieurs fonctions (411 a 26 et sqq.).

Ces deux sortes de considérations — sur l'unité spécifique de l'âme et sur ce qu'exclut son immatérialité — ajoutent bien entendu au bilan positif de la critique conduite dans la section I, B, mais elles permettent surtout de clairement voir le lien étroit qui unit cette section à la seconde partie du *DA*, où Aristote s'efforce de fournir son propre point de vue.

2.2. — *Essais de définitions et d'analyses positives.*

2.2.1. — *L'âme commune et l'âme fondamentale.*

La seconde partie du *DA*, comporte, en effet, d'abord un essai de définition de l'âme (II, A) qui découle directement de ce qui précède. Car si l'âme est immatérielle — condition sans laquelle on ne peut soutenir les propositions (1) et (2) — et que son immatérialité semble exclure, pour elle, le statut d'une entité réellement distincte du corps vivant, alors on doit nécessairement pouvoir en rendre compte à l'aide du concept de « forme », qui s'applique à l'aspect non matériel de tout composé substantiel et dire, en l'occurrence : elle est la « réalisation première » (ou, si l'on veut, la première forme de réalisation) d'un corps naturel « qui a potentiellement la vie », c'est-à-dire, « d'un corps naturel doué d'organes » (412 a 19-22, 27-28 ; b 5-6). La formule préserve et l'immatérialité de l'âme et son indissociabilité du corps, aussi étroite que celle de l'empreinte et de la cire où elle est imprimée (412 b 7 ; cf. 403 a 4).

Mais c'est une formule on ne peut plus « commune » (412 a 5), en ce sens qu'elle s'applique à l'âme de tous les vivants, mais ignore les propriétés de l'âme chez chaque espèce de vivants. Elle est prise — Aristote l'indique (412 a 14-15) — à partir de la manifestation la plus fondamentale et la plus générale de la vie (la nutrition et la croissance), que supposent toutes les autres manifestations. Or, comme on l'a vu, le philosophe incline à penser, en réponse à la question posée dans l'Introduction, que l'âme n'est pas uniformément la même chez tous les êtres vivants. La formule « commune » proposée ici vaut donc « en général » (412 b 9), mais elle ne convient en propre à aucune âme spécifique (414 b 19-25), même à celle, exclusivement nutritive, des végétaux. Son unité est du même ordre que celle de la définition qu'on donnerait en général de la figure géométrique, qui n'est celle, proprement, d'aucune figure (triangle, rectangle, etc.). Son mérite, en somme, est de pouvoir rendre raison du statut de l'âme, qui, universellement, paraît être « quelque chose du corps » (414 a 21). Car, par « réalisation », on entend bien quelque chose « d'inhérent à la matière appropriée » (414 a 26-27). Mais on ne peut négliger de considérer les âmes « spécifiques ». Au contraire, il faut leur réserver toute son attention, car il n'y a pas réellement d'âme en dehors de celles-là. C'est pourquoi, insistant antérieurement sur l'unité spécifique de l'âme (ce qu'il appelle ici sa « forme individuelle » : 414 b 27), Aristote avait déjà en vue la nécessité des enquêtes entreprises dans la section II, B du *DA*, et cette nécessité était déjà envisagée dans l'Introduction.

La section II, B, comme on l'a dit, traite, dans l'ordre : a. de la faculté nutritive, b. de la faculté cognitive et c. de la faculté motrice. On peut s'étonner que l'examen de cette dernière soit relégué à la fin et si peu développé, quand on sait l'importance primordiale reconnue par l'opinion à la motricité de l'âme : proposition (1) de la doxographie (I, A), qui d'ailleurs était aussi la première à être examinée par Aristote (I, B). Mais ce qui précède laissait attendre cette espèce de dévaluation de la faculté motrice. Non tant parce qu'Aristote met en doute la motricité de l'âme, mais parce que celle-ci, au sens strict, ne lui apparaît plus du tout comme la marque primordiale du vivant, ni même de l'animal, dont le trait distinctif est, selon lui, la faculté sensitive (cf. 413 b 1-4). La notion de faculté « appétitive », dans les mots, le dispute d'ailleurs, au fil de la section II, à celle de faculté « motrice », preuve de la dévaluation de celle-ci ou, à tout le moins, d'un changement de perspective. L'âme, pour Aristote, est moins fondamentalement motrice ou appétitive que nutritive.

Cette révolution est apparemment aussi la raison pourquoi il commence la section II, B par l'examen de la faculté nutritive, dans l'intention évidente, au demeurant, de montrer (cf. 415 a 26 et sqq.) qu'elle ne se distingue pas spécifiquement de la faculté reproductive. Mais, malgré son importance décisive, cette double faculté primordiale, paradoxalement, ne reçoit pas une attention soutenue. Aristote a tôt fait, nous l'avons vu, de borner les considérations à son propos et de renvoyer « à plus tard » (416 b 31) certaines précisions. L'explication la plus évidente de ce paradoxe se trouve encore, semble-t-il, dans ce qui précède. Coupable de négliger les formes élémentaires de la vie, l'opinion traditionnelle accorde une importance très considérable à la connaissance, pour juger de l'âme : proposition (2). Aristote rectifie cette opinion, mais il tombe d'accord sur la signification des capacités cognitives pour juger de l'âme. Le sens est, en effet, la marque propre de l'animal. Ce consensus est de nature à expliquer ensemble et l'empressement du philosophe à aborder ces facultés, et les longueurs de l'analyse qu'il lui consacre.

2.2.2. — *La connaissance.*

La section consacrée aux seules facultés cognitives représente, en effet, près de la moitié du texte total du *DA* ! Cette longueur paraît démesurée, mais elle répond aux mêmes exigences analytiques que celles que nous avons déjà rencontrées. La connaissance est, en effet, multiple. Et la même raison qui conduisait précédemment à se pencher sur les âmes spécifiques, conduit ici à distinguer et à traiter à part chaque forme de la connaissance. Voici le plan sommaire de son analyse du « cognitif ».

1. (=B.2) La connaissance sensible.
1.1. En général.
1.2. En particulier.
1.2.1. Sens propres.
1.2.2. Sens commun.
2. (=B.3) La connaissance intellective.

Aristote ne procède pas, au départ, à une distinction du sens et de l'intelligence. Il entame, sans préambule, un exposé général valable en commun pour chaque sens (416 b 32 : 1.1.) et signale seulement plus loin, mais au passage (417 b 23-26), la différence entre le sens, qui porte sur des objets singuliers concrets, et la science (ou, plutôt, une certaine forme de science), qui porte sur des universaux. Ce n'est que beaucoup plus tard (en 2.) que le philosophe se préoccupera de distinguer sérieusement le sens de l'intelligence. Au fond, il n'assume au départ que ce que l'opinion a reconnu comme caractéristique des êtres vivants et lui-même comme le propre des animaux : le fait qu'ils « perçoivent » les objets singuliers concrets à leur portée. La section I laissait d'ailleurs voir assez que, sauf exceptions, les naturalistes traitaient l'intelligence comme un sens (cf. 405 a 8-19 et, plus loin : 427 a 20-21). Or Aristote pense ici à leur raison, lorsqu'il entame son analyse du cognitif : « le semblable pâtit sous l'effet du semblable » (416 b 35 ; cf. 404 b 17-18). C'était la signification de la proposition opinative (2) b. de la section II, A. Et il s'empresse ici de justifier d'une certaine manière cette proposition (417 a 18). Le philosophe procède donc en cela avec cohérence.

Quand il aborde plus précisément l'analyse particulière des sens (1.2.), faisant droit à l'exigence de considérer ce qu'est réellement un sens, il prend alors le parti de suivre un principe de méthode qu'il avait évoqué dans l'Introduction (402 b 10-16) et s'en rapporte prioritairement aux différents sensibles connus, donc aux objets susceptibles de définir les opérations sensitives. Et de distinguer ainsi deux sortes de sensibles comme tels : les sensibles « propres », ou déterminations qui ne sont perçues chacune que par un seul sens, et les sensibles « communs », ou déterminations que perçoivent en commun tous les sens (418 a 10 et sqq.). C'est à cette distinction que correspondent, en gros, les deux sections du texte qui viennent ensuite (1.2.1. et 1.2.2.).

La première section analyse systématiquement et dans l'ordre : la vue (418 a 26 et sqq.), l'ouïe (419 b 4 et sqq.), l'odorat (421 a 7 et sqq.) et le toucher (422 b 17 et sqq.). L'analyse est systématique en ceci qu'elle obéit invariablement, dans chaque cas, au même schéma : détermination de la vue par le visible objectif, de l'ouïe par l'audible objectif, etc. Et c'est probablement la principale raison pour laquelle, étrangement, le toucher n'est abordé qu'en dernier lieu, alors qu'il a été donné plus haut pour le sens fondamental, le seul que possèdent tous les animaux et qui est celui de la nutrition (cf. 414 b 7). Le toucher, en effet, qui suppose le contact direct de la chair avec l'objet tangible, ne répond pas, à première vue, au schéma qui permet de rendre compte des autres formes d'activités sensorielles, lesquelles supposent, au contraire, un « milieu » entre l'organe du sens et son objet (l'air, par exemple, qui relie l'objet sonore à l'oreille). Aristote ne pouvait donc en parler d'abord. Mais une fois fermement établie, à l'aide des autres sens, la pertinence de son schéma interprétatif, il pouvait tenter de montrer que le toucher, malgré les apparences, s'y conforme et que la chair n'est pas son organe, mais le « milieu » entre celui-ci et l'objet tangible.

La seconde section (1.2.2.) devrait être immédiatement réservée à l'analyse des sensibles communs ou, comme on dit traditionnellement (malgré une fâcheuse ambiguïté) du « sens commun ». En fait, le texte présente d'abord quelques remarques sur le sens « en général » (424 a 17), qui semblent faire plutôt retour aux propos de la section 1.1. et qui figurent là comme une conclusion provisoire qui légitime ce que la « formule » commune affirmait de l'incorporéité de l'âme. Mais la suite renoue avec le propos attendu. Après avoir dit l'impossibilité d'une perception par un autre moyen de celui des cinq sens analysés (424 b 22-425 a 13), Aristote précise que la perception des sensibles communs (le mouvement d'un corps, par exemple, sensible à la vue, aussi bien qu'au toucher, etc.) ne suppose donc pas un sixième sens. Autrement dit, l'analyse qui se poursuit ne met plus en évidence un nouveau sens propre, mais les fonctions communes aux sens déjà répertoriés, ce qui suppose l'unité du sensitif. Ces fonctions communes comprennent, semble-t-il, la sensation que l'on a de voir, lorsqu'on voit, d'entendre quand on entend, etc. (cf. 425 b 11 et sqq.) et le discernement des différences entre sensibles propres. C'est précisément ce qui exige l'unité du sensitif, comme une instance qui juge ensemble du même objet sous deux rapports différents (426 b 8 et sqq.).

L'analyse de la capacité sensitive s'est donc achevée (en 427 a 15-16), sur l'observation que les sens ne fonctionnent pas séparément, mais de façon intégrée. Aristote enchaîne par une série d'arguments destinés à montrer qu'en dépit de l'opinion des « anciens » (427 a 21), l'intelligence ne peut être identifiée à la capacité sensitive. C'est l'occasion de démarquer de l'une et de l'autre, la représentation, qui apparaît ainsi comme une faculté à mi-chemin entre l'une et l'autre et le trait d'union qui unit l'une à l'autre (427 b 14 et sqq.). Ce développement manifeste une démarche qui s'élève dans la hiérarchie des fonctions cognitives des animaux et qui correspond aussi au processus de la connaissance, allant du sensible à l'intelligible.

L'intelligence (avec la croyance, l'opinion et la science, qu'Aristote situe au même niveau) n'entre guère ici dans le champ du naturaliste qu'en tant qu'elle singularise certains animaux parmi d'autres (les bêtes). Et son analyse est on ne peut plus problématique, surtout quand elle invoque la loi de nature exigeant un principe de production de l'intelligible, corrélatif à la capacité de le recevoir (430 a 10 et sqq.). Mais il ne fait pas de doute que, même sur ce point, Aristote poursuit un genre de distinction déjà mis de l'avant dans l'analyse de la connaissance sensible. De leur côté, les considérations, complexes s'il en est, sur la saisie des « indivisibles » (notions simples que l'intelligence peut appréhender, pour les associer ensuite dans un jugement : 430 a 26-b 31) sont moins un bloc erratique qu'elles ne préparent la suite. Le philosophe se penche là sur la première opération de l'intelligence et le développement qu'il ajoute ensuite sur la deuxième opération, c'est-à-dire sur le jugement de l'intelligence, notamment lorsqu'elle est impliquée dans l'exécution des actions (431 a 8 et sqq.), paraît bien indiquer comment, en définitive, progresse son analyse : vers l'explication de la forme d'intelligence qui caractérise l'action de certains animaux. Ce qui, on peut s'en aviser, annonce la dernière section du texte, consacrée à la faculté motrice ou appétitive, que le philosophe entame après une sorte de « récapitulatif » (431 b 20-432 a 14).

2.2.3. — *L'appétit.*

On comprend qu'arrivé à ce point, Aristote s'interroge une nouvelle fois sur la possibilité de réellement morceler l'âme en différentes parties (cf. 432 a 22 et sqq.). Car l'appétit (quelle que soit sa forme) ne porte pas réellement sur un autre objet que la connaissance (quelle que soit sa forme), mais sur le même objet appréhendé sous deux rapports différents. La distinction des facultés est donc simplement d'ordre logique. C'est aussi pourquoi Aristote récuse la possibilité de rendre compte du déplacement local des animaux par une faculté isolée, une forme de connaissance ou une forme d'appétit par exemple (432 b 7-433 a 8). Il s'évertue à montrer qu'au contraire, ces deux facultés sont exigées ensemble pour expliquer le phénomène (439 a 9 et sqq.), en ce sens que, même là où l'intelligence fait défaut (comme chez les bêtes et chez l'homme quelquefois), l'appétit, sous une forme quelconque, ne porte pas au mouvement sans une représentation cognitive. Ainsi se trouve d'ailleurs réintroduite dans l'analyse la notion de représentation, que le philosophe avait donnée plus haut (au début de la section 2. du cognitif) pour base à l'intelligence et dont il distingue ici deux espèces associées à l'appétit : l'une, délibérative, qui sert effectivement d'assise à l'intelligence humaine lorsqu'elle décide de l'action, et l'autre, sensitive, qui, chez tous les autres animaux, même rudimentaires, commande leur comportement (cf. 433 a 10, 20, 27 ; b 27-30 ; 434 a 4-7).

Dans une grande cohérence, où la suite des idées est manifeste, le propos d'Aristote touche ainsi à sa fin. Le *DA* contient encore (434 a 22-435 b 25) des considérations qui rappellent le tableau de la hiérarchie des facultés, dressé avant l'analyse de celles-ci, et un petit développement sur la finalité des capacités psychiques, spécialement sensorielles, et sur leurs implications nécessaires. Cela tient lieu de conclusions générales (sinon absentes). On peut douter que ces pages soient ici à leur place. Elles étaient peut-être destinées à figurer ailleurs (après 416 b 31). Mais il n'importe : dans le texte actuel du *DA*, les traces de désordre ou de lacune sont dérisoires et le défaut d'indications explicites pour justifier, dans le détail, l'agencement des matières n'empêche pas de voir que celui-ci reflète un projet solidement arrêté.

2.3. — Conclusion.

Le lecteur attentif du *DA* n'échappe pas, en effet, à l'impression que, dans l'ensemble, le texte qu'il a sous les yeux est infiniment moins disparate qu'il n'y paraît de prime abord et traduit le dessein d'une pensée réfléchie. Derrière l'allure abrupte de l'exposé qui aligne les arguments sans grand apprêt, se dissimule une démarche fortement articulée du début à la fin. Rares sont les textes d'Aristote qui laissent voir aussi clairement et simplement l'intention générale de leur auteur, reflétée dans la progression des idées. Lucide quant aux difficultés du sujet qu'il aborde, le philosophe accroche aux opinions les moins controversées sa propre vision du statut ontologique de l'âme en général et s'efforce de rendre compte systématiquement de ses capacités en fonction de la diversité des êtres naturels vivants. Les obstacles rencontrés en chemin ne le détournent pas de ce propos élémentaire. Il faut y insister, précisément parce qu'en surface, mais aussi dans le détail, cela n'empêche pas un exposé laborieux. Malgré la maîtrise de son sujet, Aristote, dirait-on, pense tout haut et dicte ses réflexions selon un plan arrêté, certes, mais telles que les suscitent les problèmes conservés en mémoire, dans le jaillissement de cette confrontation, passant, sans transition, d'un problème à un autre. Surtout, cela n'empêche pas la pensée qui s'exprime ainsi, malgré un souci d'illustration remarquable, d'être, à chaque pas, extrêmement complexe, sinon obscure. Rien, dans le résumé sommaire du contenu qu'on vient de fournir, n'est en mesure de suggérer la richesse, ni la difficulté des pensées qu'exprime le *DA*.

L'interprète, dont c'est la tâche en somme de simplifier, se trouve, à cet égard, dans une situation quasi impossible et les explications qu'il fournit ont toujours quelque chose de hasardeux.

3. — Les interprétations du *DA*.

L'interprétation du *DA* a une longue histoire. Elle commence avec Théophraste, l'intime et l'héritier spirituel d'Aristote. On peut en suivre les péripéties dans l'Antiquité (à partir de la renaissance de l'aristotélisme : Ier s. avant notre ère), où des commentateurs remarquables, comme Alexandre d'Aphrodise et Thémistius, se sont escrimés à dissiper les mystères de ce texte devenu célèbre. Elle se poursuit durant le Moyen Age, du côté byzantin (de Jean Philopon à Sophonias), du côté arabe (avec Avicenne et Averroès) et, par contrecoup, du côté latin (où fait date l'interprétation de Thomas d'Aquin). Elle présente, à la Renaissance, des épisodes particulièrement significatifs (chez les naturalistes de l'École de Padoue, par exemple). Elle se prolonge à l'époque moderne (où Leibniz, notamment, pour la théorie de la lumière de son *Hypothesis physica nova* et, ultérieurement, pour sa théorie de l'acte, s'inspire des données du *DA*). A l'époque contemporaine, enfin, de nombreux philosophes (à commencer par Hegel, Marx, Brentano,...) ont prétendu appuyer sur ce texte plusieurs thèses originales, pour ne rien dire des historiens de la philosophie qui, par douzaines et selon différentes méthodes, s'évertuent, aujourd'hui encore, à en proposer des lectures plus ou moins obvies.

En fait, l'histoire de ces interprétations est l'histoire de controverses, qu'on ne peut résumer ; il faudrait, pour cela, des livres entiers. Elles opposent volontiers les partisans et les adversaires d'Aristote, mais aussi les matérialistes et les idéalistes qui, chacun, prétendent avoir mieux compris le philosophe que l'adversaire et s'essaient à l'enrôler de force dans leurs rangs. Le plus souvent, leurs analyses du *DA* sont davantage utiles pour étudier leur propre pensée que pour entendre celle d'Aristote. C'est le lot des grands textes que d'alimenter partout la réflexion philosophique, jusque dans ses orientations inconciliables. Il n'y aurait pas de controverses, cependant, sans les difficultés, réelles, que présente la pensée du *DA* et sur lesquelles vient buter une lecture naïve.

On peut faire grâce ici des difficultés que soulève, dans ce document, un certain état de la science positive aujourd'hui périmé. Ainsi la théorie de la lumière sur laquelle Aristote fait fond (418 b 2 et sqq.) représente depuis longtemps une connaissance insatisfaisante des phénomènes physiques et, de leur côté, plusieurs détails de la physiologie supposée par le *DA* avaient déjà été suspectés dans l'Antiquité par Galien. Mais ce genre d'inconvénient est souvent secondaire, dans l'exacte mesure où le propos du philosophe n'est pas nécessairement entamé par une connaissance plus « scientifique » de la nature. Les « erreurs » les plus flagrantes d'Aristote sur ce plan ne condamnent pas sans appel, sur un autre plan, les propositions de son analyse philosophique. On a beau savoir par exemple que la « chair », en contact avec l'objet tangible, n'est pas proprement un milieu, comme l'air pour le son, qui acheminerait en quelque sorte l'information sensorielle jusqu'à l'organe du toucher, il reste qu'on peut encore, à propos du toucher et des autres sens, prendre au sérieux la formule qui, les concernant, parle de la réception par le sujet de la forme de l'objet sans sa matière. Là, du reste, se trouvent les véritables difficultés du *DA* pour l'interprète actuel : dans la signification et la portée exactes de ce genre de formules.

On peut aussi faire grâce des difficultés suscitées au *DA*, parce qu'il ne rencontre pas toutes les exigences de la psychologie moderne. Libre à celle-ci de lui reprocher des silences ou des omissions. Bien qu'il fasse état des « passions » (comme attributs du vivant animé), qui se traduisent en appétits plutôt qu'en sentiments, il est vrai qu'Aristote n'y présente pas une véritable théorie des émotions, ni, à tout prendre, de la sensibilité au sens de la psychologie actuelle. Plus grave, le *DA* ignore même la notion moderne de sujet et, dans une large mesure, celle de conscience individuelle, sans laquelle on ne peut guère aujourd'hui songer à construire de théorie psychologique. Mais ce genre de lacunes ne porte pas préjudice à l'étude du philosophe dans la perspective qui est la sienne, au point de disqualifier cette perspective. Au fil de l'histoire, il faut du reste observer qu'aux reproches d'ignorance adressés au *DA*, ont fait pièce des reproches en quelque sorte inverses : ceux d'étendre l'étude de l'âme à la totalité des vivants, y compris le monde végétal. Aristote prenait de la sorte, contre plusieurs de ses devanciers, un parti que la postérité a parfois jugé insoutenable ; il suffit de songer à Descartes. Mais ce genre de grief n'est probablement pas sans rapport avec les précédents. Aristote, d'un côté, semble porter le regard trop loin et, de l'autre, pas assez, parce qu'il se refuse à centrer sur l'homme, la compréhension d'un genre d'être naturel qui manifeste, en propre, une tendance à croître et à se reproduire, qu'on ne saurait confondre, selon lui, avec aucune autre tendance du monde inorganique (le *conatus* des classiques, par exemple). Il n'y a pas, sur ce point, de difficulté à comprendre la pensée générale du philosophe, même si elle est, en son fond, controversable, comme l'a montré l'histoire de la science et de la philosophie. Les véritables difficultés d'interprétation, encore une fois, sont ailleurs.

Les grands défis que jette le *DA* à l'exégèse actuelle et qui expliquent aussi en bonne partie les querelles séculaires qu'il a suscitées auprès de ses plus fidèles admirateurs eux-mêmes, tiennent à la difficulté de décrypter le sens ou, si l'on veut, la portée définitive de doctrines cruciales qui engagent, jusque dans ses limites extrêmes, l'ensemble de la réflexion philosophique sur la nature. On ne peut répertorier ici toutes les thèses du *DA* qui prêtent à ce genre de controverses, car il s'en trouve à chaque page. Les principales ne peuvent être non plus considérées dans toutes leurs nuances, d'autant que ces nuances, sur lesquelles on ne s'entend pas, sont très diversement soulignées selon les époques et, aujourd'hui, selon les écoles ou les traditions. Mais on peut tâcher de faire le point sur l'essentiel en suivant les textes d'aussi près que possible.

3.1. — A propos du statut ontologique de l'âme.

La doctrine la plus significative et aussi la plus complexe est celle du statut ontologique de l'âme, qui conduit à s'interroger sur l'interdépendance du psychique et du somatique. Aucune lecture, ancienne ou moderne, du *DA* n'est indifférente à cette doctrine pour les raisons, évidentes, qu'on devine. Elle a pour bases quelques propositions d'allure assez claire, quoique délicates à interpréter. Une première proposition évidente, mais négative, se tire des textes :

P 1. L'âme n'est pas un ou plusieurs éléments corporels (cf. *supra* : critique de la doxographie). Et, avec cela, la position aristotélicienne s'écarte, semble-t-il résolument, du matérialisme grossier ou rudimentaire. Toutefois, pareille proposition n'implique pas automatiquement, de manière tacite, que l'âme serait, de ce fait, une substance spirituelle (croyance tout aussi grossière et rudimentaire en somme que la croyance matérialiste). Elle semble impliquer, pour Aristote, une autre proposition, elle aussi négative :

P 2. L'âme n'est sujette à aucun mouvement (406 a 2-13), sinon par accident, c'est-à-dire dans la mesure où le corps animé, lui, se déplace, s'altère et se modifie (408 a 31-34 ; b 18 et sqq.). Cette proposition est très difficile à entendre pour nous. Mais elle l'était déjà pour les contemporains du philosophe, lequel explique : ce n'est pas l'âme qui a du chagrin ou perçoit quelque chose, mais « l'homme par son âme » (408 b 1-15). Cette référence aux affections prétendues de l'âme rappelle le principe que la considération des attributs de l'âme doit aider à comprendre sa nature (402 b 21-22). De ces attributs ou affections, Aristote soutient, en effet, que pratiquement tous sont aussi des attributs des vivants (403 a 6-7), donc qu'ils ne sont pas indépendants du corps, vu qu'ils s'accompagnent d'une affection du corps (403 a 16-19). L'exemple de la colère, souvent considéré par les exégètes, est à cet égard paradigmatique. La colère est formellement un appétit de vengeance et matériellement un bouillonnement du sang autour du cœur (403 a 30-b 2) ; ce type d'appétit ne va pas sans ce type de mouvement corporel. Si les prétendues affections de l'âme doivent donner une idée de la nature de l'âme elle-même, il semble alors qu'on ne puisse définir celle-ci sans considérer le corps vivant qu'elle anime (cf. 407 b 16 et sqq.). En conséquence, la proposition P 2, qui manifeste pourtant l'immatérialité de l'âme (c'est une implication de P 1), loin de conduire à poser l'âme comme une substance indépendante du corps, conduit, au contraire, à l'associer substantiellement à un genre de corps précis. D'où une troisième proposition, quant à elle, positive :

P 3. L'âme est substance formelle ou réalisation première du corps naturel qui a potentiellement la vie (412 a 20 et sqq. ; cf. 414 a 13-14). C'est la très célèbre définition « commune » de l'âme, une définition impossible à concevoir, si l'on persiste à penser l'âme comme une entité ajoutée au corps déjà déterminé formellement, mais qui ne va pas, dans le cas contraire, sans difficulté. En effet, P 1 éloignait sûrement d'un matérialisme grossier, mais on est en droit de se demander si P 3 ne reconduit pas à une autre sorte plus subtile de matérialisme (« l'âme n'est pas un corps, mais quelque chose du corps » : 414 a 20). Comment sinon échapper au dualisme de l'âme et du corps ? Tout devient ici question de nuance et source d'embarras pour les interprètes, dès lors qu'on ne se borne pas à enregistrer ce qui, chez Aristote, est, à coup sûr, une protestation contre l'inclination spontanée à penser l'âme sans le corps.

Un dualisme rigoureux, comme celui qu'on retrouvera chez Descartes, paraît décidément exclu : « on ne doit même pas se demander si l'âme et le corps sont un » (412 b 6). Mais dans l'unité du vivant, il y a une distinction au moins logique, de grande portée, car seule, l'âme est principe (402 a 6 ; 412 b 17 ; 413 a 27 ; etc.) et, en vertu de sa communauté avec le corps, elle a un rôle d'agent moteur sur celui-ci, sujet au mouvement (407 b 17-19). Or si l'on n'entend pas accuser cette distinction et qu'on la maintient sur le plan logique, comme deux aspects d'une même réalité (le vivant), on est volontiers incité à une interprétation matérialisante, qui semble avoir été celle de plusieurs lecteurs anciens, Galien, par exemple.

Comme Alexandre d'Aphrodise déjà l'avait observé, Aristote écarte implicitement ce genre d'interprétation, en récusant l'hypothèse avancée par certains avant lui, selon laquelle l'âme serait l'harmonie du corps ou la proportion du mélange de ses constituants corporels. Cette harmonie, tout au plus, rend compte des « vertus corporelles », comme la santé, pas de l'âme (407 b 30 et sqq.). Celle-ci, prétendait Alexandre, ne peut être la raison du mélange ; elle est plutôt la capacité qui résulte du mélange proportionnel. Cette dernière interprétation séduit encore aujourd'hui des lecteurs vigilants. Mais elle paraît bien renverser la perspective aristotélicienne et, dans la dualité logique du composé, accorder au corps la primauté qu'Aristote reconnaît à l'âme. Résultat d'une composition corporelle selon certaines proportions, l'âme trouverait, en effet, dans celle-ci, son origine et son principe d'explication, alors que, visiblement, pour Aristote, c'est elle, à l'inverse, qui fournit au corps son principe d'organisation. Pour maintenir le dualisme logique que défend Aristote et comprendre ce qu'il implique, il semble donc qu'il faille se garder de donner hâtivement dans une interprétation matérialisante.

Il y va du sens, complexe, de la théorie « hylémorphique » dès lors qu'elle se trouve appliquée au vivant, application d'ailleurs jugée illégitime par certains. Dans le *DA,* on le sait, Aristote distingue trois « substances » : a) l'âme, b) le corps et c) les vivants qu'ils composent. Et lorsqu'il définit l'âme (a) comme « réalisation », la « réalisation » dont il s'agit n'est pas, semble-t-il, celle du corps (b), mais celle du vivant (c), dont le corps (b) est la matière. Les interprètes sont divisés dans l'appréciation de cette nuance, car Aristote ne la précise pas. Mais l'âme, dit-il, est réalisation du corps naturel qui a potentiellement la vie (412 a 20), qui est doué d'organes (412 b 5-6), ou qui a en soi son principe de mouvement (412 b 15-16). Or cela ne s'entend pas d'une matière inerte, inorganique, ni même d'une matière organique sans capacité de vivre (un cadavre). Celle-ci n'est plus proprement ce dont l'âme est réalisation (412 b 14), pas plus que l'œil d'un aveugle n'est proprement un œil (412 b 21). Réciproquement, le corps ne paraît pas être, pour Aristote, la matière de l'âme, mais plutôt celle du vivant, dont l'âme est la réalisation. Dans ces conditions, l'âme ne peut être autre chose que cela que nous appelons la vie naturelle elle-même, bien qu'Aristote ne le dise pas expressément, la vie conçue comme un ensemble de « capacités » (cf. 414 a 29) ou de « fonctions » (402 b 12) remplies au moyen d'organes corporels. C'est une position à coup sûr délicate, qui se maintient précairement, sur le fil du rasoir, entre le spiritualisme dualiste et le monisme matérialiste, refusant apparemment la simplification du second et la complication du premier.

Le Moyen Age exprimait volontiers le statut ontologique de l'âme en disant d'après l'autorité d'Aristote que c'est celui d'une « forme substantielle » et que cette forme est « immanente » à la matière (cf. 403 a 25 ; b 5-6). On a moqué, aux Temps Modernes, l'idée de formes substantielles, sortes de « petits dieux » qui, présents dans la matière inerte, mettent les corps en mouvement, comme disait le jeune Leibniz. Ce fut, on le sait, pour y substituer, dans le meilleur des cas, une interprétation suspecte de la notion de « réalisation » (*entelecheia*), conduisant à poser l'âme comme pur mouvement, conception que Platon d'ailleurs semblait déjà défendre et que Hegel, plus tard, voudra encore appuyer très paradoxalement sur Aristote (cf. P 2). C'est que la pensée des physiciens, depuis la Renaissance, se méprend volontiers sur le sens très particulier de la « causalité » qu'Aristote attribue à l'âme. Celle-ci n'est pas, comme on l'imagine hâtivement, ce qui rend compte des propriétés d'une certaine matière en mouvement ; elle est, pour Aristote, ce qui rend compte, avec la matière (le corps potentiellement organisé), de la constitution du vivant.

Il convient, dans cette perspective pour nous peu familière, de considérer que l'âme, réalisation « première » du vivant (412 a 27) et, à ce titre, ensemble de capacités, déploie ces capacités sous la forme d'activités (réalisations secondes) qui ne semblent pas identifiables aux mouvements corporels qu'elles supposent. Ainsi l'organe de la perception est corporellement affecté par le milieu lors de la perception (et peut même l'être, dit Aristote, au point d'être détruit par des mouvements sensibles violents : cf. 424 a 28 ; etc.). Mais le philosophe donne à comprendre que cette affection corporelle n'est pas ce en quoi consiste proprement la perception et le sens, dit-il, reçoit « les formes sensibles sans leur matière » (424 a 18-19 ; cf. a 32-b 18). Si l'on se perd en conjectures, comme c'est le cas, lorsqu'il s'agit d'approfondir positivement la description de l'acte cognitif ainsi présenté, en revanche, on devine assez aisément qu'elle veut éviter une confusion entre l'ordre des actes psychiques et celui des mouvements corporels. Or l'analogie du sens particulier et de l'âme en général est notée par lui-même (412 b 18). La distinction du corps et de l'âme, dans la synthèse que constitue le vivant, est donc exactement semblable à la distinction à établir entre le mouvement qui affecte corporellement l'organe sensoriel de la vue, d'une part, et, d'autre part, la vision (réalisation seconde). L'âme, sans doute, ne va pas plus sans le corps que, par exemple, la colère ne va, corporellement, sans un mouvement du sang ; mais, on l'a vu, la colère est formellement autre chose (un appétit de vengeance) et l'âme, de la même façon, est autre chose qu'une propriété du corps qu'elle anime, en tant que tel. Autrement dit, la « réalisation » dont parle la proposition P 3 signalée ci-dessus, suppose certaines propriétés corporelles, mais elle se distingue formellement de celles-ci.

Les enjeux de l'interprétation du *DA* sur ce point sont redoutables pour les problèmes philosophiques d'aujourd'hui et chacun peut mesurer l'incidence de ces distinctions aristotéliciennes sur les questions actuelles, en particulier sur ce qu'on appelle, dans la tradition anglo-saxonne, « the mind-body problem », le *DA* étant considéré par d'aucuns comme le document fondateur de la « philosophy of mind ». Il n'y a pas lieu de s'en étonner : les débats autour de l'« intentionalité » (de Thomas d'Aquin à Brentano et au-delà) s'inscrivent eux aussi souvent dans le sillage des réflexions aristotéliciennes. Celles-ci, bien entendu, retiennent l'attention à d'autres titres dans les débats de la vie contemporaine. En particulier, ce qu'affirme le *DA* de la vérité antéprédicative ou du réel qui se donne à connaître sans erreur, avant toute opération associative du sens ou de l'intelligence (cf. 418 a 11-12 ; 430 a 26-27 ; etc.) ne pouvait pas ne pas piquer l'attention des familiers de Heidegger. Mais c'est aujourd'hui du côté de la « philosophie de l'esprit » que le *DA* rencontre surtout des lecteurs attentifs, non sans controverses, ni malentendus, cependant. Il apparaît, pour dire les choses en bref, que la distinction aristotélicienne de l'âme et du corps ou des actes de l'âme et des mouvements du corps ne peut guère être entendue dans la perspective dualiste de deux entités (l'une mentale et l'autre corporelle), qui agissent l'une sur l'autre ; car la seule entité autonome qu'Aristote semble reconnaître en définitive est le vivant, déterminé formellement et matériellement. Elle s'oppose aussi à la théorie de l'identité « psycho-physique », selon laquelle les états d'âme seraient réductibles, par exemple, aux états du système nerveux central ; car l'âme et ses activités représentent précisément, chez notre philosophe, ce qui, dans le vivant, n'est pas réductible à quelque grandeur ou mouvement corporels que ce soit. Mais, si aléatoire et controversé que soit ce genre de rapprochement, les thèses du *DA* peuvent faire penser à la position « fonctionnaliste » de la psychologie cognitive, qui décrit l'aspect fonctionnel de l'organisme. Bien que la doctrine aristotélicienne de l'âme dépasse le propos de la psychologie cognitive et qu'elle soit, pour le reste, une doctrine qu'on ne puisse assimiler à ses équivalents contemporains sans la dénaturer, il y a, dans un tel rapprochement, de quoi favoriser sa meilleure compréhension.

Cela dit, l'utilisation du *DA* dans les questions d'actualité, tout comme son étude par les historiens, rencontre ici un écueil majeur qui, depuis toujours, s'est présenté à quiconque s'est efforcé d'en tirer une doctrine cohérente. C'est la difficulté de saisir son unité d'inspiration.

La cohérence de la thèse avancée par Aristote sur le statut de l'âme paraît, en effet, sujette à caution, car elle dépend logiquement de la possibilité de lier *toutes* les capacités (et *toutes* les activités) de l'âme à une matière corporelle (et à une affection du corps). C'est visiblement le cas des capacités nutritive et reproductive, puisque même les végétaux présentent des organes différenciés correspondant à ces capacités (cf. 412 b 1-4). Aristote, on l'a vu, soutient aussi que toutes les émotions (la colère, le désir, la crainte, etc. : 403 a 6-7, 16-19) supposent une affection corporelle. Il l'affirme également de la perception en général (403 a 7) et parle des « altérations » des organes sensoriels lors de la perception (422 a 7 ; b15 ; 423 b 30 ; 424 b 17 ; 435 a 22). Mais le cas de l'intelligence est moins évident et le philosophe le confesse sans réticence. Ce qui a donné lieu à l'une des controverses les plus retentissantes et les plus tenaces parmi les interprètes.

3.2. — A propos de l'intelligence.

L'apparente exception que constituerait la capacité intellective, en étant une affection « proprement » psychique, paraît évacuée dans l'hypothèse où son opération serait assimilable à la représentation ou du moins n'irait pas sans représentation, donc, « sans le corps » (403 a 8-10). Car la représentation est un « mouvement » qui résulte de la perception sensitive (429 a 1-2 ; cf. 427 b 15-16). Or cette hypothèse semble bien être exactement celle que retient Aristote (« l'âme ne pense jamais sans représentation » : 431 a 16-17 ; cf. 432 a 8-10) et elle est conforme à sa conviction que l'intelligence est entièrement tributaire des données du sens. On répétera au Moyen Age, en écho à cette conviction : « nihil in intellectu quod non prius in sensu ».

Mais une telle dépendance n'exclut pas de profondes différences entre l'intelligence et le sens. Elle les implique, au contraire (cf. 427 a 17 et sqq.). D'abord, son opération n'est pas toujours liée, comme celle du sens, à la présence « extérieure » d'un objet (417 b 22-28). Il est vrai que ce n'est pas non plus le cas de la représentation (cf. 427 b 17-20), ni des émotions. On peut avoir peur, même en l'absence de tout objet réel de crainte. Or Aristote voit là le signe que cette affection est liée à la matière, c'est-à-dire à un mouvement du corps (403 a 22-25). Donc, *mutatis mutandis*, il pourrait en aller de même avec l'intellection (qui suppose les mouvements de la représentation). Mais il y a surtout le fait que l'intelligence n'a pas d'organe corporel propre, dont elle assurerait la cohésion (411 b 18-19) et dont elle serait la réalisation (cf. 413 a 6-7). C'est d'ailleurs une condition sans laquelle l'intelligence ne pourrait, semble-t-il, saisir absolument tout dans l'ordre intelligible (cf. 429 a 18-26). Alors que chaque sens doit compter sur un organe adapté au sensible qu'il perçoit, l'intelligence, au contraire, doit être libre de toute attache corporelle ou matérielle. C'est pourquoi, reprenant ici l'opinion ancienne d'Anaxagore (405 a 16 ; b 14, 19-20), Aristote soutient qu'elle doit logiquement « ne pas être mêlée au corps » (429 a 18 et 24-25). Il parle dès lors de son incorruptibilité, de son impassibilité et même de sa relative divinité (cf., par exemple, 408 b 29-30).

On comprend, dans ces conditions, l'embarras des interprètes. L'exception, réputée apparente, semble à d'aucuns bien réelle et mettre en cause la cohérence des vues d'Aristote sur l'âme.

Au vrai, on est allé plus loin. L'intelligence, dont Aristote avoue qu'elle paraît une substance incorruptible (408 b 19), se trouve située par lui au terme et, donc, au sommet de la « série » des capacités hiérarchisées de l'âme (414 b 18). Elle semble donc être, pour lui, l'âme par excellence, la seule, selon certains, qu'il faille prendre en considération, même lorsqu'on ne cherche pas à recentrer sur l'homme la psychologie. L'argument porte loin. Car si l'intelligence est l'expression la plus haute de l'âme (Hegel disait de la « conscience »), alors le *DA* devient une sorte d'introduction à la métaphysique, nécessaire à la compréhension de la théologie aristotélicienne. Telle est encore l'interprétation que défendent certains hégéliens actuels.

L'argument a quelque chose de spécieux. Il ignore l'insistance que met Aristote à qualifier de fondamentale l'âme nutritive, parce qu'elle perpétue des formes *corporelles*. Et, sur le point qui nous occupe, on peut avancer, sans grand risque d'erreur, qu'il rend compte très inadéquatement des intentions du *DA*, même sur le chapitre de l'intelligence, qui vise à montrer l'enracinement de celle-ci dans les données sensibles selon un point de vue empirique. Mais le statut de l'intelligence n'en demeure pas moins d'une interprétation problématique. Autant, pour le reste, on pouvait incliner à une interprétation matérialisante de l'âme, autant, lorsqu'on considère les données relatives à l'intelligence, on peut être tenté de suivre une interprétation spiritualisante et de regarder l'âme (de l'homme) comme une entité séparée. Cette tentation devrait, au nom de la cohérence, être écartée comme la précédente. Mais Aristote entretient l'hésitation. L'âme, dit-il, « n'est pas séparable du corps » (413 a 4) et c'est la conclusion logique qu'entraîne son identification à la forme-réalisation ; mais il ajoute que rien n'empêche d'envisager la séparation de certaines parties qui ne sont « réalisations d'aucun corps » (413 a 7). Envisageant plus loin le cas précis de l'intelligence et de la capacité spéculative : « il y a, dit-il, apparence que ce soit un genre d'âme différent et il se peut que lui seul soit séparé, comme l'éternel du périssable, tandis qu'avec le reste des parcelles de l'âme, il est clair [...] qu'on n'a pas affaire à des choses séparables » (413 b 25-28). L'examen réservé en propre à l'intelligence rappelle l'indécision où l'on peut rester sur le statut « séparé » de cette faculté (429 a 11). Mais il affirme, au passage, que « le sensitif ne va pas sans le corps, tandis que l'intelligence est séparée » (429 b 5) et il introduit une distinction (réputée naturelle, mais, pour nous, assez obscure) entre deux intelligences, l'une réceptrice et l'autre productrice des formes intelligibles, qui, en partie, rend justice à l'idée d'une séparation, puisqu'elle attribue apparemment ce statut à l'intelligence « productrice » (qui « est substantiellement activité » : 430 a 18) et semble même faire de celle-ci « la seule chose immortelle et éternelle » (430 a 23).

Nul interprète, jusqu'à ce jour, n'a entièrement réussi à faire la lumière sur la signification exacte et les implications précises de ce langage qui fait état de la « séparation » de l'intelligence ou d'une forme d'intelligence. Le texte du *DA*, à l'endroit le plus crucial, pourrait avoir souffert lors de sa transmission. En tout état de cause, Aristote paraît terriblement laconique dans ses explications et certains ont le sentiment qu'il hésite à se prononcer de façon trop catégorique sur un sujet compromettant, qui met en cause la pertinence de son point de vue hylémorphique. Par ailleurs, il renvoie encore à plus tard l'examen de la question de savoir si l'intelligence « peut saisir les objets séparés sans être elle-même séparée de la grandeur » (431 b 18-19). Ce qui renforce apparemment l'impression que le problème n'a pas été résolu de manière satisfaisante, du moins sous tous ses aspects. Tout cela invite à beaucoup de réserve.

L'Antiquité et, à sa suite, le Moyen Age ont au contraire hardiment tenté de lever ces obscurités en multipliant les hypothèses, spécialement (depuis Théophraste) sur la distinction dite « des deux intellects ». Dans l'élaboration de ces hypothèses, des éléments divers d'origine néo-platonicienne sont progressivement intervenus, mêlés de considérations cosmologiques. On est allé jusqu'à suggérer que l'« intellect agent » serait l'intelligence de la dernière sphère du ciel, propre à « donner les formes » que reçoit l'« intellect patient », partie immortelle de l'âme humaine (doctrine émanatiste d'Avicenne). Ces spéculations ne sont plus de mode aujourd'hui. Et, pour tout dire, faute d'arguments solides, la plupart des interprètes actuels hésitent à encore cautionner toutes celles qui identifient à Dieu l'« intellect agent » (Alexandre, Renan, Zeller,...) ou assignent aux « deux intellects » un statut impersonnel (Averroès). Thémistius, parmi les Anciens, et Thomas d'Aquin, au Moyen Age, n'envisageaient d'ailleurs pas la possibilité de sérieusement rapporter les propos d'Aristote sur l'intelligence (ou les deux intellects) à autre chose que l'homme lui-même. Chez ces auteurs et chez d'autres, on trouve cependant la préoccupation de sauver la possibilité d'assurer à chaque homme, avec l'intelligence, une âme immortelle qui lui survit. Contre l'hypothèse d'Alexandre, qui ne confère à l'homme, entièrement mortel, qu'une pure potentialité « matérielle » de connaître l'intelligible, Thémistius cherchait à établir l'incorruptibilité de la forme humaine, qui résiderait dans l'alliance des deux intelligences. Et contre Averroès, pour qui l'homme, totalement corruptible, ne possède en propre qu'une capacité sensorielle représentative, Thomas d'Aquin défendait, lui aussi, l'idée d'une forme humaine immortelle, d'ordre intellectif. Mais les données du *DA* ne permettent pas de savoir sûrement si Aristote défendait ce genre de thèse que n'évoquent que des allusions difficilement interprétables. Elles ne le permettent pas, tout simplement parce que le problème de l'immortalité de l'âme humaine individuelle n'est pas de ceux qui se trouvent explicitement posés dans le texte en question. Les préoccupations du philosophe lorsqu'il parle de l'intelligence sont manifestement ailleurs. Elles concernent essentiellement l'analyse d'une faculté visiblement naturelle, comme les autres facultés, en dépit de ses singularités. Jusqu'où, dans ces limites, le propos d'Aristote reste-t-il obscur ? On ne peut le dire sans hypothèse. Mais des hypothèses vraisemblables reculent l'obscurité sur plusieurs points importants.

(a) Aristote s'interroge sur la capacité humaine de saisir les intelligibles, non cependant tous les intelligibles, car il n'envisage pas la saisie des intelligibles qui sont eux-mêmes et par eux-mêmes séparés de la matière (les pures formes de la *Métaphysique* : cf. 403 b 16). C'est pourquoi, semble-t-il, il écarte au bout du compte la question de savoir si ces objets séparés sont à la portée d'une intelligence qui ne serait pas elle-même séparée (431 b 18-19). Une intelligence, qui serait par nature séparée (430 a 22-23) et qui, comme acte pur, dénué de toute puissance, constituerait une véritable substance, n'est pas, par définition, la *capacité* humaine sur laquelle Aristote s'interroge et qui peut appréhender, quant à elle, les formes intelligibles telles qu'elles sont données dans le sensible (formes naturelles) ou telles qu'abstraites du sensible où elles sont immergées (formes mathématiques : cf. 403 a 15 ; b 14 ; 431 b 15-16).

(b) Mais l'intelligence humaine, en fait, a le même statut de séparabilité que ses objets : « autant ces choses sont séparées de la matière, autant le sont aussi les facultés qui regardent l'intelligence » (429 b 21). Dans ces conditions, l'intelligence dont Aristote dit qu'« elle apparaît comme une substance (*ousia*) qui arrive en nous et ne dépérit pas » (408 b 18), représente probablement l'intelligence, non plus potentielle (qui n'est rien avant de penser), mais réalisée (qui coïncide avec l'intelligible). C'est, si l'on veut, l'intelligence acquise par l'individu qui s'élève effectivement à l'acte d'intellection, sépare l'intelligible du sensible et s'identifie ainsi à ce qui est séparé. On a de la peine à se représenter pourquoi Aristote prête à cet acte d'intelligence une nature substantielle impérissable. L'hypothèse la moins aléatoire est cependant qu'il s'autorise, pour cela, de l'identité qui existe, dans l'acte d'intellection, entre l'intelligence et la forme intelligible. Dans ces conditions, l'intelligence « qui arrive en nous » n'est probablement substance qu'« à titre de forme » (*ousia hôs eidos* : 412 a 19-20), ainsi que toute âme, bien que cette forme ne soit pas donnée à l'homme avec son corps, mais acquise ultérieurement. Et probablement n'est-elle impérissable qu'à ce titre aussi, parce que toute forme spécifique est, par définition, immatérielle et qu'elle se perpétue, de génération en génération, dans les individus dont elle est la forme (cf. 415 a 26-b 7), même si, en l'occurrence, la nature, dès la naissance, ne procure pas à l'être humain sa forme « actuelle » (l'intelligence), mais seulement, avec les sens, sa capacité (intellective) de devenir formellement homme.

(c) Il est très difficile d'étayer ces hypothèses. Mais un parallélisme étroit entre la forme humaine ou l'âme intellective et la forme animale ou l'âme sensitive, est noté dans un autre passage du *DA*. Bien qu'il réserve encore à cet endroit la possibilité de traiter l'intelligence comme une faculté singulière (408 b 29-30), Aristote laisse entendre, en effet, qu'elle ne peut être considérée autrement que le sens, lequel ne s'affaiblit, chez le vieillard, qu'à la mesure de ses organes sensoriels, mais reste en lui-même intact jusqu'à la mort, comme le prouverait la greffe d'un nouvel organe jeune (408 b 21 et sqq.). Cela signifie, d'une part, que l'âme (sensitive) de l'animal est, en elle-même, chose aussi incorruptible que l'âme (intellective) de l'homme et que, d'autre part, l'intelligence individuelle est aussi tributaire du corps que le sens dans l'exercice, par le vivant, de ses facultés, donc, probablement aussi éphémère que lui.

(d) Aristote, cependant, on l'a vu, est disposé à faire droit au sentiment général qui voit dans l'intelligence une faculté unique en son genre. C'est qu'elle n'a pas d'organe propre et, surtout, elle n'est que potentiellement donnée à la naissance, alors que le sens, lui, est d'emblée réalisé (au premier degré), prêt à être exercé. Il en résulte donc de profondes différences qu'on ne peut masquer.

(e) Le *DA* ne traite que brièvement et incidemment de la « réalisation » première de l'intelligence (acquisition de la science : 417 b 9 et sqq.), sans doute parce que celle-ci n'est pas l'effet d'un processus naturel et relève plutôt de l'enseignement. Mais, à l'occasion, nous voyons clairement qu'Aristote, utilisant la notion même de « savant » pour donner à comprendre ce qu'il dit du sens, tient pour évidente la distinction entre (1) une pure puissance intellective, (2) une première réalisation de cette faculté et (3) la réalisation seconde de celle-ci sous forme d'activité. Donc, le passage de (1) à (2), qu'il faut envisager dans le cas de l'intelligence, mais non du sens puisque le sens est donné sous la forme (2) avec la vie, et le passage de (2) à (3), qu'il faut envisager différemment dans le cas de l'intelligence et dans le cas du sens, puisque celui-ci nécessite la présence d'un objet extérieur, sont des phénomènes qui devaient évidemment, pour Aristote, exiger l'intervention d'un principe actif déterminé. Et tout porte à croire que ce principe est en cause lorsqu'il est question de l'intelligence « productive ».

(f) L'intelligence considérée comme une pure puissance passive (1) n'est pas, quant à elle, énigmatique. Elle correspond à l'intelligible en puissance, que contient toute réalité corporelle ou sensible (cf. 430 a 6-7). C'est l'intelligence capable de devenir toute chose, qui n'est effectivement rien avant de penser (429 a 24 ; b 31), sinon un « lieu de formes (429 a 27-28), une sorte de tablette immatérielle sans écriture » (429 b 31-430 a 3). N'est pas non plus énigmatique la nécessité d'un acte d'intelligence pour produire « l'écriture » et réaliser ce qui est simplement potentiel. Ce qui paraît énigmatique, c'est le rapport de cet acte au sujet potentiellement intelligent. Car, dans le passage de (1) à (2), il apparaît que cet acte doit être extérieur au sujet, tandis que, dans le passage de (2) à (3), après que l'on a déjà été formé intellectuellement, il semble qu'il doive, d'une certaine façon, s'y trouver, si l'on veut expliquer l'initiative que l'on prend alors par soi-même de penser (cf. 429 b 8-10).

(g) Mais telle est bien, semble-t-il, la position que défend Aristote. C'est l'intelligence en acte d'autrui qui produit en nous, le passage de (1) à (2), d'une manière tellement évidente (grâce au langage, sans doute) que le philosophe ne songe même pas à le rappeler. Un texte oriente apparemment vers une perspective différente. « Une fois séparée », dit Aristote, l'intelligence identique à son essence est quelque chose « d'immortel et d'éternel » (430 a 22-23), comme si l'on avait affaire à un acte impersonnel transcendant qui échappe au temps. L'affirmation a été interprétée dans les sens les plus divers. Mais la conjecture la moins étrange est de considérer que ce propos vise l'acte d'intelligence de tout individu qui pense et lorsqu'il pense une forme intelligible quelconque, vu que celle-ci, intemporelle, est appréhendée dans l'instant, non dans le temps.

(h) Le sujet intellectuellement formé, auquel Aristote reconnaît la capacité de se mettre à penser de lui-même quand il le veut — passage de (2) à (3) — doit avoir en lui, du fait de sa formation, « comme une disposition permanente » (430 a 15). D'un certain côté, celle-ci (2) diffère de l'acte intellectif (3) en ce qu'elle est puissance permanente à penser, plutôt que pensée. Cependant, il s'agit là d'une puissance, non plus passive (1), mais active, qui correspond à l'intelligible potentiel, non plus tel qu'il est hors du sujet, dans le sensible, mais, tel qu'il est déjà dans le sujet lui-même ; bref, c'est l'intelligence elle-même, telle qu'elle peut *se* penser (429 b 9-10). Comme puissance active, ce n'est donc plus l'état potentiel (2) de l'acte intellectif (3), mais ce qui, comme l'acte d'un autre sujet, produit cet acte. C'est l'intelligence qui se donne l'acte. Et probablement est-elle, pour cela, comparée à la lumière qui, dans l'ordre sensible, rend effectivement visibles les couleurs qui le sont potentiellement, parce qu'elle constitue en elle-même et pour elle-même ce que la lumière constitue à l'extérieur pour le sens.

Sans avancer avec cela de nouvelles certitudes, les interprètes déblaient au moins, pour l'avenir, une voie encombrée de préjugés séculaires.

Il n'est pas impossible, poursuivant dans cette voie, de proposer une interprétation qui dissipe un peu le mystère des données du *DA* relatives à l'intelligence, écarte davantage les prétentions anciennes à réintroduire ici, dans l'analyse du naturaliste, des éléments incompatibles avec elle et ainsi contribue modestement à retrouver la cohérence de la perspective aristotélicienne développée dans ces textes. Mais, répétons-le, les recherches actuelles ne peuvent, dans cette voie, travailler qu'à coup d'hypothèses plus ou moins vraisemblables et nous restons en présence de problèmes à résoudre.

Celui de l'intelligence qu'on vient d'évoquer, est en partie lié à celui, plus général, qui concerne la distinction des « facultés ».

3.3. — A propos des facultés.

L'émergence chez l'homme d'une capacité intellective, qu'on ne rencontre pas comme telle chez les autres animaux, est comparable à celle d'une capacité de déplacement, qui distingue la plupart d'entre eux des animaux rudimentaires, ou encore à celle d'une capacité sensitive, qui les range tous à part des végétaux (cf. 414 a 29 et sqq.). Ce sont là des faits qui plaident, semble-t-il, en faveur de la « séparation » des facultés, puisque le nutritif existe sans le sensitif chez les plantes, le sensitif (avec le toucher) sans la faculté motrice chez les animaux rudimentaires, et les facultés sensitive et motrice sans l'intellectif chez l'animal (cf. 411 b 29 ; 413 a 31 ; b 6 ; 415 a 2 ; etc.). Dans ces conditions, l'unité de l'âme se trouve mise en cause, là où se rencontrent plusieurs facultés, singulièrement chez les animaux supérieurs et, plus encore, chez l'homme. Or cette unité est requise pour la théorie de l'âme-« forme substantielle » qu'Aristote oppose à ses devanciers. C'est pourquoi le *DA* attire d'emblée l'attention sur le problème du « morcellement » de l'âme (402 b 1) que certains, comme Platon, suggéraient en localisant plusieurs âmes dans différentes parties du corps.

3.3.1. — La distinction des facultés.

La question est de savoir si la « séparation », somme toute assez évidente des facultés, doit s'entendre « en raison ou encore localement » (413 b 14-15). Ce qui revient exactement à dire : « en grandeur ou en raison » (432 a 20), puisque la localisation d'une réalité implique que cette réalité soit une grandeur. L'âme se trouve bien *dans* le vivant (cf. 408 a 32), mais comme un principe formel (412 a 20). On ne peut donc traiter ses « parties » (facultés) comme des grandeurs localisables, même si elle use d'organes corporels. Aristote défend cette position à l'aide de plusieurs arguments empiriques. Ainsi, dit-il, les segments de végétaux qui deviennent d'autres végétaux ou les parties d'insectes sectionnés qui gardent chacune une certaine capacité sensitive, indiquent que chaque partie du corps contient toutes les parties de l'âme, « comme quoi celles-ci ne sont pas séparables » (419 b 29 et 413 b 19). Un même organe corporel (la langue) peut servir à deux sens différents, quoique voisins (le toucher et le goût : 422 a 8-9). La faculté appétitive, responsable du déplacement, est par ailleurs tributaire des mêmes organes que la faculté cognitive (cf. 432 a 19 et sqq.). Tous ces « faits » vont dans le même sens. On ne peut séparer les facultés ou parties de l'âme qu'en raison.

Celles-ci permettent de distinguer par ailleurs des espèces d'âmes, correspondant aux différentes espèces de vivants. Quant à l'unité de l'âme, dans chaque espèce qui développe plusieurs facultés, elle est suggérée par le fait que celles-ci constituent ensemble une « série » graduée, où chaque « conséquent » implique potentiellement « l'antécédent ». L'intellectif implique le sensitif (et donc l'appétit) et celui-ci le nutritif (cf., par exemple, 414 a 31-b 30). Cette implication logique est seulement comparée à celle des figures mathématiques (le rectangle implique potentiellement le triangle : 414 b 31). Aristote ne l'approfondit pas. Elle ne peut cependant signifier chez lui, comme chez Platon, que le même individu participe de plusieurs formes. L'être humain n'a qu'une forme substantielle (âme), bien que celle-ci suppose nécessairement, chez l'individu, d'autres facultés (non humaines). Telle est probablement la signification qu'Aristote accordait à sa remarque. Mais il ne nous laisse pas entrevoir plus avant les rapports supposés entre les multiples facultés nécessairement impliquées dans une forme unique. Or cette multiplicité, quoique fondée sur des distinctions de raison, est bien réelle, d'autant qu'il n'est en aucune façon possible de dériver, l'une de l'autre, les facultés en question. La « dernière » (soit la faculté intellective : 415 a 8) n'est pas plus la forme évoluée de la « première » (soit la faculté nutritive : 415 a 24) que l'homme n'est, pour Aristote, le terme d'une évolution naturelle à partir du végétal. Elle n'est pas non plus ce dont procède ou émane par dégradations successives, la série des autres âmes jusqu'à « la plus commune » (415 a 24). Cette multiplicité est donc irréductible. Mais, hélas ! on ne voit pas clairement le nombre des facultés identifiées par Aristote, ni la manière dont elles peuvent, le cas échéant, former un système analogue à celui du corps.

Ces obscurités retenaient volontiers l'attention des commentateurs anciens qui (comme Nicolas de Damas) voulaient soutenir Aristote dans sa polémique, sur ce point, contre Platon et les platoniciens (cf. 432 a 22 et sqq.). On y fait moins écho aujourd'hui dans les comparaisons entre les deux philosophes, mais les études du *DA* s'y heurtent tôt ou tard et il n'est pas facile de les dissiper.

3.3.2. — Le nombre des facultés.

En fait, il y a plusieurs problèmes. D'abord, combien de facultés, au sens strict du terme, sont-elles reconnues par Aristote ? Il en dénombre expressément cinq en 414 a 31, mais deux d'entre elles (les facultés appétitive et motrice) ne se distinguent que de façon nominale, comme on le voit plus tard (433 b 10-11). Ce qui nous laisse avec la liste courte des quatre facultés évoquées en 413 a 12, qui semble elle-même correspondre à la liste de facultés servant à fixer les parties de l'âme en 433 b 2-3 (où la mention de l'appétitif s'ajoute à la mention d'un « délibératif », qu'elle corrige, parce que l'appétitif inclut le souhait rationnel de la délibération : cf. 432 b 3-6 et 433 a 22-25). Plusieurs interprètes envisagent une liste plus longue où prendrait place, notamment, une faculté « représentative ». Mais il y a, semble-t-il, une raison de s'en tenir à quatre facultés fondamentales. C'est qu'elles peuvent vraiment être « séparées » les unes des autres, en ce sens qu'elles sont chacune le propre d'une catégorie distincte de vivants, dont elle représente la forme (âme) spécifique.

F (1) Le *nutritif*, commun à tous les vivants, est une véritable faculté qu'on peut mettre à part, s'il est vrai que le végétal n'a pas d'autres facultés (413 a 33). Il est donc en même temps la forme spécifique du végétal. C'est sans doute pourquoi, d'ailleurs, Aristote parle de « l'âme nutritive » (434 a 22).

F (2) Le *sensitif*, que n'ont pas les plantes, est commun à tous les animaux. Mais, sous une forme élémentaire (le toucher et secondairement le goût, qui sont les sens de la nourriture : 414 b 3-15 ; cf. 434 b 18 et 21), il constitue la marque propre des animaux rudimentaires, liés au sol, comme les plantes (cf. 413 b 2-5 ; 414 a 3 ; 410 b 20 ; 432 b 20 ; 434 b 2, 4, 8), et représente en quelque sorte leur forme (âme) spécifique. Le toucher est par ailleurs un sens si « fondamental » (413 b 2), comme le nutritif (415 a 24), qu'il ne peut se perdre sans attenter à la vie même de l'animal (435 b 18-19).

F (3) L'*appétitif*, dans la mesure où il représente la faculté motrice (cf. 433 b 10-11), est une faculté réellement séparée du sensitif, du fait que certains animaux sensitifs, on vient de le voir, ne se déplacent pas. En fait, le toucher ne va pas sans une forme d'appétit (414 b 3 et sqq.). Mais cet appétit n'est pas moteur, comme l'est celui lié aux sens à distance (la vue, l'ouïe et l'odorat, qui ne sont pas, de leur côté, des sens de la nourriture : 434 b 19-21).

Avec l'appétitif moteur, lié aux sens à distance, nous avons donc affaire à la forme commune des animaux qui se déplacent : ainsi, parmi les espèces terrestres, les animaux locomoteurs (cf. 434 b 25).

F (4) L'*intellectif*, enfin, représente une faculté à part, du fait qu'il correspond à la forme spécifique des animaux qui raisonnent (cf. 415 a 10).

Ces quatre facultés correspondent aux formes essentielles du vivant concret et, donc, aussi aux différentes formes de la vie, puisque « vivre s'entend de multiples façons » (413 a 22). La manière dont Aristote détaille à l'occasion ces multiples manifestations de la vie laisse deviner que chacune est à la charge d'une faculté : « l'intelligence (F 4), le sens (F 2), le mouvement et l'arrêt local (F 3) et le mouvement nutritif (F 1), dépérissement et croissance » (413 a 23-25). Ce texte présente une singularité. Il explicite, semble-t-il, de façon curieuse ce qu'il faut entendre par mouvement nutritif, comme si Aristote avait en tête la double fonction assumée par F (1), non seulement la croissance, mais aussi et d'abord la génération (cf. 415 a 23, 416 a 19, b 25), évoquée ici, de façon très surprenante, par son contraire, le dépérissement. À moins que celui-ci, assimilé au mouvement de vieillissement, ne soit, en l'occurrence, le contraire du mouvement de croissance. Toujours est-il que, malgré la différence patente de deux fonctions que remplissent corporellement deux genres d'organes (digestifs et reproducteurs), Aristote ne voit, au niveau des principes vitaux, qu'une seule et même faculté de l'âme, qui vise au maintien de la vie dans l'individu (nutrition) et, par-delà, dans l'espèce (par la production d'un autre individu similaire : cf. 416 b 22-25). C'est ainsi que F (1) peut représenter le principe de deux changements qui, en fait, sont respectivement le changement dans l'ordre catégorial de la substance (génération ou reproduction) et le mouvement dans l'ordre catégorial de la quantité (accroissement ou croissance).

Le philosophe distingue encore expressément, en 406 a 12-13, quatre mouvements naturels : « le transport, l'altération, le dépérissement et la croissance ». Les deux derniers cités sont ceux que mentionnait le passage ci-dessus, pour spécifier « le mouvement nutritif », et le dépérissement paraît représenter ici le vieillissement, car le changement substantiel n'est pas un mouvement. Quant aux deux premiers, ils sont également reconnaissables comme ceux qui prennent place sous le chef des autres facultés : le « transport » ou mouvement local se place sous F (3) et l'« altération » ou mouvement dans l'ordre catégorial de la qualité se place sous le double chef de F (2) et F (4). Aristote associe, en effet, volontiers le sensitif et l'intellectif (cf. 402 b 13, 16) ; leurs activités sont traitées de pair (cf. 426 b 22 ; b 31-427 a 1 et 9 ; 431 b 20, 24 ; 432 a 2) et ces deux facultés sont réunies sous une même appellation générique : le « cognitif » (cf. 404 b 28) ou le « judicatif » (cf. 432 a 15). Or leur rapprochement vient précisément du fait que l'activité de l'intelligence, comme celle du sens, peuvent s'analyser en termes d'altérations du sujet par l'objet (cf. 424 a 21-28 ; 429 a 14 ; 415 b 24 ; 416 b 34), non évidemment au sens propre (cf. 431 a 5), car l'activité n'est pas assimilable au mouvement, mais dans un sens dérivé (cf. 417 b 3-5, 7, 16-17). Et, au bout du compte, le sujet est « altéré par l'acquisition des connaissances » (417 a 31).

Les correspondances entre mouvements du vivant et facultés de l'âme sont, donc, au total, les suivantes :

1. génération	
2. accroissement et dépérissement	F (1)
3. altération	F (2) et F (4)
4. déplacement	F (3)

De telles correspondances, quoique imparfaites, manifestent un souci de cohérence dans la théorie des facultés. Et elles suggèrent comment celles-ci, pour Aristote, semblent s'organiser en système.

3.3.3. — *Le système des facultés.*

Le point de vue qu'Aristote défend à cet égard traduit une protestation contre les points de vue qui l'ont précédé. Selon les conceptions matérialistes de l'âme qui prévalaient anciennement (chez Empédocle, par exemple : cf. 404 b 11 ; 405 b 23-26), le système des facultés ou, plus exactement, des âmes, était celui des principes « élémentaires », constitutifs des corps inorganiques. Les platoniciens, plus spiritualistes ou idéalistes, appuyaient leurs systèmes sur des principes mathématiques et demandaient aux principes des nombres ou des grandeurs de quoi ordonner en série les facultés. Ainsi mettaient-ils en séquence, par exemple, l'intelligence (unité ponctuelle), la science (dualité linéaire), l'opinion (triplicité des surfaces) et la sensation (quadruplicité des solides) : cf. 404 b 23, 26-27. Cet exemple, ancêtre des théories émanatistes qu'on trouvera développées chez les néoplatoniciens, suppose clairement le primat de l'intelligence (principe unique ou fondamental qu'on identifiait également comme tel du côté d'Anaxagore et même du matérialiste Démocrite : cf. 404 a 28 ; 405 a 9, 18-19). Ce primat explique les divisions de l'âme en « parties » que proposaient les platoniciens. Tripartie ou bipartie, ces divisions traduisent le même principe de subordination des autres facultés à l'intelligence (433 a 25-26) :

Tripartition	Bipartition
1. raisonnement	1. rationnel
2. ardeur	2. irrationnel
3. désir	

De tels systèmes rendent assez bien compte du comportement humain et Aristote s'en inspire ailleurs, en éthique. Il les récuse ici dans le *DA* comme impropres à figurer le système des facultés naturelles de l'âme. Ainsi, l'appétitif (F 3) n'est pas réductible aux deux niveaux inférieurs de la tripartition. Il s'étend au niveau supérieur, avec le souhait, ce qui invalide la tripartition elle-même (432 b 5-6). Ainsi encore, le sens (F 2), toujours vrai dans l'appréhension des sensibles propres (cf. 418 a 14-15 ; etc.) et source de toute connaissance (cf. 432 a 3-10), ne paraît pas plus évidemment irrationnel que rationnel, ce qui entame la pertinence de la bipartition (432 a 30). La critique peut trouver à redire dans pareils arguments. Mais, dans le fond, c'est le principe des systèmes platoniciens qui est en cause, à savoir le primat de l'intelligence. Et il n'est pas indifférent de noter que la première objection qu'Aristote adresse à ces systèmes est précisément celle d'ignorer le nutritif (F 1), « qui est dévolu aux plantes et à tous les animaux » (432 a 29-30). L'objection est indicative du principe que le philosophe entend donner à son propre système et qui manifeste un renversement total des perspectives.

Il est vrai que la série des facultés, de F (1) à F (4), reflète une hiérarchie coiffée par l'intelligence, tous les interprètes l'admettent, au moins implicitement. Mais cette hiérarchie, en fait, est celle des êtres vivants, où culmine l'être intelligent, au plus loin des végétaux. Ce n'est pas proprement une hiérarchie des facultés elles-mêmes. Les facultés, du point de vue hylémorphique d'Aristote, manifestent, bien entendu, l'ordonnance des vivants (corps animés) dont elles sont par ailleurs les formes substantielles, mais le premier principe de tout vivant ne peut être cherché dans la forme substantielle la plus sublime et la plus rare. Au contraire, il se trouve dans la plus commune. C'est pourquoi, réparant l'oubli de tous ses devanciers qui négligeaient les plantes dans l'étude de l'âme (cf. 410 b 22-25 ; 412 b 30), Aristote en appelle d'entrée de jeu à la nutrition comme à ce qui définit la vie (412 a 15 : première mention de la nutrition dans le *DA*), pour fournir la raison « la plus commune » de l'âme (412 a 3). Et présente ensuite la faculté nutritive, « la plus commune », comme la faculté « première » (415 a 24).

Le primat de cette faculté est déjà implicitement noté quand Aristote critique la thèse de l'« âme-harmonie », en disant que ni l'intelligence (F 4), ni le sensitif (F 2), ni l'appétitif (F 3) ne peuvent passer pour jouer le rôle de « synthèse » (corporelle) reconnu à l'âme (408 a 12-13), ou lorsque, visant alors l'illusoire « suprématie » de l'intelligence (410 b 15), il récuse, pour elle par-dessus tout, la possibilité d'être « un facteur d'unité » et d'assurer la « cohésion » nécessaire du corps vivant (410 b 11-12 ; cf. 411 b 5 et sqq.). Ce rôle de cohésion est, en effet, reconnu à la faculté nutritive, universellement présente chez les vivants (416 a 6-8), quoique universellement oubliée par ceux qui en parlent. En parfaite conformité avec son analyse hylémorphique, Aristote explique que la vitalité du corps suppose la contribution d'un élément matériel (la chaleur), entretenu par la nourriture, mais que c'est l'âme qui fournit la raison de la croissance à laquelle contribue la matière nutritive (416 a 9-18).

On peut avoir le sentiment que le primat de cette faculté tient au simple fait qu'elle représente la condition *sine qua non* des autres facultés, car l'affaiblissement de F (1) ou sa disparition diminue ou supprime F (2), (3) et (4), comme on le vérifie empiriquement. Mais il faut voir les choses plus en profondeur et si l'on veut vaincre les obscurités d'Aristote, considérer, comme il le fait, la nature essentielle du principe nutritif.

Cette nature a été indiquée plus haut. Le nutritif, avons-nous vu, se caractérise par ceci qu'il maintient la vie même de l'individu et la perpétue dans un autre individu. Il y a là, pour Aristote, au principe de tout vivant, une sorte d'« appétit » fondamental : « tous les vivants ont cet appétit (d'éternité) et c'est à cela que visent toutes leurs actions quand elles suivent la nature » (415 b 1-2). L'appétit, certes, est proprement une autre faculté que le nutritif. Il est principe moteur chez les animaux supérieurs. Mais, selon notre philosophe, une forme inchoative d'appétit est présente chez les animaux rudimentaires immobiles, dès lors qu'ils ont la moindre sensation (cf. 413 b 22 et sqq. ; 434 a 1-4). Et cette forme inchoative, associée au sens primaire de la nourriture, est encore l'expression d'un appétit plus fondamental, celui de durer « éternellement », qu'Aristote situe dans le nutritif lui-même.

L'enracinement des autres facultés dans celui-ci, qui manifeste l'appétit du vivant à être, apparaît donc clairement si aucune de ces autres facultés ne va sans appétit. Or c'est le cas : « là où il y a sens, en effet, il y a également douleur et plaisir et, dans ces conditions, nécessairement désir aussi » (413 b 23-24). Cela signifie que le simple toucher des animaux rudimentaires est, sous un rapport, la forme qu'on peut appeler minimalement « consciente » (agréable ou désagréable) de l'appétit fondamental qui porte le vivant à être. Et cela signifie que, toujours sous ce rapport, les autres sens des animaux supérieurs, où l'appétit est moteur, sont aussi des formes « conscientes » du même appétit fondamental, formes par lesquelles ils perçoivent ce qui est à poursuivre ou à fuir. Car le sensitif et l'appétitif moteur, comme le dit Aristote, ne diffèrent que par l'essence (431 a 13-14). Dans la réalité concrète du vivant singulier, c'est le même sujet qui, placé devant un même objet, approche ou fuit ce qu'il perçoit dans le même acte. Formellement distincte de l'appétition, la sensation ne représente donc qu'un autre aspect du même acte, qui, chez l'animal supérieur, entraîne le déplacement par rapport à l'objet perçu agréablement ou désagréablement. C'est pourquoi le sens apparaît invariablement comme la face « consciente » de l'appétit qui le porte à suivre une inclination fondamentale et naturelle vers ce qui lui permet de se conserver. Il en va de même pour l'intelligence, du moins lorsqu'elle poursuit une fin.

Car c'est ici que prennent sans doute toute leur signification les réticences d'Aristote à poser l'intelligence, en bloc, dans la ligne des autres facultés. L'intelligence peut, en effet, s'exercer de manière purement spéculative, et uniquement prétendre connaître (433 a 14-15 ; cf. 432 b 27-28). Or bien qu'elle soit encore tributaire du sens, l'activité spéculative de l'intelligence se trouve affranchie de l'appétit qui accompagne le sens. Elle échappe de la sorte au système des facultés. C'est pourquoi, après avoir noté l'association des sens et de l'appétit, Aristote ajoute : « mais touchant l'intelligence et la faculté spéculative [...] cela semble être un autre genre d'âme » (413 b 24-26). Ce que considère avant tout le *DA*, cependant, c'est la faculté de l'intelligence « exécutive » (ou, comme on dit volontiers, « pratique »), qui se déploie dans la « sagacité » (*phronèsis* : 404 b 5) et qui commande l'action souhaitable, réellement bonne, ou interdit l'action désirée, apparemment bonne, mais en réalité nuisible. L'intelligence qui opère de la sorte, après délibération (cf. 434 a 16-21), a, en effet, l'appétit pour principe (433 a 16) et c'est pour cela qu'elle entraîne le mouvement, comme le fait la représentation sensitive chez l'animal (cf. 434 a 5-7). Bien qu'elle suppose une conceptualisation, c'est-à-dire, un degré général de connaissance que n'atteint pas le sens, elle reste si proche de celui-ci qu'Aristote envisage même que ce puisse être la même instance, mais disposée autrement, qui juge de la forme sensible, la chair par exemple, et de la forme intelligible, l'essence de la chair, pour les objets naturels (429 b 14, 20 ; cf. l'assimilation du sens à l'intelligence en 426 b 22 ; b 31-427 a 1 et 9). Ce qui montre une nouvelle fois l'unité réelle profonde des facultés pour Aristote, malgré les distinctions formelles. Ainsi, même l'intelligence, dans son association intime avec l'appétit, en tant qu'elle saisit et, dans le même acte, commande le bien, paraît encore représenter quelque chose comme la face consciente de l'appétit (le sentiment du bien) et, donc, de la tendance fondamentale de tout sujet à durer dans l'être.

Le détail des analyses du *DA* semble par conséquent reposer sur une vision profonde du vivant chez son auteur et, en particulier, une puissante attention à la manière dont les facultés cognitives, si caractéristiques de l'animal, se rattachent à ce qu'on peut appeler son appétit d'être primordial. En soi, comme le dit Aristote, « l'âme (cognitive) est d'une certaine façon (en puissance) tous les êtres » (431 b 21) ; et l'acte de connaissance est une appropriation, par le sujet, de la forme de tous les objets. Or il y a un appétit de connaître, lui-même plaisant et agréable. Selon la très célèbre proposition qui ouvre la *Métaphysique* (A, 1, 980 a 1), assortie de considérations sur le plaisir des sens et de l'intelligence : « Tous les hommes ont naturellement l'appétit de savoir. » Formellement distincte de tout appétit et indépendamment de toute fin qu'elle peut s'assigner par ailleurs, la connaissance est donc elle-même l'objet d'un appétit réputé naturel. Ce ne serait pas le cas si la connaissance n'était pas, au même titre que la nutrition ou le mouvement, une forme de la vie répandue dans la nature, comme l'enseigne justement le *DA* (413 a 23 et sqq.). C'est d'ailleurs pourquoi celui-ci, dès le départ, présente la connaissance de l'âme elle-même, comme une contribution particulièrement significative à l'approche de la nature (402 a 6).

Tous les problèmes que soulève le *DA* ne sont pas, avec cela, éclairés, encore moins résolus. On n'a rien dit de ceux, très nombreux et fort épineux, que pose l'idée du sens dit « commun » ou l'idée de ce que le Moyen Age appelait le sens « interne ». On n'a rien dit de ceux, très débattus aujourd'hui, qui regardent l'analyse de la représentation (imagination). L'on pourrait confesser beaucoup d'autres lacunes. Et ce qui a été dit ci-dessus des problèmes principaux laisse échapper des questions que d'aucuns jugeront capitales. Ainsi, l'analyse des données qu'on vient de présenter concernant les facultés conduit à s'interroger sur la pertinence de mettre à part l'appétitif du fait qu'il est à l'occasion moteur, mais à l'occasion seulement. A son tour, la motricité de l'âme devient suspecte, bien qu'Aristote l'accorde à ses prédécesseurs. Car, enfin, le « premier moteur » responsable du déplacement des animaux, c'est l'objet (sensible ou intelligible) de l'appétit, par exemple le bien à exécuter dans l'action (433 b 16), donc, au départ, quelque chose d'extérieur à l'âme, qui en reçoit la forme. On dira que l'âme, qui désire ce qu'elle perçoit, est tout de même également motrice, ne serait-ce qu'à titre second. Mais pourquoi, alors, Aristote dit-il de l'appétit qu'il est « un moteur mis en mouvement » (433 b 16-17), alors qu'il refuse à l'âme le mouvement et l'auto-motricité (cf. 406 a 2-3) ? Façon de parler, sans doute, puisque l'âme n'est pas une grandeur et ne peut mouvoir mécaniquement (cf. 406 b 24-25). Mais une façon de parler qui marque bien les limites de l'analyse aristotélicienne.

Cet exemple illustre ce qui m'apparaît être le plus grave défaut d'Aristote que je dois signaler en terminant. Le *DA*, soumis à la critique actuelle révèle, on s'en doute, bien des analyses insuffisantes et bien des pensées suspectes. Mais à tout prendre, le principal défaut du philosophe n'est pas en définitive un défaut de pensée. Il suffit de le lire pour deviner que sa plus grande infirmité réside dans un langage, non seulement allusif, mais trop étriqué pour recevoir sa pensée. Celle-ci demeure souvent latente et, pour nous, indécise, sous l'apparente simplicité d'expressions laconiques, qui devraient être explicitées, et la relative pauvreté d'un vocabulaire, de ce fait, volontiers ambigu. L'interprète, à cet égard, est constamment exposé au péril de clore ce qu'il devrait ouvrir, en tranchant des questions qu'il faudrait contribuer à poser plus clairement.

La tâche du traducteur n'est pas moins inconfortable. Entre l'obscurité du laconisme et de l'amphibologie, qu'il ne peut totalement éviter de rendre, et l'élucidation aléatoire, qu'il doit souvent proposer pour y remédier, il cherche maladroitement le moindre mal. Je ne me suis acquitté de cette tâche qu'en adoptant certaines conventions que je vais signaler.

Richard BODÉÜS.

REMARQUES SUR LA TRADUCTION

Le texte traduit a été subdivisé en différentes sections selon le contenu et sans égard pour le traditionnel découpage en « livres » et « chapitres ». Les titres, les sous-titres et toutes les indications entre parenthèses figurent en italiques parce qu'ils ne font pas partie du texte original ; non plus que la numérotation (de 402 a 1 à 435 b 25), laquelle est empruntée à la pagination (colonnes et lignes) de l'édition grecque qui sert de référence.

La traduction elle-même vise à rendre la structure des développements que contient chaque section, en marquant les articulations qui unissent entre elles les propositions et que signalent, en grec, les adverbes et, surtout, les particules. L'ordre des propositions dans la phrase et celui des mots, à l'intérieur de la proposition, ont été le plus souvent respectés.

Rares sont les expressions complexes du grec qui sont rendues par un seul mot français. L'inverse est plus fréquent, parce que, faute d'équivalents exacts, certains termes ou certaines formations lexicales propres au grec, exigent une tournure périphrastique dans la traduction.

Par respect du lecteur ignorant la langue d'Aristote, j'ai évité les barbarismes, anciens ou récents, qui, dans plusieurs traductions, rendent souvent l'obscur par le plus obscur, tels que « entéléchie », « quiddité » ou « étance ». Ce lecteur saura que, pour le reste, j'ai tâché de m'en tenir le plus souvent possible au même mot français pour rendre le même terme d'Aristote, mais sans pouvoir éviter de traduire certains termes grecs, ayant plusieurs sens, par des mots ou des expressions différents. Cela dit pour l'avertir que le lexique grec du *DA* ne correspond pas exactement à ce que laisserait supposer sa traduction française.

L'helléniste, de son côté, qui, au fond, n'a pas besoin de traduction pour entendre Aristote, verra de lui-même les équivalences que j'ai adoptées et jugera de leur pertinence. Aucune n'est sans raison, même celles-là que je n'ai pas justifiées dans les notes. Mais une part de convention existe dans le choix, discutable, entre plusieurs traductions possibles de certains termes, dans la décision de maintenir ce choix tout au long du texte, même là où il serait préférable de traduire autrement, et aussi dans la décision, quand il faut varier, d'opter pour une variante plutôt que pour une autre. Voici, translittérés (et suivis de leur nombre d'occurrences), les principaux termes grecs du *DA* qui invitent à des traductions conventionnelles, et, en regard, celles que j'ai adoptées, une fois pour toutes ou le plus souvent (avec, alors, la ou les variantes entre parenthèses) :

adiairetos (23) : indivisible.
aisthanesthai (94) : sentir (percevoir, saisir ou appréhender par le sens).
aisthèsis (148) : sens (sensation, perception, organe du sens).
aisthètèrion (43) : sensoriel (organe sensoriel).
aitia (28) : motif (cause).
boulèsis (4) : souhait.
dianoia (9) : réflexion (pensée).
dianoein (9) : réfléchir (penser).
dunamis (80) : puissance (capacité, faculté) et, au datif, potentiellement
eidos (38) : forme (espèce).
einai substantivé avec un datif ou *to ti èn einai* : essence.
energeia (54) : activité (acte).
entelecheia (37) : réalisation et, au datif, réellement (effectivement).
epithumia (11) : désir.
hexis (6) : état.
hupolèpsis (6) : croyance.
logos (91) : formule (expression, raison, argument, raisonnement,...).
noein (53) : penser.
noèma (5) : concept (pensée).
noèsis (13) : intellection (pensée).
nous (71) : intelligence.
orexis (30) : appétit.
ousia (35) : substance.
paschein (51) : subir (être affecté, pâtir, souffrir).

pathos (19) : affection (passion).
pistis (3) : conviction.
phantasia (37) : représentation.
phronein (9) : avoir à l'esprit (penser).
phronèsis (3) : sagacité.
thumós (4) : ardeur.
trophè (34) : nourriture (aliment, nutrition).

A l'intention des spécialistes, nous signalons que nous avons travaillé sur un texte grec révisé par nos soins, qui diffère de l'édition la plus récente procurée par A. Jannone (cf. bibliographie, n° 6) sur les points suivants :

402 b 6 : ἑκάστην au lieu de ἕκαστον
405 a 18 : κινῆσαι au lieu de κινεῖν (2).
405 b 28 : <διὰ τὸ> après ὅτι
407 b 24 : δέ au lieu de δή
407 b 28 : καὶ supprimé.
ἧττον au lieu de ἥττων
407 b 29 : κἂν au lieu de καὶ
γενομένοις au lieu de λεγομένοις
407 b 31 : τινα supprimé.
408 a 19 : ἐν supprimé.
408 b 34 : ἴδια au lieu de ἰδίᾳ
409 a 3 : ᾗ au lieu de εἰ
409 a 23 : <ἑκάστη> supprimé.
410 a 17 : τὰ avant στοιχεῖα
411 a 17 : ὅτι au lieu de ἐπεὶ
411 a 19 : ἀπολαμβάνεσθαι au lieu de ἀπολαμβάνειν
411 a 28 : βούλεσθαι au lieu de βουλεύεσθαι
411 b 10 : ἡ supprimé.
412 a 14 : λέγομεν au lieu de λέγω
416 b 27 : κινούμενον au lieu de κινοῦν (2).
417 a 5 : <κατὰ> avant τὰ
417 a 8-9 : αἰσθητόν au lieu de αἰσθάνεσθαι
420 a 7 : ἔμψοφον au lieu de ἔμψυχον
αὐτὸ au lieu de αὐτὸς
420 b 26-27 : ἀναπνεομένου au lieu de ἀναπνεόμενον
421 a 23 : τὸ καὶ au lieu de καὶ τὸ
425 a 23 : καὶ après ὅταν
425 a 24 : ἅμα γνωρίζομεν au lieu de ἀναγνωρίζομεν
425 a 31 : αἱ (2) supprimé.
426 a 27 : δ'ἡ φωνὴ συμφωνία au lieu de δὴ συμφωνία φωνή
426 a 28 : ἢ οὐ τὸ αὐτό supprimé.
427 a 19 : κρίνειν καὶ αἰσθάνεσθαι au lieu de φρονεῖν

427 b 17 : αὐτὴ au lieu de αὕτη

428 a 15 : ἤ... ἤ au lieu de καὶ ἡ... καὶ ἡ

428 a 26 : εἴη, διά au lieu de εἴη. Διά

428 a 27 : ἄλλου τινός au lieu de ἄλλη τίς

428 a 28 : ἐκείνου au lieu de ἐκείνη

εἴπερ supprimé.

428 b 8 : ἐγένετο au lieu de ἐγίνετο

428 b 30 : ἔχοι ἢ au lieu de ἔχει

ᾗ au lieu de ἢ

429 a 7 : πάθει ἢ après ἢ (1).

430 a 12 : τῷ au lieu de ὅτῳ

430 a 19-21 : τὸ δ' αὐτὸ... χρόνῳ entre crochets droits.

430 a 24 : παθητικὸς au lieu de παθητὸς

431 a 29 : κἀκεῖνα au lieu de κἀκεῖνο

431 b 10 : ἐν πράξει καὶ au lieu de ἓν πράξει. Καὶ

432 a 13 : εἶναι ἢ οὐδὲ τἆλλα au lieu de εἶναι ; Ἢ οὐδὲ ταῦτα

433 b 18 : ᾗ au lieu de ἢ

434 a 14 : <σφαῖραν> supprimé.

ᾗ au lieu de ἢ

434 a 16 : κινεῖται au lieu de κινεῖ τι

DE L'ÂME

INTRODUCTION

1. Intérêt de l'enquête[1].

[*I, 1, 402 a 1*] Le savoir, à notre avis, est au rang des belles choses qu'on honore[2]. Mais telle de ses formes peut prendre le pas sur telle autre, soit sous le rapport de la précision, soit du fait qu'elle porte sur des objets supérieurs et plus admirables[3]. Et pour ce double motif, nous aurions une bonne raison de placer aux premiers rangs l'enquête qui s'intéresse à l'âme[4]. Par ailleurs, l'opinion

1. Les lignes d'introduction (jusque 402 a 7 au moins) ont été suspectées d'inauthenticité par certains, mais sans raisons sérieuses. On le verra ci-après par les passages parallèles qu'on peut produire.

2. Le terme *eidêsis* (traduit par « savoir ») n'est attesté qu'ici chez Aristote. Il est vague, mais il correspond exactement à l'expression *to eidenai* de *Métaphysique*, A, 1, 980 a 1 (« tous les hommes ont naturellement l'appétit de savoir »). Ce dernier texte fait d'ailleurs état, comme notre passage, de l'« honorabilité » du savoir, puisqu'il explique ensuite (980 a 31) que différents degrés d'« honorabilité » s'attachent aux différentes formes du savoir.

3. Cette distinction, courante, est celle de *Topiques*, VIII, 1, 157 a 9-10 : « une science est supérieure à une autre, soit du fait qu'elle est plus précise, soit du fait qu'elle porte sur des objets supérieurs ». Ces deux critères vont souvent de pair, comme le montre encore *Mét.*, A, 2, 982 a 25-26 : « les plus précises des sciences sont celles qui portent surtout sur les choses primordiales ». Car un principe est évidemment supérieur à ce dont il est principe ; et, par définition, il est aussi plus simple ou moins complexe, ce qui favorise la précision (rigueur, exactitude : *akribeia*, cf. *Top.*, II, 4, 111 a 8) des connaissances qu'on en peut avoir. La règle est évidemment susceptible d'applications diverses.

4. Comment les critères d'une « science » supérieure semblent-ils s'appliquer à l'« enquête » sur l'âme, qui fait partie de la science naturelle ? Les commentateurs en disputent. Selon toute vraisemblance, c'est que l'âme représente une sorte de principe qui rend compte du vivant (cf. 402 a 6). Elle semble donc être ainsi un objet supérieur à celui de la science naturelle qui par ailleurs étudie le vivant. Néanmoins l'argument d'Aristote paraît avant tout

veut que la connaissance de l'âme contribue beaucoup / [*5*] à une vérité globale, mais surtout concernant la nature[1], car il y va comme du principe des êtres animés[2]. Or nous cherchons à voir et à connaître sa nature ou sa substance, puis, tous les accidents qui l'affectent[3] et qui constituent, d'après l'opinion, les passions propres de l'âme, d'un côté, et, de l'autre, les attributs qui, à cause d'/elle [***10***], appartiennent également aux animaux [4].

2. Difficultés de l'enquête.

Mais, de quelque façon qu'on s'y prenne, il est de toute manière extrêmement malaisé d'atteindre une quelconque position convaincante à son propos. Si la recherche, en effet, — j'entends celle qui concerne sa substance et porte sur ce qu'elle est — s'avère commune à beaucoup d'autres sujets, on sera prompt à croire qu'il existe quelque procédé unique applicable à tout ce dont nous souhaitons connaître la sub/stance [*15*], exactement comme, pour les propriétés accidentelles, il y a la démonstration[5]. De sorte

rationnel (cf. *eulogôs* : 402 a 4). Il ne laisse pas deviner, par exemple, en quoi consiste exactement la précision relative de l'enquête sur l'âme. Et la supériorité de celle-ci ne peut guère s'entendre que dans certaines limites, c'est-à-dire, par rapport au reste de la science naturelle : c'est une étude primordiale *au sein de* cette science.

1. Il est douteux qu'Aristote envisage ici clairement l'intérêt d'une étude comme la sienne pour les questions d'épistémologie et les questions de science naturelle. Il se réfère à l'opinion courante, pour qui l'âme est un instrument de connaissance et un élément de la nature (cf. *infra*), opinion qui légitime l'intérêt que tous les naturalistes portent à l'âme.

2. Cette idée exprime encore l'opinion courante (cf. 404 b 10, 22, 25 ; 405 a 12 ; etc.), et c'est elle qu'Aristote prend à son propre compte, mais dans un sens précis, qu'il expliquera plus tard (cf. 413 a 27).

3. « Nature » et « substance » (*ousia*) sont ici synonymes et désignent « ce qu'est » l'âme en elle-même (cf. *infra* : 402 a 13), son essence, par opposition à ses attributs « accidentels ». Comparez *Parties des animaux*, I, 1, 641 a 21-25 : « au naturaliste il reviendra de parler de l'âme (et de savoir ce qu'est, sinon l'âme entière, du moins précisément cette partie qui fait que l'animal est tel...), ainsi que des accidents qui conviennent au genre de substance qui est la sienne »... L'essence d'une chose et les accidents qui lui sont propres relèvent du même savoir : cf. *Mét.*, Γ, 2, 1004 b 5-17.

4. Cette distinction, qui fait une place, selon l'opinion, à des « passions » (ou affections accidentelles) propres à l'âme, sera remise en question plus loin (403 a 3 et sqq.).

5. L'hypothèse d'un unique procédé scientifique, commun à toute démarche qui chercherait à définir la substance d'une chose, est une hypothèse aléatoire, bien que la théorie de la science vise à la fonder en un certain sens (cf. *Analytiques seconds*, II, 1, 53 a 1-2). Car la démonstration, valable pour établir scientifiquement, par syllogisme, les propriétés accidentelles, semble

qu'il faudra se mettre en quête du procédé en question. Or, dans l'hypothèse où il n'y a pas de procédé unique et commun pour déterminer ce qu'est une chose, la tâche devient encore plus difficile, car on devra trouver comment procéder dans chaque cas[1]. Mais si, d'aventure, il apparaît clairement qu'il s'agit, ou bien d'une sorte de démonstration / [*20*] ou bien d'une division ou encore de quelque autre procédé[2], l'on est encore bien embarrassé et perdu pour fixer le point de départ obligé de la recherche. Car les principes varient selon les cas, comme ceux des nombres et des surfaces[3].

à première vue difficilement pouvoir servir à établir une définition essentielle, puisque la définition est principe du raisonnement syllogistique (cf. *Analytiques seconds*, II, 6, 92 a 6-19). D'autres procédés sont envisagés plus loin (402 a 20).

1. Cette seconde hypothèse (absence de méthode scientifique générale, à ce qu'il semble) abandonne la recherche à un travail empirique, qui procède au cas par cas. L'analyse des facultés particulières (à partir de 415 a 14) procédera de la sorte.

2. Retour à l'hypothèse d'un procédé scientifique général. On a le choix entre trois possibilités. L'une, la démonstration syllogistique (déjà évoquée *supra*) est typiquement aristotélicienne mais semble difficilement applicable. L'autre, la division dichotomique selon les différences du genre, est plutôt platonicienne. Illustrée dans le *Sophiste* et le *Politique*, elle présente des faiblesses dénoncées ailleurs par Aristote (*Part. an.*, I, chap. 2-4 ; cf. *An. sec.*, II, 13, 96 b 15 et sqq. ; *Mét.*, Z, 12, 1037 b 7 et sqq.). Reste un troisième procédé éventuel qui n'est pas nommé (l'induction, selon certains : cf. *Top.*, I, 12, 105 a 13), ni, plus vraisemblablement, envisagé. Car, malgré l'impossibilité de proprement démontrer l'essence (cf. *supra*, n. 5, p. 76), Aristote paraît ici songer à l'usage d'une « sorte de démonstration » qu'il appelle aussi « syllogisme » et qu'il décrit dans *An. sec.*, II, 8, 93 a 15 et sqq. Celle-ci suppose au départ connu quelque chose d'essentiel à l'objet qu'il faut définir, quelque chose, en fait, que fournit la simple connaissance qu'un tel objet existe. Dans le cas de l'âme, dit le philosophe, c'est, par exemple, la notion d'une « réalité auto-motrice » (93 a 24), notion qu'il produira bientôt ici (403 b 29-31).

3. Le principe-point de départ du syllogisme de l'essence (une notion du genre « réalité auto-motrice ») sera établi par la doxologie à partir de 403 b 20. Mais la variété des principes pouvant servir à la définition de l'âme est ici illustrée par celle des principes mathématiques, différents dans le cas de l'arithmétique (traitant des nombres) et de la géométrie (traitant des surfaces). La comparaison n'est pas immédiatement évidente, mais il semble qu'Aristote invoque la différence entre les principes constitutifs de deux sortes de réalités mathématiques comparables à l'incorporel (le solide étant comparable au corps) pour suggérer l'embarras où l'on peut être analogiquement de choisir entre deux sortes de principes constitutifs de l'âme (Sur la comparaison de l'âme et du corps animé aux « natures » mathématiques, voir *Mét.*, M, 2, 1077 a 20-22, 25-34). Dans ces conditions, l'embarras du naturaliste serait de choisir entre un principe fondamental (comme l'unité ponctuelle de l'arithmétique) et un principe second (comme les lignes du géomètre qui dérivent du point) ; ce qui fait songer à la différence entre le principe fondamental de l'âme considérée chez les végétaux et celui de l'âme considérée chez les animaux. La « réalité auto-motrice » peut, en effet, s'entendre dans les deux perspectives. C'est ce

3. *Questions préalables*[1].

Mais, d'abord, peut-être est-il nécessaire de déterminer (*a*) dans lequel des genres elle se situe et ce qu'elle est à ce titre ; je veux dire : s'agit-il d'une réalité singulière et d'une substance, ou bien d'une qualité ou d'une quantité ou encore d'une / [25] autre des imputations qui ont été distinguées[2] ?

De plus, (*b*) est-elle au nombre des choses qui sont en puissance ou bien s'agit-il plutôt d'une certaine réalisation[3] ? Car la différence est importante.

[*b 1*] Il faut également examiner, par ailleurs, (*c*) si elle est morcelable ou bien sans partie[4] ; et (*d*) si toute âme est

qui se donne le mouvement nutritif ou ce qui se donne le mouvement de transport.

1. Aristote aligne ici une série de questions préjudicielles (identifiées dans le texte par les lettres *a*, *b*, etc.). Les deux premières seront tranchées au moment de proposer une définition commune de l'âme (respectivement, *a* : 412 a 6 et *b* : 412 a 21). La question *c* reste vague ; elle sera précisée dans la suite et examinée en plusieurs endroits (cf. 413 a 4 ; b 11-414 a 1 ; 429 a 11 ; 433 a 22 — b 7). La question *d*, longuement explicitée, est partiellement abordée en 411 b 19 et sqq. et traitée en 414 a 29-415 a 13. La question *e* est résolue *de facto* en 412 a 5-6 et en 415 a 14 (voir les remarques de 414 b 24-28). La question implicite *f* reçoit une réponse en 414 a 31-32. Et les questions de méthode *g1* et *2* sont résolues en 415 a 14-22. En gros, toutes les interrogations qu'Aristote formule ici représentent donc des mises en garde pour la recherche développée dans la seconde partie du *DA*.

2. Référence à la distinction, tenue pour bien établie, des « genres » suprêmes de l'être ou, comme on dit traditionnellement, des « catégories ». J'ai traduit *katègoria* par « imputation », le seul mot français qui rende ensemble le double sens, originel et technique, du mot grec (accusation en justice et attribution dans la prédication). La doctrine est exposée dans les *Catégories*, 4, 1, b 25 et sqq., et utilisée ailleurs en plusieurs endroits (*Top.*, I, 9, 103 b 22 ; *Mét.*, Z, 1 ; Θ, 1 ; Λ, 1, 1069 a 18-24 ; etc.). Aristote cite ici l'exemple de la « substance », envisagée comme une réalité singulière (« une chose comme ceci », *Aode ti*) ; ce qui représente la substance « première » (au sens de *Cat.*, 5, 2 a 11-14 et b 8). Il cite aussi l'exemple de la qualité et de la quantité, qui se disent d'une telle substance. On verra que l'âme n'entre précisément dans aucun de ces genres, puisqu'elle est substance « comme forme » (412 a 20). Ce qui exclut qu'elle soit une entité individuelle ou l'attribut accidentel de quelque substance que ce soit.

3. La distinction puissance-activité (ou acte : *energeia*), au départ, est destinée à rendre compte du mouvement des êtres naturels (qui représentent en gros le passage du virtuel ou potentiel à l'actuel). La notion de « réalisation » (*entelecheia*), qui équivaut, dans l'usage, à celle d'activité, désigne l'état actuel comme aboutissement. L'âme, on le verra, n'est pas, sans réserves, réalisation plutôt que puissance ou *vice versa*. Aristote parle d'ailleurs ici d'« une certaine réalisation », sous réserve d'une nuance qu'il apportera plus tard : elle est une « première » réalisation (412 a 27), qui suppose encore du potentiel à réaliser.

4. Ici encore une précision devrait être apportée, sans laquelle la question

de même sorte ou non, et, dans ce dernier cas, si elle présente une différence d'espèce ou de genre[1]. C'est qu'aujourd'hui, ceux qui parlent de l'âme et enquêtent à son sujet, ont l'air de faire porter leur examen sur la seule âme humaine[2]/ [5]. Or il faut bien se garder de laisser dans l'ombre cette question : est-ce que la formule qui exprime l'âme est unique, comme celle qui exprime l'animal, ou est-ce qu'il y en a une différente pour chaque âme, comme pour le cheval, le chien, l'homme, le dieu (alors que l'animal, dans sa généralité, soit n'est rien, soit est secondaire[3] et qu'il en va de même, si on affirme un autre être commun) ?

ne souffre pas réponse claire. La partition peut, en effet, s'entendre selon le lieu, comme d'une grandeur corporelle étendue, ou conceptuellement, selon la seule raison (cf. 413 b 14-15 et 432 a 20). Dans le cas de l'âme, seule la seconde hypothèse sera jugée recevable.

1. La pluralité des âmes, impliquée à titre hypothétique dans la pluralité des formes d'êtres animés, pose la question de l'unité de leur essence. La manière dont la question est posée laisse attendre des différences, soit spécifiques, soit génériques (peut-être une discrète allusion à l'intelligence : cf. 413 b 25-26 : « [elle] ressemble à un autre genre d'âme »), mais tout de même avec quelque chose en commun (cf. 412 a 5-6 : « sa formule la plus commune »).

2. Ces contemporains semblent être avant tout les platoniciens qui, comme Speusippe (cf. Fr. 40 Lang), Xénocrate (cf. Fr. 60-68 Heinze) ou Héraclite du Pont (cf. Fr. 98 a Wehrli), se focalisaient sur l'âme humaine jusque dans leurs cosmologies (âme du monde) aux allures anthropologiques. Platon, dans le *Timée* (77 B et 91 D), élargissait l'horizon, mais c'est l'intelligence (de l'homme) qui lui servait aussi à décrire l'âme paradigmatique du monde. La remarque d'Aristote est toutefois prudente : « (ils) ont l'air de... ».

3. Ces deux hypothèses, (a) celle d'une formule définitionnelle unique et (b) celle de plusieurs formules, correspondent, respectivement, (a) à celle d'une réalité univoque et (b) à celle d'une réalité équivoque. La seconde (b) suppose, entre les âmes, des différences génériques ; dans ces conditions, seul, le nom d'« âme » serait commun à de telles réalités et la formule de leur essence serait différente (cf. *Cat.*, 1, 1 a 3-4). La première hypothèse (a), en revanche, suppose des différences spécifiques ; dans ce cas, outre le nom d'âme, elles auraient en commun une même formule exprimant leur essence (cf. *Cat.*, 1, 1 a 6-12 : « on appelle univoques les réalités qui ont à la fois le nom en commun et la même formule pour exprimer la substance conforme à ce nom ; ainsi, on dit animal l'homme aussi bien que le bœuf »). Aristote cite également ici l'animal comme exemple de réalité commune à différentes espèces, quand il envisage l'hypothèse (a) ; mais, dans la seconde hypothèse (b), le mot « animal » se présente comme un mot qui ne correspond à aucune véritable réalité quand il s'applique à la série cheval, chien, homme, dieu (cf. *Mét.*, Δ, 26, 1023 b 32), non pas, comme on pourrait le penser, parce que le dieu ne serait pas un animal, c'est-à-dire un « composé » d'âme et de corps (car on peut le concevoir comme cela : cf. 409 b 32-410 a 1), mais parce que cet animal est d'un autre genre ; immortel, il n'a pas à nourrir son corps et, par conséquent, il n'a pas d'âme « nutritive », alors que la chose est « impossible chez les mortels » (413 a 32).

De plus, si l'on n'a pas affaire à plusieurs âmes, mais à des parties[1], (*e*) doit-on prendre d'abord pour objet de recherche / [***10***] l'âme entière ou bien ses parties[2] ?

Difficile, par ailleurs, de préciser (*f*) quelles sont celles d'entre elles que la nature distingue les unes des autres[3].

Et (*g.1.*) faut-il d'abord prendre pour objet de recherche les parties ou leurs opérations[4] ? Ainsi, l'acte d'intellection ou l'intelligence ? L'acte de sensation ou le sensitif ? Et ainsi de suite.

Et s'il s'agit de considérer d'abord les opérations / [*15*], on peut à nouveau se demander (*g.2.*) si leurs objets ne sont pas à considérer avant elles dans la recherche[5]. Ainsi, le sensible avant le sensitif et l'intelligible avant l'intellectif.

1. L'hypothèse implique que la question *e* ci-dessus a été résolue. Il n'y a pas plusieurs âmes chez le même individu (contrairement à ce que suggérait, par exemple, Platon : *Timée*, 69 C ; *République*, IV, 439 D ou *Phèdre*, 246 A), parce que l'âme est simple (comme il le suggérait dans le *Phédon*, 78 C) et ne comporte pas de parties étendues, localisables comme des grandeurs, mais seulement des parties au sens de capacités ou de fonctions.

2. La question sera tranchée plus loin sans débat, car le « tout » (synonyme d'unité : cf. *Mét.*, Δ, 26, 1023 b 36) a la priorité sur ses parties et n'est à considérer en second lieu (comme la Cité dans la *Politique* : I, 1, 1252 a 17-21) que s'il est un « composé » de parties ; ce qui n'est pas proprement le cas de l'âme.

3. Cf. *infra*, 413 b 10-16.

4. Ce qu'Aristote appelle ici « opération » (*ergon*) des « parties » de l'âme, c'est, en fait, l'activité correspondant aux potentialités (facultés) constitutives de l'âme.

5. L'« objet » d'une opération (par exemple de connaissance) est traité comme un « relatif » dans *Cat.*, 10, 11 b 24. – La priorité d'un examen de l'objet sur celui de l'opération qui lui est corrélative et la priorité de celui-ci sur l'examen de la faculté dont c'est l'opération, sont des priorités qu'Aristote respectera. Elles définissent une approche assez empirique sur le plan de la méthode, les parties de l'âme n'étant connaissables qu'*a posteriori*, via les objets correspondant à leurs opérations.

4. Remarque sur la méthode[1].

On a l'impression, d'autre part, que, non seulement la connaissance de ce qu'est une chose sert à voir les motifs des accidents qui affectent les substances[2] (comme, dans les connaissances mathématiques, ce qu'est la droite et la courbe ou ce qu'est la ligne et la / [*20*] surface permet de voir clairement à combien d'angles droits équivalent ceux du triangle)[3], mais encore, inversement, les accidents contribuent, pour une grande part, à savoir ce qu'est une chose. Car, lorsque nous sommes en position de rendre compte, selon les apparences, de ses accidents, soit de leur totalité, soit de leur grande majorité, nous pouvons être alors / [*25*] en position de formuler parfaitement quelque idée sur la substance aussi[4]. Toute démonstration a, en

1. Cette espèce de digression sur la méthode est appelée par les implications de ce qui précède : si la démarche *a posteriori* qu'on vient d'indiquer (n. précédente) est adoptée pour l'étude des parties de l'âme, mais que, de surcroît, les parties de l'âme sont à connaître avant le tout (cf. question *e* ci-dessus), il n'y aurait pas de place pour une sorte de connaissance démonstrative dans la recherche. Or Aristote se propose de faire voir comment celle-ci est possible, malgré tout.

2. La connaissance de ce qu'est l'âme (déjà évoquée en 402 a 7) permet de démontrer scientifiquement (par la cause) l'appartenance des « accidents » propres à l'âme (entendez les facultés ou parties), parce que, avec cette définition, on dispose du moyen terme (cause) pour former un syllogisme démonstratif (cf. *An. sec.*, II, 1, 90 a 1 : « quand nous cherchons le pourquoi et ce qu'est une chose, nous cherchons alors un moyen [terme] »). Cette considération explique le propos d'Aristote en 413 a 15-16.

3. L'exemple des mathématiques illustre le caractère scientifique de la méthode démonstrative. On s'attendrait à ce qu'ici la propriété du triangle soit dite démontrable à partir de la définition du triangle (puisqu'« au triangle en tant que triangle appartient la propriété d'équivaloir à deux angles droits » : *An. sec.*, I, 4, 73 b 30-31). En fait, Aristote rattache cette démonstration, non à son principe immédiat, mais aux principes premiers de toute la science géométrique (définition de la droite, etc.). Ce n'est peut-être pas un hasard. Les mathématiques, en effet, déductives de bout en bout, donnent « l'impression » (cf. 402 b 16) que les principes les plus fondamentaux permettent de démontrer n'importe quelle proposition. Mais la science naturelle n'est pas exactement dans le même cas, comme le laissent entendre plus loin les lignes 402 b 26-403 a 2.

4. La connaissance de ce qu'est l'âme (terme A) n'est plus ici le point de départ, qui permet de démontrer par la cause (moyen terme B) ses propriétés accidentelles (terme C), mais le point d'arrivée auquel conclut inductivement l'étude de ces propriétés accidentelles. La recherche qui mène à cette conclusion (A a pour cause formelle B), bien qu'elle paraisse supposer un procès d'allure inductive, n'est pas cependant très différente de la recherche qui permet, au terme d'une démonstration, d'attribuer déductivement C à A. Car dans les deux cas, il s'agit de rechercher le même moyen terme (B) entre A et C

effet, pour principe une formule qui définit ce dont il s'agit[1]. Si bien qu'avec toutes les définitions qui n'offrent pas l'occasion / [***403 a 1***] de connaître les accidents, ni même de faire, à leur propos, une conjecture commode, il est évident qu'on a toujours affaire à des formules vides et de discuteur[2].

(cf. *An. sec.*, II, 8, 93 a 28 et sqq.). La recherche sur les accidents (C) qui sont réputés propres à l'âme est donc de nature à indiquer la raison (B) pour laquelle ils sont proprement attribuables à l'âme (A), c'est-à-dire de nature à fournir une définition (A a pour cause formelle B) permettant de démontrer cette attribution (C appartient à A). Cette recherche, en l'occurrence, est appelée « rendre compte selon les apparences (*kata tèn phantasian*) des accidents ». Les apparences dont il s'agit semblent être les représentations les plus autorisées que l'on donne des propriétés de l'âme. Et Aristote paraît songer ici à la critique des représentations opinatives qu'il offrira plus loin (403 b 20 et sqq.).

1. Cf. *An. sec.*, II, 2, 90 b 31-32.

2. Cette remarque vise, avec les définitions, le point de départ de la démonstration proprement dite, mais aussi (et peut-être surtout) les hypothèses préalables qui servent à suggérer la définition elle-même et qui portent sur les propriétés accidentelles. Elle condamne, en fait, les principes de recherches trop éloignés ou trop généraux (cf., plus haut, les premiers principes de la géométrie) qui ne permettent pas de connaître ce qui est propre à l'âme et de conclure avec pertinence à son propos. Cf. *Éthique à Eudème*, I, 8, 1217 b 21 (concernant l'Idée platonicienne du Bien, impropre à faire connaître le bien humain) : « c'est parler sur le plan rationnel et dans le vide » ; à rapprocher de *Génération des animaux*, II, 8, 747 b 28-30 et 748 a 8-9 : « j'appelle rationnelle [cette démonstration vraisemblable], parce que plus elle est générale, plus elle est loin des principes propres [...] ; les raisons qui ne procèdent pas de principes propres sont, en effet, des raisons vides, qui paraissent être celles des choses, mais ne le sont pas » ; *Éth. à Eud.*, VII, 1, 1235 a 30-31 (à propos d'opinions qui prétendent instruire sur l'amitié) : « elles sont trop générales et tellement à part, alors qu'il en est d'autres immédiatement plus rapprochées et naturellement en rapport avec les phénomènes ». Le risque dénoncé est d'autant plus grave que l'on cherche, comme ici, à exprimer, dans la définition, la raison ultime des choses. Or, « parce qu'il semble d'un philosophe de ne rien dire par conjecture et sans raison, il en est qui avancent, sans le savoir, des raisons étrangères à l'affaire et vides » (*Éth. à Eud.*, I, 6, 1217 a 1-3 ; cf. *An. sec.*, I, 22, 84 a 7-12). Conduit par là à prendre des principes si éloignés (on ne voit plus le moyen terme de la démonstration) et si généraux (ils n'appartiennent plus aux principes propres de la science elle-même), on verse dans la « discussion » (cf. ici : les « formules de discuteur » ; je traduis de la sorte l'expression *dialektikôs eirêntai*). Ce n'est pas, cependant, que les ressources offertes par l'art de la discussion (la « dialectique ») soient par ailleurs étrangères au philosophe. La suite (403 b 20 et sqq.) nous montrera bientôt que celui-ci discute au contraire et met à l'épreuve les opinions d'autrui relatives aux propriétés de l'âme. Et c'est cette discussion qui prépare une définition commune de l'âme, selon la méthode évoquée ici : « rendre compte selon les apparences de ses accidents », afin de savoir ce qu'est l'âme.

5. *Le point de vue du naturaliste*[1].

Par ailleurs, on est aussi embarrassé avec les affections de l'âme : est-ce que toutes appartiennent également en commun à l'être animé ou bien en est-il encore quelqu'une qui soit propre à l'âme elle-/même [*5*][2] ? Il est, en effet, nécessaire, mais difficile, d'en avoir une idée, bien qu'il apparaisse que, dans la grande majorité des cas, l'âme ne subit, ni ne fait rien sans le corps. Ainsi, se mettre en colère, s'emporter, désirer ou, d'une manière globale, sentir[3]. Et c'est surtout l'opération de l'intelligence qui ressemble à un phénomène propre. Néanmoins, si cette dernière constitue encore une sorte de représentation ou ne va pas sans représentation, il ne saurait être question d'admettre non plus qu'elle / [***10***] se passe du corps[4].

Donc, s'il est une des opérations ou des affections de l'âme qui lui soit propre, on peut admettre que l'âme se sépare, mais dans le cas où aucune ne lui est propre, elle ne peut être séparée[5]. Au contraire, elle se présente comme la droite, qui, en tant que telle, est sujette à plusieurs accidents, par exemple, être tangente à la sphère de bronze en un point, alors qu'il est hors de question que puisse être ce genre de tangente, la droite / [***15***] séparée[6]. Elle est

1. Cette nouvelle section, axée sur les accidents de l'âme, dont on vient de voir qu'ils devaient donner une idée de ce qu'est l'âme elle-même, est destinée à éclairer ainsi la nature des principes propres de l'enquête, qui ne peuvent être que strictement « physiques », c'est-à-dire, conformes à l'objet qu'étudie la science naturelle.

2. Remise en cause de l'opinion exprimée en 402 a 9-10 ; cf., ci-dessus, n. 4, p. 76. La question était déjà soulevée par Platon (*Phèdre*, 65 D ; 79 C ; cf. *Philèbe*, 33 C).

3. Je traduis par « sentir » (plutôt que « percevoir ») le verbe *aisthanesthai*, qui a cependant ailleurs une signification très générale.

4. Là-dessus, voir plus loin : 431 a 16-17 ; b 2-5 ; 432 a 8-14 ; 433 a 9-10 ; b 12. Tous ces textes ne nient évidemment pas la différence entre l'intelligence et la représentation (cf. 427 b 14-15, 27-28 ; 428 a 16-b 10 ; 433 a 11-12 ; b 26-27), mais ils supposent une dépendance de l'intelligence à l'égard de la représentation et, partant, du corps lui-même, puisque la représentation est, physiologiquement, un mouvement sensible. La dépendance est donc au moins partielle et cela suffit à Aristote pour ne pas (trop) singulariser l'intelligence.

5. Sous-entendre : « du corps ». Cette implication, contestée dès l'Antiquité par les platonisants (en raison d'une prémisse jugée insuffisante), est évidemment lourde de sens pour le statut ontologique de l'âme et pour le destin de l'âme humaine *post mortem* (ce n'est pas une entité subsistant sans le corps).

6. La droite en tant que telle semble être, quoiqu'on en ait dit, l'objet mathématique dont s'occupe la géométrie. L'âme inséparable du corps lui est comparée, parce que l'objet mathématique, selon Aristote, est, en gros, une

inséparable, en effet, dans l'exacte mesure où elle se trouve toujours liée à un corps quelconque. Or il semble que les affections de l'âme aussi soient toutes liées au corps : ardeur, douceur, crainte, pitié, audace, même la joie et l'action d'aimer et celle de haïr. Ces phénomènes s'accompagnent, en effet, d'une certaine affection du corps[1].

Ce qui l'indique, au reste, c'est qu'à certains moments, de fortes impressions extérieures, très / [*20*] manifestes, se produisent sans la moindre marque d'agacement ou de crainte, tandis que, parfois, l'on s'émeut sous l'effet de petites choses imperceptibles, lorsque le corps est en état d'excitation et dans le genre de dispositions qu'accompagne la colère. Mais voici qui est encore plus révélateur : c'est que, sans aucun objet de frayeur, on puisse être en proie aux affections de celui qui a peur[2].

Or, s'il en va / [*25*] de la sorte, c'est évidemment que les passions expriment ce qui est inhérent à une matière[3]. En

abstraction qui n'existe réellement que dans les choses sensibles d'où il se laisse abstraire mentalement (cf. *Mét.*, E, 1, 1026 a 14-15 ; K, 1, 1059 b 13). De cette droite immanente à quelque corps sensible droit (une règle par exemple), le géomètre considère les accidents qui sont ceux, non du corps droit, mais de l'abstraction qu'il en tire (cf. *Mét.*, M, 3, 1078 a 25-26). Ainsi, une règle étant placée contre une sphère de bronze, il considère que la droite abstraite est tangente à la sphère *en un point*, « alors que la tangence de la règle au cercle ne se fait pas en un point » (*Mét.*, B, 2, 998 a 2-3). Mais la tangence, accident de la droite, ne peut être envisagée par le géomètre que parce que la droite est inséparable de corps droits, ou touchant des objets sphériques ou circulaires. Sans tangence réelle, il n'y a pas de tangence abstraite, ni de possibilité d'abstraire cet accident comme accident de la droite. Cette propriété n'est pas, en effet, pour Aristote, une propriété de l'abstraction, mais une propriété du corps que l'abstraction envisage à sa façon (sur un point). De même, les affections accidentelles de l'âme ne sont pas propres à l'âme. Celle-ci n'est donc pas plus séparable du corps que les objets mathématiques ne le sont du sensible. — La comparaison ne préjuge pas évidemment du statut « abstrait » de l'âme, on le verra plus loin.

1. Le parallélisme (ou une certaine concomitance) des affections somatiques et des affections psychiques n'est pas conçu par Aristote dans une perspective dualiste, comme le signe d'une influence du corps sur l'âme, mais, dans une perspective unitaire, comme le signe d'une association intime où l'âme et le corps constituent les deux plans d'une même réalité.

2. La force de ces arguments est de marquer le manque de relation entre certaines émotions ponctuelles et les circonstances extérieures. En revanche, la relation établie entre ces émotions et certains états du corps n'est pas nécessairement présentée comme celle d'un effet à sa cause, mais plutôt comme celle qui existe entre deux aspects d'une même réalité.

3. La formule ainsi traduite est *logoi en hulèi* (ou, selon certains manuscrits *logoi enhuloi*), formule célèbre que les commentateurs anciens ont transposée en *eidos enhulon* (« forme matérielle » ou « immanente à la matière »). Elle

conséquence, leurs définitions sont du genre qui s'applique, par exemple, au phénomène de la colère : un certain mouvement du corps (ou d'une partie ou d'une puissance) qui a telle qualité précise, sous l'effet de ceci, en vue de cela[1]. Et, ne serait-ce que pour ces motifs, un naturaliste est en droit d'avoir ses vues sur l'âme, soit sur chaque âme, soit sur celle du genre qu'on vient de dire[2].

Mais il est une différence entre les définitions que peuvent fournir, de chacune de ces passions, les spécialistes respectifs de la nature et / [*30*] de la discussion[3]. Ainsi, qu'est-ce que la colère ? Le second peut dire, en effet, qu'il s'agit d'un appétit de vengeance ou quelque

anticipe, en effet, la définition de l'âme de 412 a 20. A noter cependant que, contrairement à l'interprétation matérialisante que les Anciens déjà fournissaient en s'appuyant sur ce passage, Aristote ne dit pas que les passions sont l'expression *de* la matière, mais plutôt qu'elles correspondent à des réalités de nature formelle qui ne vont pas sans une matière corporelle.

1. Ce genre de définition cherche à associer dans le *definiendum* les quatre déterminations causales de toute réalité : un mouvement (cause formelle), du corps (cause matérielle), sous l'effet de ceci (cause efficiente), en vue de cela (cause finale). Prises séparément, ces déterminations dénaturent, en la simplifiant, la réalité. La passion n'est pas seulement, par exemple, un mouvement du corps, contrairement à l'interprétation matérialisante. D'autre part, en indiquant qu'il s'agit d'un corps « qui a telle qualité précise », Aristote exclut que ce puisse être n'importe quel corps (cf. *infra*, 407 b 13-27) et laisse entendre, en fait, que ce doit être un corps vivant. Ce qui exclut davantage encore une interprétation matérialisante.

2. La réserve concerne le genre d'âme dont les affections ne seraient pas communes au corps (cf. *Du sens*, 1, 436 a 6-b 11 ou *Du sommeil*, 1, 453 b 11 et sqq.), en clair : l'intelligence. Comparez *Part. an.*, I, 1, 641 a 33-b 10 : « Est-ce qu'il revient à la science naturelle de parler de toute âme ou d'une certaine âme ? Si c'est de toute, il ne reste plus de philosophie en dehors de la science naturelle. L'intelligence, en effet, est corrélative des intelligibles, de sorte que la connaissance naturelle peut porter sur tout, puisqu'il revient à la même science de considérer l'intelligence et l'intelligible (...). A moins que toute âme ne soit pas principe de mouvement, ni toutes ses parties : (...) l'intellectif ne l'est pas (...). Il est donc évident qu'il ne faut pas parler de toute âme, car toute âme n'est pas non plus nature »... Ce texte n'est pas aisé à interpréter, mais deux choses paraissent pouvoir s'en tirer. 1) La science naturelle n'étudie pas les intelligibles (qui ne sont pas des objets physiques, en aucun sens), ni, donc, l'intelligence dans la mesure où elle s'identifie à eux dans la connaissance. Mais l'intelligence, comme faculté, n'est que potentiellement l'intelligible (cf. 431 b 20 et sqq.). Donc, à ce titre, elle ne paraît pas nécessairement étrangère à la science naturelle. 2) Celle-ci n'étudie pas ce qui n'est pas nature (c'est-à-dire, principe de mouvement), ni, donc, l'intelligence dans la mesure où elle n'est pas principe de mouvement. Mais dans la mesure où l'intelligence qui raisonne en vue d'une fin, sur la base d'un appétit, est responsable d'un mouvement (cf. 433 a 13-17), elle n'est pas non plus étrangère à la science naturelle.

3. Aristote pense ici visiblement aux naturalistes et aux discuteurs tels qu'ils se rencontraient dans la réalité, non tels qu'il les croyait devoir être. Pour le vrai naturaliste, cf. *infra*, 403 b 8-9 et 11.

chose de semblable, et le premier qu'il s'agit d'un bouillonnement du sang qui entoure le cœur / [*b 1*] ou celui d'un élément chaud[1]. Or l'un d'eux rend compte de la matière et l'autre de la forme ou de la raison, car la raison, c'est la forme de la chose et elle doit être nécessairement inhérente à telle sorte précise de matière pour être une raison. Comparons : la raison qu'on donne d'une maison équivaut à dire qu'elle est un abri de nature à empêcher les dévastations causées / [*5*] par les vents, les chaleurs, les pluies ; or l'un prétend qu'il s'agit de pierres, de briques et de morceaux de bois, tandis que l'autre fait état de la forme qui leur est inhérente à des fins précises[2].

Lequel d'entre eux représente donc le naturaliste ? Est-ce celui qui considère la matière, en ignorant la raison, ou celui qui n'envisage que la raison ? N'est-ce pas plutôt celui qui se place ensemble aux deux points de vue[3] ?

Mais que représente alors chacun des deux autres ? A moins qu'il n'y ait personne pour / [*10*] encore envisager comme séparables les affections de la matière qui en sont inséparables[4]. Le naturaliste, au contraire, envisage toujours des opérations et des affections qui, toutes, appartiennent à tel genre de corps précis ou à telle sorte de matière. Quant à celles qui ne sont pas considérées comme telles, elles sont le fait d'un autre spécialiste ; c'est-à-dire,

1. De ces deux définitions, la première se trouve implicitement et la seconde explicitement dans la description que Platon fournit de la partie agressive de l'âme logée dans le thorax (*Timée*, 70 B). Cf. *Top.*, IV, 5, 126 a 10 et *Rhétorique*, I, 10, 1369 a 4.

2. Même exemple, moins développé, en *Physique*, II, 2, 194 a 24-25 et *Mét.*, H, 3, 1043 a 31-33.

3. La formule interrogative avance prudemment la réponse d'Aristote (cf. *Physique*, II, 2, 194 a 16-17) ; elle fournit la condition sans laquelle le naturaliste ne pourrait traiter de l'âme, sauf à la considérer *a priori* comme matière ou à s'instituer « discuteur » loin de son sujet (cf. n. 2, p. 82).

4. L'interprétation et même la traduction de cette phrase sont délicates et divisent les commentateurs. Aristote vient de demander, en somme, qui étudie la forme sans la matière où elle se trouve (1) et qui étudie les affections de la matière en ignorant la forme (2). Il semble donner ici sa réponse en laissant de côté le premier cas (1) qui, visiblement, ne peut être celui du naturaliste, et en disant que ceux qui sont apparemment dans le second cas (2) — comme les « anciens » naturalistes, par exemple, qui « ont à peine touché à la forme » (*Phys.*, II, 2, 194 a 20-21) — n'envisagent pas comme séparable de la matière ce qui ne l'est pas. Ce qui semble une façon de dire que les matérialistes, en fait, étudient encore des formes immanentes, et que la matière ne peut s'étudier sans la forme. Mais le sens du passage est douteux.

pour certaines, le fait d'un homme de métier éventuellement (par exemple, un charpentier ou un médecin)[1] et pour toutes celles qui ne sont pas séparables, mais qu'on envisage comme n'étant pas celles / [*15*] de tel genre de corps et par abstraction, le fait du mathématicien[2]. Celles qui sont séparées, en revanche, sont l'affaire du philosophe au sens premier[3].

Mais il faut en revenir au point de départ de l'exposé. Et si nous disions[4] que les passions de l'âme ne peuvent être tenues pour séparables de la matière naturelle des vivants, c'est donc en tant que lui appartiennent des attributs tels l'ardeur ou la crainte, et non comme la ligne ou la surface[5].

1. Ces techniques sont celles dont la *Physique* (II, 2, 194 b 1) affirme qu'elles « commandent à la matière » en vue d'une fin ; cette fin étant la forme qu'il faut imprimer à la matière, si l'on est fabricant, ou, sinon, l'opération à laquelle doit servir cette matière informée. Le naturaliste, lui, regarde son objet « comme tel » spéculativement, non pour la fabrication, ni l'usage.

2. Cette précision un peu superflue (comme la suivante) laisse entendre que l'âme ou ses affections ne peuvent être l'objet d'une étude mathématique, contrairement à ce que pensaient les platoniciens. La différence entre objets mathématiques et objets physiques qu'Aristote signale ici (cf., plus loin, 429 a 18 ; 431 b 12 ; 432 a 5) et qu'il précise ailleurs (*Phys.*, II, 2, en entier ; cf. *Mét.*, E, 1, 1025 b 26-1026 a 15), fait appel à l'opposition entre ce qui procède d'une abstraction (ou soustraction) et ce qui procède d'une addition : « ceux qui s'entendent par abstraction sont les objets mathématiques, tandis que les objets physiques s'entendent par addition » (*Du ciel*, III, 1, 299 a 15-17 ; cf. *Mét.*, K, 3, 1061 a 28-29 : « le mathématicien fait examen des réalités qui procèdent d'une abstraction » ; et *Part. an.*, I, 1, 641 b 10-11 : « aucune des réalités qui procèdent d'une abstraction ne peut faire l'objet de la science naturelle spéculative »). Le mathématicien soustrait à la réalité que regarde le naturaliste ce que celui-ci ajoute à l'objet considéré par celui-là, c'est-à-dire, l'ensemble des déterminations qui lient une forme à un objet corporel : par exemple le poids, que possède un triangle de bronze et que ne possède pas le triangle (cf. *An.sec.*, I, 5, 74 a 37-b 1).

3. Cf. *Mét.*, E, 1, 1026 a 15 et sqq. La formule lapidaire, qui parle d'affections « séparées » du corps, vise en principe celles que l'âme possède rigoureusement en propre, et qui ne sont pas celles de l'animal en tant que tel. On songe, encore une fois, à quelque propriété de l'intelligence autonome. Mais Aristote ne le dit pas.

4. Ci-dessus, 403 a 16.

5. L'insistance s'explique par la volonté de se démarquer des platoniciens, on le verra plus loin. Ligne et surface sont non seulement des objets que considère le mathématicien faisant abstraction des déterminations corporelles, mais des propriétés que l'on trouve dans *tous* les corps naturels, alors que la crainte, par exemple, est une propriété des seuls corps vivants. Les principes mathématiques sont donc trop généraux pour rendre compte des attributs très spécifiques des corps vivants (cf. *supra*, n. 2, p. 82).

Ire PARTIE

[***I, 2, 403 b 20***] Mais dans notre examen qui porte sur l'âme, tout en traitant de questions embarrassantes dont il faut venir à bout chemin faisant, nous devons nécessairement prendre en compte l'ensemble des opinions de tous ceux qui, antérieurement, ont professé une idée à son sujet, afin de recueillir ce qui est bien fondé dans leurs propos et, le cas échéant, de nous mettre en garde devant ce qui ne l'est pas. Quant au principe de cette recherche, c'est de mettre de l'avant, / [25] selon l'opinion, ses principaux attributs naturels[1].

A. *Exposé des opinions reçues.*

L'opinion, donc, veut que l'animé, par rapport à l'inanimé, présente deux différences principales : le mouvement et le fait de sentir[2]. Or ce sont pratiquement là les deux traits que nous avons également recueillis auprès de nos devanciers pour caractériser l'âme.

1. Ce principe méthodologique est conforme à ce qui a été dit plus haut (402 b 22-25). Rendre compte « selon les apparences » (ici : « selon l'opinion ») des attributs de l'âme doit permettre, en dernier ressort, de proposer une définition de l'âme elle-même. Le recours à l'opinion autorisée permet de reconnaître les principaux attributs, non cependant sans critique. Et c'est pourquoi, après « avoir mis de l'avant » ce que pensent ses prédécesseurs (doxographie), Aristote soumettra cette pensée à l'épreuve.

2. Comme la suite l'indiquera, le mouvement est, pour l'opinion, essentiellement le déplacement spontané. Quant au « sentir » (*aisthanesthai*), c'est, pour elle, le fait de « percevoir », ou de « connaître » en général.

A.1. L'âme et le mouvement.

Certains prétendent, en effet, que l'âme, c'est, en ordre principal et au premier chef, ce qui met en mouvement[1]. Et, s'imaginant[2]/ [*30*] que ce qui ne serait pas soi-même en mouvement, ne pourrait mouvoir autre chose, ils ont supposé que l'âme était l'une quelconque des réalités en mouvement.

(*a*) D'où la prétention de Démocrite, d'après laquelle c'est / [***404 a 1***] une sorte de feu et d'élément chaud[3]. Dans l'infinité des figures et des atomes, en effet, il parle de ceux qui sont sphériques en termes de feu et d'âme. C'est comme, dans l'air, ce qu'on appelle des déchets, visibles dans les rayons solaires qui filtrent à travers les petites ouvertures[4]. Il affirme, d'un côté, que la dissémination universelle des atomes constitue / [*5*] les éléments de base de la nature entière, comme, d'ailleurs, Leucippe aussi[5]. Mais, de l'autre côté, il est question d'âme à propos de ceux qui sont sphériques, parce que de telles « mesures » sont éminemment aptes à s'« insinuer »[6] partout et à

1. D'où l'intérêt des naturalistes pour le sujet, puisque la nature est principe de mouvement (cf. *Part. an.*, I, 1, 641 b 4-5).

2. Aristote, selon son habitude, interprète hardiment les raisons de la pensée d'autrui. Nous ne nous attarderons pas, ci-après, à juger de la pertinence historique de ces interprétations.

3. Cette doctrine, comparée plus loin (404 a 5) à l'opinion de Leucippe (cf. Fr. A 18 Diels-Kranz [D-K]), est peut-être implicitement celle, commune, de tous les atomistes.

4. Cette comparaison fait apparaître le caractère corporel (visible) de l'âme, les atomes, microscopiques, étant visibles en puissance. Elle semble empruntée à un propos pythagoricien connu, qu'Aristote rapporte ensuite (404 a 17-18). Les *Problèmes* (sans doute apocryphes) y font aussi allusion, exactement dans les mêmes termes, pour suggérer pourquoi l'ombre solaire paraît trembler aux extrémités : « Ne serait-ce pas que l'air contient des choses en mouvement ? On les appelle d'ailleurs déchets et on peut les voir dans les rayons solaires qui filtrent à travers les petites ouvertures, car ils sont en mouvement même par temps calme » (XV, 13, 913 a 8-11). Le mot « déchet » (*xusma*) désigne toute poussière ou raclure résiduelle.

5. Cette thèse (concernant le seul point qui paraisse également leucippien de façon sûre) assimile aux « éléments » ou principes matériels l'ensemble des particules atomiques. Elle permet donc de dire que les principes constitutifs de l'âme, malgré leur singularité, rentrent dans la catégorie des atomes. Ce qui, pour Aristote, entraîne l'explication mécaniciste de l'animation, qu'il reproduit ensuite.

6. Les termes mis entre guillemets paraissent être ceux de Démocrite. « Mesure » (*rhusmos*, forme ionienne de *rhuthmos*) est transposé par Aristote en « figure » (*schèma* : cf., ci-dessus, 404 a 2). Comparez *Mét.*, A, 4, 985 b 16. Le même texte de la *Mét.* précise que la figure représente l'une des « affections »

mouvoir tout le reste, étant elles-mêmes en mouvement[1]. Ils font donc l'assomption que l'âme est ce qui fournit aux animaux leur mouvement.

C'est également pourquoi, selon eux, la norme de la vie, / [*10*] c'est la respiration. L'explication serait que le milieu ambiant contracte les corps et en expulse celles des figures qui fournissent aux vivants leur mouvement, du fait que ces figures ne sont elles-mêmes jamais en repos ; après quoi surviendrait un secours venant de l'extérieur, par l'introduction d'autres figures supplémentaires du même genre, au cours du mouvement respiratoire. Celles-ci, en effet, empêcheraient aussi la dispersion de celles que contiennent les vivants / [*15*], en s'opposant ensemble à la force de contraction ou de condensation, et il y aurait vie aussi longtemps qu'elles peuvent le faire.

(*b*) Il semble bien, d'ailleurs, que l'affirmation qu'on trouve chez les Pythagoriciens recèle aussi la même pensée, puisque certains d'entre eux ont prétendu identifier l'âme avec les déchets que l'air contient et d'autres, avec ce qui met ceux-ci en mouvement[2]. Or s'il est question de ces déchets, c'est du fait qu'ils présentent / [*20*] manifestement un mouvement continu, quand bien même régnerait un calme absolument plat[3].

(*c*) Et c'est à la même idée que se rangent encore tous ceux qui parlent de l'âme comme de ce qui se meut soi-même[4]. Car tous ceux-là ont bien l'air d'avoir fait

du principe matériel, responsables des déterminations de tout ce qui est constitué d'atomes. Elle représente donc, à cet égard, quelque chose comme un principe formel. C'est si vrai que Leibniz prétendra un moment que la figure de la matière atomique ainsi entendue était au fond ce qu'Aristote appelait lui-même la forme substantielle (*Die philosophische Schriften*, Ed. C.I. Gerhardt, I, Berlin, 1875, p. 10).

1. Cette théorie, exposée jusqu'en 404 a 16, est rapportée aussi dans *De la respiration* (4, 472 a 3-16) avec, en plus, une critique.

2. Cf. *supra*, n. 4, p. 90. C'est le Fr. B 40 D-K. Les pythagoriciens, collectivement visés, ne sont pas autrement identifiables, bien qu'Aristote distingue, chez eux, deux positions assez différentes. L'une est d'allure matérialiste et mécaniciste, comme celle de Démocrite, l'autre l'est visiblement beaucoup moins, qui tient l'âme, non pour une particule mobile, mais pour le principe de son mouvement. On a rapproché cette dernière position d'un propos prêté à Ecphante (A 1 D-K).

3. Le « calme » (*nènemia*), ici quelque chose comme la bonasse, était défini par le pythagoricien Archytas de Tarente comme « le repos dans une masse d'air », définition où Aristote voyait intervenir, pour une part, les concepts de matière (air) et de forme (repos) : *Mét.*, H, 2, 1043 a 22-24 (= Fr. A 22 D-K).

4. Sont ici visés anonymement Platon et ses disciples (comme Xénocrate :

l'assomption que le mouvement représente la chose qui caractérise l'âme le plus parfaitement : tout le reste serait en mouvement à cause de l'âme, alors que celle-ci ne dépendrait que d'elle-même, pour la raison qu'on ne voit aucun moteur / [*25*] qui ne soit pas, lui aussi, en mouvement.

(*d*) Au reste, même Anaxagore évoque pareillement la réalité d'une âme qui imprime le mouvement ; lui et quiconque, par ailleurs, a professé que l'Univers a reçu son mouvement d'une intelligence. Bien que ce ne soit pas dire tout à fait la même chose que Démocrite[1]. Car, lui, supposait l'identité pure et simple de l'âme et de l'intelligence, puisqu'il soutenait celle du vrai et de l'apparence[2]. C'est pourquoi le poète Homère, selon lui, aurait eu bien raison, lorsqu'il dit / [*30*] d'Hector qu'« il gît, l'esprit ailleurs[3] ». Donc, il ne prend pas l'intelligence

cf. *infra*, 408 b 32 et sqq.). La très célèbre définition de l'âme en *Lois*, X, 894 C-896 A (cf. *Phèdre*, 245 C-246 A), qu'Aristote reprend à titre d'opinion dans *An. sec.*, II, 8, 93 a 25, est en effet celle-là et doit avoir beaucoup compté dans le sentiment que, aux yeux de l'opinion la plus autorisée, l'âme était, « au premier chef » (403 b 29), ce qui met en mouvement.

1. Pour Anaxagore (Fr. A 99 ; cf. A 58 ; B 12 et 13 D-K), voir déjà Platon, *Cratyle*, 400 A. Le rapprochement, quoique hardi, est d'autant plus naturel que l'âme définie comme principe auto-moteur par les platoniciens et l'âme du monde décrite par le *Timée* s'identifiaient à une intelligence (cf. *infra*, 407 a 3-5). Que l'idée d'Anaxagore puisse être aussi celle d'un autre, la *Mét.*, A, 3, 984 b 15-20 le laisse entendre en avançant le nom du lointain et mythique Hermotime, originaire également de Clazomènes ; mais Aristote peut ici viser quelque « anaxagoréen » proche de son temps.

2. La thèse de Démocrite (Fr. A 101 D-K), réputée sensualiste (mais voir Fr. A 111 et B 11 D-K), passe pour réduire toute forme de connaissance à la perception sensible : « Démocrite prétend soit que rien n'est vrai ou que, pour nous en tout cas, le vrai ne se laisse pas voir. Et, en règle générale, du fait qu'ils tiennent la pensée pour une sensation et celle-ci pour une altération, (lui et Empédocle) prétendent que ce que la sensation fait apparaître est nécessairement vrai » (*Mét.*, Γ, 5, 1009 b 11-15 ; cf. *Génération et corruption*, I, 2, 315 a 9-10 : « [Leucippe et Démocrite] s'imaginaient que le vrai se trouve dans l'apparence »).

3. Cette citation, que rapporte aussi *Mét.*, Γ, 5, 1009 b 30, représente probablement une formule homérique, mais elle ne se trouve pas dans le texte d'Homère que nous connaissons. L'expression *allophroneonta* (« l'esprit ailleurs ») qui figure dans l'*Iliade*, XXIII, 698, ne s'applique pas à Hector mais à Euryale. Il est impossible de savoir si Aristote ou Démocrite suivaient une autre version d'Homère que la nôtre. L'argument tiré du poète par Démocrite, du moins si l'on s'en remet à Aristote, semblerait avoir été le suivant : en décrivant comme une affection de l'intelligence (« il gît l'esprit ailleurs ») l'étourdissement du combattant qui a reçu un coup violent, Homère assimile avec raison l'intelligence à une affection sensible. Théophraste (*Du sens*, 58), qui connaissait, semble-t-il, l'argument de Démocrite tiré du langage homérique, précise

pour une quelconque puissance intéressée à la vérité, mais soutient l'identité de l'âme et de l'intelligence. [*404 b 1*] Anaxagore, de son côté, se prononce moins clairement là-dessus. En plusieurs endroits, il déclare, en effet, l'intelligence responsable de ce qui est parfaitement et correctement organisé, mais ailleurs, il la tient pour identique à l'âme, puisqu'il en fait un attribut inhérent à tous les vivants, grands et petits, nobles et moins / [*5*] nobles[1]. Or, il apparaît que cette intelligence, en tout cas, qu'il évoque en référence à la sagacité, n'appartient pas également à tous les animaux, ni même non plus à tous les hommes[2].

Donc, tous ceux qui ont considéré le fait que l'animé se trouve en mouvement, ont cru que l'âme constitue le moteur par excellence.

A.2. L'âme et la connaissance.

Mais tous ceux qui ont considéré la connaissance et la perception que l'être animé a des choses, ceux-là, en revanche, par/lent [*10*] de l'âme comme des principes, soit

que, pour l'Abdéritain, ce langage était conforme à sa propre conviction selon laquelle l'âme consciente résulte d'un mélange corporel adéquat.

1. Ce texte correspond au Fr. A 100 D-K d'Anaxagore. Nous ne connaissons évidemment pas les nombreux endroits où celui-ci, paraît-il, faisait état d'une intelligence organisatrice, mais c'est une idée qu'Aristote lui prête ailleurs (*Mét.*, A, 3, 984 b 15-20 ; 985 a 18-19 ; etc.). L'idée que l'intelligence serait distribuée dans tous les vivants « grands et petits » paraît correspondre à celle d'un texte reconstituable, grâce à Simplicius (Fr. B 12 D-K : « Toutes les choses qui ont une âme, grandes ou petites, sont sous l'empire de l'intelligence »). Cette idée, pour Aristote, est à la fois trop large et trop étroite ; trop large du point de vue du naturaliste, car l'intelligence n'est pas distribuée à tous les vivants (cf. la suite, 404 b 5-7) et trop étroite du point de vue du métaphysicien, car là où l'intelligence n'a pas de place (cf. Fr. B 11 D-K), on constate le défaut de la prétendue organisation de la nature défendue par ailleurs. — A noter que l'intelligence reconnue par Anaxagore à tous les vivants, n'est pas nécessairement, en eux, principe de mouvement, ce que paraît supposer Aristote dès le départ.

2. La « sagacité » (*phronèsis*) est proprement, pour Aristote, l'intelligence ou la vertu de l'intelligence qui commande à l'action (appelée volontiers prudence ou sagesse pratique par les interprètes) : cf. *Éthique à Nicomaque*, VI, 5, 1140 b 20 ; etc. Cette forme la plus courante de « penser » (*phronein*) est évidemment la seule qui se puisse concevoir, dans le vivant, comme principe de mouvement. Aristote reconnaît cette intelligence à certains animaux, quoique à un degré modeste (cf. *Part. an.*, II, 648 a 6, 8, 10). En tant que vertu, la sagacité est évidemment rare chez les hommes eux-mêmes ; et, en tant que simple capacité à commander l'action, elle est refusée à certains (les « esclaves » naturels : cf. *Politique*, I, 5, 1254 b 16 et sqq.).

au pluriel, quand ils en produisent plusieurs, soit au singulier, quand ils n'en produisent qu'un[1].

(*a*) Ainsi Empédocle, pour qui l'âme serait constituée de tous les éléments[2], et chacun d'eux serait une âme. Il s'exprime ainsi :

> « C'est la terre, en effet, qui nous fait voir la terre.
> Par l'eau, nous voyons l'eau, et le divin éther,
> C'est par l'éther. C'est par le feu, tout au contraire,
> Qu'on voit le feu dévastateur. Mais ce qui sert /
> [*15*] A comprendre l'amour, c'est l'amour. Et la [guerre,
> C'est, de la même façon, la discorde sévère[3]. »

(*b*) D'une manière identique, Platon, lui aussi, dans le *Timée*, fait procéder l'âme des éléments, estimant, en effet, que le semblable se connaît par le semblable et que les choses procèdent des principes[4].

1. Cf. *Mét.*, A, 7, 988 a 21-25 : « nul de ceux qui parlent de principe et de cause n'en a identifié en dehors de ceux que nous avons distingués dans nos exposés sur la nature [...] certains parlent du principe comme de la matière, qu'ils en supposent un ou plusieurs, qu'ils le posent comme corporel ou non »...
2. Cf., ci-dessus, n. 5, p. 90.
3. Cette citation littérale du poème *Sur la nature* (Fr. B 109 D-K), à l'exception de l'hémistiche qui concerne le feu, figure également dans *Mét.*, B, 4, 1000 b 6[a]-8, pour illustrer la connaissance du semblable par le semblable. Aristote précise lui-même ailleurs que les quatre premiers principes (« feu, terre, eau et air ») tiennent de la matière et que les deux derniers (« l'amitié et la haine »), représentent plutôt des principes de mouvement (*Mét.*, A, 7, 988 a 27-28 et 33-34). Constitutifs de chaque être auquel ils permettent de connaître ce qui lui ressemble, ces éléments, à ce titre, forment l'âme, dit Aristote, et chacun d'eux est une âme dans la mesure où, séparé des autres, il permet de connaître. Aucun des fragments conservés du poème d'Empédocle *Sur la nature* ne parle expressément d'âme (*psuchè*), mot qu'on trouve seulement dans un fragment de ses *Purifications* (B 138 D-K) avec, semble-t-il, le sens de « vie ».
4. Le rapprochement (« de manière identique ») paraît forcé. Il s'appuie sur *Timée*, 37 A-C, où Platon décrit les mouvements cognitifs de l'âme (du monde), constituée de deux « cercles », dans sa rencontre avec le sensible et avec l'intelligible rationnel : l'information transmise par le cercle de l'Autre, dans le premier cas, produit l'opinion, tandis que l'information transmise par le cercle du Même, dans le second, produit l'intellection et la science. Aristote suppose ici que l'âme (les cercles) est constituée des mêmes éléments que ce qu'elle connaît (la double nature du réel que rencontrent les cercles). Ce jugement, contesté par beaucoup d'interprètes mais qui n'est pas sans fondement, s'autorise du passage (35 A et sqq.) où Platon décrit la constitution de l'âme à partir d'un mélange de l'être indivisible (qui reste toujours le même, soit l'intelligible) et de l'être divisible (qui devient toujours autre dans le corps, soit le sensible). Ce mélange est complexe, mais il aboutit à faire de l'âme un intermédiaire entre tout ce qui est indivisible et tout ce qui est divisible. Les

(*c*)De façon analogue, on trouve, dans les exposés consacrés à la philosophie[1], la précision que l'animal / [*20*] en soi[2] procède du modèle même de l'unité et de la première longueur, largeur et profondeur, et que les autres réalités sont constituées selon un processus semblable. De plus, d'après un autre point de vue encore, l'unité serait intelligence et la dualité science (car celle-ci s'achemine vers l'unité d'un mouvement unique), tandis que le nombre de la surface serait opinion et celui du solide, sensation. C'est que les nombres ont été expressément assimilés aux formes mêmes et aux / [*25*] principes et qu'ils procèdent des éléments, cependant que les choses se jugent, soit par l'intelligence, soit par la science, soit par l'opinion, soit par la sensation, selon les cas. Or les nombres en question seraient formes des choses[3].

deux cercles formés de cet intermédiaire rencontrent donc chacun, dans le mouvement de la connaissance, l'un des extrêmes dont ils sont constitués : le cercle du Même révèle l'extrême indivisible et le cercle de l'Autre l'extrême divisible.

1. L'identité de ces exposés est un peu mystérieuse et certains ont même supposé qu'il s'agissait d'un texte perdu d'Aristote lui-même (son dialogue *Sur la philosophie*) où auraient été rapportées des doctrines de Platon que celui-ci n'avait pas mises par écrit. Cette conjecture est dénuée de fondement sérieux et il est même très probable que notre passage ne vise pas spécialement des doctrines de Platon. Les exposés, écrits ou oraux, qu'il mentionne sont plutôt à mettre sur le compte de l'un ou l'autre de ses disciples, vraisemblablement de plusieurs, dont les affinités avec le pythagorisme peuvent être soupçonnées.

2. « L'animal en soi » (ou, plus littéralement « l'animal-même »), selon une expression d'origine platonicienne (*Phédon*, 105 C), représente une forme intelligible (*idea*), distincte des animaux dont elle est la forme. Aristote invite ailleurs à distinguer ce qui proprement lui revient « en tant que forme » et ce qui revient en propre à l'animal : « être composé d'âme et de corps » (*Top.*, V, 7, 137 b 6-13). Ce qui tend à montrer que, pour Aristote, « l'animal en soi », dont il est question ici, n'est pas un composé, mais sa forme, autrement dit, l'âme. Car la distinction correspond à celle qu'il établit entre deux sens du mot « substance » (*ousia*) en demandant qu'on précise s'il s'agit du composé ou de la forme : « par exemple, la ligne, est-ce la dualité inhérente à la longueur ou la dualité ? Et l'animal, est-ce l'âme inhérente au corps ou l'âme ? (*Mét.*, H, 3, 1043 a 33-35). Dans la théorie exposée ici, l'âme-forme (« le vivant en soi ») procède elle-même (a) d'une autre forme (l'unité) et (b) de la triple dimension (longueur, largeur et profondeur) dite « première », constitutive des solides. Ce double principe, qui allie l'unité formelle (intelligible) et la première expression (semble-t-il, mathématique) des sensibles, serait, par ailleurs, constitutif de tout le reste, que l'âme peut connaître. Il est possible qu'Aristote présente de la sorte la pensée de Speusippe (cf. Fr. 4, 29, 30, 40, 42 c-d et 48 b Lang).

3. Cette théorie prend en compte les capacités cognitives de l'âme, plutôt que l'âme elle-même, rangées en ordre d'importance décroissante, de l'intelligence au sens (sur cette hiérarchie, cf. Platon, *République*, VI, 511 D ; 533 E ; IX, 585 B ; *Timée*, 28 B-C ; 37 B ; 51 D ; *Banquet*, 210 C ; etc.). Les facultés ainsi rangées sont identifiées à la série des nombres (1, 2, 3 et 4), entendus

Mais, vu que l'opinion tenait l'âme pour un facteur et de mobilité et de connaissance, comme on vient de le dire, certains, dans ces conditions, ont opéré une combinaison des deux données à la fois, en professant que l'âme est un nombre / [*30*] qui se meut soi-même[1] !

A.3. L'âme et les principes.

Il est toutefois des divergences sur la question des principes, lorsqu'il s'agit de préciser leur nature et leur quantité[2]. Il y a surtout les partisans de leur corporéité contre ceux qui défendent leur caractère incorporel / [***405 a 1***] et, en face d'eux, les partisans d'un mélange, qui ont professé la double constitution des principes. Mais la divergence porte aussi sur leur nombre, car les uns parlent d'un seul principe et les autres de plusieurs. Or, ces différences se retrouvent, par suite, dans la manière dont ils rendent compte de l'âme.

Ils ont, en effet, pris pour acquis, non sans raison, que la réalité de nature motrice / [*5*] fait partie des réalités primordiales[3]. (*a*) D'où l'opinion de certains, pour qui cette réalité est le feu. Car ce dernier constitue à la fois le

comme formes (sur ces « nombres idéaux » : cf. *Mét.*, M, 6, 1080 a 12 et sqq. ; N, 2, 1090 a 2-3, 1090 a 20 ; b 30 et sqq. ; et déjà : A, 9, 991 b 9 ; 992 b 13 ; Z, 11, 1036 b 13). Ainsi une même ordonnance mathématique se retrouve dans l'âme connaissante et dans les principes de toute réalité connue. L'allusion aux « éléments » dont sont constitués les nombres est à rapprocher de *Mét.*, A, 5, 986 a 17-18, où Aristote décrit la pensée des Pythagoriciens. Les raisons de l'identification des facultés à la série des nombres ne sont pas absolument certaines : l'intelligence intuitive (1) paraît saisir directement l'unité de la forme au-delà de la multiplicité, la science (2) suppose déjà un mouvement linéaire, mais simple et fini, entre deux termes (de l'antécédent au conséquent), l'opinion (3) représente la pluralité indéfinie, sans doute parce qu'elle rattache indifféremment un point à deux autres qui sont opposés (le vrai et le faux), le sens (4), enfin, correspond à la multiplicité du sensible solide, dont il épouse les trois directions,...

1. La thèse, qui est celle, sans doute, de Xénocrate et de ses partisans (Fr. 60 Heinze), combine ce que dit le *Timée* de la composition de l'âme et ce que disent les *Lois* et le *Phèdre* de son automotricité. Elle sera sévèrement critiquée en 408 b 32 et sqq.

2. La seconde partie de la doxographie considère encore les principes mis de l'avant par les théories cognitives de l'âme, mais elle reprend en compte les théories motrices exposées antérieurement, vu que les deux théories sont volontiers combinées. Le but principal est de préciser le statut (corporel ou non) des principes constitutifs de l'âme.

3. La suite montrera qu'Aristote pense d'abord aux atomistes, peut-être aussi aux disciples d'Héraclite (cf. 403 a 25), encore que le feu, pour les atomistes, ne soit pas, comme tel, un principe élémentaire, puisqu'on peut en rendre compte par la configuration de certains atomes.

plus subtil et le moins corporel des éléments. Et, de surcroît, sa mobilité, ainsi que sa motricité à l'égard de tout le reste, sont primordiales[1]. Démocrite a d'ailleurs prétendu, dans un exposé assez brillant, fournir la raison de ces deux caractères[2]. L'âme, en effet, serait la même chose que l'intelligence, / [*10*] cette chose figurerait parmi les corps primordiaux et indivisibles et elle devrait sa propriété motrice à sa subtilité et à sa configuration. Il affirme par ailleurs que, d'entre les figures, la plus aisément mobile est celle de la sphère. Or c'est celle qu'aurait l'intelligence de feu[3].

(*b*) Anaxagore, de son côté, paraît bien laisser entendre une différence entre l'âme et l'intelligence, comme nous l'avons déjà dit auparavant[4]. Mais il use / [*15*] des deux comme d'une seule nature, sauf que, lorsqu'il s'agit de poser un principe, c'est, malgré tout, l'intelligence qu'il préfère alors universellement[5]. C'est la seule, en tout cas, des réalités qui soit simple, dit-il, « sans mélange et pure[6] ». D'autre part, il accorde ensemble au même principe, les deux propriétés de connaître et de mouvoir, puisqu'il parle d'une intelligence qui met en mouvement l'Univers[7]. Il semble, par ailleurs, d'après les souvenirs

1. Le reste du corporel n'étant mobile ou moteur qu'en vertu de la présence du feu en lui : cf. *infra*, 406 b 20-22.

2. C'est la deuxième partie du Fr. A 101 D-K. Ces « deux caractères » sont-ils (a) la mobilité et (b) la motricité, ou bien (a) la subtilité et (b) l'incorporéité ou encore (a) la subtilité quasi-incorporelle et (b) l'auto-motricité ? Nous penchons pour la dernière hypothèse.

3. L'assimilation de l'âme et de l'intelligence, donnée plus haut (404 a 28) comme une implication du sensualisme, est fondée ici, semble-t-il, sur la subtilité de l'atome psychique. Celle-ci rend compte de la quasi-incorporéité de l'âme. La configuration atomique, de son côté, explique sa mobilité. Et du fait qu'un incorporel mobile est apte à s'insinuer partout, il est moteur pour tout le reste.

4. En 404 b 1-7.

5. Ce texte (Fr. A 100 D-K) incline à donner l'intelligence pour le principe le plus universel ; mais voir *Mét.*, A, 4, 985 a 18-21 : « Anaxagore use de l'intelligence comme d'un coup de théâtre pour fabriquer le monde et c'est quand il se demande pourquoi celui-ci est nécessaire qu'il la tire des coulisses, mais, ailleurs, il met la responsabilité de ce qui arrive sur le compte de tout plutôt que de l'intelligence ».

6. L'expression semble être littéralement celle d'Anaxagore (Fr. B 12 et 13 D-K). Elle sera reproduite en 429 a 19 (« sans mélange ») : cf. 429 b 24.

7. Cf. Fr. B 12 D-K. Ce dernier texte insiste aussi sur le fait que l'intelligence est « La plus subtile (*leptotaton*) de toutes les choses ». Ce caractère est celui qui est attribué ci-dessus (403 a 6 : *leptomerestaton*) à l'atome de feu ; il semble donc faire également de l'intelligence un quasi incorporel.

qu'on rapporte à son sujet, que Thalès, lui aussi, ait pensé que l'âme constitue une certaine réalité motrice, puisqu'il a déclaré que la pierre possède une âme en s'appuyant sur le fait qu'elle met le fer en mouvement[1].

(*c*) Diogène, en revanche (ainsi que certains autres), a parlé de l'air, parce qu'il croyait que celui-ci était la plus subtile de toutes les choses, en même temps que principe[2]. Et ce serait pour cela que l'âme à la fois connaît et imprime le mouvement : dans la mesure où il s'agit d'une réalité primordiale, dont procède tout le reste, elle pourrait connaître, et, dans la mesure où il s'agit d'une chose très fine, elle serait de nature à imprimer le mouvement[3].

(*d*) Héraclite aussi, par ailleurs, prétend que le principe est âme, puisque c'est, d'après lui, la vapeur chaude, dont il compose tout le reste ; chose, en effet, très incorporelle et en flux constant[4]. Or, à son estime, ce qui est en mouvement se connaîtrait par le moyen d'un mouvement, et il croyait également, comme la plupart, que le réel est en mouvement[5]. Ce sont, du reste, à peu près les conceptions qu'Alcméon, lui aussi, avait apparemment de l'âme. Car il prétend qu'elle est immortelle du fait de sa ressem-

1. Ce témoignage, tiré des traditions relatives à Thalès de Milet (Fr. A 22 D-K), est raccroché aux thèses sur l'intelligence motrice d'Anaxagore. Il concerne des observations sur les propriétés magnétiques de certaines pierres. Aristote suppose que c'est l'origine de la croyance animiste prêtée à Thalès (cf. *infra*, 411 a 7). Mais il soutient ailleurs que le Milésien rapportait tout à un principe unique qui est l'eau (*Mét.*, A, 3, 983 b 20 et sqq.). Ce n'est pas à un tel principe, selon toute apparence, qu'on peut rattacher l'âme de la pierre. Le témoignage illustre tout au plus l'idée d'un principe moteur matériel.

2. Diogène d'Apollonie (Fr. A 20 ; cf. B 2, 4 et 5 D-K) est rapproché sur ce point d'Anaximène de Milet (*Mét.*, A, 3, 984 a 5-7) qui, avant lui, avait proposé de voir dans l'air le principe universel (Fr. B 2 D-K). Mais rien ne nous dit qu'Anaximène assimilait l'âme et l'air. Les « autres » dont il est question ici paraissent être plutôt des émules de Diogène.

3. L'explication, très hypothétique, est évidemment d'Aristote. Elle fait fond sur la « subtilité » reconnue à l'air (comme chez Démocrite, au feu, et chez Anaxagore, à l'intelligence) et sur le caractère principiel qui lui est dévolu.

4. Ce témoignage (Fr. A 15 D-K) semble corroboré (cf. B 12 et 118 D-K). Mais il fait de l'âme un principe second, puisque la vapeur paraît supposer la chaleur et des substances humides.

5. Cette dernière thèse est ultra-célèbre (cf. Fr. A 6 D-K) et donnée ailleurs pour celle à laquelle, au départ, avait adhéré Platon (*Mét.*, A, 6, 987 a 32-34). La mobilité-même de l'âme (entendue ici en un sens très large), lui permettant de suivre le flux perpétuel des choses, serait ainsi la condition de la connaissance (sur cette forme de sensualisme, cf. Fr. B 7 D-K). Aristote dira lui-même plus loin, mais dans un sens plus précis, que le mouvement sensible, comme tous les sensibles dits « communs », est perçu par un mouvement (425 a 16-17).

blance avec les réalités immortelles[1]. Or cet attribut lui reviendrait en raison de son mouvement perpétuel, vu que le mouvement continu de tous les êtres divins serait, lui aussi, / [***405 b 1***] perpétuel : celui de la lune, du soleil, des astres et du ciel entier[2].

(*e*) Parmi les éléments plus grossiers, d'autre part, certains se sont même prononcés en faveur de l'eau, comme c'est le cas de Hippon[3], mais leur conviction paraît inspirée de la semence qui sert à la génération, vu qu'elle est humide dans tous les cas[4]. En effet, pour réfuter les déclarations de ceux pour qui l'âme serait le sang, on fait valoir que la matière de la génération / [5] n'est pas le sang. Or ce serait elle l'âme primordiale[5]. Et si d'autres, comme Critias, se prononcent pour le sang, c'est qu'ils estiment que le fait de sentir constitue la principale propriété de l'âme et que celle-ci est attribuable à la nature du sang[6].

1. Ce témoignage sur Alcméon de Crotone (Fr. A 12 D-K) est rattaché à la thèse d'Héraclite sur le mouvement, comme, plus haut, le témoignage sur Thalès était rattaché aux thèses d'Anaxagore. L'immortalité de l'âme des choses corruptibles était, semble-t-il, défendue par Héraclite, en raison de sa ressemblance avec l'âme du tout (Fr. A 17 et 15 D-K) et des choses incorruptibles éternellement en mouvement (Fr. A 6 D-K). Mais Alcméon avait, par ailleurs, une conception sur les principes universels qui s'apparente à celle des Pythagoriciens (cf. *Mét.*, A, 5, 986 a 27 et sqq.).

2. La physiologie d'Alcméon (cf. Fr. A 11 D-K) n'allait donc pas, semble-t-il, sans postuler quelque chose, dans l'animal ou l'homme, de la substance astrale ; ce qui lui permettait de conclure, par analogie, de la perpétuité et de la continuité des mouvements astraux (cf. Fr. B 30 D-K) à l'immortalité de l'âme.

3. Hippon (Fr. A 10 D-K) aurait pu être associé à Thalès (cf. *supra*, n. 1, p. 98) et, pour une part, à Empédocle, dont Aristote a déjà identifié chaque élément (donc, l'eau) à une âme (404 b 12).

4. Cette doctrine, objet de dispute entre les médecins, lie clairement l'âme au principe séminal, tiré de la moelle, selon Hippon (Fr. A 12). Elle est grossière en ce qu'elle cherche ce principe de la génération dans une détermination matérielle (l'humidité). Mais elle présente par ailleurs un intérêt singulier, qu'Aristote ne relève pas, bien qu'il lui soit apparu sans nul doute : comme le faisaient probablement, de manière implicite, d'autres doctrines anciennes, elle rattache, en effet, explicitement l'âme à un principe de génération vitale, non à un principe de mouvement quelconque. Or c'est là une donnée fondamentale que retiendra plus loin Aristote lui-même.

5. L'idée d'une âme « fondamentale » (*prôtè*) avancée par Hippon (cf. Fr. A 3 D-K), est très exactement celle qu'Aristote prendra à son compte en parlant de la faculté « générative » (cf. 415 a 24), appelée « âme fondamentale » (*prôtè*) en 416 b 25.

6. L'idée combattue par Hippon et adoptée notamment par Critias (Fr. A 23 D-K) était en réalité celle d'Empédocle (cf. Fr. B 105 : « ... le sang qui circule chez les hommes dans la région du cœur, voilà l'intelligence ») et de l'école sicilienne : le sang représente, pour Empédocle, un mélange de tous les éléments (cf. Fr. A 86 D-K). D'où le principe de la connaissance du semblable par le semblable, rappelé plus haut.

Tous les éléments ont, en effet, trouvé un juge en leur faveur, sauf la terre, pour laquelle personne ne s'est déclaré, si l'on excepte une certaine assertion d'après laquelle l'âme procéderait / [*10*] de tous les éléments ou bien serait tous les éléments[1].

A.4. Conclusions[2].

Tout le monde, par conséquent, définit l'âme à l'aide de trois choses pour ainsi dire : le mouvement, la perception, l'incorporel[3]. Or chacune d'elles reconduit aux principes. C'est pourquoi ceux qui la définissent par la connaissance, en font ou bien un élément ou bien le produit des éléments, dans des termes à peu près similaires de l'un à l'autre, à une exception près[4]. / [*15*] Ils prétendent, en effet, que le semblable se connaît par le semblable. Car, dès lors que l'âme connaît tout, ils la constituent à partir de tous les principes[5].

Tous ceux, donc, qui parlent d'une seule cause, quelle qu'elle soit, et d'un élément unique, posent que l'âme aussi est un élément unique (comme le feu ou l'air), tandis que ceux qui parlent de plusieurs principes, font de l'âme également une pluralité[6]. Et Anax/agore [*20*] est le seul à prétendre que l'intelligence est impassible et n'a rien de commun avec quoi que ce soit d'autre[7]. Mais, si elle a ce

1. Thèse, on vient de le voir, d'Empédocle et, dans une certaine mesure, de Critias. Le feu (cf. Démocrite), l'air (cf. Diogène) et l'eau (cf. Hippon) sont par ailleurs les seuls éléments que donnaient les Anciens pour principes universels uniques, d'après *Mét.*, A, 8, 988 a 29-30 et 989 a 5-6.

2. Les paragraphes qui suivent forment une conclusion où Aristote établit les liens entre âme et principes.

3. Les principes feu, air et eau sont, dans le fait, corporels. Et la thèse d'Héraclite (vapeur chaude) semble combiner ces trois éléments. Seule, la thèse d'Anaxagore ne se laisse pas aussi clairement réduire à un principe matériel identifiable (voir, cependant, n. 7, p. 97). Mais Aristote a suffisamment insisté sur le fait que tous les autres principes (sauf peut-être l'eau), quoique matériels, ne sont choisis pour représenter l'âme que parce qu'ils sont visiblement tenus pour quasi-incorporels. C'est le cas, *a fortiori*, pour le principe d'Anaxagore.

4. L'exception (Anaxagore) est traitée plus loin (405 b 19). L'âme définie par le mouvement reconduit aussi aux principes, mais pas en vertu d'une raison aussi explicite ou évidente que l'âme définie par la connaissance.

5. Cf. *supra*, le cas d'Empédocle et celui de Platon et des platoniciens.

6. Ce dernier cas pose le problème de l'unité de l'âme, déjà soulevé en d'autres termes dans l'introduction.

7. Cette affirmation, autant que l'on sache, n'est pas d'Anaxagore lui-même. Elle paraît inférée du fait que celui-ci tient l'intelligence pour « sans mélange et pure ». Elle recevra, chez Aristote, un sens particulier (cf. *infra*, 429 b 22). Tout ce qu'elle semble vouloir signifier ici, c'est que l'âme (et plus

genre de statut, comment connaîtra-t-elle et en vertu de quel motif ? Lui ne l'a pas dit et ce qu'il a dit ne permet pas de le voir bien clairement.

Par ailleurs, tous ceux qui produisent des contrariétés au sein des principes, constituent l'âme aussi à partir de ces contrariétés[1], tandis que ceux qui prennent pour principe l'un ou l'autre / [*25*] des contraires (comme le chaud ou le froid, ou bien quelque autre contraire du même genre), posent pareillement que l'âme aussi est l'un quelconque d'entre eux. En vertu de quoi, ils suivent aussi l'indication des mots, puisque les uns parlent du chaud en alléguant que le mot « vivre » [*zèn*] vient de là [*zein* : « bouillir »][2], et les autres du froid [*psuchron*], du fait que la respiration et le refroidissement vaudraient à l'âme [*psychè*] son appellation[3].

Voilà donc ce que donne la tradition au sujet de / [***30***] l'âme et les raisons pourquoi l'on en parle ainsi.

B. Critique des opinions reçues.

B.1. Contre la mobilité de l'âme.

[***I, 3, 405 b 31***] Mais il faut, d'abord, faire porter son examen sur le mouvement. Car il est non seulement probable qu'on se trompe en accordant à l'âme le genre de réalité / [***406 a 1***] que prétendent ceux qui l'identifient à ce qui se meut soi-même ou à ce qui peut mettre en mouvement[4] ; mais peut-être est-ce proprement une impossibilité de lui attribuer un mouvement.

spécialement l'intelligence) n'a été que très exceptionnellement conçue comme une réalité étrangère aux principes constitutifs de la réalité existant par ailleurs.

1. Cf., encore une fois, Empédocle pour qui, par exemple, la terre (sèche et froide) s'oppose à l'air (humide et chaud) ou la haine à l'amour.

2. Le rapprochement est opéré par Platon (*Cratyle*, 399 D-E) à l'appui de thèses héraclitéennes. Il suppose une assimilation préalable de l'âme à la vie (cf. *supra*, n. 4, p. 99).

3. Était-ce, comme certains l'ont assuré, un argument d'Hippon, qui tenait l'âme pour un principe humide (cf. *supra*) ? Nous ne le savons pas. Il implique, en tout cas, une théorie de la respiration, à la fois comme critère de vie (cf. 404 a 9-10) et comme mécanisme de rafraîchissement (régénération ?) de l'organisme. Ce pourrait être, à ce titre, une théorie de Diogène d'Apollonie, pour qui tous les animaux respirent, même les poissons, qui tirent l'air de l'eau, comme le note Aristote (*De la respiration*, 1, 470 b 31 et 471 a 2 et sqq.).

4. Thèse explicite des platoniciens (cf. *Lois*, X, 896 A).

Or donc, qu'il n'y ait aucune nécessité, pour le moteur, de soi-même se mouvoir, on l'a dit au préalable[1]. Mais, il y a toujours deux façons d'être en mouvement. On l'est, en effet, ou bien en vertu d'/[*5*] autre chose ou bien en soi-même[2]. Et, par mobile en vertu d'autre chose, nous voulons dire tout ce qui est en mouvement du fait de se trouver dans un mobile. Exemple, des navigateurs, lesquels, en effet, ne sont pas en mouvement au même titre que leur navire. Car celui-ci se meut en lui-même, alors qu'eux, c'est du fait de se trouver dans un mobile. On le voit, du reste, à leurs membres ; car le mouvement propre des pieds, c'est la marche ; or c'est aussi celui des hommes ; mais on ne l'at/tribue [***10***] pas aux navigateurs à ce moment-là. Et, puisqu'il y a deux manières d'entendre le fait d'être en mouvement, nous portons maintenant notre examen sur l'âme, afin de savoir si c'est en elle-même qu'elle est mobile et participe d'un mouvement[3].

(*a*) Or, puisqu'il y a quatre mouvements (transport, altération, diminution, accroissement[4]), elle est susceptible de présenter soit l'un d'entre eux, soit plusieurs, soit tous. Mais, si sa mobilité n'est pas acci/dentelle[5], [*15*] c'est

1. Cf. 403 b 28-31 (où Aristote, cependant, était plutôt allusif).

2. Cf. *Physique*, V, 1, 224 a 26-29. Ces distinctions valent pour les différentes sortes de mouvement. La possibilité d'un moteur immobile est aussi défendue en *Phys.*, VIII, 5, 256 b 18-24. La comparaison avec les navigateurs a ses limites, car l'âme n'est pas dans le corps comme dans un lieu, à la manière des navigateurs sur leur navire. Cette différence est même essentielle à la compréhension de ce qui suit.

3. Aristote envisage dans la suite sept objections, indiquées par les lettres *a*, *b*, *c*, etc. dans la traduction.

4. Aristote distingue généralement trois espèces de mouvement ou de changement qui affectent la substance : l'altération (changement qualitatif ou d'affection), l'accroissement ou la diminution (changement quantitatif ou de grandeur) et le transport (changement de lieu ou déplacement) : cf. *Phys.*, V, 1, 225 b 7-9 et VIII, 7, 260 a 26-28. Il en dénombre quatre ici, apparemment comme s'il dédoublait le changement quantitatif. Mais il faut tenir compte de ce qu'il parle, en l'occurrence, du vivant, où la croissance s'oppose à un changement qui n'est pas proprement la décroissance (diminution de grandeur), mais un dépérissement qui conduit à la mort. C'est pourquoi la disparition renvoie ici comme à son contraire à un second aspect de la fonction de croissance, qui est la conservation du vivant. Et ceci, on le verra plus loin, révèle la fonction reproductrice du vivant qui perpétue sa forme dans un autre vivant. Nous sommes donc, avec le vivant, dans un ordre où la génération devient la propriété d'une substance, propriété dont la fabrication est l'analogue dans l'ordre humain des arts (cf. *Phys.*, IV, 1, 201 b 13-15).

5. Au sens défini plus haut, c'est-à-dire, si la mobilité n'est pas, en propre, le fait du vivant qui contient l'âme (cf. plus haut, les affections propres de l'âme : 403 a 3-5).

un mouvement par nature qu'on lui attribuera, et, dans ces conditions, un lieu aussi, car tous les mouvements dont on a parlé s'opèrent en un lieu[1]. Or, dans l'hypothèse où la substance de l'âme est de se mouvoir elle-même, ce n'est point par accident qu'on peut lui attribuer la mobilité, comme à ce qui est blanc ou qui mesure trois coudées[2]. Car ces choses aussi sont mobiles, mais par acci/dent [***20***] ; c'est, en effet, cela dont elles sont les attributs qui se trouve en mouvement, le corps ; aussi bien n'ont-elles pas de lieu. Mais l'âme, elle, en aura un, si tant est qu'elle participe naturellement du mouvement[3] !

(*b*) Et de plus, dans l'hypothèse où elle est par nature en mouvement, elle peut l'être aussi par force ; et, si elle peut l'être par force, elle peut l'être aussi naturellement. Il en va d'ailleurs de même en ce qui concerne le repos, car le terme du mouvement naturel est aussi le lieu du repos / [***25***] naturel et, pareillement, le terme du mouvement forcé est aussi le lieu du repos forcé[4]. Or quelles seront, dans le cas de l'âme, les sortes de mouvement ou de repos imposés par la force ? Même en acceptant de donner dans la fiction, ce n'est pas facile de répondre[5].

(*c*) Et encore : si on lui suppose un mouvement vers le haut, elle sera du feu, et si c'est vers le bas, de la terre, puisque les mouvements en question sont le fait de ces corps-là. Et le même raisonnement vaut aussi / [***30***] pour le cas des intermédiaires[6].

1. Cf. *Phys.*, VIII, 7, 260 a 26-b 7, où la primauté du mouvement local est démontrée par le fait que les deux autres mouvements (selon la grandeur et selon la qualité) impliquent celui-là.

2. Exemples de qualité et de grandeur, qui peuvent changer.

3. L'inconséquence de cette conclusion ne sera patente que dans la suite, lorsqu'il apparaîtra que l'âme n'est pas proprement localisable dans le corps.

4. Cette distinction entre mouvement (ou repos) naturel et mouvement (ou repos) forcé (c'est-à-dire contre nature) est une distinction qui s'applique aux *corps* naturels (cf. *Phys.*, IV, 8, 215 a 1-6 ; *Gén. des an.*, II, 4, 737 b 29 ; etc.).

5. Le terme « fiction » (*plattein*) est probablement une allusion aux propos « mythiques » de Platon qui, dans le *Timée*, par exemple, dit offrir seulement une « histoire vraisemblable » (*eikota muthon* : 29 D), mais prétend qu'une histoire de ce genre ne doit pas être tenue pour « fictive » (*mè plasthenta muthon*), mais pour vraie (26 E) ; cf. *République*, IX, 588 b 10 ; *Phèdre*, 246 C, où il est aussi question de l'âme dans les mêmes termes.

6. Qui sont ceux de l'air et de l'eau. Sur les mouvements naturels des corps élémentaires de notre monde, voir *Du ciel*, IV, 2, 308 b 13-15 et 4, 311 a 22 et sqq. L'objection vise en commun tous les naturalistes qui rapportaient l'âme à un principe élémentaire, même subtil (cf. *supra*). L'âme devrait, dans leurs

(*d*) En outre, dès lors qu'il est par ailleurs manifeste qu'elle met le corps en mouvement, la bonne logique veut que les mouvements qu'elle lui imprime soient ceux dont elle est elle-même agitée. Mais, dans ce cas, il est vrai de dire aussi, réciproquement, que le mouvement dont le / [***406 b 1***] corps est agité, lui appartient à elle aussi. Or le corps présente un mouvement de transport. Par conséquent, l'âme aussi pourrait changer de situation à travers le corps, en se déplaçant, soit totalement, soit en partie[1]. Mais, ceci admis, il serait également admissible qu'une fois sortie, elle réintègre le corps. Or il s'ensuivrait que les animaux / [*5*] qui sont morts ressusciteraient[2] !

(*e*) Le mouvement accidentel, cependant, elle peut aussi le recevoir d'une autre chose, puisqu'on peut donner de force une impulsion à l'animal[3]. Mais pour qui a la propriété de se mouvoir de soi-même inscrite dans sa substance, il n'est pas besoin de supposer un mouvement imprimé par autre chose (sauf en cas accidentel) ; pas plus que le bien en soi ou par soi ne doit être ainsi en vertu d'autre chose, ni / [***10***] en vue d'un autre bien[4]. Au reste,

hypothèses, ne conférer à l'être animé que les mouvements propres aux éléments (toujours vers le haut, si c'est un principe igné ; etc.).

1. La traduction de cette phrase est hypothétique, en raison principalement de la signification obscure de l'expression *kata to sôma* (« à travers le corps » ?). L'idée est celle, semble-t-il, d'un déplacement de l'âme « le long du corps » comme celui d'une grandeur superposable à un autre grandeur, lesquelles finissent par ne plus coïncider du tout (l'âme sort du corps).

2. Ce n'est pas l'hypothèse d'une réincarnation de l'âme (metensomatose) que vise directement Aristote, mais plutôt celle d'une réanimation spontanée des cadavres ; hypothèse qu'il faudrait tenir pour aussi naturelle à l'échelle des vivants que la mort elle-même, si l'âme était naturellement mobile. — Ce passage ne laisse rien deviner d'une éventuelle croyance du philosophe à la possibilité de phénomènes exceptionnels, comme celui d'un homme qui, réellement ou apparemment mort, retrouverait la vie quelque temps plus tard, comme un malade retrouve la santé (ce genre de phénomène pourrait avoir été pris en compte dans le dialogue perdu *Eudème*, Fr. 5 Ross).

3. Ceci répond, apparemment, à une objection possible dirigée contre l'affirmation présentée plus haut (406 a 26), selon laquelle on ne saurait imaginer un mouvement imprimé de force à l'âme.

4. Le bien en soi (*kath'hauto*), que les platoniciens donnaient pour une forme idéale séparée, est ce qui se dit de toutes les choses « poursuivies en elles-mêmes » (*kath'hauta* : cf. *Éthique à Nic.*, I, 4, 1096 b 9-11) : ce qui est absolument bon. Il est comparable au bien par soi (*di'hauto*), c'est-à-dire, « souhaité pour lui-même » (*di'hauto* : cf. *Éth. à Nic.*, I, 1, 1094 a 19). La comparaison d'Aristote veut dire ceci : de même que la raison d'un tel bien (ce qui nous le fait poursuivre ou souhaiter) n'est pas à chercher dans autre chose, de même la raison de la mobilité d'une âme qui serait substantiellement mobile ne doit pas être recherchée en dehors d'elle-même. Donc, les mouvements

dans le cas de l'âme, ce qu'on prétendra surtout, c'est qu'elle reçoit des sensibles son mouvement, s'il est vrai qu'elle présente un mouvement[1].

(*f*) Mais, dans l'hypothèse encore où elle se met elle-même en mouvement, elle sera également elle-même sujet de mouvement. De sorte que, si tout mouvement constitue un changement d'état du mobile en tant qu'il se meut, l'âme aussi abandonnera sa substance, s'il est vrai qu'elle ne se met pas en mouvement accidentellement et qu'au contraire, le mouvement tient de la substance même qui la constitue en soi[2].

(*g*) Certains prétendent encore, par ailleurs, que l'âme imprime au corps où elle se trouve un mouvement qui ressemble au sien propre[3]. Ainsi Démocrite, dans des termes qui sont à peu près ceux de l'auteur de théâtre comique Philippe[4]. Ce dernier prétend, en effet, que le fameux Dédale fit se mouvoir son Aphrodite de bois en y versant du vif-argent[5]. Or Démocrite tient aussi un langage semblable, car il prétend que le mouvement de ses sphères indivisibles, qui par nature ne restent jamais en place, entraîne le mouvement du corps dans sa totalité[6]. Nous serions tenté de demander, pour notre part, si c'est

accidentels qu'elle reçoit du fait de son appartenance au vivant ne sont pas à considérer pour juger de sa nature.

1. C'est, au total, semble dire Aristote, le seul argument d'apparence solide qu'on puisse faire valoir en faveur de sa mobilité : l'âme qui perçoit la nature sensible subit le mouvement des sensibles. Mais cet argument, supposé qu'il soit vrai sans réserve, prouverait que l'âme n'est pas auto-motrice.

2. L'argument vise Platon et la notion de mouvement spontané (auto-moteur) qu'il attribue à l'âme ou, plutôt, dont il fait l'âme. Notion qui se réfute elle-même, soutient Aristote, car « tout changement fait naturellement sortir de son état » (*Phys.*, IV, 13, 222 b 16) : le mouvement qui se crée est donc, contradictoirement, une réalité qui se détruit en tant que tel. — Platon échappe à l'objection si le mouvement auto-moteur qu'il envisage n'est pas naturel et constitue une réalité métaphysique ou mathématique. Mais Aristote refuse plus loin cette éventualité.

3. Cf. *supra*, 406 b 1 : argument d.

4. Il s'agit du fils du grand poète Aristophane. Ce fils était acteur, plutôt qu'auteur comique comme son père, et il se trouve cité ici pour son rôle dans une pièce perdue du poète Eubule, intitulée *Dédale* (Fr. 22 Kock).

5. Le héros mythique, célébré pour ses inventions, passait pour avoir créé des automates. Aristote y fait encore allusion dans *Polit.*, I, 4, 1253 b 35. La comparaison de ces objets fabriqués avec la nature telle que la voyait Démocrite fait ressortir le mécanicisme de ce dernier.

6. C'est le Fr. A 104 D-K. Les sphères indivisibles sont les atomes de feu insinués dans la masse corporelle de l'animal.

le même phénomène qui produit aussi le repos[1] ! Et comment le produirait-il ? Difficile, pour ne pas dire impossible de le dire ! D'une façon générale, ce n'est d'ailleurs pas ainsi visiblement que s'effectue l'action motrice de l'âme sur / [25] le vivant, mais par le truchement d'une sorte de décision et de pensée[2].

B.2. Contre le « Timée » de Platon[3].

Pourtant, c'est de la même manière que le personnage du *Timée*, dans son récit sur la nature, décrit l'action motrice de l'âme sur le corps. Il explique qu'elle est elle-même en mouvement et meut le corps parce qu'elle se trouve « entrelacée » avec lui[4]. Il la constitue, en effet, à partir des éléments[5] et la partage selon les nombres harmo-

1. Le même principe, pour Aristote, explique ensemble le mouvement et le repos dans la nature : « tous les êtres naturels ont manifestement en eux-mêmes un principe de mouvement et d'arrêt » (*Phys.*, II, 1, 192 b 8-9 ; cf. b 20-23). Le repos naturel est, en effet, le terme du mouvement naturel (cf. *supra* : 406 a 24-25).

2. L'objection, tirée du sens commun auquel le moraliste fait droit par ailleurs (cf. *Éth. à Nic.*, III, 5, 1113 a 10 ; VI, 2, 1139 b 4) consiste à opposer au déterminisme de la théorie mécaniciste, la liberté des mouvements humains. Le naturaliste décrira plus loin le rôle de la pensée dans le mouvement des animaux (cf. 433 a 9 et sqq.).

3. Cette section prolonge sans transition la critique des conceptions de l'âme comme principe de mouvement. Mais elle est spécialement consacrée au *Timée* de Platon et forme un ensemble qu'on peut mettre à part en raison de son importance et de sa longueur. Après un bref résumé (jusqu'en 407 a 2) des thèses exposées dans ce dialogue, Aristote formule une série d'objections (indiquées, dans la traduction, par les lettres *a*, *b*, *c*, etc.) qui dépassent la nécessité du propos. A noter que, plus haut, dans la doxographie, le *Timée* illustrait la conception de l'âme comme principe de connaissance. Ceci explique que la critique adressée ici à Platon mette en cause la pertinence de cette conception.

4. Timée de Locres, inconnu par ailleurs, mais donné pour mathématicien et homme d'État, à l'image du philosophe politique que décrit Platon, expose une cosmogonie sous forme de mythe, on l'a vu (cf. ci-dessus, n. 5, p. 103). L'âme dont il parle, dans le passage visé par Aristote, et qu'il dit effectivement « entrelacée » au corps (36 E), est en fait l'âme du monde, mais elle est le paradigme et le modèle de toute âme. Aristote paraît prendre à la lettre la description imagée du dialogue, comme s'il ignorait que l'âme, dite associée à toute l'étendue du corps, était incorporelle (« un troisième genre d'être », entre l'intelligible et le sensible : 36 A) et que sa causalité motrice n'était donc pas pensée comme mécanique par Platon (cf. 46 C-E). Cette étrangeté, dont beaucoup d'interprètes ont discuté, s'explique, non par l'ignorance, ni, encore moins, par la mauvaise foi, mais par une interprétation de la pensée platonicienne, globalement exacte, quoi qu'il en puisse paraître à première vue. Car Platon tend à conférer à l'âme (troisième genre d'être intermédiaire) le statut des objets mathématiques. Et c'est, en fait, ce qu'Aristote a vu, mais qu'il conteste. Cf. *infra*, n. 5, p. 107.

5. Cf. *supra*, 404 b 16-17 et les notes à ce passage.

niques[1], afin / [*30*] qu'elle possède un sens qui soit harmonie innée et que les transports de l'univers soient en accord[2] ; il courbe en cercle la droite qui la constitue ; par division de ce cercle unique, il en produit deux qui se touchent en deux endroits[3] ; puis, / [***407 a 1***] de nouveau, il divise l'un en sept cercles, comme si les révolutions du ciel étaient les mouvements de l'âme[4].

(*a*) Eh bien, la première incorrection est de dire que l'âme est une grandeur[5]. En effet, l'âme de l'univers doit être évidemment, selon lui, du genre de ce qu'on ap/pelle [*5*] l'intelligence[6], non du genre, en tout cas, de l'âme sensitive, ni de l'âme appétitive, parce que le mouvement de celles-ci ne présente pas une révolution circulaire[7]. Or

1. *Timée*, 35 B-36 C. Les proportions du mélange des éléments constitutifs supposent deux séries de nombres qui forment chacune une progression géométrique et qui constituent ensemble une échelle de trois octaves.

2. *Timée*, 36 E-37 A : « Ainsi donc sont nés, d'une part, le corps visible du ciel et, d'autre part, l'âme invisible, mais qui participe du raisonnement et de l'harmonie ».

3. Cf. *Timée*, 36 B-C. En fait, chez Platon, la subdivision en deux parts précède l'opération qui consiste à courber les parties en forme de cercles.

4. *Timée*, 36 C-D. Des cercles croisés, le cercle extérieur (dit du Même) représente le mouvement unique du ciel et le cercle intérieur (dit de l'Autre), six fois subdivisé, représente le mouvement des sept planètes. Ensemble, ils représentent tous les mouvements cognitifs de l'âme du monde (cf. 37 A-C).

5. Grandeur physique ou mathématique (cf. *Mét.*, M, 2, spécialement 1077 a 18 et 21) ? Pour Platon, c'était évidemment, par-delà l'image sensible, une grandeur mathématique (un être de « troisième » sorte). Mais une telle grandeur, pour Aristote, n'existe pas séparément du sensible : elle est seulement une détermination du corporel que l'on considère abstraction faite de celui-ci. Ériger une grandeur mathématique quelconque en « troisième genre d'être », c'est donc, pour lui, très littéralement, donner corps à une abstraction. A défaut, la grandeur est, pour Aristote, une détermination du sensible et il la traite ainsi. Ce qui est vrai de la grandeur (quantité), est également vrai du mouvement et de n'importe quelle détermination accidentelle (par exemple, qualitative) de la substance : « il n'y a pas d'affections à part des substances, par exemple quelque réalité mue ou blanche »... (*Mét.*, M, 2, 1077 b 5-6). Pour Aristote, enfin, l'assurance que Platon incline lui-même à penser l'âme comme une grandeur, se trouve dans le fait qu'il lui accorde le mouvement et cherche à représenter ce qu'est le mouvement de la pensée.

6. L'expression « ce qu'on appelle (précisément) l'intelligence » se retrouve en 429 a 22 et 432 b 26. Elle se réfère à un usage du mot *noûs* difficile à préciser, mais désigne probablement l'intelligence *stricto sensu*, distincte de toute autre faculté, et peut-être sous sa forme la plus simple (l'intuition ?). Le mouvement de celle-ci vers le même (intelligible), selon Platon, est unique.

7. Voir, en effet, *Timée*, 42 A-B ; 43 A-44 C ; 45 C ; 47 B-C ; 77 B-C ; 90 C-D. Le mouvement circulaire (de simple rotation sur un axe) est un mouvement sans déplacement, qui suggère, selon Platon, le mouvement (d'immobilité) du troisième genre d'être. Aristote parle de son côté, d'« acte d'immobilité » à propos de l'acte de la pure intelligence (*Éth. à Nic.*, VII, 15, 1154 b 27).

l'intelligence est une et continue, de même que la pensée ; et celle-ci est faite de concepts, qui, par leur suite, forment une unité à la manière du nombre, mais pas à la manière de la grandeur[1]. C'est pourquoi l'intelligence n'a pas non plus ce genre de continuité-là, mais, ou bien se trouve dénuée de parties, ou bien n'a pas de continuité comme une grandeur[2].

(*b*) Comment donc, en effet, pourrait-elle penser, si elle est une grandeur[3] ? (*b.1.*) Est-ce dans son ensemble ou dans quelqu'une des parties qui la constituent ? Une partie peut être d'ailleurs de l'ordre ou de la grandeur ou du point, si tant est qu'on doive encore appeler partie le point[4]. Si, donc, c'est par points, vu l'infinité de ceux-ci, il est évident qu'elle n'arrivera jamais au bout[5]. Et si c'est par grandeurs, elle pensera la même chose plusieurs fois, voire une infinité de fois. Or il semble bien admis que c'est une seule fois[6]. Et, s'il suffit d'un contact par

1. Selon une méthode évoquée dans l'introduction (402 b 11-16), la faculté (l'intelligence) se juge par son opération (intellection) et celle-ci par son objet (l'intelligible). L'intelligence ou l'âme possède donc l'unité ou la continuité de l'intelligible. Or la séquence des concepts qu'elle renferme ne forme pas une grandeur continue mesurable, comme la ligne ou la surface. Au contraire, leur pluralité représente une quantité discrète, dénombrable, qui s'analyse, comme le nombre (dix, par exemple), en parties discontinues (cinq et cinq) : cf. *Mét.*, Δ, 13, 1020 a 7-12 ; *Catégories*, 6, 4 b 20-31. Il s'ensuit que l'intellection de plusieurs concepts successifs n'est pas un mouvement (le mouvement circulaire que suppose Platon), car « le mouvement [qui va d'un point à un autre] s'attache à une grandeur [toujours continue] : *Phys.*, IV, 11, 219 a 10-12. On ne saurait donc faire de l'intelligence elle-même une grandeur (qui se meut).

2. Aristote accorde en un sens que l'intelligence est « le lieu des formes » (cf. *infra*, 429 a 27-28), mais les formes intelligibles ne s'y alignent pas comme dans un lieu où se distinguent des parties ; elles y sont successivement sans constituer un tout par leur succession.

3. L'objection revient à dire une nouvelle fois que l'acte de la pensée est impossible à concevoir comme mouvement, qui se décompose en parties. La réfutation comporte deux sections. La première va jusqu'en 407 a 18 (« ... contact par les parties »).

4. Aristote soutient, en effet, contre la tradition pythagoricienne, que le point n'est pas plus partie de la ligne que l'instant n'est partie du temps (*Phys.*, IV, 11, 220 a 14-20). Chacune des éventualités envisagées ici va être ensuite réfutée dans l'ordre inverse de leur présentation : point, partie étendue, totalité.

5. Autrement dit, la pensée ne peut pas être une infinité de moments ponctuels de connaissance.

6. Autrement dit, bien qu'elle soit simple, l'appréhension d'un intelligible par un mouvement de la pensée qui se fractionnerait en plusieurs moments non ponctuels de connaissance, répéterait la connaissance du même objet à l'infini, si la pensée ne cesse pas d'être en mouvement.

l'une quelconque des parties, qu'a-t-elle besoin d'un mouvement circulaire ou même, en somme, d'avoir une grandeur[1] ? Dans l'hypothèse, au contraire, où l'intellection nécessite un contact par la totalité du cercle, qu'est-ce que le contact par les parties[2] ?

(*b.2.*) Et puis, comment penser le morcelable par une chose qui ne l'est pas ou ce qui ne l'est pas par une chose morcelable[3] ? Or l'intelligence est / [***20***] nécessairement le cercle en question. Le mouvement de l'intelligence, en effet, c'est l'intellection, et celui du cercle, la révolution. Si donc l'intellection est révolution, l'intelligence sera aussi le cercle dont ce genre de révolution est la pensée[4].

(*c*) D'autre part, que peut-elle donc penser toujours, comme il se doit, puisque la révolution est perpétuelle[5] ? Les actes de l'intelligence qui commandent l'action[6] ont,

1. Cf. *Timée*, 37 A (« lorsque [l'âme] entre en contact avec ce dont la substance est divisible et avec ce dont la substance n'est pas morcelable »...). Ce contact n'est évidemment pas physique, et suppose une saisie instantanée. C'est pourquoi Aristote déclare inutile de prêter à l'intelligence un mouvement et, partant, une grandeur.

2. Autrement dit, si la saisie par l'intelligence de son objet nécessite un mouvement déterminé, qu'est-ce qui est saisi partiellement à chaque portion de ce mouvement ?

3. Cf. *Timée*, 37 A (texte cité n. 1, ci-dessus). Le morcelable (sensible) et l'indivisible (intelligible) seraient saisis par l'âme qui, selon Platon, n'est ni ceci ni cela (c'est un « troisième » genre d'être). Aristote aurait peut-être pu objecter qu'elle est, pour cela, doublement inappropriée à ces deux objets. Mais il objecte, en somme, qu'indivisible, si elle pense par point, de manière instantanée, l'intelligence ne rencontre pas un objet divisible ; et qu'elle ne rencontre pas un indivisible, si elle est morcelable et pense par parties ou nécessite un mouvement divisible. C'est cette dernière hypothèse qu'il juge conforme à la description de Platon, comme la suite le montre, en dépit de la prétention de celui-ci à faire de l'âme un « troisième genre ».

4. Le reproche est celui de ne pas distinguer clairement entre l'acte d'intellection (mouvement d'immobilité) et révolution circulaire (mouvement d'une grandeur). Comme le prouvent les *Lois* (X, 897 D et sqq.), Platon distinguait bien entre le mouvement sensible d'un objet pivotant sur son axe et le mouvement idéal, en l'occurrence, mathématique, des cercles célestes, dont le mouvement sensible n'est que l'image. Mais Aristote lui reproche de conserver à cette grandeur mathématique qu'il veut réellement distincte du sensible une détermination proprement sensible : la révolution. Pour Aristote, la raison non sensible, mais mathématique ou abstraite, d'une révolution circulaire, n'est pas elle-même une révolution. Et si on la tient pour telle, comme paraît le faire Platon, on en fait alors une grandeur mobile.

5. L'objection porte, semble-t-il, sur une intelligence qui, selon Platon, est liée d'une certaine façon au corps dont elle est principe de mouvement ; donc, une intelligence qui, de ce fait, ne peut être toujours en activité (cf. *infra* : 430 a 5-6 ; mais voir aussi 430 a 22).

6. Un certain nombre de manuscrits disent ici : « qui commandent la production ou l'action » (*poiètikôn è praktikôn*).

en effet, des limites, puisqu'ils ont tous en vue autre chose[1] ; tandis que les actes / [*25*] spéculatifs se bornent de la même façon que les énoncés rationnels. Or tout énoncé rationnel est une définition ou bien une démonstration. Les démonstrations, de leur côté, présentent un point de départ et elles ont en quelque sorte pour fin le raisonnement ou sa conclusion[2] ; et si elles sont illimitées, malgré tout, elles n'effectuent pas en définitive une courbe qui les reconduit au départ, mais, ajoutant toujours un moyen et un extrême, elles procèdent en ligne droite, alors que la / [*30*] révolution effectue une boucle qui ramène au départ[3]. Quant aux définitions, elles sont toutes limitées[4].

(*d*) De plus, si c'est la même révolution qui se répète, elle devra plusieurs fois penser la même chose[5].

(*e*) Et, d'ailleurs, l'acte d'intellection ressemble à une façon d'être en repos et en arrêt, plutôt qu'à un mouvement. Et il en va de même du raisonnement aussi[6].

(*f*) D'un autre côté, il ne peut être question non plus de félicité pour un être qui n'est pas à / [***407 b 1***] l'aise, mais forcé[7]. Or si le mouvement de l'intelligence n'est pas sa

1. Cf. *Politique*, I, 9, 1257 b 27-28 : « (aucun art) ne va à l'infini dans la recherche des moyens en vue de la fin, car celle-ci est, pour tous les arts, une limite » ; et *Mét.*, Z, 7, 1032 b 8-9 : « (dans la délibération,) on ne cesse de penser de la sorte jusqu'à arriver au point ultime qu'on peut faire soi-même ».

2. Les *An. sec.*, I, 14, 81 b 32-33, 84 a 28 expliquent qu'on ne peut ni reculer à l'infini les principes d'une démonstration syllogistique, ni prolonger à l'infini sa conclusion. La démonstration elle-même est une fin (autant que l'énoncé qui la conclut), parce qu'elle est ce à quoi vise la recherche des termes (extrêmes et moyen) qui la composent.

3. Cf. *An. sec.*, I, 12, 78 a 14-21. Si cette progression à l'infini dans l'inférence (toujours potentielle d'ailleurs et jamais effective) devait une fois revenir à son point de départ, elle manifesterait une pétition de principe, donc, un défaut de démonstration.

4. Elles se bornent, en effet, au genre et à la différence. Cf. *An. sec.*, I, 22, 84 a 39 et sqq.

5. Cf., ci-dessus, 407 a 14-15. Cette objection, jetée en passant, vise l'implication étrange, sinon absurde, d'un mouvement de la pensée, qui, comme celui de la révolution circulaire, reviendrait sans arrêt à un point de départ identique.

6. Cette ressemblance de la connaissance intellectuelle à un repos physique est indiquée dans le langage : « nous parlons de repos et d'arrêt (*stè-nai*) pour dire que l'intelligence sait (*épi-sta-sthai*) et pense » (*Phys.*, VII, 3, 247 b 10-11). Aristote dit, en effet, de l'universel qu'il est « en repos » dans l'âme (*An. sec.*, II, 19, 100 a 6-7) et il tire parti de ce que les mots « science » ou « savoir » (en grec : *epi-stè-mè* et *epi-sta-sthai*) sont de même racine (*sta*) que le verbe signifiant la position d'arrêt (*hi-sta-sthai*) : cf. *De l'interprétation*, 3, 16 b 20-21. Ainsi se trouve suggéré que l'acte de l'intelligence n'est pas mouvement.

7. La félicité de l'âme qui entraîne le monde dans un mouvement circulaire

substance, c'est contre nature qu'il sera en mouvement[1]. Une chose pénible, aussi d'ailleurs, c'est d'être mêlée au corps, sans pouvoir s'en détacher[2]. Et il aurait même fallu s'en garder, puisqu'il y a, pour l'intelligence, avantage à être dissociée du corps, comme on dit d'ha/bitude [5] et comme beaucoup le croient[3].

(*g*) On ne voit pas non plus le motif pourquoi le ciel est affecté d'un transport circulaire[4]. Car la substance de l'âme n'est pas responsable de ce transport circulaire (pour elle, au contraire, ce mouvement est accidentel[5]) et le corps n'en est pas responsable non plus (c'est plutôt l'âme, au contraire, qui est pour lui la raison)[6]. Or on n'invoque même pas le motif d'un bien supérieur[7] ! Et, pourtant, la

est, en effet, affirmée dans *Timée*, 35 B ; 36 E et 37 A. Cette thèse est contestée parce qu'elle suppose un mouvement forcé, c'est-à-dire, contre nature, non pour l'âme elle-même, mais pour le corps qu'elle doit « contraindre » à perpétuellement tourner en rond : chose difficile, pénible pour elle et, donc, inconciliable avec le bonheur, comme l'explique *Du ciel*, II, 1, 284 a 27-35.

1. Contrairement à plusieurs éditeurs, je suis ici la leçon de tous les manuscrits (*mè ousia*), attestée par la plupart des commentateurs anciens, en supposant que le mot *ousia* désigne la substance de l'être corporel céleste (mû par l'âme), dont je fais aussi le sujet sous-entendu du verbe principal (*kinoit'*). Aristote veut dire, semble-t-il, que si le mouvement circulaire que Platon prête à l'intelligence n'est pas la substance du corps céleste, celui-ci sera mû contre nature, ce qui entraîne le malheur de l'être céleste, contraint de forcer perpétuellement son corps. — En faisant du mouvement circulaire l'essence du corps céleste, Aristote, de son côté, échappera à l'objection.

2. Cette hypothèse, en clair, signifie que l'intelligence est toujours contrainte d'être motrice, sous peine de voir le corps céleste cesser de tourner en rond. Et c'est à ce titre que l'intelligence est dite « mêlée » au corps, plutôt que « sans mélange », comme disait Anaxagore (cf. *supra*). Ainsi l'intelligence « sans mélange », comme la conçoit Aristote lui-même, est une intelligence sans appétit, qui, tout simplement, pense. En sacrifiant cette fonction purement cognitive de l'intelligence à son activité motrice sur un corps qu'elle doit entraîner, on sacrifie le plaisir propre à l'intelligence.

3. Outre Anaxagore, Platon lui-même (cf., notamment, *Phédon*, 64 E et sqq., spécialement 66 B-67 C) !

4. Cette critique, plus évidemment encore que la précédente (f), porte sur la cosmo-théologie platonicienne, et ne concerne la théorie de l'âme qu'indirectement. Aristote le dira lui-même à la fin (407 b 13).

5. L'affirmation, à première vue surprenante, repose, semble-t-il, sur le fait que, dans le *Timée* (36 B-E), l'âme est dotée de mouvements circulaires par le démiurge sans raison apparente et de façon arbitraire, en ce sens que le mouvement circulaire n'est pas inscrit dans la nature de ses éléments.

6. Cf. *Timée*, 34 B-C, où l'âme est conçue par le démiurge « comme une maîtresse qui commande au corps obéissant ».

7. En fait, le *Timée* (29 E-30 A) invoque, en principe, la raison qui est celle de tout le travail démiurgique. Par bonté, dit Platon, le démiurge veut que tout soit le plus semblable possible à lui-même. Mais on ne voit pas, selon Aristote, comment, ici, le principe s'applique.

raison pourquoi le dieu assigne à l'âme un transport circulaire, aurait dû être que le mouvement, pour elle, vaut mieux que de rester en place, et ce genre de mouvement de préférence à un autre[1]. Pareille considération, toutefois, convient davantage à d'autres propos ; laissons-la donc de côté pour le moment.

(*h*) Mais on rencontre encore ce trait étrange dans l'argument qu'on vient de discuter et la grande majorité de ceux qui roulent sur l'âme, c'est qu'ils attachent l'âme au corps et l'y rapportent, sans avoir, au préalable, déterminé en vertu de quel motif, ni de quelle disposition du corps[2]. On croirait bien pourtant que c'est là une nécessité. Car leur communauté fait qu'une partie tient un rôle actif, tandis que l'autre tient le rôle passif : l'une reçoit le mouvement, tandis que l'autre le donne. Mais aucune de ces propriétés en relations mutuelles ne s'attribue au hasard[3]. Or l'on s'applique à dire seulement quel genre de chose est l'âme, et, touchant le corps censé la recevoir, on n'ajoute pas la moindre précision, comme si l'on admettait, selon les histoires des Pythagoriciens, que n'importe quelle âme s'insinue en n'importe quel corps au hasard[4]. Chaque corps, en effet, semble avoir une forme et une configuration propres[5]. Mais avec ce langage, c'est à

1. Platon justifie bien le mouvement circulaire du corps céleste (pas de l'âme) en disant qu'il lui est approprié et qu'il est celui de tous les mouvements qui regarde surtout l'intelligence et la pensée (*Timée*, 34 A). Mais cela revient seulement à dire que le corps céleste a été conçu sphérique pour être mobile sur son axe, c'est-à-dire, obéir au mouvement que l'âme imprime. Et, pour Aristote, la raison du mouvement de l'âme n'apparaît pas, ni la raison de ce mouvement-là.

2. Platon (cf. note précédente) n'était pas étranger à l'idée d'un apparentement, mais il manifestait une préoccupation en quelque sorte inverse à celle que réclame Aristote. Pour lui, la nature du corps doit répondre à une opération de l'âme, qu'on peut justifier *a priori*. Aristote pense au contraire qu'empiriquement, les opérations du corps permettent de concevoir la nature de l'âme qui les justifient *a posteriori*.

3. Cf. *Génération et corruption*, I, 7, 323 b 29-31 : « la nature ne distribue pas au hasard les rôles passif et actif, mais toujours à des choses qui sont contraires ou qui contiennent une contrariété... ».

4. Fr. B 39 D-K. Les pythagoriciens étaient, en effet, partisans de la métempsycose, mais Aristote vise seulement ici l'absurdité du hasard qui ferait attribuer à n'importe quel vivant, n'importe quelle âme. Or la réincarnation, comme celle qu'envisage d'ailleurs le *Timée* (41 E-42 D), suppose, d'une certaine façon, l'appropriation de l'âme au nouveau corps qu'elle vient habiter.

5. Cette phrase a été considérée par certains comme une interpolation, qui vient interrompre le raisonnement en indiquant anticipativement le point de vue d'Aristote. L'argument ne me paraît pas convaincant.

peu de choses près comme / [*25*] si l'on prétendait que la technique du charpentier s'insinue dans les hautbois : l'art, en effet, doit disposer de ses instruments et l'âme de son corps[1].

B.3. Contre la thèse qui fait de l'âme une harmonie[2].

[***I, 4, 407 b 27***] Mais il y a encore une autre opinion traditionnelle au sujet de l'âme. Sa force persuasive auprès de beaucoup[3] ne le cède à aucune de celles dont on a parlé ; et elle se trouve avoir livré ses raisons, comme on rend des comptes, jusque dans les discussions qui sont devenues / [*30*] publiques[4]. Certains déclarent, en effet, qu'il s'agirait d'une sorte d'harmonie, parce que l'harmonie est un mélange ou une composition de contraires et que le corps se compose de contraires[5].

1. Comparaison n'est pas raison ! Mais Aristote veut dire qu'un corps naturel quelconque est à mettre sur le même pied qu'un objet artificiel quelconque, par exemple, le hautbois. Or celui-ci, en tant qu'instrument, a rapport avec l'art du musicien qui s'en sert, non avec celui du charpentier qui se sert d'une matière pour le fabriquer. Donc, ne pas considérer les propriétés du corps naturel en disant qu'il est animé indifféremment par n'importe quelle âme, c'est comme si l'on avançait que la musique qu'on tire d'un instrument est aussi bien l'art de celui qui l'a fabriqué. C'est ne pas voir en même temps que l'art du fabricant anime en quelque sorte une autre matière et donc qu'il correspond à l'âme d'un autre corps.

2. Cette nouvelle critique d'une théorie qu'Aristote n'a pas encore évoquée jusqu'ici, se rattache étroitement aux considérations qui précèdent. Ayant insisté sur le nécessaire apparentement du corps et de l'âme, il fait face à une conception où cet apparentement est à entendre de la manière la plus étroite, comme il le souhaite, et selon laquelle l'âme représente quelque chose du corps. La réfutation de cette thèse matérialisante est essentielle pour comprendre la position d'Aristote lui-même.

3. Probablement jusque dans les milieux de l'éducation, où la musique était à l'âme ce que la gymnastique était au corps. Aristote lui-même explique que « la musique est capable de conférer quelque qualité au caractère de l'âme » et note après cela : « beaucoup de sages prétendent que l'âme est harmonie et d'autres qu'elle contient une harmonie » (*Polit.*, VIII, 5, 1340 b 11-12 et 18-19).

4. Platon l'avait en effet mise en cause dans le *Phédon* (en particulier 85 E-88 D et 92 A-95 A) et Aristote lui-même s'était déjà inspiré de cette critique dans un dialogue perdu (*Eudème*, Fr. 7 Ross). L'on en discutait dans les cercles de l'Académie (cf. Xénocrate, Fr. 71 Heinze ; Eudoxe, Fr. D 3-4 Lasserre ; etc.). Défendue par Simmias et Échécrate dans le *Phédon*, la théorie a une origine obscure et le présent témoignage d'Aristote à son sujet est rapporté sans garantie absolue à Philolaos (Fr. A 23 D-K) ; il vise la partie naturaliste de la doctrine, où, comme l'indique encore le *Phédon* (78 B), la thèse des quatre éléments était mise à profit.

5. Le mélange (ici *krasis*, espèce particulière de *mixis* : cf. *Top.*, IV, 2, 122 b 26-31), à la différence de la composition, ne suppose pas la conservation des éléments constitutifs. Il implique en outre que ceux-ci soient des contraires en

(*a*) Néanmoins, si l'harmonie consiste bien en une certaine proportion de choses mélangées ou en une composition, l'âme, en revanche, ne peut être aucune des deux[1].

(*b*) Et, de plus, il n'est pas d'une harmonie de mettre en mouvement, alors que, dans le cas de l'âme, c'est là, / [***408 a 1***] pour ainsi dire, la faculté principale que tout le monde lui concède[2].

(*c*) Du reste, parler d'harmonie s'harmonise mieux au langage sur la santé ou en général les excellences corporelles qu'au langage sur l'âme[3].

(*d*) Et l'on s'en aperçoit parfaitement si l'on tente de mettre les passions et les opérations de l'âme sur le compte d'une quelconque / [5] harmonie. Difficile, en effet, de mettre ça en harmonie[4] !

(*e*) Mais, de plus, quand nous parlons de l'harmonie, nous pouvons avoir en vue deux choses. D'une part et fondamentalement, dans le cas des grandeurs qui présentent un mouvement et une position[5] : la composition de ces grandeurs, dès l'instant où elles s'accordent de

quantité équilibrée et puissent à la fois agir les uns sur les autres et pâtir les uns des autres : cf. *Gén. et corr.*, I, 10, 327 a 30-328 b 22.

1. Cette objection générale se borne à refuser la pertinence des deux arguments de la thèse (A. L'harmonie est mélange ou composition de contraires et B. le corps est composé de contraires). Des prémisses A et B, on peut en effet conclure à la rigueur que le corps présente une harmonie, pas que celle-ci est l'âme. Cf. la difficulté soulevée dans le *Phédon*, 92 E et sqq. La définition de l'harmonie comme proportion du mélange sera reprise en 408 a 9.

2. Cf. *supra*, première partie de la doxographie et *Phédon*, 93 A.

3. Cf. *Phédon*, 92 D-93 B et, dans la même ligne, l'argument de l'*Eudème* d'Aristote (Fr. 7 Ross) : « l'harmonie du corps a un contraire : c'est le manque d'harmonie du corps, qui, dans le cas du corps animé, est maladie, faiblesse, laideur [...]; donc l'harmonie est santé, force, beauté. Or l'âme n'a rien de cela »...

4. Cf. *Phédon*, 94 B. Ce n'est pas que l'âme ne puisse, pour Platon, « participer de l'harmonie » (cf. *Timée*, 37 A), ni que ses vertus ne puissent constituer un ensemble harmonieux, mais aucune des opérations ou des passions de l'âme (comme connaître) ne saurait trouver sa raison d'être dans le fait que celle-ci forme un mélange proportionné, surtout si ce mélange est celui de contrariétés corporelles.

5. Autrement dit, les grandeurs naturelles, non les grandeurs mathématiques, lesquelles « sont, par la pensée, séparées du mouvement » (*Phys.*, II, 2, 193 b 34). — « Ont par ailleurs une position, les réalités localisables » (*Gén. et corr.*, I, 6, 323 b 33-324 a 1). De ce fait, contrairement à la tradition des commentateurs, je pense qu'Aristote vise ici, avant tout, les sons, grandeurs discrètes en mouvement, plus ou moins longues ou brèves, objets de l'« harmonique » (*Mét.*, M, 2, 1077 a 5 : *ta harmonika*), qui ont, comme les syllabes d'un mot, sinon une position, du moins un ordre de séquence (cf. *Cat.*, 6, 4 b 21-22 et 32-35 et 5 a 28 et sqq.).

façon à présenter quelque chose d'un genre tout à fait différent[1]. D'autre part et en un sens dérivé : la proportion de choses qu'on mélange[2]. Ni dans un sens, ni dans l'autre, il n'est donc bien rationnel de songer à l'âme[3].

(*f*) Quant à la composition des parties du corps, elle est aisée à examiner. Les compositions des parties, en effet, sont à la fois nombreuses et entendues de plusieurs façons[4]. De quoi, par conséquent, et en quel sens, doit-on supposer que l'intelligence est une composition ? Ou le sensitif ? Ou l'appétitif[5] ?

(*g*) Et il est pareillement irrationnel de soutenir que l'âme s'identifie à la proportion du mélange. Car ce n'est pas la même proportion qui définit le mélange des éléments dans la constitution de la chair et celle de l'os. L'on se trouvera, par conséquent, avoir plusieurs âmes, distribuées à travers tout le corps, s'il est vrai que tout procède des éléments qui se mêlent, et que la proportion du mélange est harmonie et âme[6].

1. La traduction est ici conjecturale. D'après ma conjecture, l'hétérogénéité de l'harmonie par rapport aux sons (brefs ou longs, graves ou aigus) qui la composent s'entend comme celle du mot par rapport à ses syllabes : il n'existe aucune définition commune qui convienne à chacun des sons qui constituent l'harmonie (cf. *Cat.*, 6, 4 b 35-37).

2. Ainsi, la proportion du mélange qu'effectue le démiurge de Platon pour fabriquer l'âme elle-même : ...« harmonisant de force au même la nature de l'autre, difficile à mélanger » (*Timée*, 35 A).

3. Il est assez évident que l'âme ne peut être une harmonie au sens fondamental. La suite (f) démontre qu'elle ne peut l'être au sens dérivé.

4. Outre la composition du corps dans son ensemble, à partir de ses différents organes (parties « anoméomères »), il y a la composition des organes, à partir des tissus (parties « homéomères »), et celle des différents tissus organiques à partir des matériaux inorganiques, sans compter celle de ces derniers à partir des éléments (cf. *Part. an.*, II, 1, 646 a 12 et sqq.). Or les organes sont multiples, ainsi que les tissus, et chacun représente, pour Aristote, une composition en un sens différent : la composition d'organe comme la main, par exemple, n'est pas homogène (anoméomère), puisqu'elle comporte des os, de la chair, de la peau, etc., alors que le tissu osseux, lui, est homogène (homéomère).

5. Ainsi posée, la question signifie : que trouver dans le corps — organe (anoméomère) ou tissu (homéomère) — dont on puisse dire que sa composition correspond à l'une de ces trois facultés de l'âme ? Aristote n'exclut pas ainsi implicitement que les facultés soient en relation avec des organes corporels ; ce qu'il exclut, c'est que la moindre composition organique identifiable dans le corps soit responsable des facultés. — On notera que c'est, ici, la première fois qu'il est question de « l'appétitif », pour désigner la faculté motrice : rien n'a préparé à cette appellation.

6. Les remarques portent sur les compositions dites homéomères, parce que celles-ci supposent le mélange des mêmes ingrédients fondamentaux. La

(*h*) On pourrait, d'ailleurs, réclamer d'Empédocle également qu'il réponde du moins à ceci, puisqu'il prétend que chacune des / [**20**] parties résulte d'une certaine proportion[1] : est-ce donc que l'âme est cette proportion ou bien plutôt quelque chose de différent qui se produit dans les parties[2] ? Mais, de plus, est-ce que l'amitié est responsable de n'importe quel mélange au hasard ou de celui qui respecte la proportion[3], et est-ce qu'elle est elle-même identique à la proportion ou bien quelque chose de différent par rapport à la proportion[4] ?

Il y a donc bien là ce genre de difficultés, mais, si l'âme se dis/tingue [**25**] du mélange, pourquoi donc, alors, la suppression de ce qu'est la chair entraîne-t-elle aussi la disparition de ce que sont les autres parties de l'animal ? De surcroît, s'il n'est pas vrai que chacune des parties a une âme, puisque l'âme n'est pas la proportion du mélange, pourquoi il y a-t-il une chose qui se corrompt quand l'âme s'en va[5] ?

raison de leur différence se trouve donc uniquement dans une différence de proportion dans le mélange, alors que les compositions anoméomères n'impliquent pas vraiment un mélange.

1. Ce passage (jusque 408 a 23, qui est le Fr. A 78 D-K d'Empédocle) est considéré par beaucoup comme une parenthèse, voire un morceau ajouté après coup. On voit cependant bien comment il se rattache à ce qui précède. Empédocle offrait, en effet, l'idée d'un mélange des éléments, selon une obscure raison, pour constituer ce qu'Aristote appelle les parties homéomères : « c'est en vertu de cette raison, donc, qu'il doit y avoir chair, os et chacune des autres parties, non en vertu de la matière qu'il appelle, quant à lui, feu, terre, eau et air » (*Mét.*, A, 10, 993 a 20-22 ; cf. Fr. B 9 D-K).

2. Comme Aristote lui-même l'a noté plus haut (404 b 12-15), Empédocle ne voyait pas une âme dans la proportion, mais bien dans le principe d'« amitié » (qui pousse les éléments à s'unir : cf. Fr. B 17).

3. Empédocle est critiqué ailleurs pour la place qu'il laisse au hasard : *Gén. et corr.*, II, 6, 333 b 9-18 ; 334 a 1-5 ; etc.

4. La seconde hypothèse ferait de l'âme-amitié d'Empédocle un principe constitutif des parties homéomères, mais distinct de la raison proportionnelle de ces parties. Cette hypothèse permet de soulever, dans la conclusion qui suit, une question importante. La critique d'Empédocle n'est donc pas vraiment une parenthèse.

5. Ces deux questions (A et B) font la même hypothèse (l'âme n'est pas proportion d'un mélange) dont elles montrent cependant la difficulté, l'une (A), parce que la disparition d'un mélange corporel ne devrait pas alors supprimer la vie, l'autre (B), parce que la disparition de l'âme ne devrait pas corrompre le corps. Tous les interprètes trouvent paradoxal ce qu'ils considèrent comme un argument implicite en faveur d'une thèse combattue jusqu'ici. En réalité, l'impression est fausse. Aristote, par ses questions, plaide pour la solidarité de l'âme et du corps déjà notée avant de discuter la thèse de l'âme-harmonie et il ne prétend pas du tout que cette dernière thèse, effectivement combattue dans tout ce qui précède immédiatement, puisse rendre compte de cette solidarité de

B.4. Conclusions provisoires[1].

Le fait est donc que l'âme ne saurait, ni être une harmo/nie, [*30*] ni avoir de révolution circulaire : c'est une évidence qui procède de ce qu'on a dit. Par accident, toutefois, comme nous disions[2], le mouvement lui est possible, et même un mouvement qu'elle se donne à elle-même. Ainsi est le mouvement de ce en quoi elle réside et que ce dernier reçoit de l'âme. Mais autrement, il est exclu qu'elle présente un mouvement local. Et il serait plus rationnel de s'interroger sur le mou/vement [***408 b 1***] qu'on lui suppose, en considérant des assertions comme celles-ci. Nous prétendons, par exemple, que l'âme est sujette au chagrin, à la joie, à l'audace, à la crainte, et aussi qu'elle s'irrite, sent, réfléchit. Or toutes ces choses passent pour être des mouvements. D'où l'on peut croire qu'elle-même s'émeut ou se réjouit ou réfléchit. / [*5*] Mais ce n'est pas nécessairement le cas.

En effet, si même il est on ne peut plus vrai qu'avoir de la peine ou de la joie ou bien réfléchir constituent des mouvements et, à chaque fois, des mouvements reçus ; que les mouvements reçus sont imprimés par l'âme ; qu'ainsi, être en colère ou avoir peur, c'est avoir le cœur agité de telle façon précise[3], et réfléchir un phénomène de ce genre ou différent peut-être[4] ; / [*10*] que ces phéno-

manière satisfaisante. La question B rappelle que pareille thèse implique que chaque partie du corps a une âme, ce qui a été déclaré pour le moins suspect (argument f ci-dessus). La question A devrait reconduire à la même étrangeté. Elle s'appuie en outre sur un exemple fallacieux : celui du mélange de la chair. Le fait que l'animal meurt quand la chair se corrompt (la chair cessant d'être ce qu'elle est, les autres parties du vivant cessent d'être ce qu'elles sont) est un fait qui mérite à coup sûr une explication. Mais l'explication n'est pas dans l'hypothèse que la raison du mélange constitutif de la chair serait l'âme de l'animal. Elle est, pour Aristote, dans le fait, notifié plus loin, que la chair est le milieu nécessaire au sens du toucher, sans lequel l'animal ne peut pas vivre (cf. 435 b 8-19).

1. La section, plutôt de transition, est destinée à réfuter des opinions courantes relatives aux mouvements de l'âme. Elle complète la réfutation des opinions savantes déjà examinées plus haut et renoue avec les considérations de l'introduction (403 a 3-29). Mais elle représente aussi une conclusion partielle et provisoire des critiques proposées jusqu'ici.

2. Cf. 406 a 4 et sqq ; a 30-b 11.

3. Cf. *supra*, 403 a 26-27 ; 30-b 1.

4. Rappelons l'identification de l'âme ou de l'intelligence au sang, par Critias ou Empédocle (405 b 6), qui suppose l'assimilation d'un mouvement du sang à la pensée. Pour Aristote lui-même, d'ailleurs, le cœur, qui a différentes fonctions, comme principe des veines chargées de sang (cf. *Part. an.*, III, 4, 665

mènes correspondent, les uns, au déplacement de certaines choses en mouvement, les autres, à une altération[1] (peu importe, d'ailleurs, quel genre correspond à quel mouvement), ...néanmoins, dire que l'âme est en colère, c'est comme si l'on disait que l'âme est en train de tisser ou de bâtir[2]. Il vaudrait mieux, en effet, ne pas dire que c'est l'âme qui a pitié, apprend / [*15*] ou réfléchit, mais que c'est l'homme qui le fait, par son âme[3]. Et ce, pour signifier, non que c'est en elle que le mouvement réside, mais qu'il trouve en elle, tantôt son aboutissement, tantôt son point de départ. Ainsi, la sensation prend son départ dans tels objets précis, tandis que la remémoration, de son côté, part de l'âme pour rejoindre les mouvements inhérents aux organes sensoriels ou ce qui en reste[4].

L'intelligence, de son côté, apparaît comme une substance qui arrive en nous et ne dépérit pas[5]. Elle devrait, en

b 15 et sqq.), est notamment le siège de la sensibilité (cf. *De la jeunesse*, 3, 469 a 5-7).

1. L'altération est impliquée dans la sensation et celle-ci est présentée à l'occasion par Aristote comme une sorte particulière d'altération ; cf. *Phys.*, VII, 2, 244 b 12-15 : « ... le sens subit quelque chose ; donc, tandis que l'être animé est altéré dans la même mesure que l'être inanimé, celui-ci ne l'est pas totalement dans la même mesure que celui-là, car il ne subit pas les altérations qui correspondent aux sensations ».

2. Les résultats concrets (tissus et bâtiments) des opérations de l'intelligence productive montrent, aux yeux d'Aristote, que ces opérations ne sont pas proprement celles de l'intelligence, mais de l'être intelligent. De même, pour les autres opérations indûment rapportées à l'âme. L'exemple du tissage avait servi de modèle à Platon pour décrire les opérations du philosophe-roi qui gouverne la Cité (*Politique*).

3. Le langage réputé inadéquat reste malgré tout d'usage chez Aristote lui-même : cf. *Phys.*, VIII, 2, 253 a 19 (mouvement de l'âme sensitive) ; *De la mémoire*, 2, 452 b 12-13 (mouvements de la pensée) ; on le trouve même, plus loin, dans notre traité (417 b 2-16 ; 431 a 10 ; b 2 ; 433 b 17 ;...). Mais, chez Platon, qui distingue pourtant entre mouvement corporel et mouvement de l'âme (*Lois*, X, 897 A ; *Philèbe*, 33 D ; 43 B ; *Timée*, 42 B ; 64 A ; 67 B ; *Phédon*, 79 C ; *République*, V, 462 C ; etc.), Aristote se refuse à penser qu'il s'agit d'une façon de parler.

4. Le phénomène psychique de sensation apparaît ici comme l'aboutissement (l'effet ?) d'un mouvement physiologique (produit par un objet externe), dont il se distingue rigoureusement. Mais, à l'inverse, le phénomène de remémoration apparaît comme le point de départ (cause ?) d'un phénomène physiologique. À noter que la remémoration, à la différence de la mémoire, est un acte proprement humain (*De la mémoire*, 2, 453 a 6). C'est probablement pourquoi elle n'est pas déterminée par le corps, mais, au contraire, détermine celui-ci.

5. Pour l'origine « extérieure » de l'intelligence, voir *Gén. des an.*, II, 3, 736 b 27-29, qui précise : « il n'y a aucune activité corporelle commune à celle de l'intelligence ». Mais ce passage, surabondamment discuté, apporte plus d'obscurité que de lumière à la compréhension de notre texte. Aristote

effet, dépérir de façon spectaculaire / [*20*] au moment de l'affaiblissement qui accompagne la vieillesse. Mais, en réalité, c'est comme dans le cas des organes sensoriels que cela se produit. Que le vieillard, en effet, reçoive un œil du genre que voici, et il aura exactement la vue du jeune sujet. De telle sorte que la vieillesse ne tient pas à une quelconque affection de l'âme, mais du sujet où elle se trouve. C'est comme dans les cas d'ivresse et de maladie. La pensée, par conséquent, et la spéculation sont en déclin / [*25*] lorsque dépérit quelque autre chose en nous, mais en soi, c'est une réalité qui ne s'affecte pas[1]. Et la réflexion, ainsi que l'amour ou la haine ne sont pas des affections de cette chose-là, mais du sujet précis qui la possède, en tant qu'il la possède. C'est aussi pourquoi, lorsque ce sujet dépérit, il n'y a plus de place, ni pour le souvenir, ni pour l'amour, car ces phénomènes n'appartenaient pas à cette chose-là, mais à la communauté où elle entre et qui a disparu, tandis que l'intelligence est sans doute quelque chose de plus divin et qui / [*30*] ne s'affecte pas[2].

Il est donc clair, d'après cela, que l'âme ne saurait avoir

d'ailleurs ne s'y réfère pas. Comme on le voit dans la suite, il se réfère en revanche clairement à l'idée que les facultés de l'intelligence ne sont pas entamées par la vieillesse. Rien ne permet de dire qu'Aristote envisage, en plus, une survie de l'intelligence après la mort (cf. ci-après, n. 2).

1. La réfutation consiste, comme plus haut, à mettre sur le même pied l'intelligence et les autres facultés qui, *en elles-mêmes*, ne sont pas plus affectées par l'âge que par l'ivresse ou la maladie (bref, par tout ce qui est affection corporelle). Aristote assume donc aussi un déclin, non de l'intelligence elle-même, mais de ce qui, à l'instar des organes sensoriels, se trouve jouer, dans le corps, le rôle d'un support nécessaire à son endroit. Cette chose n'est pas identifiable autrement que comme ces mêmes organes des sens, dont dépend l'intelligence (*via* la représentation : cf. *supra*, 403 a 8-10), ou comme le siège commun de la sensibilité (le cœur : cf. n. 4, p. 117).

2. Cette dernière phrase, pour beaucoup d'interprètes, serait une concession par laquelle Aristote reconnaît l'incorruptibilité absolue de l'intelligence individuelle et, par elle, l'immortalité de l'âme humaine, selon l'impression commune (cf. 408 b 18-19). Il me paraît que le philosophe, dans tout ce qui précède, entend suggérer le contraire. Après avoir transféré sur le vivant (la véritable substance) tous les mouvements qu'on attribue d'ordinaire à l'âme humaine, l'impassibilité de celle-ci, en elle-même, ne peut donc être que celle de la forme humaine, qui, en tant que forme, n'est pas ce à quoi s'attribue proprement un mouvement. Et c'est encore, probablement, en tant que forme, que l'intelligence est donnée ici comme étant peut-être chose plus divine que le composé corruptible : non parce que l'intelligence de l'individu lui survivrait comme une substance individuelle, mais parce que la forme de l'individu se perpétue dans les individus également humains auxquels il donne naissance (cf. *infra*, 415 a 29). Mais cela demeure discutable.

de mouvement. D'autre part, si elle est totalement immobile, il est évident qu'elle ne se donne pas non plus à elle-même le mouvement.

B.5. Contre l'auto-motricité de l'âme comme nombre.

Mais la plus irrationnelle des assertions est nettement celle qui consiste à dire que l'âme est un nombre qui se meut soi-même[1]. Car ses partisans font face à un premier genre d'impossibilités, en lui prêtant la mobilité, et à une série d'autres, qui leur sont particulières, en / [***409 a 1***] assurant qu'elle est un nombre.

(*a*) Comment faut-il, en effet, penser une unité en mouvement ? Par quoi et comment le serait-elle, étant sans partie et sans distinction ? Car, en tant que motrice et mobile, elle doit être différenciée[2] !

(*b*) De plus, dès l'instant où, dit-on, la ligne mise en mouvement produit la surface et le point / [***5***] la ligne[3], les mouvements des unités seraient également des lignes, puisque le point est une unité qui a une position[4], et que le nombre de l'âme, on l'admet, se trouve quelque part avec une position[5].

(*c*) De plus, si, d'un nombre, on retranche un nombre ou une unité, le reste donne un autre nombre. Or les plantes et beaucoup d'animaux qu'on sectionne continuent à vivre / [***10***] avec, semble-t-il, la même âme spécifique[6] !

1. Cette théorie a déjà été évoquée brièvement en 404 b 27-30 et semble avoir été particulièrement défendue par Xénocrate ; mais elle vise sans doute ensemble plusieurs penseurs qui ont en commun de rattacher l'âme à des nombres ou aux principes des nombres mathématiques, plutôt qu'aux grandeurs mathématiques. Les objections qu'Aristote leur adresse (*a*, *b*, *c*, etc., dans la traduction) conduisent au bout du compte à dénoncer une pensée très proche du matérialisme atomique.

2. Ce qui est vrai d'un nombre (ensemble d'unités : cf. *Mét.*, I, 1, 1053 a 30), doit être vrai d'une unité. Or l'unité, chose simple par définition, ne présente pas de parties. Donc, elle ne peut être en mouvement, car « ce qui est sans partie ne peut être en mouvement » (*Phys.*, VI, 10, 240 b 8-9) ; et, encore moins, se donner un mouvement, car on ne peut y distinguer un principe actif (moteur) et passif (mobile).

3. Cf. *Mét.*, M, 2, 1077 a 24-25. Cette prémisse est plutôt celle de l'adversaire.

4. Cf. *Mét.*, Δ, 6, 1016 b 25-26 et *Top.*, I, 18, 108 b 26-27.

5. Les mouvements de l'âme-point (nombre avec position) se traduiraient ainsi par des lignes ! Ce qui ne supposerait à l'âme (et au corps animé, subséquemment) que des mouvements linéaires.

6. Cf. *Mét.*, H, 3, 1043 b 36-38 et Γ, 2, 1004 b 10-13. L'objection suppose

(*d*) Il semblerait, d'ailleurs, qu'il soit pareillement sans la moindre importance de parler d'unités ou d'infimes corpuscules[1]. Supposons, en effet, que les petites sphères de Démocrite deviennent des points et qu'il ne leur reste que la quantité : il s'y trouvera de quoi distinguer le moteur du mobile, / [*15*] comme dans le continu. Car ce n'est pas une différence de grandeur ou de petitesse qui permet la distinction susdite, mais le fait qu'il s'agit d'une quantité[2]. Aussi bien y aura-t-il nécessairement quelque chose qui met en mouvement les unités. Or si, dans l'animal, le moteur est l'âme, dans le nombre aussi. De telle sorte que l'âme sera, non ce qui donne le mouvement et ce qui le reçoit, mais uniquement ce qui le donne[3]. Mais comment admettre alors qu'elle soit une unité ? Elle devrait, en effet, présenter une certaine différence par rapport aux autres unités. Or, avec un point en fait d'unité, quelle différence / [*20*] peut-il exister en dehors de la position[4] ?

(*e*) Maintenant, si ces unités sont différentes des unités et des points que contient le corps[5], elles se trouveront à la

implicitement que le nombre (ensemble de points) est divisé en même temps que le corps. Il est par ailleurs évident que les propriétés du nombre dont on soustrait quelque chose et celles du nombre qui représente la différence après soustraction ne sont pas les mêmes. Aristote en conclut que le corps d'un vivant et les parties sectionnées de ce corps ne devraient pas être animés de la même façon. Les « faits » qu'il oppose à cette conclusion et sur lesquels il reviendra (411 b 9; 413 b 16), parce qu'ils sont, pour lui, d'une grande importance, concernent certains animaux, comme les insectes ou les vers, ainsi que les plantes (cf. *De la jeunesse*, 2, 468 a 23-31 ; *Mét.*, Z, 16, 1040 b 5-15 ; *Démarche des an.*, 7, 707 a 27 et sqq.), dont on peut voir que, lorsqu'ils ont été sectionnés, les parties conservent, au moins un certain temps, la même vitalité que l'animal ou la plante dont elles proviennent. On notera, au passage, que c'est ici la première fois qu'Aristote fait mention des plantes dans l'étude de l'âme.

1. Cf. *Mét.*, M, 9, 1085 a 3-5 ; N, 2, 1089 b 34. Aristote indique par où la théorie des unités ponctuelles rejoint la théorie des atomes. L'objection (d) dirigée ici d'abord contre la seconde vaut également contre la première. Elle renforce l'objection (a). Le raisonnement d'Aristote est complexe. Les trois notes suivantes résument ses articulations principales.

2. Autrement dit, le nombre est comme un agrégat d'atomes ponctuels, où l'on devrait pouvoir distinguer (ce qui n'est pas le cas chez Démocrite) entre les unités motrices et les unités mues, comme dans les grandeurs continues en mouvement (cf. *Phys.*, VIII, 5, 237 a 31 et sqq.).

3. Autrement dit, dans ces conditions, l'âme devrait être, au sein du nombre comme au sein du vivant, du côté des unités motrices seulement.

4. Autrement dit, rien, dans la théorie des unités ponctuelles, ne distingue une unité d'une autre, en dehors de sa position. Cette théorie est donc impropre à rendre compte de la motricité de l'âme.

5. Cette objection réfute l'hypothèse qu'il faudrait distinguer les unités

même place, occupant, en effet, l'espace du point. Et alors qu'est-ce qui va empêcher le même endroit, s'il en contient deux, d'en contenir une infinité ? Lorsqu'elles occupent un lieu / [25] indivisible, en effet, les choses le sont aussi[1].

(*f*) Si, au contraire, les points inhérents au corps forment le nombre de l'âme ou si l'âme est le nombre produit par les points inhérents au corps, pourquoi les corps n'ont-ils pas tous une âme ? Tous, en effet, semblent contenir des points et même une infinité[2] !

(*g*) Et, de plus, comment les points sauraient-ils se séparer et se détacher du corps, à moins, bien sûr, que les lignes ne se subdivisent en points[3] ?

(*h*) [***I, 5, 409 a 31***] Il se fait, par ailleurs, comme nous le disions[4], que c'est, en un sens, tenir exactement le langage de ceux qui posent l'âme comme une sorte de corps subtil et, en un autre sens, verser dans l'incongruité particulière de Dé/mocrite, [***409 b 1***] lorsqu'il soutient que le mouvement est l'effet de l'âme[5].

(*h.1.*) Puisqu'en effet, l'âme réside dans la totalité du corps doué de sensation, il y aura nécessairement deux

ponctuelles de l'âme des unités ponctuelles du corps, avec le statut « séparé » que certains confèrent aux objets mathématiques (cf. *Mét.*, M, 2, 1076 b 36 et sqq.). L'objection consiste à dire que deux points différents ne peuvent se trouver au même point et que, dans le cas contraire, on pourrait en imaginer une infinité.

1. Le lieu est, en effet, une limite spatiale et donc, il n'y a pas un lieu du lieu (cf. *Phys.*, IV, 4, 211 b 24-25).

2. L'hypothèse contraire, en d'autres termes, conduit au panpsychisme ou à l'animisme universel, jugé encore plus absurde (411 a 15).

3. Cette objection vise encore l'hypothèse combattue par l'objection (e), comme si pareille hypothèse justifiait l'immortalité de l'âme ; ce qui était, semble-t-il, le cas chez Xénocrate (Fr. 73 Heinze). L'argument éventuel que les points (l'âme) subsistent sans la ligne (corps) qu'ils composent est un argument qui, pour Aristote, ignore la nature du point, lequel n'est pas une partie même infime de la ligne, mais une limite (cf. *Phys.*, IV, 4, 212 a 30 ; *Mét.*, B, 5, 1001 b 26).

4. Cf. 408 b 33-409 a 1, où Aristote notait que la théorie de l'âme-nombre automoteur, outre ses difficultés propres, rencontre les mêmes difficultés que toutes celles qui font de l'âme une réalité motrice et mue.

5. Autant qu'on puisse comprendre, cette phrase un peu énigmatique introduit, en guise de conclusion, des objections plutôt générales, où il sera montré (a) que les objections soulevées contre l'idée de l'âme-nombre valent aussi pour les doctrines qui font de l'âme un corps subtil ; et (b) que, singulièrement, elles dénoncent une faiblesse qu'on trouve aussi dans la doctrine atomiste. La conclusion ajoutera un troisième point (c) relatif à une déficience de la théorie de l'âme-nombre qu'elle partage avec la théorie de l'âme-harmonie.

corps à la même place, si l'âme est un certain corps[1], et, si l'on affirme qu'elle est un nombre, plusieurs points / [5] au même point[2]. Ou bien tout corps aura une âme, à moins qu'on ne trouve un nombre quelconque, différent et distinct, d'une certaine façon, des points qui figurent dans le corps[3].

(*h.2.*) Il se fait au surplus que l'animal se trouve mû par le nombre comme il l'est, disions-nous, chez Démocrite[4]. Qu'importe, en effet, qu'on parle de petites sphères ou de grandes uni/tés [***10***] ou, en somme, d'unités en révolution, puisque, des deux façons, le mouvement de l'animal est nécessairement dû à leur agitation[5] ?

Ceux qui ont fait entrer dans la même formule complexe le mouvement et le nombre, rencontrent donc ces difficultés-là, et bien d'autres du même genre. (*h.3.*) Une telle formule, en effet, non seulement ne peut constituer la définition de l'âme, mais ne peut non plus en fournir les propriétés accidentelles. Pour le voir, d'ailleurs, on n'a / [***15***] qu'à tenter, par cette formule, de rendre compte des passions et des opérations de l'âme, telles que raisonnements, sensations, plaisirs, chagrins et autres phénomènes du même genre, autant qu'ils sont. Comme nous disions auparavant[6], pas facile, en effet, même de jouer au devin avec ces données !

B.6. Contre la connaissance par les éléments.

Mais il y a trois façons traditionnelles de définir l'âme[7]. Les uns ont prétendu / [***20***] qu'elle est le moteur par excellence, qui se dote lui-même de mouvement ; les autres, qu'elle est un corps, le plus subtil ou le plus

1. Cette prémisse repose sur le fait que le corps charnu est, en chaque point, doué de sensibilité, comme le prouve le sens du toucher.

2. C'est l'objection (e) ci-dessus.

3. C'est l'objection (f). Ces deux objections infirment aussi la théorie du corps subtil, car cette théorie doit impliquer l'omniprésence des corpuscules animés dans le corps vivant.

4. Cf. *supra*, 409 a 10-21, l'objection (d), texte qui représente, chez Démocrite, le Fr. A 104 a D-K.

5. Aristote, visiblement, se plaît à souligner que l'idéalisme mathématique et le matérialisme mécaniciste rejettent, l'un comme l'autre, l'explication du mouvement animé sur une grandeur mobile et ainsi ne l'expliquent pas.

6. Cf. *supra*, 408 a 2-5 : à propos de l'âme-harmonie ; et déjà 402 b 16 et sqq.

7. Rappel de 405 b 10-12.

incorporel de tous. Et nous avons passé brièvement en revue les interrogations et objections que cela soulève. Il reste, cependant, à examiner ce qu'on veut dire en affirmant qu'elle est constituée à partir des éléments. Cette assertion, en effet, vise, certes, à expliquer la sensation et / [*25*] la connaissance de chacune des réalités[1], mais elle entraîne nécessairement de nombreuses impossibilités pour la raison.

(*a*) Car, en posant que la connaissance du semblable s'opère par le semblable, c'est comme si l'on posait une équation entre l'âme et les choses. Or il n'y a pas que ces choses-là[2] qu'on connaît, mais bien d'autres encore et, pour mieux dire, en nombre sans doute infini, qui procèdent de celles-là. Admettons donc / [*30*] que les éléments dont se compose chacune d'elles soient connus et perçus de l'âme ; mais l'ensemble qu'elles forment[3], par quel moyen le connaîtra-t-elle ou le percevra-t-elle ? Ainsi, ce qu'est le dieu ou l'homme ou la chair ou l'os et, pareillement, / [***410 a 1***] n'importe quel autre des composés[4] ? Car aucun d'entre eux ne s'identifie à ses éléments, quels qu'ils soient, mais exige quelque proportion et composition[5], ainsi que le déclare également Empédocle à propos de l'os :

1. Cf. *supra*, 404 b 8 et sqq. — On voit déjà ici comment doit se solder le bilan des critiques aristotéliciennes. Celles-ci ont concédé à l'opinion que l'âme est motrice et incorporelle, mais non qu'elle soit encore avec cela mobile, ni une grandeur. Elles accorderont encore à l'opinion que l'âme est principe de connaissance, mais non qu'elle soit, pour cette raison, constituée des éléments constitutifs des réalités connaissables. On notera qu'ici (409 b 24-25), comme dans la suite (b 30-31 ; 410 a 24, 25-26 ; 410 b 16 ;...), Aristote associe « perception » et « connaissance ».

2. Entendez : les réalités les plus élémentaires qui constituent l'Univers et ne s'analysent pas en d'autres choses spécifiquement différentes (cf. *Mét.*, Δ, 3, 1014 a 26-27).

3. L'ensemble désigne ici l'unité naturelle que composent plusieurs éléments : cf. *Mét.*, Δ, 26, 1023 b 26-28 et 32-35.

4. Le dieu, considéré ici, au même titre que l'homme, comme un composé (*suntheton*), dont on se demande ce qu'il est, représente, selon l'opinion, l'exemple le plus significatif d'« ensemble » (*sunolon*) ; car sa notion convient à l'Univers entier : cf. Platon, *Timée*, 34 A-B ; et Aristote, *Polit.*, VII, 3, 1325 b 28-29.

5. Cf. *supra*, 408 a 18-24 (à propos d'Empédocle) et (toujours à propos d'Empédocle) *Mét.*, A, 10, 993 a 16-22. D'où il ressort que la raison de l'ensemble connu par l'âme n'est pas un élément constitutif de celui-ci. En termes aristotéliciens, la raison représente la forme de l'ensemble dont les éléments fournissent la matière.

Et la terre accueillante,
En creusets bien dodus,
De Nestis l'éclatante,
Deux parts sur huit reçut ;
Et quatre d'Héphaistos.
Et, blanc, apparut l'os[1].

Nul besoin, donc, que les éléments se trouvent dans l'âme, si ne s'y trouvent aussi les proportions et la composition, car chacun connaîtra ce qui lui est semblable, mais l'os ou l'homme pas du tout. A moins qu'eux aussi ne s'y trouvent[2] ! Mais c'est impossible, inutile de le dire ! Qui se demanderait, en effet, si l'âme contient la pierre ou l'homme ? Or c'est pareil pour le bien ou ce qui ne l'est pas ; et le même raisonnement vaut également dans les autres cas[3].

(*b*) De plus, on parle de ce qui est en plusieurs sens. On veut dire, en effet, tantôt, la réalité singulière que voici, tantôt, sa grandeur ou sa qualité ou encore quelque autre des imputations qu'on a distinguées[4]. Alors, est-ce que l'âme sera le composé de tout cela, oui ou non ? Mais il ne semble pas qu'il y ait une communauté de tout cela, constituée d'éléments[5]. Est-ce donc qu'elle se compose de tous les éléments qui ont rang de substances[6] ? Comment,

1. Ce fragment (B 96 D-K) cherche à établir une raison proportionnelle sur le mode de l'octave : deux parts d'eau (Nestis) ou, selon certains, d'air (Nestis l'éclatante), quatre parts de feu (Héphaistos) et le reste (soit deux parts) de terre.

2. L'introduction de quelque chose de l'objet dans l'âme est postulée par la théorie des « simulacres », chez Démocrite (Fr. B 135 D-K), et des « effluves », chez Empédocle (Fr. B 109 a D-K). De son côté, la théorie de Platon relative à la réminiscence (cf. *Ménon*) pourrait inclure la suggestion que l'âme contient quelque chose des formes à (re)connaître.

3. Ces deux dernières phrases ont été considérées par certains comme une interpolation. Le bien et sa négation, qui peuvent se dire de tout être, sont, à l'instar de la composition, des connaissables qu'on ne peut supposer dans l'âme.

4. Cf. *supra*, 402 a 22-25. Ces premiers genres de l'être peuvent être considérés comme des connaissables fondamentaux ou des principes au même titre que les éléments de composition, ainsi qu'on le voit avec le Même et l'Autre chez Platon (cf. n. 4, p. 94), dont la pensée (exposée en 404 b 16-18) est mise en cause dans tout ce qui suit.

5. La raison, précisément, est que « l'être n'est pas un genre » (*An. sec.*, II, 7, 92 b 13) qui réunirait en commun la substance, la quantité, etc. à titre d'éléments ou d'espèces constitutives.

6. L'hypothèse ressemble à celle qu'Aristote défendra lui-même, en soutenant que l'âme a rang de forme substantielle (412 a 20). La différence est qu'ici, l'âme est supposée constituée par les principes qui constituent ailleurs les seules

dès lors, connaît-elle chacun des autres ? Va-t-on prétendre plutôt que chaque genre a des éléments et des principes propres dont l'âme serait compo/sée ? Elle serait, dans ces conditions, quantité, qualité et substance, mais il est impossible que, composée des éléments de la quantité, elle soit substance et non quantité[1]. A dire, par conséquent, qu'elle se compose de tous les éléments, on se heurte à ces objections et à d'autres du même genre.

(*c*) Il est, par ailleurs, absurde de prétendre, d'un côté, que le semblable est impassible sous l'action du semblable, et que la perception implique un sujet et un objet semblables, comme aussi / la connaissance, quand on pose, de l'autre côté, que la perception est une sorte d'affection et d'ébranlement, ainsi du reste que la pensée et la connaissance[2].

(*d*) Des questions et des difficultés nombreuses sont encore soulevées, lorsqu'on affirme, comme Empédocle, que c'est grâce à ses éléments corporels et en relation avec son semblable que chaque chose est connue[3]. Ce qu'on vient de dire à l'instant en témoigne[4]. / Car tout ce qui, dans le corps des animaux, tient simplement de la terre (ainsi les / [***410 b 1***] os, les tendons, les cheveux)

substances, alors que, pour Aristote, l'âme en tant que forme, connaît d'autres formes que celles des substances.

1. L'hypothèse évite au départ l'objection indiquée n. 5, p. 125. Mais elle aboutit à une même impossibilité ; car ériger l'âme en quantité (comme tous ceux qui en font une grandeur ou un nombre) ou en un genre non substantiel quelconque, exclut qu'elle ait en même temps rang de substance. L'âme n'est pas plus tous les genres simultanément qu'elle n'est quelque chose de commun à tous les genres.

2. Comparez, pour la première thèse, *Gén. et corr.*, I, 7, 323 b 3 : « la plupart [de nos devanciers] s'accordent à dire en tout cas que le semblable n'est jamais affecté par le semblable, parce que l'un n'est jamais davantage agent ou patient que l'autre ; les semblables, en effet, ont toujours également des attributs identiques » ; et, pour la seconde thèse, *Gén. et corr.*, I, 8, 324 b 26-29 : « certains sont d'avis que chacun est affecté lorsque le terme agent [...] nous pénètre à travers les pores et c'est de cette façon, prétendent-ils, qu'on voit, qu'on entend et qu'on perçoit toutes les autres sensations ». Pour le cas, similaire, de la pensée, cf. *infra*, 427 a 21-22. — Ces objections visent particulièrement Empédocle.

3. Cf. *supra*, 404 b 10.

4. Cette référence pourrait viser un passage d'Empédocle cité à l'appui de ce qui précède et disparu de notre texte, ou bien l'objection (a). Il n'y a pas équation entre le connu et le connaissant, soit que celui-ci est moins vaste que celui-là, comme on l'a vu, soit qu'il est plus vaste, comme on va le voir : le sujet terreux ne connaît même pas la terre.

semble n'avoir aucune sensibilité, pas même celle des objets semblables par conséquent. Et, pourtant, c'eût été requis[1].

(*e*) De surcroît, chacun des principes se verra attribuer une ignorance beaucoup plus vaste que sa compréhension, puisque chacun connaîtra une seule chose, mais il en ignorera un grand nombre, toutes les autres, en réalité. Et il se fait que, pour Empédocle, bien sûr, le dieu est même le pire insensé, puisqu'il n'y a que lui à ne pouvoir connaître un seul des éléments, la « haine », alors que les mortels le peuvent tous, chacun étant, en effet, composé de tout[2] !

(*f*) D'une façon générale, pour quel motif d'ailleurs tous les êtres n'ont-ils pas une âme, puisque aussi bien chacun représente, soit un élément, soit le produit d'un, de plusieurs, voire, de tous les éléments[3] ? Il lui faut, en effet, avoir nécessairement connaissance d'une chose quelconque, de certaines ou de toutes les choses.

(*g*) Et on peut encore se demander ce qui peut bien constituer un facteur d'unité, vu que les éléments, pour leur part, ressemblent à la matière[4]. Le facteur le plus souverain est, en effet, celui-là qui, quel qu'il soit, assure la cohésion. Et il ne peut y avoir, pour commander, de principe supérieur à l'âme et, moins encore, à l'intelligence, car, en toute logique, celle-ci doit avoir le rang le plus éminent et détenir la souveraineté dans l'ordre naturel. Or les éléments, d'après ce qu'on dit, seraient les premières réalités[5] !

1. L'insensibilité de tissus terreux comme celui des os (cf. *Météorol.*, IV, 10, 389 a 10), affirmée par Aristote, semble cependant avoir été contestée par Empédocle (cf. Fr. B 103, 109, 110 D-K), qui admet une certaine perception par ces tissus.

2. Cf. *Mét.*, B, 4, 1000 a 26-b 5 : « [Empédocle] pose un principe responsable de la corruption qui est la haine [...] tous les êtres en sont constitués sauf le dieu [...] c'est ainsi qu'il se fait que, pour lui, le dieu le plus heureux est moins sensé que les autres. Il ne connaît pas tout, en effet, puisqu'il ne contient pas la haine ». Allusion à l'état parfaitement unifié du monde (cf. Fr. B 27, 28, 29 D-K), dans lequel la haine s'introduit pour l'ébranler (cf. Fr. 30 et 31 D-K).

3. Cf. *supra*, 409 a 27, objection (f) dirigée contre la théorie de l'âme-nombre.

4. Cf. déjà en 408 a 18 et sqq., où Aristote envisageait que l'amitié, bien qu'elle soit un élément, puisse jouer un rôle différent des éléments matériels, en unifiant ceux-ci selon certaines proportions.

5. La primauté conférée aux éléments, en ce compris l'amitié unificatrice, a le défaut d'ignorer celle qui revient à la raison, sans laquelle même l'amitié unificatrice reste aveugle et rassemble au hasard (cf. 408 a 21-22).

B.7. Contre les idées ordinairement reçues, conclusions et apories finales.

Mais tous ceux qui s'appuient sur le fait que l'âme connaît et perçoit les réalités pour affirmer qu'elle se compose des éléments, comme ceux qui en font le plus parfait moteur, présentent une argumentation qui n'est pas valable pour toute âme[1].

(*a*) Car les êtres doués de perception ne sont pas tous aptes au mouvement. Il apparaît, en effet, que certains d'entre eux restent fixés au même endroit[2]. Pourtant, à entendre l'opinion, le mouvement local serait le seul que l'âme imprime à l'animal[3].

(*b*) Or une objection semblable s'adresse à tous ceux qui fabriquent l'intelligence et le sensitif à partir des éléments[4]. Il apparaît, en effet, que les plantes, qui ont la vie sans se déplacer, n'ont pas non plus de sensation et que, parmi les animaux, beaucoup ne possèdent pas la réflexion[5]. Si, d'autre part, on fait ces concessions et qu'on pose l'intelligence comme une certaine partie de l'âme, ainsi que le sensitif, ce n'est pas non plus avec ça qu'on parlera en général de toute âme, ni d'aucune dans son ensemble[6].

1. Ces critiques sont tout à fait fondamentales en ce qu'elles préparent directement la position qu'Aristote lui-même se propose d'adopter un peu plus loin pour définir l'âme (spécialement 412 a 14).

2. Ces êtres sont des animaux aquatiques, proches des plantes, mais qu'Aristote distingue de celles-ci : les ascidies, les actinies, comme l'anémone de mer, les éponges et, plus généralement, ceux qu'il appelle les « ostracodermes », c'est-à-dire les testacés, comme le couteau et les mollusques bivalves, comme l'huître et la pinne (*Hist. des an.*, I, 1, 487 b 6-1 ; VIII, 1, 588 b 12-17 ; *Part. des an.*, IV, 7, 683 b 4 et sqq. ; etc.). Ces formes de la vie animale réfutent l'idée que le déplacement local puisse être l'opération déterminante de l'âme animale.

3. Contre la conception simpliste du mouvement qu'implique cette opinion, voir *Phys.*, VIII, 9, 266 a 1.

4. Ceux-ci, en effet, définissent l'âme par une capacité de connaître : cf. *supra*, 409 b 23-26.

5. Ni l'intelligence (parce qu'elle fait défaut chez beaucoup d'animaux), ni le sens (parce qu'il ne se trouve pas chez les plantes) n'étant significatifs de la vie, la connaissance n'est donc pas non plus l'opération déterminante de l'âme : cf. 402 b 3-5.

6. Le texte ici n'est pas sûr. Il semble que « toute âme en général » signifie le concept d'âme qui s'applique « en commun » à tous les êtres animés (cf. 412 a 5), tandis que « chaque âme dans son ensemble » signifie l'âme de chaque espèce d'êtres animés, prise comme un tout, avec l'ensemble de ses parties ou

(*c*) Ce défaut affecte du reste aussi l'argument qui figure dans les vers dits d'Orphée[1]. Il prétend, en effet, que l'âme en provenance de l'Univers s'introduit grâce à la respiration, portée par / [*30*] les vents[2]. C'est donc un phénomène impossible pour les plantes, ainsi que pour / [***411 a 1***] certains animaux[3], puisque tous n'ont pas la respiration. Or le fait a échappé aux auteurs de cette assomption.

(*d*) Par ailleurs, s'il est vrai qu'on doive fabriquer l'âme à partir des éléments, il n'est nullement dit qu'on le doive à partir de tous. L'une ou l'autre partie de la contrariété lui suffit, en effet, à se juger elle-même ainsi que son con/ traire[4]. [5] Et c'est de cette façon que la droite nous permet de connaître la droite elle-même et la courbe, car la règle juge des deux à la fois, tandis que la courbe ne juge ni d'elle-même, ni de la droite[5].

(*e*) Or certains prétendent même que, dans tout l'Univers, l'âme se trouve en mélange. De là vient peut-être que Thalès croyait tout plein de dieux[6]. Mais cela soulève

facultés. La remarque complète l'objection (b) plutôt qu'elle ne constitue une nouvelle objection.

1. Même allusion aux textes mis sur le compte du poète légendaire Orphée (Fr. B 11 D-K) dans *Gén. des an.*, II, 1, 734 a 18.

2. Le lien entre vie et respiration a déjà été noté plus haut à propos des atomistes (404 a 9-10). L'assimilation courante et fort ancienne de l'âme au souffle vital suppose la parenté de celle-ci avec un élément subtil extérieur, comme dans les théories critiquées plus haut. Dans la croyance visée ici, il est question à la fois de l'origine de l'âme individuelle et probablement de son entretien permanent au fil de l'existence.

3. Les non-sanguins, les insectes, etc. : cf. *Hist. des an.*, IV, 9, 535 b 3 ; *Part. des an.*, IV, 5, 678 b 1. Aristote rappellera plus loin (421 a 5-6) le cas des poissons.

4. La remarque n'est pas « dialectique », ni sans portée, comme beaucoup d'interprètes l'ont cru. Car si l'âme cognitive, pour Aristote, n'est pas composée d'éléments, les organes sensoriels, en revanche, le sont. Et, à ce niveau, les contrariétés (chaud-froid ; etc.) qui définissent les éléments sont essentielles à l'organe pour juger des sensibles, singulièrement dans le cas du toucher. Un seul des contraires (dans l'organe) suffit à juger de l'autre (dans l'objet extérieur), parce que celui-ci en est la privation (cf. *Mét.*, Γ, 2, 1004 b 27). Ainsi, un seul élément, le feu, par exemple (à la fois chaud et sec) suffirait à juger de tous les autres.

5. L'analogie est un peu fallacieuse. La droite ne juge pas, en effet, de la courbe positivement, mais, négativement, du non-droit. Probablement Aristote vise-t-il l'usage de la règle, chez les maçons, dans un travail où un instrument courbe (non-droit) quelconque ne permettrait pas de vérifier si l'on a affaire à une autre courbe (plus proche de la droite) ou à une droite. Mais l'interprétation du passage est controversée.

6. Après avoir dit que cela n'était pas nécessaire, Aristote met en cause, probablement, l'ensemble des théories qui, comme celle prêtée à Empédocle, composent l'âme « à partir de tous les éléments » (404 b 11-12) ou font une âme

certaines questions. (*e.1.*) Pour quel motif, en effet, lorsqu'elle est dans / [*10*] l'air ou dans le feu, l'âme ne produit-elle pas d'animal, mais bien dans les corps mixtes ? Et ce, alors qu'elle semble avoir plus de perfection dans ces corps-là[1] ? (*e.2.*) On peut, en effet, s'inquiéter aussi de savoir pour quel motif l'âme qui se trouve dans l'air passe en perfection et en immortalité celle qui se trouve chez les animaux[2]. Mais d'une façon comme de l'autre, on verse dans l'absurde et on déroge à la raison : parler du feu / [*15*] ou de l'air comme d'un animal relève, en effet, de propos qui dérogent singulièrement à la raison ; et se refuser à parler d'animaux là où il y a une âme, c'est absurde[3].

(*f*) D'ailleurs, si certains supposent la présence de l'âme dans les éléments, c'est apparemment parce que le tout ressemble spécifiquement à ses parties[4] ; d'où la nécessité, pour eux, d'affirmer que l'âme aussi ressemble spécifiquement à ses parties, puisque c'est en vertu de la présence, chez les animaux, d'un élément retranché au / [*20*] milieu ambiant, que ces vivants sont animés[5]. Or si l'air arraché présente cette ressemblance et que l'âme, elle, ne l'a pas,

de tous les éléments et qui distribuent ainsi des âmes partout dans l'Univers. Le témoignage de Thalès (Fr. A 22 D-K) n'est invoqué ici qu'à l'appui de ces théories, comme si les « dieux » signifiaient l'âme diffuse universellement : cf. *Gén. des an.*, III, 762 a 21 (« d'une certaine façon, tout serait plein d'âme »).

1. L'âme-air évoque, par exemple, Diogène d'Apollonie, comme l'âme-feu évoque, par exemple, Démocrite. La supériorité de l'âme identifiée à un corps simple, hors du mélange, était apparemment soutenue par ces auteurs, mais sans raison à l'appui, comme Aristote l'indique dans la suite.

2. L'immortalité (synonyme de perfection) est, en effet, suspecte, dès l'instant où l'élément se dissout, comme tel, dans le mélange.

3. Aristote table ici sur une évidence pour affirmer la distinction, dans la nature, entre l'animé et l'inanimé (cf. *infra*, 412 a 13). Cette évidence sera contestée par les interprétations matérialisantes de sa pensée (Alexandre d'Aphrodise, par exemple) qui, s'appuyant sur la conception du mouvement naturel des corps simples, soutiendront qu'il n'y a en somme qu'une distinction de degré entre ceux-ci et les vivants. Mais Aristote voyait seulement une analogie entre la nature inorganique et la nature organique : « il y a comme une sorte de vie dans tous les systèmes naturels » (*Phys.*, VIII, 1, 250 b 14).

4. A ce sujet, voir Platon, *Philèbe*, 29 A et Diogene d'Apollonie, Fr. B 2 D-K.

5. L'argument suppose la réalité d'une âme universelle composée des mêmes éléments spécifiques qui entrent dans la composition des êtres animés singuliers. Comme la suite l'indique, Aristote songe principalement aux théories qui font cette hypothèse en s'appuyant sur la ressemblance de l'air ambiant et de ses parties inhalées ou présentes dans le corps des animaux individuels.

une part de celle-ci sera tributaire du milieu évidemment, mais l'autre non[1]. Il faut donc nécessairement ou bien qu'elle offre des parties homogènes ou bien exclure qu'elle soit présente en quelque partie du tout que ce soit[2].

De ce qu'on a dit, il ressort donc clairement et que la connaissance n'est pas / [*25*] un attribut de l'âme du fait qu'elle serait constituée à partir des éléments, et qu'on affirme son mouvement à tort et contrairement à la vérité[3]. Mais le fait est que la connaissance relève de l'âme, et aussi la sensation et l'opinion, de même que le désir, le souhait et, d'une façon générale, les appétits. C'est aussi un fait, par ailleurs, que le mouvement local, chez les animaux, dépend de / [*30*] l'âme, de même que la croissance, la maturité et le dépérissement[4]. Est-ce que, dès lors, / [***411 b 1***] chacun de ces phénomènes est un attribut de l'âme entière ? Est-ce par toute notre âme que nous pensons et sentons, que nous nous mettons en mouvement et que nous faisons et subissons tout le reste ? Ou bien chaque phénomène différent met-il en jeu des parties différentes[5] ? Et la vie, par conséquent, est-elle localisée dans l'une quelconque de celles-ci, dans la / [*5*] plupart ou

1. Aristote admet donc l'identité spécifique de l'air hors et dans les corps individuels, mais il oppose à la conclusion qu'en tirent certains, les différences entre les parties de l'âme individuelle ou entre les âmes individuelles, qu'on ne peut mettre sur le compte d'un même élément.

2. La première branche de l'alternative contredit l'expérience de la diversité. Il faut donc opter pour la seconde branche et renoncer aux théories incriminées.

3. Cette conclusion est suivie d'un développement, qui contient une dernière critique adressée à ceux qui (comme Platon) morcellent l'âme en parties (facultés) qu'ils localisent dans différentes parties du corps. Aristote, qui renoue ainsi avec une question soulevée dès l'introduction (402 b 1 et sqq.), plaide pour l'unité de l'âme là où il faut lui reconnaître plusieurs fonctions. Et ce plaidoyer annonce le propos qui ouvre la seconde partie du *DA*. Car il laisse entendre que, partout, l'âme se caractérise par une fonction minimale, qui permet une définition commune.

4. Aristote détaille ainsi les facultés dont il faut reconnaître la distinction avec la tradition : d'abord, le cognitif et l'appétitif, si l'on se place du point de vue de l'homme principalement, les facultés motrice et nutritive, si l'on se place du point de vue de tous les animaux. Au total, donc, trois facultés, puisque l'appétitif et la faculté motrice se recouvrent.

5. Cette question cruciale, qu'Aristote reprendra et précisera dans la suite (cf. 425 a 31 ; 426 b 14-427 a 16 ; 429 b 13-21 ; 430 b 15 ; 431 a 20 et sqq.), est une question qu'avait posée Platon (*Républ.*, IV, 436 A) en distinguant trois parties de l'âme. Celles-ci, en gros, recouvraient les trois facultés dont Aristote vient de concéder la distinction.

même dans toutes ? Ou bien est-ce autre chose qui en est responsable[1] ?

Certains déclarent, de leur côté, que l'âme est morcelable et qu'une partie pense, mais une autre désire[2]. Qu'est-ce donc alors qui peut bien assurer la cohésion de l'âme[3], si la nature l'a rendue morcelable ? Car, en définitive, ce n'est pas le corps de toute façon. On pense, en effet, qu'au contraire, c'est plutôt l'âme qui assure la cohésion du corps, puisque, lorsqu'elle s'en est allée, il se dissipe et se putréfie[4]. Par conséquent, s'il est autre chose qui produit l'unité de l'âme, / [*10*] cette chose-là va être une âme au plus haut point ! Mais on devra reposer la question à son sujet : est-ce une chose une ou comporte-t-elle plusieurs parties ? Car, dans la première hypothèse, pourquoi ne pas directement conférer à l'âme l'unité ? Et, dans l'hypothèse d'une chose morcelable, le raisonnement demandera de nouveau ce qui en assure la cohésion, et, de la sorte, on ira donc à l'infini.

L'interrogation peut d'ailleurs également porter sur les parties de l'âme : / [*15*] quelle puissance détient chacune dans le corps ? En effet, si l'âme entière assure la cohésion de tout le corps, il sied que chacune de ses parties assure aussi la cohésion d'une partie du corps. Or c'est, apparemment, impossible[5] ! De quelle sorte de partie, en effet, l'intelligence assure-t-elle la cohésion et de quelle façon[6] ? Difficile de s'en forger une idée[7] ! Par ailleurs, on peut

1. Cette seconde interrogation est impliquée dans la première, vu que la vie se manifeste dans chacune des facultés psychiques. Mais elle traduit, mieux que la première, la difficulté de morceler l'âme.

2. C'était, notamment, la position de Platon (cf. encore *Timée*, 69 D et sqq.), qui distinguait trois parties de l'âme, mais opposait, de façon binaire, comme ici, une partie rationnelle (qui pense) aux parties également irrationnelles.

3. A ce propos, voir déjà 410 b 10-13. — Cohésion est ici synonyme de continuité : cf. *Phys.*, V, 3, 227 a 10-17.

4. Allusion au *Phédon* (80 C), où Platon parle expressément de la « dissipation » (*diapneisthai*) du corps.

5. Aristote met en cause ce qu'implique la localisation des différentes parties de l'âme dans différentes parties du corps : chacune d'elles doit assumer, pour la partie du corps où elle se situe, une fonction de cohésion qui n'est pas celle qui la définit (penser, désirer, etc.).

6. L'intelligence, logée dans la tête, selon Platon (*Timée*, 44 D), devrait assurer la cohésion de cette partie du corps, mais on ne voit pas comment la connaissance, fonction de l'intelligence, pourrait jouer ce rôle.

7. Comme en 406 a 27 (voir, ci-dessus, n. 5, p. 103), Aristote utilise ici,

encore voir que les végétaux qu'on segmente restent en vie, ainsi que, chez les animaux, certains des insectes[1]. C'est comme si leur âme restait identique spécifiquement, quoique non numériquement, car chacun des deux segments est doué de sensation et de mouvement local jusqu'à un certain temps. Et s'ils ne survivent pas, cela n'a rien d'étrange : c'est qu'ils n'ont pas d'organes capables de préserver leur nature[2]. Mais il n'en reste pas moins que chacun des deux segments comporte toutes les parties de l'âme. Et l'on a affaire à des âmes qui offrent une ressemblance spécifique l'une avec l'autre et avec l'âme entière, comme si, d'une part, les segments n'étaient pas séparés l'un de l'autre et que, d'autre part, l'âme entière était sectionnée[3]. Apparemment, le principe inhérent aux végétaux est, d'ailleurs, aussi une sorte d'âme, car c'est le seul que possèdent en commun animaux et végétaux. Il est, certes, séparé du principe sensitif, mais jamais de sensation ne se trouve sans lui[4].

[***II, 1, 412 a 3***] Donc, pour ce qui regarde la tradition de nos devanciers au sujet de l'âme, on s'en tiendra là. Et nous reviendrons, en quelque sorte, au point de départ[5], pour tâcher de définir ce qu'est l'âme et ce que peut être sa formule la plus commune[6].

avec une pointe d'ironie, le verbe *plasai* (« façonner, feindre, fabriquer, forger »,...) employé par Platon.

1. L'observation, à laquelle Aristote accorde une signification capitale, a déjà été faite en 409 a 9-10. Cf. *Hist. an.*, IV, 7, 531 b 30-532 a 5 (à propos des insectes).

2. L'idée est conforme à ce qui a été dit plus haut (408 b 18-30) : la mutilation du corps, comme son vieillissement, n'est pas une atteinte portée à l'âme, mais une entrave à ses fonctions.

3. Le sectionnement de l'âme « entière » est à entendre ici comme le dédoublement de l'âme, qui explique la ressemblance spécifique qu'ont entre elles les âmes de chacun des deux segments. De son côté, la ressemblance des âmes de chaque segment avec l'âme entière est entendue comme si le corps n'avait pas été segmenté.

4. Cette remarque sur le principe végétatif, commun à tous les vivants, complète ce qui vient d'être dit de la sensation et du mouvement local, propres aux animaux. Le principe est conservé, lui aussi, dans chaque segment de la plante qu'on divise, et de l'animal qu'on segmente, aussi longtemps qu'il reste en vie : « jamais la sensation ne se trouve sans lui ». Cette affirmation (reprise plus loin : cf. 413 a 30-b 1 ; etc.) annonce l'orientation suivie dans la recherche d'une définition commune de l'âme.

5. Cf. 402 a 7-8 (Quelle est la nature de l'âme ?) ; a 23-24 (Est-ce une substance ?) ; a 25-b 1 (Est-ce une puissance ou une réalisation ?) ; etc.

6. Ce propos contraste avec l'attitude de ceux qui ne regardent que l'âme humaine (402 b 3-5) et qui prennent pour critères de l'âme le principe cognitif ou le principe moteur (410 b 17 et sqq.). — Le mot « formule » (*logos*) est moins précis que « définition » (*horismos*).

IIe PARTIE

A. *La formule la plus commune de l'âme.*

A.1. *Définition raisonnée.*

Nous exprimons bien un genre particulier de réalités en parlant de substance[1]. Mais celle-ci s'entend, soit comme matière (chose qui, par soi, ne constitue pas une réalité singulière), soit comme aspect ou forme (en vertu de quoi, précisément, on peut parler d'une réalité singulière), soit, troisièmement, comme le composé des deux[2]. Par ailleurs, la matière est puissance, alors / [*10*] que la forme est réalisation ; et ce, de deux manières, soit, comme la science, soit, comme l'acte de spéculer[3].

Or, les substances, dans l'opinion, ce sont surtout les corps et, parmi eux, les corps naturels, car ils sont principes des autres[4]. Mais, parmi les corps naturels, les uns ont la vie, cependant que les autres ne l'ont pas ; et par vie,

1. En le distinguant des autres « genres » d'imputations, comme la qualité, la quantité, etc. (cf. 402 a 24-25 et *Mét.*, Z, 1, 1028 a 14-15).

2. Cf., par exemple, *Mét.*, Z, 3, 1029 a 1-3 : « dans l'opinion, c'est surtout le sujet premier qui est substance ; et, de cette façon, c'est en quelque sorte la matière qu'on appelle ainsi. Mais, d'une autre façon, c'est l'aspect et d'une troisième façon, c'est ce qui procède des deux »... ; cf. Λ, 3, 1070 a 9-12.

3. Cf. *Phys.*, II, 3 ; *Mét.*, Θ, 1. En tant que disposition acquise, la science est la réalisation d'une capacité, mais elle peut ou non s'exercer. Cet exercice est donc la réalisation de la disposition acquise.

4. Cf. *Mét.*, Δ, 8, 1017 b 10-13 ; Z, 2, 1028 b 8-13. Pour les corps naturels, voir *Phys.*, II, 1, 192 b 8 et sqq. ; Aristote les distingue des corps artificiels, fabriqués à partir d'eux, et des grandeurs mathématiques qu'ils contiennent et que l'on considère abstraction faite de leur corporéité.

nous voulons dire la propriété de par soi-même se nourrir, croître et / [*15*] dépérir[1]. Si bien que tout corps naturel, ayant la vie en partage, peut être substance, une substance, cependant, comme on l'a dit, composée[2]. Mais, puisque c'est précisément un corps qui a cette propriété, c'est-à-dire, possède la vie, le corps ne saurait être l'âme. Le corps, en effet, ne se range pas dans les réalités qui se disent d'un sujet, mais se présente plutôt comme sujet ou matière[3].

Il faut donc nécessairement que l'âme soit / [*20*] substance comme forme d'un corps naturel qui a potentiellement la vie[4]. Or cette substance est réalisation. Donc, elle est la réalisation d'un tel corps[5].

Mais cette dernière s'entend de deux façons, tantôt, comme la science, tantôt, comme l'acte de spéculer. Par conséquent, c'est évidemment comme la science[6]. En

1. Manifestations élémentaires de la vie et conditions de ses autres manifestations, les propriétés en question sont les plus communes du vivant en tant que tel : elles sont à considérer de préférence à tout le reste pour la définition « la plus commune » de l'âme (412 a 3).

2. La substance est dite « composée » au sens défini plus haut (412 a 9), parce qu'elle représente l'association d'une matière et d'une forme.

3. Le corps auquel s'attribue la vie est, à ce titre, une « substance matérielle » (*Mét.*, θ, 7, 1049 b 36) et l'âme qui détermine le corps animé, n'est pas un sujet.

4. A cette première définition, comparez *Mét.*, Δ, 8, 1017 b 15-16 : « (est substance) ce qui est responsable de l'être dans le genre de réalités qui ne se disent pas d'un sujet, ainsi l'âme pour l'animal » ; Z, 10, 1035 b 14-16 : « l'âme des animaux, qui est substance de l'animé, c'est la substance formelle, la forme et ce qui fait de ce genre de corps ce qu'il est » ; 11, 1037 a 5-6 : « l'âme est la substance première, le corps la matière, et l'homme ou l'animal le composé des deux »...

5. Cette deuxième définition ne fait qu'exprimer différemment la première : l'âme est ce qui fait qu'un corps potentiellement vivant, l'est effectivement. Ici est illustrée l'exigence notée antérieurement (407 b 13-27) de préciser les caractères du corps animé pour définir l'âme. — Le terme « réalisation » (*entelecheia*) traduit l'état résultant de l'activité (*energeia*) ou des opérations conformes aux potentialités du corps (cf. *Mét.*, θ, 8, 1050 a 21-23 : « l'activité, c'est l'opération. C'est pourquoi l'activité est un mot qui se dit par référence à l'opération et elle tend à la réalisation »).

6. Cette troisième définition offre une précision qu'Aristote explicitera plus loin (412 a 27) en parlant de « réalisation première ». Celle-ci, comme on l'a vu, est une disposition qui recèle encore des potentialités qu'on peut mettre en œuvre, opération en quoi consiste la réalisation seconde. Cf. *Phys.*, VIII, 4, 255 b 2-3 : « qui possède la science, mais ne l'exerce pas, est un savant potentiel en quelque sorte, mais pas au même titre qu'avant d'apprendre ».

effet, la présence de l'âme implique sommeil et éveil[1]. / [*25*] Or il y a correspondance entre l'éveil et l'acte de spéculer, d'un côté, et, de l'autre, le sommeil et le fait d'avoir cette disposition sans l'exercer[2] ; par ailleurs, la première des deux à naître chez un même sujet, c'est la science[3]. En conséquence, l'âme est la réalisation première d'un corps naturel qui a potentiellement la vie.

[***412 b 1***] Tel est, du reste, tout corps pourvu d'organes[4]. Or les parties des plantes aussi sont des organes, mais d'une extrême simplicité[5] : ainsi, la feuille est une protection du péricarpe et le péricarpe une protection du fruit, tandis que les racines correspondent à la bouche, puisque les deux absorbent la nourriture[6]. Et si l'on a besoin d'une formule qui s'applique en commun à toute / [*5*] âme, ce sera : la réalisation première d'un corps naturel pourvu d'organes[7].

1. Cette affirmation vaut évidemment pour tous les animaux. Elle ne s'applique pas, comme telle, aux végétaux, bien que, analogiquement, les végétaux présentent, comme êtres vivants, un état de « réalisation première », qui permet la mise en œuvre d'opérations conduisant à une réalisation seconde. Il reste que l'âme, définie comme réalisation première, ne paraît pas pouvoir subsister, ni le vivant demeurer en vie, sans quelque réalisation seconde qui, effectivement, conserve l'individu vivant.

2. Il s'agit ici d'une comparaison qu'Aristote affine ailleurs en distinguant l'état du géomètre qui dort (A), celui du géomètre éveillé (B) et celui du géomètre qui exerce sa science (C) : A est à B comme B est à C (*Gén. des an.*, II, 735 a 10-11).

3. Cette priorité est de type chronologique (cf. *Mét.*, Δ, 11, 1018 b 14-15) en ce sens qu'elle manifeste une certaine potentialité (cf. *Mét.*, Θ, 8, 1049 b 17 et sqq.). La précision « chez un même sujet » est indispensable ; car l'exercice de la science chez le maître a la priorité sur la science acquise par le disciple.

4. Cette ultime précision (conforme à l'exigence rappelée ci-dessus, n. 5, p. 136) détermine formellement le corps du vivant comme celui dont les parties répondent, comme le tout, à une fin (cf. *Part. an.*, I, 1, 642 a 11-12). En toute rigueur, la notion d'organes ne s'applique qu'aux parties « anoméomères » (cf. *Part. an.*, II, 1, 647 a 4), qui constituent elles-mêmes la fin des parties homéomères, dans le « système » de l'être vivant. La substitution de « corps naturel doué d'organes » à « corps naturel ayant potentiellement la vie » élimine toute référence, même indirecte, au *definiendum* (l'âme-vie) dans la définition.

5. Cf. *Part. an.*, II, 10, 655 b 32 et sqq., spécialement, 37-656 a 2 : « la nature des plantes, qui restent sur place, n'implique pas plusieurs sortes de parties "anoméomères", car peu d'actions nécessite l'usage de peu d'organes ».

6. Cf. *Part. an.*, IV, 10, 686 b 35-687 a 1 : « les racines, pour les plantes, ont la faculté de la bouche et de la tête » ; et *De la jeunesse*, 1, 468 a 9-12.

7. Cette dernière définition, dite « la plus commune », n'est pas proprement, rappelons-le, une *définition* (même générique) de l'âme ; elle met en évidence ce qui est commun à toute âme, par-delà les propriétés qui distinguent chacune selon les différents êtres animés.

A.2. Précisions.

C'est pourquoi l'on n'a même pas besoin de chercher si le corps et l'âme font un, exactement comme on ne le demande non plus de la cire et de la figure[1], ni, globalement, de la matière de chaque chose et de ce qui a cette matière. Car l'un et l'être, dont on parle effectivement en plusieurs sens, c'est, souverainement, la réalisation[2].

En termes généraux, voilà / donc ce qu'est l'âme : c'est la substance, en effet, qui correspond à la raison. Ce qui veut dire : la détermination qui fait essentiellement de telle sorte de corps ce qu'il est[3]. C'est comme si un quelconque des outils était un corps naturel, par exemple une hache[4]. La détermination qui fait essentielle la hache serait sa substance et son âme s'identifierait à cela. Et si l'on mettait cette détermination à part, il n'y aurait plus de hache, sauf de façon purement nom/inale[5]. Mais voilà, c'est une hache et ce n'est pas, en réalité, de cette sorte de corps que l'âme représente la détermination essentielle et la raison, mais d'un corps naturel, d'un genre précis, qui possède un principe de mouvement et de stabilité en lui-même[6].

1. Cette comparaison semble remonter à Démocrite (Fr. A 135 D-K, d'après Théophraste, *Du sens*, 51), qui l'utilisait pour donner à entendre ce qu'était une impression sensible. Elle figure aussi chez Platon, *Théétète*, 191 D.

2. La définition de l'âme par la notion de « réalisation » d'un corps évacue la question de l'unité de l'âme et du corps, parce que matière et forme sont « une seule et même chose », qu'on tient pour potentielle d'un côté et pour actuelle de l'autre (cf. *Mét.*, θ, 6, 1045 b 17-19) et que l'unité de cette chose substantielle (le corps animé) lui est donnée en raison d'une forme immanente. La remarque est dirigée contre ceux qui rendent compte de l'être sensible par la participation du corps à une forme séparée.

3. Cf. *Mét.*, Z, 7, 1032 b 1 : « j'appelle forme l'essence de chaque chose et la substance première ».

4. La comparaison du corps *naturel* avec l'outil, objet *fabriqué*, fait de l'âme l'analogue, non de la figure, mais de la propriété fonctionnelle de l'outil : ici, ce qui fait que la hache est potentiellement tranchante et permet de hacher. Plus haut (407 b 25-27), l'âme a déjà été dite utiliser le corps comme l'art des outils. Ce genre de comparaison suppose l'idée que les corps naturels ont une sorte de fonction.

5. Cf. *Cat.*, 1 a 1-6. Une hache nominale serait, par exemple, une hache dessinée en peinture, qui n'a point du tout la propriété de trancher, ou une « fausse » hache (comme un jouet ou un accessoire de théâtre) qui a tout de l'outil, sauf la capacité à être utilisée comme tel. La « séparation » de la forme essentielle, envisagée par Platon, ne peut donc rendre compte de la réalité.

6. Cf. *Phys.*, II, 1, 192 b 13-16.

On doit voir, au reste, ce qu'on a voulu dire, en prenant le cas des parties du corps. Si l'œil, en effet, était un animal, la vue en serait l'âme, car c'est elle la substance de l'œil / [*20*] qui correspond à sa raison, tandis que l'œil, lui, est matière de la vue. Et, quand cette dernière disparaît, il n'y a plus d'œil, sauf de façon nominale, comme l'œil en pierre ou celui qui est dessiné[1]. On doit donc transférer ce qui est vrai de la partie sur la totalité du corps vivant. Car le rapport de partie à partie est celui de la sensation entière au corps / [*25*] entier doué de sensation, en tant que tel[2].

Par ailleurs, ce n'est pas lorsqu'il se trouve dépouillé de son âme que le corps a la puissance de vivre, mais lorsqu'il la possède[3]. Quant à la semence ou au fruit, ils constituent potentiellement le corps de ce genre précis[4]. Donc, si c'est à la manière de l'action de couper ou de voir que l'acte d'être éveillé constitue une réali/sation, [***413 a 1***] néanmoins, c'est à la vue ou à la puissance de l'outil[5] que l'âme est comparable, tandis que le corps est la réalité potentielle[6]. Mais, tout comme l'œil comprend la pupille et la vue[7], dans ce cas-là aussi, c'est l'âme et le corps qui forment l'animal.

1. Ceci est vrai de tout organe qui perd sa fonction ; cf. *Gén. des an.*, II, 1, 734 b 24-27 : « il n'est pas de visage sans âme, ni de chair ; et après la corruption, on parlera de façon nominale ou de visage ou de chair, comme s'ils étaient devenus choses de pierre ou de bois ».

2. Bien que partie d'un corps naturel, l'œil n'a pas d'âme ; mais sa capacité fonctionnelle, qui est pour lui l'analogue d'une âme, est une faculté partielle de l'âme inhérente au corps dont il fait partie.

3. Cf. *Part. an.*, I, 1, 640 b 33-34 (« le mort... n'est plus un homme »). Mais Aristote envisage ici la matière corporelle après et avant son animation, de manière à préciser que, dans la définition de l'âme, l'expression « qui a potentiellement la vie » (cf. 412 a 20-21 et 27-28), appliquée au corps, ne vise pas un état de la matière corporelle antérieure ou postérieure à la vie, mais un corps animé, dont les potentialités correspondent à la réalisation *première* en quoi consiste l'âme.

4. La matière séminale et le fruit sont ainsi en quelque sorte à mi-chemin entre la matière totalement inanimée et celle que représente le corps de l'animal et de la plante auxquels ils *peuvent* donner naissance. Cf. *Gén. an.*, II, 1, 735 a 4-11 ; 736 b 8-12 ; *Mét.*, Θ, 7, 1048 b 37-1049 a 3 et 14-16.

5. Aristote pense ici à la hache. Pour les autres instruments, voir *Mét.*, Δ, 12, 1019 b 13-15 (avec l'exemple de la lyre).

6. La vision est réalisation seconde, alors que la vue est réalisation première.

7. La pupille est donnée comme la matière de l'œil plutôt que, par exemple, le globe oculaire dans sa totalité, sans doute parce qu'elle paraît l'analogue du « corps doué d'organes » dans la définition de l'âme (412 a 28-b 1 et 5-6).

On voit donc sans peine que l'âme n'est pas séparable du corps[1] ou qu'elle a des parties / [*5*] qui ne le sont pas, si tant est que la nature l'ait faite morcelable[2]. Car, en certaines parties, elle est réalisation des parties mêmes du corps. Mais, bien évidemment, en certaines autres parties, rien n'empêche la séparation, parce qu'elles ne sont réalisations d'aucun corps. — Cependant, on ne voit pas encore si l'âme est réalisation du corps, en ayant avec lui la relation du navigateur à son navire[3].

A.3. Justification : à partir des faits.

A titre d'ébauche, on s'en tiendra donc à cette définition / [*10*] et à cette esquisse de l'âme. / [***II, 2, 413 a 11***] Mais, s'il est vrai que la clarté qui satisfait à la connaissance rationnelle procède de données obscures quoique évidentes, il faut s'efforcer de revenir sur le sujet en procédant comme suit[4]. En effet, la formule d'une définition doit non seulement montrer le fait dont il s'agit, ce qu'expriment la grande majorité / [*15*] des définitions,

1. Toutes les précisions qui précèdent, depuis 412 b 6, vont en effet dans le sens de cette conclusion : l'unité absolue du corps vivant, l'impossibilité de mettre à part le tranchant de la hache et la vue de l'œil, sans parler d'un outil ou d'un organe de façon nominale, l'incapacité de traiter la matière corporelle comme sujet de l'âme avant ou après son animation…

2. Les « parties » de l'âme, qu'Aristote nomme ainsi non sans réserve, sont à entendre comme les fonctions de parties corporelles nettement identifiables, tels les organes des sens. L'idée que, malgré tout, l'âme puisse être « partiellement » dissociable du corps, s'appuie sur l'évidence qu'il est des fonctions que l'âme remplit, non pas sans organes corporels, comme le disent volontiers les commentateurs (en pensant à l'intelligence, cf. *Gén. an.*, II, 3, 736 b 28-29), mais sans organes proprement affectés à ces fonctions. Celles-ci ne sont pas, de ce fait, des réalisations d'un corps, même si elles sont par ailleurs tributaires du corps et ne vont pas sans corps (cf. 403 a 7-10).

3. Le sens de cette interrogation est un peu énigmatique ; car il est évident que l'âme, si elle est réalisation du corps, ne peut avoir, par exemple, l'indépendance du navigateur par rapport à son navire. Il est vraisemblable qu'ayant établi la causalité formelle de l'âme, Aristote laisse entendre ici qu'il faut encore préciser si et comment elle peut jouer en même temps le rôle de cause efficiente : l'âme-réalisation peut-elle être motrice et diriger le corps, comme le navigateur son navire ? Sur cette question, voir, plus loin, spécialement 415 b 21 et sqq.

4. Le procédé de clarification qu'évoque Aristote correspond à une démarche qui, selon *Top.*, VI, 4, 141 b 3 et sqq., va au rebours de la démarche scientifique démonstrative : elle part de l'évidence que présentent, pour nous, des singuliers concrets ou des généralités qui tombent sous le sens (cf. *An. sec.*, I, 2, 71 b 34-72 a 5 ; *Phys.*, I, 1, 184 a 16-b 14 ; *Mét.*, Z, 3, 1029 b 3-12) et se propose de conduire aux principes. Aristote invite donc à un retour aux êtres animés (cf. plus loin, 413 a 20-21) pour saisir ce qui en est le principe essentiel.

mais encore contenir et rendre manifeste le motif pour lequel il en va ainsi[1]. Or, en réalité, les formules des définitions sont comme des conclusions. Ainsi, qu'est-ce que la quadrature ? C'est avoir un rectangle équilatéral équivalent à une figure à côtés inégaux. Une telle définition, cependant, exprime la conclusion. Celle qui affirme, en revanche, que la quadrature est la découverte d'un moyen terme, / [*20*] exprime la raison de l'affaire[2].

A.3.1. Point de départ.

Disons donc, en guise de point de départ à l'examen, que l'animé se distingue de l'inanimé par le fait qu'il est en vie[3]. Mais, comme le fait de vivre s'entend de plusieurs façons, nous prétendons qu'il y a vie là où se trouve ne serait-ce qu'une seule quelconque des manifestations telles que l'intelligence, la sensation, le mouvement local et le repos, ou encore le mouvement nut/ritif, [*25*] dépérissement et croissance[4]. C'est pourquoi l'on considère que tous les êtres qui se développent ont également la vie[5], car,

1. Cf. *An. sec.*, I, 13. Le procédé évoqué plus haut recouvre la démarche qui consiste à transformer la connaissance des faits (les êtres animés) en celle de leur raison ; remontant *a posteriori* de l'effet à la cause, cette démarche équivaut à exhiber ainsi un terme qui, dans la démarche déductive, servirait à conclure aux faits. Dans la suite, Aristote illustre par un exemple géométrique, ce en quoi consiste la recherche du moyen terme qui justifie la conclusion.

2. « Carrer » est bien l'opération qui consiste à donner une aire carrée équivalente à une figure quelconque, par exemple, un rectangle de longueur AB et de largeur BC. Et le *fait* de cette équivalence est ce à quoi *conclut* l'opération qui construit le carré de côté BD. Mais le *pourquoi* de cette équivalence, c'est que BD constitue la moyenne proportionnelle entre AB et BC. Découvrir un côté BD tel que AB : BD = BD : BC est donc ce qui permet de conclure à l'équivalence. C'est pourquoi la définition de la quadrature qui parle de la découverte de cette moyenne est une définition causale qui met en évidence la raison du fait. L'exemple d'Aristote se retrouvera chez Euclide (*Éléments*, II, 14 et VI, 13) qui démontre que AB : BD = BD : BC en construisant un demi-cercle de diamètre ABC et en tirant, du point B, la perpendiculaire au diamètre jusqu'au point D de la demi-circonférence.

3. Le point de départ constitue un *fait* évident (déjà invoqué plus haut, 412 a 13 : « parmi les corps naturels, certains ont la vie »). Il s'agit manitenant de trouver une définition de l'âme qui justifie cette conclusion.

4. Ces quatre manifestations de la vie, qui seront données plus loin pour les quatre facultés de l'âme, sont rangées par ordre de fréquence croissante, la plus commune étant le mouvement dit « nutritif », qui a servi plus haut à définir la vie : « la propriété de se nourrir soi-même, de croître et dépérir » (412 a 13-14). De ce *fait*, il s'agit encore de voir maintenant le pourquoi. La suite montrera que c'est parce que les trois autres manifestations ne vont jamais sans elle.

5. Le texte ici, comme plus loin en 413 a 33 et b 8, dit *ta phuomena* (« les êtres qui se développent »), non *phuta* (« plantes »), bien que la plupart des

visiblement, ils ont en eux-mêmes la sorte de puissance ou de principe qui leur permet de suivre, dans leur croissance et leur dépérissement, des directions contraires. La croissance, en effet, ne s'effectue pas vers le haut à l'exclusion du bas, mais c'est pareillement dans les deux sens et de tous côtés que se développent tous les êtres qui ont toujours à se nourrir / [*30*] et dont la vie se maintient aussi longtemps qu'ils peuvent absorber de la nourriture[1]. Or, si cette forme de vie peut être séparée des autres, les autres, en revanche, ne peuvent l'être de celle-ci chez les mortels[2]. Et on le voit dans le cas des végétaux, puisque aucune autre faculté de l'âme ne leur est / [***413 b 1***] dévolue.

Donc c'est en vertu de ce principe que la vie est dévolue aux vivants, bien que l'animal soit fondamentalement identifiable grâce au critère de la sensation. En effet, les êtres qui ne bougent pas et ne changent pas de place, mais qui sont doués de sensation[3], nous les appelons des animaux et pas seulement des vivants. Or le fondement de la sensation, dévolu à / [*5*] tous, est le toucher[4]. Et, de même que la fonction nutritive peut être séparée du toucher et de toute sensation, de la même façon le toucher peut l'être des autres sensations. Mais nous appelons nutritive cette sorte de parcelle de l'âme que même les végétaux ont en partage, alors que, manifestement, les animaux possèdent tous la sensation tactile. Quant à la raison / [*10*] de chacun de ces phénomènes, nous en parlerons plus tard[5]. Et, pour l'instant, l'on se bornera simplement à dire que l'âme est principe des manifestations qu'on vient d'évoquer et

traducteurs parlent ici de « végétaux » ; ce pourrait être qu'Aristote vise aussi les animaux marins fixés sur place (cf. 410 b 20).

1. Cette insistance d'Aristote à noter les caractéristiques de la croissance animale s'explique par le fait qu'il s'agit du mode propre aux vivants ; l'accroissement de l'inorganique n'a pas nécessairement, ni généralement cette caractéristique : c'est plutôt un entassement de choses qui s'accumulent dans le même sens.

2. Les immortels (dieux), comme les astres, ne se nourrissent pas (*Météorologiques*, II, 2, 354 b 33) et ne dorment pas (cf. *Éth. à Nic.*, X, 8, 1178 b 19).

3. Cf. *supra*, 410 b 19-20 et n. 2, p. 128.

4. Cf. *Part. an.*, II, 8, 653 b 22-24 : « nous définissons l'animal par le fait qu'il possède la sensation et, d'abord, la sensation fondamentale, c'est-à-dire le toucher » ; *Gén. an.*, II, 3, 736 a 30-31 et b 1 ; *Hist. an.*, I, 2, 489 a 18-19.

5. C'est-à-dire, semble-t-il, en 434 a 22 et sqq.

qu'elle se définit par les fonctions nutritive, sensitive, cogitative et par le mouvement.

A.3.2. Parenthèse : le morcellement de l'âme.

Est-ce que, cependant, chacun de ces principes constitue une âme ou bien une parcelle d'âme ? Et, dans ce dernier cas, est-ce que cela implique une séparation uniquement de raison ou bien aussi de lieu[1] ? Pour certains d'entre eux, ce n'est pas difficile à voir, mais il y a quelques cas embarrassants.

De même, en effet, que chez les plantes, certaines parties segmentées ont manifestement la vie, même lorsqu'on les sépare l'une de l'autre, comme si l'âme qui se trouve en elles était réellement unique en chaque plante et potentiellement multiple, de la même façon, nous voyons que c'est aussi ce qui se produit, avec d'autres traits distinctifs de l'âme, dans le cas des insectes, lorsqu'on les sectionne : chacun des segments est, en effet, doué de sensation ainsi que de mouvement local[2]. Or sensation implique représentation et appétit. Car là où il y a sensation, il y a également douleur et plaisir et, dans ce cas, nécessairement aussi désir[3]. Le cas de l'intelligence et de la faculté spéculative, cependant, n'est pas encore clair, mais il y a apparence[4] que ce soit un genre d'âme différent. Et il se peut que lui seul soit séparé, comme

1. Cette question était déjà pratiquement résolue en 411 b 30 au terme d'une critique dirigée contre Platon. Elle est reprise ici avec plus de précision maintenant qu'Aristote a personnellement esquissé une hiérarchie des facultés. Elle se présente, néanmoins, comme une digression, qui conduit jusque 414 a 4. Le texte, jusque-là, est peut-être un morceau maladroitement inséré à cette place.

2. Ces arguments ont déjà été utilisés en 411 b 19 et sqq., sauf qu'ici, il est en outre question de sensation (toucher ?) et de mouvement local dans chaque partie des insectes sectionnés. Qu'observait Aristote ? Et sur quels insectes exactement ? Nous ne le savons pas. Il est remarquable qu'il ne considère pas le mode de sectionnement. Les conclusions qu'il en tire ensuite sont évidemment hardies.

3. Aristote reviendra ultérieurement là-dessus, avec plus de précisions : cf. 428 a 9 et sqq. ; 433 b 21 et sqq. ; spécialement, 434 a 4. Le problème que soulèvent toutes ces implications est double : peut-on soutenir que ces implications sont réelles à un échelon aussi rudimentaire ? Et, si oui, pourquoi à l'échelon le plus élémentaire des animaux (zoophytes), n'y a-t-il pas mouvement local, dès lors qu'il y a sensation ?

4. Ici, comme plus haut lorsqu'il est question de l'intelligence (403 a 8 ; 408 b 18 ;...), Aristote emploie le même verbe *eoike* (« il y a apparence que ») qui lui évite de se prononcer catégoriquement dans aucun sens.

l'éternel du périssable[1]. Avec le reste des parcelles de l'âme, toutefois, il est clair, d'après ce qui précède, qu'on n'a pas affaire à des choses séparables, comme certains le prétendent[2]. Mais, en raison, elles sont évidemment différentes. Le sensitif / [*30*] est, en effet, d'une essence différente de l'opinatif, puisque sentir n'est pas se faire une opinion[3]. Et une différence semblable vaut pour chacune des autres parties qu'on a mentionnées. De plus, à certains des animaux, toutes sont attribuées, et à d'autres, quelques-unes d'entre elles, voire une seulement[4]. C'est, au reste, ce qui peut faire la différence / [***414 a 1***] entre les animaux et il faudra examiner ultérieurement pour quel motif[5]. Le phénomène est d'ailleurs à peu près semblable en ce qui concerne les sens : certains animaux, en effet, les possèdent tous, d'autres quelques-uns et d'autres encore un seul, le plus nécessaire, le toucher[6].

A.3.3. Justification (suite).

Mais ce qui fait que nous vivons ou sentons, cela s'entend de / [5] deux manières, comme ce qui fait que nous sommes savants[7]. Nous disons d'ailleurs, tantôt

1. Vu le contexte, l'intelligence est probablement envisagée comme séparable des autres facultés, plutôt que du corps (encore que cela implique d'une certaine façon ceci). Sert à illustrer cette possible séparation, le rapport de l'éternel et du périssable (celui des corps célestes, par exemple, et des corps de notre monde). Est-ce une allusion à la possible existence de l'intelligence là où (chez les immortels) ne se rencontrent pas d'autres facultés ? Est-ce, au contraire, le statut de l'intelligence humaine qui se trouve ainsi suggéré par opposition au statut assigné au reste de l'âme ? Ou est-ce la propriété qu'aurait l'âme humaine d'exercer une fonction (spéculative) différente de toutes les autres, parce que plus continue du fait de son indépendance ? On ne peut en décider franchement, à l'aide de ce passage.

2. Cf. *supra*, 411 b 5 et Platon, *Timée*, 69 D.

3. C'est le seul passage du *DA*, où il est question expressément de l'opinatif (*doxastikon*), entendu comme faculté distincte du sens, en ce qu'elle peut saisir le général et porter sur lui un jugement vrai ou faux. Cf. 427 b 16 et sqq. ; 428 a 16 et sqq.

4. Cela ne peut valoir que pour les facultés cognitives ; car, en 414 a 32-b 1, il sera encore rappelé que tout animal ajoute le sensitif au nutritif et donc possède au moins deux facultés.

5. Voir la fin du *DA* (434 a 22 et sqq.), à moins que le renvoi ne vise une enquête sur les animaux.

6. Entre les animaux supérieurs, qui ont tous les sens, et les animaux rudimentaires, qui n'ont que le toucher, la zone des animaux intermédiaires est floue et Aristote hésite dans certains cas : l'abeille n'entend pas dit la *Mét.*, A, 1, 980 b 3-4, mais l'*Hist. an.*, IX, 40, 627 a 17-18 dit la chose incertaine.

7. Ce texte renoue avec le développement qui précède la digression et où était mis de l'avant le « principe de vie » qui sert à déterminer l'être animé :

« c'est la science », tantôt « c'est l'âme » ; car, prétendons-nous, chacune de ces deux choses fait qu'on a le savoir. Et il en va de même avec ce qui fait que nous sommes des sujets bien portants. D'un côté, c'est la santé, de l'autre, une partie quelconque du corps ou même son ensemble[1]. Or d'entre ces choses, la science ainsi que la santé constituent une sorte d'aspect ou de forme, une raison et comme l'acte[2] / [*10*] d'un sujet réceptif : celui du sujet capable de science, d'un côté, ou celui du sujet capable de guérir, de l'autre. Il semble, en effet, que chez le sujet passif qui reçoit la disposition se trouve l'acte de ceux qui sont capables de la produire[3]. Or l'âme, c'est ce qui fait que nous vivons, sentons et réfléchissons, au sens premier[4]. Si bien qu'elle doit être une sorte de raison ou de forme, et non une matière ou un sujet[5]. Il y a, en effet, trois façons / [*15*] d'entendre la substance, comme nous l'avons dit[6], qui sont, respectivement, la forme, la matière et le composé des deux. Et, parmi elles, la matière est potentialité, tandis que la forme est réalisation. Puisque donc le composé des deux représente l'être animé, ce n'est pas le corps qui est réalisation de l'âme, mais c'est, au contraire, celle-ci qui est réalisation d'un certain corps[7].

cf. spécialement 413 b 1. Aristote va s'efforcer de clarifier cette notion de principe.

1. Le fait d'être en vie et de sentir suppose donc deux principes, comme le fait d'être sain ou savant : un principe actif ou formel (comme la santé ou la science) et un principe passif ou matériel (comme le corps ou l'âme). Le premier sera identifié à l'âme et le second au corps. Aristote ne s'embarrasse pas de ce que, dans sa comparaison, l'âme soit considérée, d'un côté, comme principe matériel (du savant) et, de l'autre, comme principe formel (du vivant).

2. L'équivalence des termes « aspect » et « forme » apparaissait déjà en 412 a 8 ; le terme « raison » est ici une piètre traduction du mot *logos* dans l'usage qui en était fait en 403 a 25 ; c'est ici la première fois, que le *DA* parle d'« acte » (*energeia*).

3. Aristote soutient de toute évidence que, dans l'âme de l'enseigné et dans le corps du patient, passent respectivement l'acte caractéristique de l'âme de l'enseignant et celui de l'agent guérisseur ; c'est dire que la forme est identique, qu'elle soit envisagée comme reçue ou donnée. Il n'y a donc pas lieu de penser que l'acte du corps sain, qui reçoit la santé, ne soit pas celui du corps « capable de la produire » ; la leçon des manuscrits, *hugiastikou,* peut donc être maintenue en 414 a 10-11.

4. La précision « au sens premier » paraît renvoyer à la notion de « réalisation première », telle que présentée en 412 a 27. Et l'ensemble de la proposition fournit la mineure d'un raisonnement qui permet de conclure que l'âme représente la forme et non la matière du vivant.

5. Ceci confirme la thèse de 412 a 16-19.

6. En 412 a 6-10.

7. Entendez : le corps naturel qui a la vie en puissance ou qui est doué

Et voilà pourquoi se trouve une juste assomption dans l'opinion de ceux pour qui l'âme[1] / [*20*] ne va pas sans le corps et ne constitue pas un corps quelconque. Elle n'est pas un corps, en effet, mais quelque chose du corps. Et voilà pourquoi elle réside dans le corps et dans tel genre de corps, contrairement à l'idée de ceux qui, naguère, la mettait en harmonie avec le corps sans rien préciser touchant l'identité ou la qualité de celui-ci[2], alors même qu'on voit bien que n'importe quoi ne reçoit pas / [*25*] pas au hasard n'importe quoi. C'est d'ailleurs aussi un phénomène conforme à la raison. Car la réalisation de chaque chose se produit naturellement dans ce qui l'inclut potentiellement et au sein de la matière appropriée[3].

A.4. Répartition et intégration des facultés.

Le fait donc que l'âme est une certaine réalisation ou expression du corps qui a la faculté d'être tel, est un fait qui ressort clairement de ce qui précède. / [***II, 3, 414 a 29***] Quant aux facultés de l'âme dont on a parlé[4], toutes appartiennent / [*30*] à certains êtres, comme nous l'avons dit[5], alors que quelques-unes d'entre elles appartiennent à d'autres et une seule à quelques-uns. Et, par facultés, nous voulions dire ce qui permet la nutrition, l'appétit, la sensation, le mouvement local, la réflexion[6].

d'organes (412 a 20, 28, b 1 et 6). On voit comment le raisonnement confirme la première définition de l'âme qui était obtenue déductivement, à partir de la notion de substance. On est remonté ici de la notion de vivant, manifesté par diverses facultés, au principe premier de ces facultés, entendu comme forme substantielle. Et avec cela, se trouve indiqué, non seulement le fait, mais le pourquoi, à l'aide d'un moyen terme (la mineure identifiée, n. 4, p. 145).

1. Cette opinion n'a pas été, comme telle, présentée dans la doxographie de la première partie du *DA*. Il n'est pas impossible qu'elle représente pour Aristote une opinion plus ou moins explicite du sens commun. A moins que ne soit visée l'opinion immanente à l'idée assez courante que l'âme est un corps subtil (cf. 405 a 6 ; 22, etc.), idée où Aristote voit le sentiment que l'âme est incorporelle (405 b 11-12) : cf. *Part. an.*, II, 7, 652 b 7-9.

2. Cf. *supra*, 407 b 17 (à propos spécialement des Pythagoriciens) et, pour l'harmonie, déjà contestée par Platon (*Phédon*, 85 E), 407 b 30 et sqq.

3. La remarque traduit bien le fait que l'âme n'est, pour Aristote, qu'un cas particulier d'application de la théorie hylémorphique : l'âme suppose un substrat (le corps) qui pourrait être déterminé autrement et constitue une détermination possible de la nature.

4. Cf. 413 a 23-25 et b 12-35. Aristote renoue ici apparemment avec certaines considérations que l'on trouve dans la digression signalée plus haut.

5. En 413 a 31-b 9, 14-24 et 32-414 a 3.

6. L'ordre des facultés est ici celui de rareté croissante. La faculté de « réflexion » (*dianoetikon*), déjà signalée par le même mot en 413 b 13 (cf. *infra*,

Mais on ne trouve, chez les plantes, que la faculté nutritive, tandis qu'ailleurs, celle-ci / [***b 1***] va de pair avec la faculté sensitive. Or, dans ces conditions, la faculté appétitive est également présente. L'appétit est, en effet, désir, ardeur et souhait[1]. Or tous les animaux ont l'un des sens, le toucher ; et qui se trouve doué de sensation, est aussi accessible au plaisir et à la peine, à ce qui est / [5] agréable ou douloureux ; et, dans ces conditions, il est également doué du désir, puisque ce dernier est l'appétit de l'agréable[2]. De surcroît, les animaux possèdent le sens de la nourriture, puisque le toucher est sens de la nourriture[3]. C'est, en effet, d'aliments secs, humides, chauds ou froids que se nourrissent tous les animaux. Or le sens qui correspond à ces qualités-là, c'est le toucher. Et les autres qualités sensibles perçues sont acci/dentelles, [***10***] parce qu'à la nature d'un aliment, sa sonorité ne contribue en rien, ni sa couleur, ni son odeur[4]. Quant à la saveur, c'est l'une particulière des choses perceptibles au toucher[5]. Or la faim et la soif sont désirs, la première, du sec et du chaud, la seconde, du froid et de l'humide, tandis que la saveur est comme un sorte d'agrément de ces qualités[6]. Il

414 b 18 et 431 a 14) est encore appelée ailleurs « intellective » (*noètikon*) sans nuance appréciable.

1. Cette triple fonction de l'appétit qu'Aristote redit ailleurs (cf. *Mouvement des an.*, 6, 700 b 22 ; *Éth. à Eudème*, II, 7, 1223 a 26-27) correspond à la tripartition de l'âme platonicienne, le souhait étant l'appétit rationnel (cf. *Timée*, 69 D et sqq.). Ce qui donne à entendre que, pour Aristote, l'âme platonicienne ne considère pas ou considère mal la partie nutritive ou végétative, puisque celle-ci, à ses yeux, n'est proprement liée à aucun appétit.

2. Cf. *supra*, 413 b 22-24 et *Top.*, VI, 3, 140 b 27 ; *Éth. à Nicom.*, III, 14, 1119 a 4 ; *Éth. à Eud.*, III, 1, 1229 a 31 (à propos de l'ardeur).

3. On verra plus loin que le goût, sous ce rapport, doit être considéré comme une forme du toucher, parce que son objet est une forme du tangible (422 a 8). L'affirmation ajoute aux arguments que les animaux ont tous un appétit élémentaire, non parce qu'ils se nourrissent, mais parce qu'ils ont un sens qui leur révèle ce qui est comestible ou potable (donc désirable).

4. Le cas de l'odorat est particulier, car il sert à détecter la nourriture qu'on a associée à une odeur ; mais, dit Aristote à l'encontre de certains Pythagoriciens, on ne se nourrit pas d'odeurs (*Du sens*, 5, 445 a 16 et sqq.) ! — La construction grammaticale de cette phrase, en grec, est problématique, mais le sens n'est pas douteux : la perception des autres sensibles ne porte qu'accidentellement sur la nourriture, dans la mesure où elle ne révèle pas comme tel le comestible.

5. Cf. *supra*, n. 3 et *infra*, 434 b 18 et *Du sens*, 4, 442 a 1.

6. Cf. *Du sens*, 442 a 8 : « les [...] saveurs sont mêlées à la nourriture [...] en guise d'agrément ».

faudra par ailleurs tirer cela au clair ultérieurement[1], mais, pour l'instant, l'on doit se borner / [*15*] à dire que ceux des vivants qui possèdent le toucher[2] ont aussi l'appétit.

Le cas de la représentation, de son côté, n'est pas évident et il faudra l'examiner plus tard[3], mais certains possèdent de surcroît la faculté de se mouvoir localement et d'autres celle de réfléchir et l'intelligence[4] : ainsi, les hommes et, le cas échéant, tout autre être semblable ou de dignité supérieure[5].

Il est donc évident qu'un / [*20*] même genre d'unité va caractériser la formule de l'âme et de la figure[6]. Pas plus, en effet, qu'il n'est là de figure en dehors du triangle et de celles qui lui font suite, il n'y a de place ici pour l'âme en dehors de celles qu'on a dites[7]. Et supposé que, dans le cas des figures, on produise une formule commune, celle-ci s'harmonisera bien à toutes, mais ne sera, en propre, celle d'aucune figure[8] ! Or il en va de même dans le cas des

1. Possible allusion aux développements sur le goût (422 a 8 et sqq.) et/ou aux considérations qui font spécifiquement l'objet de l'exposé *Du sens*.

2. C'est un passage où *zôia* ne peut signifier proprement « animaux » (car tous les animaux ont le toucher) et s'entend comme synonyme de *zôntes* (« vivants »).

3. Malgré l'affirmation hardie et de principe qu'on a trouvée plus haut (413 b 18), la représentation sera examinée en 433 b 29 et sqq. ; elle ne paraît pas déterminer à elle seule une classe d'animaux, ni donc constituer une faculté particulière, si tous les animaux ont plus ou moins la capacité de représentation.

4. Si Aristote fait ici une différence entre intelligence discursive et intuitive, elle est négligeable (cf. ci-dessus, n. 6, p. 146), d'autant qu'il s'agirait de deux expressions de la même faculté.

5. Sont ici visés, d'un côté, des animaux supérieurs, semblables à l'homme par leur sagacité (quadrupèdes, oiseaux, insectes,... : cf. *Gén. an.*, III, 2, 753 a 11-13 ; *Hist. an.*, IX, 5, 611 a 16 ; *Part. an.*, II, 2, 648 a 6) et, de l'autre côté, les dieux (cf. *Éth. à Eud.*, I, 7, 1217 a 22-24).

6. Cf. 402 b 5. Est exclue, dans un cas comme dans l'autre, l'unité du genre : l'implication de l'inférieur dans le supérieur ou de l'antérieur dans le postérieur indique, en effet, que l'on n'a pas affaire à des facultés coordonnées, comme des espèces réductibles à un genre unique, mais à des facultés subordonnées, dont aucune n'est la spécification d'un genre commun. Cf. *Mét.*, B, 3, 999 a 6-10.

7. La séquence des figures planes de la géométrie (*tri* angulaire, *quadr* angulaire, etc.), quelque litigieuse qu'elle soit pour nous, rend claire, pour Aristote, l'inexistence d'une figure générique, dont la « triangularité », par exemple, serait la différence spécifique. C'est d'ailleurs la raison pourquoi les platoniciens, partisans des Idées, ne posaient pas d'Idée « là où il y a de l'antérieur et du postérieur », une Idée des nombres, par exemple : cf. *Éth. à Nicom.*, I, 4, 1096 a 17-19.

8. C'est le cas de la formule définitoire que donnera Euclide de la figure en général (*Éléments*, I, défin. 14) : « la figure est ce qui est enveloppé par une ou des limites ».

âmes / [*25*] qu'on a mentionnées[1]. Il est, par conséquent, ridicule de chercher, dans ces cas comme dans d'autres, la formule commune qui ne serait celle, en propre, d'aucune réalité, et non la formule conforme à l'espèce appropriée et indivisible, en laissant de côté ce genre de définition[2]. Or si les données psychiques se présentent à peu près comme le cas des figures, c'est que le conséquent implique toujours en puissance l'antécédent / [*30*] dans le cas des figures et celui des êtres animés : ainsi, le quadrilatère implique le triangle et le sensitif, le nutritif[3]. De sorte qu'il faut, pour chaque être animé, rechercher quelle est son âme (ainsi, quelle est celle d'une plante et quelle est celle d'un homme ou d'une bête), et examiner le motif pourquoi / [***415 a 1***] elles se présentent ainsi en une séquence[4]. Car sans le nutritif, le sensitif n'existe pas, mais le nutritif se détache du sensitif chez les plantes. Et de nouveau, sans le sens tactile, aucun des autres sens n'est donné, tandis que le toucher est donné sans les / [*5*] autres, puisque bien des animaux n'ont ni vue, ni ouïe, ni sens de l'odeur[5]. Par

1. Entre elles, on pourrait alors trouver une unité de proportion (l'âme nutritive étant au corps du végétal ce que l'âme sensitive est au corps de l'animal, etc.) ou bien une unité de relation (chacune étant réalisation par référence à l'âme nutritive qu'elle implique potentiellement) : cf. encore *Éth. à Nicom.*, I, 4, 1096 b 28).

2. Cette formule « commune » (cf. 412 a 5) a été, en fait, recherchée dans tout ce qui précède. Ce qu'Aristote entend dire, c'est qu'il ne faut pas sacrifier entièrement à cette recherche, en laissant de côté celle qui consiste à définir chaque « espèce » d'âme. Pris isolément, le terme « espèce » est un peu inadéquat, mais la notion d'« espèce indivisible » (utilisée ailleurs : cf. *Part. an.*, I, 4, 644 a 29-33 ; *Mét.*, Z, 8, 1134 a 8 ; etc.) s'applique à toute réalité (ultime ou fondamentale, c'est selon), qui ne peut plus recevoir de détermination plus spécifique (cf. *An. sec.*, II, 13, 96 b 16 : dans l'ordre numérique, la triade ou la dyade).

3. Le triangle contenu en puissance dans le quadrilatère est celui qui se *peut* obtenir par la division de cette dernière figure selon la diagonale. Analogiquement, le nutritif contenu en puissance dans le sensitif propre à l'âme animale, est, semble-t-il, le type d'âme qui se *peut* obtenir lorsqu'on prive l'animal du sens.

4. L'examen de chaque âme, via l'étude des différentes facultés, est entrepris à partir de 415 a 22. Et les raisons (principalement téléologiques) de la séquence paraissent exposées à la fin de *DA* (434 a 22 et sqq.). — Les explications qui suivent, jusqu'à la fin du paragraphe (415 a 1-12), constituent une répétition un peu inutile de ce qui précède.

5. Les capacités sensitives chez les différents animaux sont décrites dans *Hist. an.*, IV, 8, 532 b 29 et sqq. Aristote signale ici collectivement les animaux qui n'ont pas les sens à distance, parce qu'ils représentent ensemble le degré inférieur de l'animalité.

ailleurs encore, certains des animaux doués de sensations possèdent la faculté du mouvement local, d'autres non[1]. Et enfin, un très petit nombre possède encore le raisonnement et la réflexion. Ceux des animaux périssables qui sont doués de raisonnement sont, en effet, doués aussi de tout le reste, / tandis que ceux qui possèdent chacune de ces autres facultés, ne sont pas tous doués de raisonnement : au contraire, certains n'ont même pas de représentation, alors que d'autres n'ont que celle-ci pour vivre[2]. Quant à l'intelligence spéculative, c'est un autre propos[3].

B. Analyse des facultés.

Donc il est évident que c'est en parlant de chacune de ces facultés qu'on s'exprime de la façon la plus appropriée sur l'âme. / [***II, 4, 415 a 14***] Mais la nécessité s'impose, à qui entend procéder à leur examen, / de saisir ce qu'est chacune d'entre elles, pour, ensuite, porter ainsi la recherche sur ce qui leur est rattaché étroitement ou autrement[4]. Or si l'on doit exprimer ce qu'est chacune d'elles (par exemple, ce qu'est la faculté intellective ou la sensitive ou la nutritive), il faut encore préciser au préalable ce qu'est le fait de penser et ce qu'est le fait de sentir[5], parce que les facultés sont précédées par les actes et les actions, selon l'ordre lo/gique[6]. Or, si c'est le cas et que l'on doive encore avant avoir une vue des objets qui correspondent à ces dernières[7], c'est de ces objets-là,

1. Cf. déjà 410 b 19-20 (les animaux stationnaires).
2. Cf. plus haut, 414 b 16 et (en sens différent) 413 b 22. Voir n. 3, p. 148. La thèse que certains animaux vivent seulement de la représentation, sans intelligence, se trouve affirmée dans *Mét.*, A, 1, 980 b 26 et reprise plus loin : 428 b 16-17 ; 433 b 29-30 et 434 a 5-7.
3. Cf. 413 b 25. Ici comme là, ce n'est pas l'intelligence en tant que telle, mais sa capacité spéculative, qui paraît problématique.
4. Sur ces deux recherches successives, celle de l'essence d'abord, et celle des accidents ensuite, voir 402 a 7-8. L'expression « sur ce qui leur est rattaché étroitement ou autrement » (pour traduire *peri tôn echomenôn kai peri tôn allôn*) est conjecturale : elle vise les accidents propres, très vraisemblablement, et peut-être aussi les phénomènes moins caractéristiques de l'âme comme le sommeil, les rêves, etc.
5. Sur ce point de méthode, voir déjà 402 b 11-14.
6. La priorité « logique » de l'acte sur la faculté constitue aussi une priorité ontologique et entraîne une priorité gnoséologique.
7. Ce que laissait entendre 402 b 14-16.

d'abord, qu'on devra traiter, pour la même raison, entendez : de la nourriture, du sensible et de l'intelligible.

B.1. Le nutritif.

De sorte qu'il faut commencer par parler de la nourriture et de la reproduction[1], parce que l'âme nutritive appartient aussi aux vivants autrement animés et qu'elle est la première faculté de / [*25*] l'âme et la plus commune[2], celle en vertu de laquelle la vie appartient à tous.

B.1.1. Les fonctions du nutritif.

Ses fonctions consistent à assurer la reproduction et la nutrition[3]. En effet, la plus naturelle des fonctions dévolues à tous les vivants, s'ils sont complets et non atrophiés[4] ou le produit de la génération spontanée[5], c'est de produire un autre vivant tel que lui : un animal génère un animal et un végétal un végétal, de manière à participer à l'éternel et au divin autant que / [***415 b 1***] possible[6]. Tous,

1. Le texte dit « génération » (*gennèsis*). Nous avons préféré le mot « reproduction » qui indique plus exactement ce dont il s'agit dans la suite. Il n'a pas été question précédemment de reproduction, lorsque Aristote évoquait la faculté nutritive, mais les deux fonctions sont étroitement liées (cf. *Hist. an.*, VIII, 1, 589 a 2-5), d'autant plus que la substance séminale, pour Aristote, est un produit résiduel de la nourriture transformée à la digestion (cf. *Gén. an.*, II, 3, 736 b 26-27) : « tout comme elle produit ensuite la croissance dans les animaux eux-mêmes et dans les plantes à partir de l'aliment, la faculté nutritive se sert de la chaleur et de la fraîcheur comme d'instruments [...] pour également constituer au départ l'être naturel qui se développe [...) cette âme nutritive est donc aussi celle qui assure la reproduction » (*Ibid.*, II, 4, 740 b 29-37).

2. Étant « la première et la plus commune », elle a donc servi de référence première à la définition « la plus commune » de l'âme (412 a 5), bien que celle-ci ne constitue pas une définition propre de l'âme nutritive.

3. La première fonction assure le maintien de l'espèce et la seconde le maintien de l'individu ; elles répondent donc à une finalité unique : la perpétuation de la vie ou plutôt de sa manifestation élémentaire (l'existence dans la durée).

4. L'atrophie doit s'entendre ici au sens de « défectuosité ». Celle-ci, pour Aristote, peut tenir à la nature spécifique (cf. les animaux très rudimentaires) ou à un caractère individuel : échec génétique (cf. les monstres quelconques), âge (cf. les nouveau-nés) ou accident (cf. les malades ou les mutilés) : voir *Gén. an.*, I, 20, 728 b 10 ; II, 1, 735 a 18 ; IV, 7, 776 b 31 et sqq. ; etc.

5. Sur cela, voir *Gén. an.*, III, 11 ; VI, 7, 1032 a 30-32 ; Hist. an., V, 1, 539 a 15-25 ; 19, 550 b 32 ; etc. Les produits de la génération spontanée, qu'admet Aristote, sont des végétaux ou des animaux, par ailleurs sexués et féconds, mais qui donnent naissance à une progéniture défectueuse, qui ne ressemble pas au géniteur.

6. L'idée d'une « participation » au divin (immortel ou éternel) est bien entendu d'origine platonicienne (cf. *Banquet*, 206 A ; *Lois*, IV, 721 B). Elle est reprise dans *Gén. an.*, II, 1, 731 b 22-732 a 1. Et la pérennité de l'espèce, à défaut de l'individu (comme pour les êtres divins) représente la version

en effet, tendent à cela[1] et c'est à cette fin que visent toutes leurs actions lorsqu'elles suivent la nature[2]. Fin qui s'entend d'ailleurs de deux façons : le but visé, d'une part, et de l'autre, le sujet servi[3]. Vu, donc, l'impossibilité d'avoir part à l'éternel et au divin par continuité, parce que rien, dans l'ordre corruptible, n'est en état de conserver son identi/té [5] et son unité numériques, chacun y a part dans la mesure de ses moyens, l'un plus, l'autre moins[4]. Et ce qui se conserve, ce n'est pas lui-même, mais une réalité qui lui ressemble, l'unité, non pas numérique, mais spécifique[5].

B.1.2. Sa nature principielle.

Mais l'âme est, pour le corps vivant, cause et principe[6]. Or ce sont là des choses qui s'entendent de plusieurs façons, et l'âme constitue ainsi une cause dans les accep-

aristotélicienne et immanentiste de l'éternité des Formes transcendantes défendue par Platon.

1. L'affirmation que « tous (les êtres vivants) *tendent* à cela (*oregetai*) dévoile l'analogue d'un « appétit » (*orexis*) au niveau végétatif.

2. En parlant d'« actions » (cf. *prattei*), Aristote entend une activité du sujet qui vise à son propre perfectionnement : « là où il n'est pas d'œuvre quelconque en dehors de l'activité, l'acte demeure dans le sujet, ainsi la vue dans le sujet qui voit, la spéculation dans le sujet qui spécule et la vie dans l'âme » (*Mét.*, θ, 8, 1050 a 34-b 1).

3. La distinction, qu'on retrouve ailleurs (*Phys.*, II, 2, 194 a 27-36 ; *Mét.*, Λ, 7, 1072 b 1-3 ; *Éth. à Eud.*, VIII, 3, 1249 b 13-16) et qu'Aristote reproduit un peu plus loin (415 b 20), est malaisée à comprendre. Elle semble s'appliquer ici, sous la notion de « but visé », à l'éternité (propre des êtres impérissables) et, sous la notion de « sujet servi », à l'être (périssable) que prennent pour fin les opérations nutritives. Elle suppose une distance, propre à tout être naturel, entre ce qu'il est et ce qu'il cherche à être, que ceci soit ou non à sa portée, totalement ou partiellement.

4. Cf. *Gén. an.*, II, 1, 731 b 31-732 a 1. L'impossible continuité de l'existence individuelle doit faire place à la continuité qu'assure la succession des êtres d'un lignage. Il est possible, dans ces conditions, que le degré plus ou moins grand de participation à l'éternité qu'Aristote envisage ici pour l'individu soit à la mesure de la continuité de son lignage (cf. *Gén. et corruption*, II, 11, 338 b 8-11). Mais l'interprétation n'est pas sûre.

5. La continuité de la génération dans l'Univers est expliquée dans *Gén. et corr.*, II, 10, 336 b 27-34. Et, pensant au cycle de transformation des éléments eux-mêmes, Aristote écrit : « il y a une imitation de l'incorruptible jusque dans les réalités qui se transforment » (*Mét.*, θ, 8, 1050 b 28-29 ; cf. *Météorol.*, II, 9, 346 b 35-347 a 1).

6. Ici commence une apparente digression. Mais les considérations sur la causalité de l'âme (en général) sont moins étrangères qu'il n'y paraît à l'étude de la faculté nutritive, qui vient d'être donnée comme « première » (415 a 24), s'il est vrai qu'elle représente en même temps la faculté la plus commune de l'âme elle-même réputée « principe » du vivant (cf. 413 b 1). Ce qui est vrai, c'est que pareilles considérations diffèrent indûment l'étude de l'aliment, par laquelle

tions qu'on a définies, à trois titres : c'est, en effet, et l'origine du mouvement et la fin poursuivie, et, en sa qualité de substance des corps animés, l'âme tient aussi un rôle causal[1].

(*a*) Son rôle comme substance est évident[2]. Car la substance est ce qui est universellement responsable de l'être. Or l'être, pour les vivants, c'est la vie. Et ce qui en est responsable, leur principe, c'est l'âme. De plus, l'expression de ce qui est potentiellement, c'est la réalisation[3].

(*b*) Il est clair, d'un autre côté, qu'à titre de fin, l'âme est également cause poursuivie. De même, en effet, que l'intelligence poursuit une fin dans ce qu'elle fait, de la même manière la nature[4]. Et c'est ce qui constitue son but. Or, chez les animaux, c'est l'âme qui joue naturellement ce genre de rôle. Car tous les corps naturels constituent des instruments de l'âme[5], et ce qui est vrai dans le cas des animaux, l'est aussi dans le cas des plantes, comme quoi ils existent aux fins de l'âme. Et cette fin peut s'entendre des deux façons : le but visé et le sujet servi[6].

(*c*) Mais l'âme représente aussi l'origine première du mouvement local. Bien que tous les vivants ne soient pas doués de cette faculté[7], l'altération, cependant, et la crois-

doit commencer normalement celle de la nutrition (cf. 415 a 22-23). Mais la digression a sans doute pour fin de montrer que celle-ci ne s'explique pas fondamentalement par une cause matérielle, et exige une autre cause, que l'âme représente.

1. Cf. *Mét.*, Δ, 2, 1013 a 24-b 3 (et *Phys.*, II, 3 et 7, que résume *Mét.*, A, 3, 983 a 26-b 1). Des quatre sens auxquels on peut parler de causalité, Aristote exclut ici le premier (cause matérielle), les trois autres se réduisant d'ailleurs à l'unité : a. cause formelle, b. cause finale, c. cause efficiente.

2. « Substance » au sens de forme (cf. 412 a 20 et 414 a 15) : elle représente la raison, non de l'existence, mais de l'être vivant en tant que tel.

3. Ce second argument est elliptique : il omet, outre la conclusion, la prémisse selon laquelle l'« expression » (*logos*) est forme substantielle.

4. Cf. *Phys.*, II, 8, 199 a 15-18 : « d'une façon générale, l'art [que représente ici l'intelligence fabricatrice], pour une part, accomplit ce que la nature ne peut achever et, d'autre part, l'imite. Si donc les objets artificiels répondent à une fin, les objets naturels aussi ».

5. Cf. 413 a 1.

6. La remarque, assez énigmatique, rappelle celle qui a été faite plus haut (415 b 2-3) : cf. ci-dessus, n. 3, p. 152. Il semble qu'elle veuille signifier ici que l'usage du corps a pour fin, ensemble l'âme (qui permet de vivre : cf. 414 a 12) et le sujet vivant (qu'il faut maintenir en vie).

7. Cf. 413 a 33-b 4. Les deux arguments qui suivent concernent, le premier (argument de la sensation), l'animal et, le second (argument de la croissance), la plante ainsi que l'animal.

sance dépendent aussi de l'âme. De son côté, en effet, la sensation, passe pour être une sorte d'altération[1]. Or / [25] nul n'a de sensation, qui n'ait point l'âme en partage. Et le cas de la croissance et du dépérissement est semblable. Car nul ne dépérit, ni ne croît dans l'ordre naturel, sans se nourrir. Or nul ne se nourrit qui n'ait point part à la vie[2].

(*d*) Empédocle, au demeurant, a bien tort d'ajouter à ce propos que la croissance, chez les plantes, s'effectue vers le bas, selon l'enracinement, parce que / [***416 a 1***] la terre se porte naturellement dans cette direction, et vers le haut, parce que le feu possède ce mouvement[3]. Et, en fait, il n'a pas non plus une juste conception du haut et du bas, car le haut et le bas ne représentent pas la même chose pour tous les vivants que pour l'Univers ; au contraire, ce qui correspond à la tête des animaux, ce sont les racines des plantes, / [5] s'il faut exprimer la différence et l'identité des organes d'après leurs fonctions[4]. De surcroît, qu'est-ce qui assure la cohésion du feu et de la terre qui se portent en sens opposés[5] ? Ils vont, en effet, « s'écarter[6] », s'il ne se trouve

1. Cf. *Des rêves*, 2, 459 b 4-5 et, plus loin : 416 b 34.

2. Cf. 413 a 24-25 (le « mouvement nutritif »).

3. La thèse d'Empédocle (Fr. A 70 D-K) qui attribue justement la croissance des plantes à une alimentation prise dans l'environnement, a le tort d'expliquer mécaniquement le phénomène par des causes matérielles (cf. Théophraste, *De la cause des plantes*, I, 12, 5) : la terre et le feu, notamment. La réfutation d'Empédocle, auquel Aristote adresse deux objections, et celle qui suit (416 a 9) sont destinées à montrer que la cause matérielle du vivant (quatrième des quatre causes) ne peut assumer la fonction (nutritive) de l'âme.

4. L'explication mécaniciste d'Empédocle transfère à tort aux mouvements de croissance du végétal, les caractéristiques (ascendante pour les tiges et descendante pour les racines) qui sont celles du mouvement des éléments naturels dans l'Univers, respectivement le feu et la terre. A tort, parce que le haut et le bas du végétal ne se définissent pas par la position des parties relativement au ciel et à la terre, mais par leurs fonctions respectives (cf. *Démarche des an.*, 4, 705 a 31-b 1) ; et, à cet égard, le haut est la partie qui absorbe la nourriture et le bas, celle qui évacue les déchets (cf. *Hist. an.*, II, 1, 500 b 28-30). La confusion d'Empédocle témoigne donc d'une ignorance de ces fonctions du végétal et singulièrement du fait que les plantes se nourrissent par les racines (cf. *Part. an.*, IV, 7, 683 b 18-21) : « les racines, pour les plantes, ont la vertu de la bouche et de la tête, et leur semence, c'est le contraire... » (*Ibid.*, IV, 10, 686 b 34-687 a 1). Avec cela, c'est donc la nature spécifique du végétal (être vivant) qui est ignorée et réduite à une manifestation du monde inorganique.

5. Même requête que plus haut : 410 b 12 et 411 b 6.

6. Disant « s'écarter » (*diaspasthai*), Aristote utilise un terme d'Empédocle lui-même, qui apparaît dans une citation faite ailleurs (*Gén. an.*, I, 17, 722 b 12).

pas quelque chose pour les en empêcher. Or, s'il s'en trouve une, cette chose, c'est l'âme, qui est aussi responsable de la croissance et de la nutrition. De l'avis de certains, en revanche, c'est simplement la nature du / [*10*] feu qui est responsable de la nutrition et de la croissance[1], parce qu'il est lui-même, en apparence, le seul des corps ou des éléments à s'alimenter et à croître[2] ; aussi peut-on supposer que, chez les plantes et les animaux également, c'est lui qui se trouve à l'œuvre. Or, si, d'une certaine façon, il assume effectivement une part de responsabilité[3], ce n'est pas lui qui assume, en tout cas, la simple responsabilité, mais / [*15*] plutôt l'âme. Car la croissance du feu s'étend à l'infini, tant que le combustible est disponible, alors que les systèmes que forme la nature ont tous une limite[4] et un ordre de grandeur[5] ainsi que de croissance. Or cela tient à l'âme, mais pas au feu, et manifeste une proportion plutôt qu'une matière.

B.1.3. L'aliment et l'âme primordiale.

Mais, si la même faculté de l'âme assure effectivement la nutrition et la reproduction, c'est encore de / [*20*] la nutrition qu'on doit nécessairement traiter d'abord, parce que la distinction par rapport aux autres facultés s'opère en raison de cette fonction-là.

Or l'aliment passe pour être le contraire de ce qu'il nourrit[6]. Mais tout contraire n'est pas un aliment de son

1. L'identification de ces naturalistes est incertaine : Héraclite, Démocrite, Hippase,... ? Sur ce dernier, rapproché d'Héraclite pour avoir considéré le feu comme l'élément fondamental, voir *Mét.*, A, 3, 984 a 7-8.

2. Raison analogue dans *Part. an.*, II, 7, 652 b 7-15. L'idée que le feu « se nourrit » (de l'humide) est réfutée dans *Météorol.*, II, 2, 355 a 9-11.

3. Celle de cause adjuvante ou de condition *sine qua non*, que Platon (*Timée*, 46 E) identifie à la « nécessité » corporelle et qu'il oppose à la cause proprement dite (l'âme). Cette notion sert aussi, chez Aristote, à définir une sorte de « nécessité » (*Mét.*, Δ, 5, 1015 a 20-21 : l'exemple donné est précisément la nourriture pour l'animal ; cf. *Part. an.*, I, 1, 642 a 1 et sqq.). En tant que cause auxiliaire de la forme (cf. *Phys.*, I, 9, 192 a 13), le feu, ou plutôt la chaleur interne, qui transforme l'aliment dans l'organisme (cf. *Part. an.*, IV, 3, 677 b 32), constitue un facteur de croissance (*Ibid.*, III, 6, 669 b 3).

4. L'opposition de l'illimité (irrationnel) et du limité (rationnel) se trouve aussi chez Platon (cf. *Philèbe*, 23 C et 25 D).

5. Cf. *Gén. an.*, II, 6, 745 a 5 : « il y a une limite de grandeur pour tous les animaux ».

6. C'est une opinion courante, qu'on trouvait chez les naturalistes anciens, spécialement, semble-t-il, chez Héraclite, si l'on en croit Diogène Laërce (IX, 8). L'opinion adverse, signalée en 416 a 29, permet à Aristote de présenter *in fine* une position personnelle conciliatrice.

contraire. C'est uniquement le cas de tous ceux qui, non seulement se muent l'un en l'autre, mais encore se font croître mutuellement. Beaucoup de choses, en effet, se muent l'une en l'autre, mais toutes ne sont pas / [*25*] des quantités, par exemple, la santé en laquelle se mue la maladie[1] ! Et, visiblement, même ces contraires-là ne constituent pas de la même façon un aliment l'un pour l'autre ; au contraire, si le l'eau constitue bien un aliment pour le feu, en revanche, le feu n'en est pas un pour l'eau[2].

Donc, c'est avec les corps simples que l'on a surtout cette impression que l'un constitue / [***30***] un aliment, et l'autre est alimenté. Bien que la question se pose ; car il en est qui prétendent que c'est le semblable qui se nourrit du semblable, tout comme il en tire sa croissance[3], alors que certains, ainsi que nous l'avons dit[4], ont, à l'inverse, le sentiment que c'est le contraire qui se nourrit du contraire. Leur idée est que le semblable ne peut être affecté par son semblable[5], alors que la nourriture se transforme et se

1. Attentive au fait que l'aliment ingéré se transforme dans l'organisme, l'opinion contestée a le sentiment juste d'une différence entre le simple accroissement et la croissance, phénomène spécifique aux vivants ; mais Aristote lui reproche de négliger que *stricto sensu* la croissance reste, comme l'accroissement, un changement quantitatif. De son côté, la drogue ingérée et transformée par l'organisme où elle produit la santé, n'est pas un aliment, parce que son assimilation n'implique qu'une altération qualitative. Aristote, par ailleurs, ne distingue pas, sous ce rapport, la croissance (où l'aliment augmente la quantité de chair) et la nutrition (où l'aliment maintient cette quantité) : cf. *Gén. et corr.*, I, 5, 322 a 19-28.

2. L'eau (froide et humide) qui alimente le feu (chaud et sec) n'est pas ici, comme certains l'ont cru, un liquide inflammable, mais bel et bien le corps simple (cf. 416 a 23), contraire du feu. La théorie des éléments établit, en effet, que les corps simples « se transforment mutuellement les uns dans les autres » (*Du ciel*, IV, 5, 312 a 32-33). Et ce qu'Aristote observe ici vraisemblablement, c'est que la réciprocité n'existe pas dans le phénomène de la nutrition ; de telle sorte qu'on ne peut faire du feu l'aliment de l'eau, comme on fait de l'eau l'aliment du feu. En effet, dans les corps mixtes, composés de tous les éléments, le seul à s'alimenter de tous les autres et à n'être pas, pour les autres, un aliment, c'est le feu (chaleur interne), qui n'est pas matière, mais forme pour le vivant, car, dit Aristote, il se porte naturellement à la limite, où réside la forme (*Gén. et corr.*, II, 8, 335 a 10-21).

3. Cf. Empédocle (Fr. B 90 D-K, commenté exactement en ce sens par Plutarque [*Propos de table*, IV, 1, 3, 663 A]) ; Anaxagore (Fr. B 10 D-K : « Comment se pourrait-il que fût engendrée [...] la chair à partir de ce qui n'est pas chair ? ») et implicitement Démocrite, qui affirmait l'impossibilité, pour les contraires, de pâtir mutuellement l'un de l'autre (cf. *Gén. et corr.*, I, 7, 323 b 12-13).

4. Dans ce qui précède immédiatement (416 a 21).

5. Cf. *Gén. corr.*, I, 7, 323 b 3-5 : « la très grosse majorité est au moins

digère ; or la transformation implique toujours un passage à l'opposé ou à l'intermédiaire[1]. De plus, l'aliment est en quelque sorte affecté par celui qui s'en nourrit, mais lui ne l'est point par l'/aliment, de même que le charpentier ne l'est pas non plus par son matériau ; c'est, au contraire, celui-ci qui l'est par lui, tandis que le charpentier passe seulement de l'inaction à l'activité[2].

Mais est-ce que l'aliment représente ce qui s'ajoute à l'arrivée ou bien ce qui s'ajoute au départ ? C'est le point critique[3]. Or, s'il est ensemble ceci et cela, sauf que, d'un côté, il n'est pas digéré et, de l'autre, il l'est, on peut légitimement parler d'aliment des deux façons. Dans la mesure, en effet, où il s'agit d'un aliment non digéré, le contraire se nourrit du contraire, et dans la mesure où il s'agit d'un aliment digéré, c'est le semblable qui se nourrit du semblable. De telle sorte que, d'une certaine façon, l'on s'exprime visiblement dans les deux cas de manière correcte et incorrecte.

Mais puisque rien ne se nourrit qui n'ait point part à la vie, c'est le corps animé qui s'alimente, en tant qu'il est animé, de telle sorte que la nourriture a une relation au sujet animé qui n'est pas accidentelle[4]. Il est, par ailleurs, une différence essentielle entre aliment et facteur d'accroissement. Dans la mesure, en effet, où l'être animé représente une quantité quelconque, il y a facteur

d'accord pour affirmer ceci que tout semblable ne peut pâtir de son semblable, car aucun n'est vraiment plus agent ou patient que l'autre ».

1. Cf. *Phys.*, V, 5, 229 b 16 : « l'intermédiaire fait office de contraire dans le mouvement, dans quelque sens que s'opère le changement ».

2. L'argument, appuyé par une analogie avec le travail du charpentier, transfère de manière spécieuse, sur l'aliment qui se transforme, ce qui est vrai, en fait, du sujet qui s'alimente : celui-ci reste formellement identique, mais non pas quantitativement, puisqu'il croît.

3. Aristote dissipe ici toute équivoque et réconcilie les points de vue antagonistes. Cf. *Gén. corr.*, I, 5, 322 a 3-6 : « En un sens, le semblable s'accroît du semblable et, en un autre sens, du dissemblable. Et si l'on demande quelle qualité doit avoir ce dont il s'accroît, c'est alors évident qu'il est potentiellement ce qui est accru, par exemple, potentiellement de la chair, s'il s'agit de la chair… ».

4. Une seconde équivoque est ainsi dissipée. Si l'aliment est essentiellement le corrélatif du sujet qui s'alimente, comme le sensible l'est du sens (cf. *Cat.*, 7, 6 b 35) et que le sujet qui s'alimente est le vivant, alors il n'y a pas lieu, sauf à verser dans la métaphore, de parler d'aliment en rapport avec ce qui n'est pas vivant, un corps simple, par exemple. Conséquence : la nutrition, phénomène organique, n'est pas réductible à la transformation des éléments inorganiques.

d'accroissement. Mais dans la mesure où cet être constitue quelque réalité singulière d'ordre substantiel, il y a aliment[1]. Celui-ci conserve, en effet, la substance et l'être animé subsiste tout le temps qu'il s'alimente[2]. Et il y a aussi facteur de génération, non de l'être qui s'alimente, mais d'un être qui lui ressemble, puisqu'il en est déjà la substance et que rien ne s'engendre soi-même, mais se conserve[3]. Par conséquent, si un tel principe de l'âme constitue une faculté, propre à conserver, comme tel, l'être qui la reçoit, l'aliment, lui, met ce principe en état de déployer ses activités. C'est pourquoi, privé d'aliment, il ne peut être[4].

Et si l'on distingue trois choses, ce qui s'alimente, ce dont on s'alimente et ce qui fait qu'on s'alimente, cette dernière chose représente l'âme primordiale, ce qui s'alimente représente le corps qui en est pourvu et ce dont il s'alimente représente la nourriture. Mais dès lors qu'une appellation juste se tire toujours du but[5] et que le but consiste à générer un être semblable à soi, l'âme primordiale sera le facteur de cette génération.

Il est par ailleurs une ambiguïté dans l'expression « qui sert à l'alimentation », comme dans l'expression « qui sert au pilotage », visant et la main et le gouvernail. D'un côté,

1. L'argument porte plus loin que celui qui précède. Si l'aliment, comme c'est le cas, contribue à conserver l'individu dans sa substance corporelle, et pas seulement à l'accroître en quantité, il n'est pas alors essentiellement un facteur d'accroissement ou de croissance, spécifiquement organique (cf. 416 a 15-18). Cf. *Gén. corr.*, I, 6, 322 a 26-28 : « dans la mesure où ce qui s'ajoute est potentiellement une quantité de chair, c'est un facteur d'accroissement de la chair, mais dans la mesure où ce qui s'ajoute est en puissance de la chair seulement, c'est un aliment ») ; cf. encore *Gén. an.*, II, 6, 744 b 32-36.

2. Alors qu'il ne croît pas aussi longtemps : cf. *Gén. corr.*, I, 6, 322 a 24-25.

3. Aristote tablait vraisemblablement sur la coïncidence entre la fin de la croissance et le début de la fécondité chez l'animal, pour conjecturer que l'aliment qui ne sert plus à la croissance sert désormais à la production séminale ; celle-ci, en effet, exige une production sanguine excédentaire : « la semence doit être un résidu de nourriture sanguine » (*Part. an.*, I, 19, 726 b 9-10).

4. Le rapport de l'aliment à la faculté nutritive est également typique du genre de rapport entre les autres facultés psychiques, dont Aristote parlera, et leurs objets respectifs. Ceux-ci « activent » les facultés qui, de réalisations premières, deviennent ainsi réalisations secondes. Ils sont de la sorte conditions de réalisation plénière de la forme du vivant. L'intelligence, sous ce rapport, fait exception, en ceci qu'elle ne dépend pas d'un objet extérieur à l'âme.

5. Cf. *Du ciel*, I, 11, 281 a 11-12 : « ... on doit définir la puissance en fonction de son but et de sa raison supérieure ».

il y a une chose à la fois motrice et mise en mouvement, de l'autre, une chose uniquement mue[1]. Or toute nourriture doit nécessairement pouvoir être digérée, et la digestion s'opère par le chaud[2]. C'est pourquoi tout être animé contient de la chaleur.

Voilà donc une esquisse qui montre en quoi consiste la nourriture. Certes, il faudra fournir plus tard des éclaircissements sur le sujet, dans les exposés appropriés[3], / [***II, 5, 416 b 32***] mais, maintenant que ces précisions ont été données, nous parlerons en commun de toute sensation.

B.2. Le sensitif.

B.2.1. La sensation en général.

B.2.1.1. Puissance et acte.

Or la sensation réside dans le fait de recevoir un mouvement et d'être affecté, comme on l'a dit[4], puisqu'elle passe pour être une sorte d'altération[5]. / [***35***] Certains d'ailleurs prétendent encore que c'est le semblable qui est affecté par le semblable[6]. Et nous avons / [***417 a 1***] dit comment c'est

1. Le texte adopté permet de mettre en comparaison 1° le gouvernail (uniquement mû) avec l'aliment, ainsi que 2° la main (qui meut le gouvernail, mais est mue par le pilote) avec la chaleur vitale, dont Aristote parle ensuite ; celle-ci agit sur l'aliment absorbé, mais tient son principe actif ou sa raison de l'âme nutritive (qui régule en quelque sorte cette chaleur de manière à permettre la transformation alimentaire adéquate). La remarque est de nature à faire apparaître, entre l'aliment et l'âme nutritive, un moyen terme corporel qui, non seulement paraît exigé par le phénomène de digestion, mais encore joue, en somme, le rôle d'organe essentiel dans la nutrition ; cf. *Gén. an.*, II, 4, 740 b 25-32 : « tout comme les objets de l'art sont produits à l'aide d'instruments [...], ainsi la faculté de l'âme nutritive [...] produit la croissance à partir de la nourriture en se servant comme d'instruments de la chaleur et de la fraîcheur »...

2. Cf. *Part. an.*, II, 7, 652 b 10-11 : « celui des corps qui rend le plus de services aux opérations de l'âme est le corps chaud » ; *Gén. an.*, IV, 1, 765 b 15-16 : « toute cuisson [digestion] est l'œuvre de la chaleur ».

3. Allusion à un projet non exécuté ou à des exposés aujourd'hui perdus ? Aristote semble promettre ailleurs de tels exposés (*Part. an.*, II, 3, 650 b 9-11 ; III, 14, 674 a 19-21 ; *Gén. an.*, V, 4, 784 b 2-3) et un passage dans le *Du sommeil*, 3, 456 b 5-6 (« on a parlé de cela dans les exposés sur l'alimentation ») semble affirmer qu'ils ont été composés.

4. En 415 b 24 ; cf. 410 a 25-26.

5. Cette opinion est terminologiquement un peu inadéquate : voir, plus loin, 418 a 2-3.

6. Empédocle et Démocrite : cf. *supra*, 405 b 15 ; 410 a 23 ; 416 a 29-30.

possible ou non dans les exposés généraux consacrés à l'acte de faire et de subir[1]. Or, si l'on se demande pourquoi l'on n'a pas aussi de sensation des sens eux-mêmes[2], ou pourquoi, sans les objets extérieurs, les sens ne produisent pas de sensation[3] (alors qu'ils contiennent le feu, la terre et les autres éléments qui sont objets de sensation en eux-mêmes ou dans leurs accidents)[4], c'est donc évidemment que le sensitif n'est pas alors en activité, et n'existe que potentiellement[5]. Aussi n'y a-t-il pas de sensation. C'est comme le combustible, qui ne brûle pas de soi-même, sans facteur susceptible de le faire brûler ; il s'embraserait lui-même sinon, et n'aurait nul besoin de ce qui est déjà du feu réalisé[6]. D'ailleurs, nous parlons de sentir avec deux significations. De celui qui a la capacité d'entendre ou de voir, nous disons, en effet, qu'il entend ou voit, même si d'aventure il dort, et nous le disons également de celui qui exerce bel et bien ces activités[7]. De ce fait, la sensation peut s'entendre aussi de deux façons, comme chose en puissance, d'un côté, ou comme chose en acte, de l'autre. Or c'est pareil pour le sensible, qui existe tant en puissance qu'en acte[8].

Donc, la première chose que nous supposons avec ce

1. Une référence semblable figure dans *Gén. an.*, IV, 3, 768 b 23 ; Aristote vise peut-être *Gén. corr.*, II, 7, où il explique que l'agent et le patient ne peuvent être ni totalement dissemblables (ils appartiennent au même genre), ni entièrement semblables (ils sont opposés ou contraires dans ce genre).

2. Le sens est entendu ici comme impliquant l'organe sensitif qui, de nature corporelle, constitue un objet sensible, susceptible ainsi d'être perçu par lui-même constamment ; ce qui n'est pas le cas. La question présente ne concerne pas la possibilité d'une sensation de sentir, dont il sera question plus loin (cf. 425 b 12 et sqq.).

3. Cette seconde question précise la première, l'objet extérieur étant un autre sensible que celui impliqué dans le sens lui-même.

4. En lui-même, un élément est essentiellement tangible ; par exemple, il est chaud et sec, si c'est du feu. Mais le feu est aussi accidentellement visible, c'est-à-dire, coloré ; par exemple, il peut être rouge ou jaune.

5. En réponse aux questions posées, Aristote rappelle ainsi et confirme d'entrée de jeu que le sensitif est, comme tel, une simple « faculté ».

6. La comparaison donne anticipativement à comprendre que le sens en activité devient d'une certaine façon son objet : cf. 431 b 20-24.

7. Cf., à propos de la science, 412 a 22-23 (qui servait à distinguer les deux sortes de réalisation) ; référence sur laquelle Aristote va revenir dans un moment (417 a 22).

8. Appliqué à l'organe du sens, cette distinction laisse entendre pourquoi, logiquement, celui-ci n'est pas potentiellement sensible à lui-même ; le supposer, c'est contradictoirement le placer en dehors de soi.

langage, / [*15*] c'est l'identité entre subir ou être ébranlé et être en activité. Et, de ce fait, le mouvement constitue une sorte d'activité, quoique incomplète, comme on l'a dit ailleurs[1]. Or, tout ce qui est affecté ou ébranlé, l'est par un agent susceptible de produire cet effet et qui est en activité. C'est pourquoi, d'une certaine façon, c'est par le semblable qu'on est affecté, et d'une autre façon, c'est par le dissemblable, com/me [*20*] nous le disions[2]. Car l'affection est subie par le dissemblable, mais, lorsqu'il l'a subie, il est semblable.

B.2.1.2. Capacité, réalisation, altération et affection.

Il faut, néanmoins, faire encore certaines distinctions à propos de la puissance et de la réalisation, vu que, pour le moment, nous en parlons simplement. Il est possible, par exemple, que nous parlions ainsi de « savant », pour qualifier un homme : il est savant, parce que l'homme se range parmi les êtres savants qui détiennent la capacité de science[3]. Mais il se peut que nous appelions déjà « savant » celui qui possède la capacité d'écrire[4]. / [*25*] Or les deux ne sont pas capables de la même façon ; au contraire, le premier, c'est parce que son genre est tel et fournit la matière[5], tandis que le second, c'est parce qu'il s'agit d'un individu capable à volonté de spéculer, à moins d'empêchement extérieur. Quant à celui qui est bel et bien

1. Le paradoxe apparent, qui identifie l'actif et le passif, est levé par un moyen terme qui est le mouvement reçu. Aristote a effectivement apporté ailleurs la réserve que le mouvement n'est que le passage à l'acte et s'en distingue par l'inachèvement (cf. *Mét.*, θ, 6, 1048 b 28-35 ; *Phys.*, III, 1, 201 a 10-11 ; 2, 201 b 31-32). Il convient d'ajouter que sa qualité de mouvement *reçu* ne compte alors pour rien.

2. En 416 a 29-b 9.

3. Dans ce recours habituel à l'usage du mot « savant » (cf. *supra*, n. 7, p. 160), Aristote suggère que le mot en question peut s'appliquer à l'homme en tant qu'il fait partie d'une espèce, pour, semble-t-il, viser un degré infime de potentialité, celui que confère la simple appartenance à l'espèce.

4. « Capacité d'écrire » (*grammatikè*), plutôt que « grammaire », comme on traduit souvent, car il s'agit seulement d'une capacité élémentaire : savoir tracer (et lire) correctement des lettres, plutôt que savoir écrire sans faute. Est en cause une potentialité de second degré, acquise par la mise en œuvre de la première dans un secteur particulier.

5. L'expression laconique « et la matière » est généralement considérée comme un sujet coordonné. On traduit alors littéralement : « le genre (humain) et sa matière sont tels (c'est-à-dire, capables de science) ». J'incline plutôt à comprendre : le genre humain est capable de science, c'est-à-dire, fournit la matière (puissance) de savoir.

en train de spéculer, il est savant par réalisation et sait souverainement que ceci est la lettre A[1].

Donc, les deux premiers, sont, l'un et l'autre, savants à titre potentiel. Mais, l'un, s'il devient différent par l'apprentissage et sort souvent de l'état opposé, n'a pas fait la même chose[2] que l'autre en passant de la possession du sens / [***417 b 1***] ou de la capacité d'écrire qu'on n'exerce pas, à son exercice[3]. De son côté, subir une affection n'est pas non plus une opération simple, mais représente, tantôt, une sorte de destruction sous l'effet du contraire, tantôt, ce qui serait plutôt une préservation de l'être potentiel par l'être réalisé, auquel il ressemble, comme la puis/sance [5] en face de sa réalisation[4]. Que se mette, en effet, à spéculer celui qui possède la science, il n'y a pas là précisément d'altération, puisque le progrès va du même au même, dans le sens de la réalisation ; ou bien il s'agit d'un genre d'altération différent[5]. Aussi n'est-on pas en droit de dire de l'être pensant, lorsqu'il pense, qu'il s'altère, non plus que du bâtisseur, lorsqu'il bâtit.

Donc, l'agent qui / [***10***] conduit à la réalisation de ce qui est potentiel dans l'ordre de l'intelligence et de la pensée[6],

1. La réalisation de la disposition par son exercice est ainsi réalisation seconde (cf. 412 a 23 et 25).

2. Le texte grec est ici un peu elliptique, la phrase n'ayant pas de verbe principal. Nous y avons suppléé, plus loin, par l'expression « n'a pas fait ». Le propos d'Aristote est de distinguer deux opérations correspondant aux deux potentialités mises en évidence : celle qui correspond à l'acquisition d'une science particulière (par l'ignorant qui altère son état) et celle qui correspond à l'exercice de cette science acquise (par le savant qui déploie les capacités de son nouvel état).

3. Parlant de « possession du *sens* ou de l'écriture », Aristote ne réintroduit probablement pas de manière subreptice la capacité sensitive, là où il serait question de science (capacité intellectuelle) ; car la « science de l'écriture », telle qu'entendue ici (cf. n. 4, p. 161), a une dimension essentiellement visuelle.

4. Dans l'apprentissage (actualisation de la première potentialité), l'ignorance est détruite par la science : il y a altération. En revanche, l'exercice de la science acquise conserve celle-ci en tant que disposition permanente. L'enjeu de cette différence, soulignée dans la suite, est la légitimité de parler d'altération pour qualifier l'effet subi par la faculté sensible en présence de son objet. Ce qui était l'opinion courante rappelée plus haut (416 b 34).

5. L'altération proprement dite serait plutôt à situer au niveau corporel de la sensation, encore que l'altération de l'organe ne va pas alors jusqu'à la destruction de ses potentialités (cf. 424 a 28 et sqq.). Mais ce qui, semble-t-il, correspond à cela au niveau de la faculté ou de l'âme, est au plus l'analogue d'une altération.

6. C'est-à-dire, lors du passage de la réalisation première (science acquise) à la réalisation seconde (exercice de cette science).

ce n'est pas l'enseignement, mais quelque chose qu'il faudrait légitimement appeler autrement[1]. Quant à l'être qui, au départ potentiel, apprend et acquiert une science grâce à l'être réalisé qui est susceptible de l'instruire, il faut soutenir, ou bien qu'il ne subit pas, lui non plus, d'affection, comme on l'a dit[2], ou qu'il existe deux modes d'altération : le changement qui conduit aux dispositions dont on est privé et celui qui mène à nos états et à notre nature[3].

B.2.1.3. Capacité de savoir et activité sensitive.

Mais, avec le sensitif, le premier changement[4] est produit par l'auteur de la génération, c'est-à-dire que, dès la génération, l'on a déjà le sentir qui correspond à la science[5], tandis que l'activité de sentir s'entend comme l'acte de spéculer, à la différence, toutefois, que, dans ce cas, les agents susceptibles de produire l'activité viennent de l'extérieur[6] : ce sont le visible et l'audible, de même que le reste des sensibles. Et le motif en est que la sensation en acte porte sur les objets particuliers, alors que

1. Cet agent devrait être l'intelligible ou le pensable en acte (équivalent du sensible en acte pour le sens) dans l'intelligence de celui qui, semble-t-il, a déjà été enseigné. La remarque, un peu énigmatique, paraît annoncer ce qu'Aristote dira plus loin de « l'intelligence productive » (430 a 12).

2. Cette conclusion est un peu surprenante, d'autant que la référence est suspecte ; car ce qui a été dit plus haut (417 b 6) ne concerne pas l'acquisition de la science, mais au contraire son exercice ! Aristote veut préciser, sans doute, que la destruction de l'ignorance ne doit pas s'entendre comme une affection négative, mais, positivement, comme l'acquisition de la science : on ne supprime pas vraiment ce qui n'est pas.

3. La distinction de ces deux modes de changement repose en partie sur la différence entre disposition (*diathesis*) et état (*hexis*) : « l'état diffère de la disposition par une durée et une stabilité beaucoup plus grande » (*Cat.*, 8, 8 b 27). D'où, ici, l'assimilation entre « états » et « nature », d'autant moins surprenante, semble-t-il, que les facultés naturelles de l'âme sont réalisations premières, donc des états. Ainsi, dans le cas de l'intelligence, qui n'est pas réalisation première ou état dès la naissance, le premier changement envisagé serait celui d'une privation absolue à une disposition transitoire et instable, et le second celui de cette disposition à l'état durable et ferme qui est celui du sens à la naissance. Ce second changement met fin à la disposition existante, bien que ce soit encore par renforcement, plutôt que par destruction de ce qui est déjà.

4. Entendez : celui qui fait passer de la puissance indéterminée à l'état stable, constitutif de la nature sensitive, comme de la science (réalisation première).

5. Sous réserve, bien entendu, du développement des organes : cf. *Gén. an.*, II, 3, 736 a 33-b 5.

6. Cf. ci-dessus, n. 1, à propos de l'intelligible, ici réputé implicitement à l'intérieur de l'âme.

la science porte sur les objets universels[1]. Or ces derniers résident en quelque sorte dans l'âme elle-même[2]. C'est pourquoi l'on a le ressort d'exercer son intelligence toutes les fois que l'on veut, mais pas / [*25*] celui de sentir, car il faut nécessairement disposer du sensible. Il en va, d'ailleurs, également ainsi dans le cas des sciences qui portent sur les sensibles[3] et pour le même motif, savoir que les sensibles font parties des objets particuliers et des choses extérieures.

Mais l'occasion d'éclaircissements à ce sujet se présentera encore à un autre moment[4], et, pour l'instant, l'on doit se borner à préciser ceci : / [***30***] ce qu'on appelle potentiel n'est pas chose simple, mais représente, tantôt, la sorte de capacité que nous visons en disant, par exemple, que l'enfant peut être chef d'armée, tantôt, celle de celui qui est en âge de diriger l'armée ; et c'est à cette dernière que correspond le sensitif. Il n'y a pas cependant[5] de vocables / [***418 a 1***] exprimant la distinction de ces potentialités[6] dont, pourtant, on a précisé qu'elles étaient différentes et comment. On est donc contraint d'employer les mots « être affecté » ou « être altéré » comme s'ils avaient leur sens souverain[7]. Le sensitif, par ailleurs, est potentiellement tel que le sensible déjà réalisé, comme on l'a dit[8]. Donc, au moment où il est affecté, / [*5*] il n'est pas

1. Comparez *An. sec.*, I, 13, 81 b 6-7 ; 31, 87 b 28-30 et 37-88 b 7.
2. Ce que précisera 429 a 27-28.
3. Ce sont toutes les sciences dites « productives » (arts et techniques, car ce qu'elles produisent est toujours un particulier) et les sciences « exécutives » ou de l'action (« car les actions résident dans les choses particulières » : *Éth. à Nicom.*, III, 1, 1120 b 11-12).
4. A propos de l'intelligence exécutive, voir 431 a 1 et sqq. ; et, à propos de l'intelligence spéculative, 429 a 10 et sqq.
5. La capacité de chef d'armée, comparée à la science, est mise sur le compte de l'âge, non d'une science, car la « stratégie », dans les cités grecques, peut se conférer à tous les citoyens majeurs, chacun ayant reçu une éducation jugée suffisante.
6. Ce n'est pas seulement pour qualifier ces potentialités (première et seconde) l'une par rapport à l'autre que ce défaut de vocabulaire approprié est noté, c'est aussi pour les qualifier l'une et l'autre de façon spécifique par rapport à d'autres potentialités caractérisées par un sujet corporel.
7. Le sens souverain est celui, le plus clair, de l'usage le plus ordinaire (*Poétique*, 21, 1457 b 3-4 ; 22, 1458 a 18-19). « Etre altéré » pourrait s'appliquer plutôt à l'opération que permet la potentialité première et « être affecté », à celle que permet la potentialité seconde ; mais les deux expressions sont interchangeables et s'appliquent à l'une et à l'autre opération.
8. Moins clairement en 417 a 6.

semblable à celui-ci, mais une fois qu'il a été affecté, il se trouve assimilé et est tel que lui[1]. /

B.2.1.4. Les différentes sortes de sensibles.

[***II, 6, 418 a** 7*] Il faut néanmoins considérer chaque sens particulier pour parler des objets sensibles en premier lieu, quoiqu'on parle de sensible à propos de trois choses. Deux d'entre elles sont ce que nous disons perçu en soi[2] par le sens, et, l'une, ce qu'il perçoit par accident. / [***10***] Quant aux deux premières, elles représentent l'objet propre de chaque sens, d'une part, et, de l'autre, l'objet commun à tous[3].

(*a*) Or, j'entends par propre, ce qui ne se laisse pas percevoir par un autre sens et qui ne laisse pas de place à l'illusion[4]. Ainsi, la vue perçoit la couleur, l'ouïe le son et le goût la saveur. Le toucher, lui, comporte effectivement un plus grand nombre de différences[5]. Mais il n'en reste pas moins que chaque sens est juge / [***15***] de ces différences[6]. Et, s'il se trompe, ce n'est pas sur le fait d'une couleur ou d'un son, mais bien sur l'identité ou la localisation du coloré ou du sonore. Tels sont donc les objets qu'on appelle propres à chaque partie.

(*b*) Quant à ceux qu'on appelle communs, ce sont le

1. Cf., mais à propos de substances corporelles, *Gén. corr.*, I, 7, 324 a 10-11 : « d'une façon générale, l'agent s'assimile au patient ».

2. « Perçu en soi » signifie ceci « en tant que proprement et essentiellement sensible ».

3. Ou, du moins, à plusieurs : la vue et le toucher, par exemple (cf. *Du sens*, 4, 442 b 5).

4. Ce deuxième critère, répété ailleurs (*Du sens*, 4, 442 b 8 ; *Mét.*, Γ, 5, 1010 b 2-3 : « le sens ne se trompe pas, du moins sur ce qui lui est propre »), n'a pas de signification obvie. Mais il y a lieu de croire que si la perception du sensible propre échappe à l'erreur, pour Aristote, c'est qu'elle est simple. La perception par un sens d'un objet simple qui lui correspond, n'implique, en effet, l'association de cet objet avec rien d'autre. Or la possibilité de l'erreur implique une telle association, c'est-à-dire l'attribution de ceci à cela : de la couleur à un sujet ou à un endroit (cf. *infra*). La perception d'un sensible commun est, elle, faillible, parce qu'elle associe celui-ci (par exemple, telle grandeur) à un sensible propre (par exemple, le blanc visible).

5. L'omission de l'odorat n'implique pas qu'il constitue une exception. La particularité du toucher, qui perçoit plusieurs distinctions, est considérée en 422 b 16 et sqq. (cf. 423 b 27-28).

6. Dire ici que le sens « juge », n'implique pas nécessairement que la perception soit un jugement (de type prédicatif) ; l'idée est que chaque sens représente une faculté de discernement, capable de saisir les différences dans son champ propre.

mouvement, le repos, le nombre, la figure, la grandeur, vu que pareils objets ne sont propres à aucun sens, mais sont communs à tous ; en effet, un mouvement sensible au / [*20*] toucher l'est aussi à la vue[1].

(*c*) On parle enfin de sensible par accident dans le cas, par exemple, où le blanc se trouve être le fils de Diarès[2]. C'est, en effet, par accident que ce dernier fait l'objet d'une perception, parce qu'il se trouve accidentellement lié au blanc qu'on perçoit. C'est aussi pourquoi le sens ne subit aucune affection comme telle, de la part de ce sensible[3]. Parmi les objets sensibles de soi, en revanche, ce sont les objets propres qui sont souverainement / [*25*] sensibles et c'est par rapport à eux que se détermine naturellement la substance de chaque sens[4]. /

B.2.2. Sens et sensibles propres.

B.2.2.1. La vue et le visible[5].

[***II*, *7*, *418 a 26***] Donc, ce que perçoit la vue, c'est le visible. Or est visible, la couleur, d'une part, et, d'autre part, une chose qui, bien qu'exprimable dans une formule, se trouve n'avoir pas de nom[6] ; mais on verra parfaitement plus avant ce que nous voulons dire[7].

1. Il convient mieux de lire « propre à aucun » que « commun à tous ». La distinction de ces types de sensibles est d'origine platonicienne (cf. *Théétète*, 185 A-186 A). Leur liste est répétée, à peu près de la même façon, *infra* (425 a 14 et sqq.) et dans *Du sens*, 1, 437 a 8-9 ; 4, 442 b 4-7 ; *Des rêves*, 1, 458 b 4-6 ; *De la mémoire*, 1, 450 a 9-12 ; 451 a 16-17 ; 2, 452 b 7.

2. Ce qui est par ailleurs substance (le fils de Diarès) devient accident lorsqu'il est considéré comme objet sensible ; et ce qui est accident de cette substance (le blanc) devient un sensible propre, sensible en soi : cf. *infra*, 425 a 24 et sqq. — Le nom de Diarès, à entendre le témoignage ancien de J. Philopon, aurait été celui d'un ami d'Aristote, avec qui il échangeait une correspondance.

3. En d'autres termes, le sujet substantiel échappe aux sens qui n'en saisissent que les accidents !

4. Selon le principe de méthode rappelé en 415 a 20-22.

5. L'ordre dans lequel Aristote examine les cinq sens n'est pas explicitement justifié et il est hasardeux de spéculer sur ses raisons. Pourquoi commencer par la vue, le sens à distance, qui porte le plus loin ? Pourquoi finir par le toucher, sens de contact, alors que celui-ci est réputé le sens fondamental (cf. 413 b 4-7) ? Il est probable, on l'a dit (dans notre Introduction), qu'Aristote cherche principalement à établir ainsi l'importance du « milieu » entre le sens et son objet : évident dans le cas de la vue, ce milieu est obscur dans le cas du toucher.

6. Cf. *An. prem.*, I, 35, 48 a 30 : « souvent il y aura des formules de définition sur lesquelles n'est mis aucun nom ». — Il s'agit ici du visible dans l'obscurité, le « phosphorescent », pour lequel le grec n'a pas de nom.

7. Voir 419 a 1 et sqq.

Le visible, en effet, est couleur, c'est-à-dire, ce qui se trouve à la surface des objets qui sont visibles de soi et qui le sont de soi, non parce que cela tient à leur raison, mais parce qu'ils contiennent en eux un motif de visibilité[1]. Or la couleur est invariablement / [*418 b 1*] l'agent susceptible d'imprimer un mouvement à ce qui est actuellement transparent ; c'est cela sa nature[2]. Voilà précisément pourquoi il n'y a pas d'objet visible sans lumière, mais que la couleur de chaque chose se voit toujours dans la lumière. Aussi faut-il commencer par parler de la lumière et dire ce qu'elle est.

B.2.2.1.1. La lumière et la transparence.

Il y a donc de la transparence[3]. Or, par transparence, j'entends ce qui, bien que / [5] visible, ne l'est pas de soi, pour dire les choses simplement, mais en raison d'une couleur qui lui est étrangère[4] ; et telle est la qualité de l'air, de l'eau et de beaucoup de solides[5]. Car ce n'est pas en tant qu'eau, ni en tant qu'air, que ces corps ont de la trans-

1. Comparez *Du sens*, 3, 439 a 27 et sqq. ; *Top.*, I, 15, 107 b 28-30. Logiquement, le « visible en soi » (cf. plus haut, le « sensible en soi » : 418 a 8-9 et 24) devrait être ce qui a le visible pour attribut essentiel (cf. *An. sec.*, I, 4, 73 a 34-36) ; mais, ici, dit Aristote, ce n'est pas le cas : « le blanc est [...] en surface [...] et, pourtant, ce sont là deux choses formellement différentes ; la surface et le blanc ont, chacun, une nature et une puissance distinctes... » (*Phys.*, IV, 3, 210 b 4-8). Toute surface n'est pas *nécessairement* visible. Donc, la visibilité de certaines surfaces, qui ne tient pas à la nature de celles-ci, est dite « en soi » pour un autre motif : c'est parce que la raison de visibilité des objets en question est contenue « en » leur surface. Autrement dit, ce n'est pas une raison d'emprunt, à chercher au-dehors. La suite montre que le « visible en soi » s'oppose ainsi au transparent, qui, en soi, n'est pas visible et reçoit sa visibilité de l'extérieur, lorsqu'il se colore.

2. Cette assertion abrupte se comprend dès lors que l'on sait que « ce qui est actuellement transparent » est, pour Aristote, la lumière ou la luminosité, comme il l'expliquera dans la suite ; laquelle luminosité n'est pas visible en soi (cf. n. précédente), mais uniquement sur les surfaces qui ont en elles la raison de visibilité. La couleur est donc la propriété des surfaces à faire voir la lumière.

3. Le texte dit « du transparent » (*ti diaphanes*), littéralement : « quelque (chose de) transparent ». Mais, ce disant, Aristote ne songe pas à une chose substantielle (cf. *infra*, 418 b 15), quelque substance corporelle qui serait mêlée aux autres corps élémentaires et dont la détermination spécifique serait la transparence. Cette dernière est une *qualité* propre à certains corps simples ou mixtes, une potentialité « qui n'est pas séparable et réside en eux » (cf. *Du sens*, 3, 439 a 23-24), « une certaine nature », dit Aristote plus loin en ce sens (418 b 8).

4. L'idée est que l'on peut voir accidentellement un corps transparent (l'eau, par exemple), par la couleur qu'il reçoit.

5. On imagine la glace, le verre, le cristal, etc.

parence, mais du fait qu'ils sont dotés d'une certaine nature qu'on retrouve identique en chacun des deux et dans le corps éternel supérieur[1]. Quant à la lumière, c'est l'acte de cette transparence, en tant que telle. Là où elle se trouve potentiellement, en revanche, se trouve aussi l'obscurité, tandis que la lumière est comme la couleur du transparent[2] lorsqu'il se trouve réalisé sous l'effet du feu ou d'un élément tel que le corps supérieur, puisque celui-ci présente avec le feu une seule et même propriété[3].

Donc, on a dit ce qu'est la transparence et ce qu'est la lumière : il ne s'agit, ni de feu, ni, en général, d'un corps, ni même de l'effluve d'un corps quelconque[4], car il

1. Le « cinquième corps » élémentaire de l'Univers plein d'Aristote est le corps céleste incorruptible et tout ce qu'il contient (étoiles, planètes,... : cf. *Du ciel*, I, 3, 270 b 20-22 ; II, 7, 289 a 17 ; *Météorol.*, I, 3, 340 b 6 et 341 a 2-3). Le mouvement de ce corps invisible n'est connu accidentellement que par les traces colorées (de feu principalement) laissées par les astres dans leur transport.

2. Le *Du sens*, 3, 439 a 18 et sqq. permet de préciser. La faculté de transparence, distribuée dans tous les corps de façon inégale, représente leur état potentiellement lumineux ; l'activation de cette puissance, qui correspond, pour les corps, à un changement d'état (d'obscurs, ils deviennent lumineux), produit, selon les cas, deux résultats différents : certains offrent à la vue une transparence réelle (A), d'autres une couleur (B), la seule chose que voit l'œil sous la lumière. Ainsi, Aristote peut-il dire ici (418 b 4), pour illustrer le premier cas (A), que la lumière est « comme » la couleur du transparent (elle est, à certains corps, ce que la couleur est aux autres), comme il a donné à comprendre plus haut (418 a 31-b 2), pour illustrer le second cas (B), que la couleur est la propriété de certains corps (surfaces) à faire voir la lumière (la couleur est, en effet, la lumière visible).

3. L'explication qui précède ne relève en rien d'une physique matérialiste ou mécaniciste. La lumière n'est pas un phénomène corpusculaire (Aristote s'apprête à le montrer : 418 b 13 et sqq.) et le « mouvement » qu'elle constitue (cf. 418 a 31-b 1) n'est pas un déplacement. L'activation par le feu de la transparence potentielle des corps qui remplissent l'univers doit donc être entendue comme instantanée. L'agent de l'activation est celui qui prête aux corps potentiellement transparents ou lumineux, l'acte de transparence ou de luminosité qu'il présente lui-même. Cet agent est le feu coloré (dont la transparence ou la luminosité est visible) ou le corps céleste (dont la transparence ou la luminosité est invisible). La parenté du feu et du « cinquième corps » n'enlève rien, semble-t-il, à leur distinction *essentielle* affirmée ailleurs (*Du ciel*, II, 7, 289 a 34 et sqq.) : le corps céleste n'est ni chaud, ni sec, ni naturellement mobile de la même façon que le feu. Mais la pensée d'Aristote sur les rapports entre le corps céleste et le feu n'est pas très claire par ailleurs.

4. D'après Théophraste (dans son propre *Du sens*, 50), cette allégation pourrait viser la théorie des « simulacres » développée par Démocrite. Ces « simulacres » sont, en effet, des émanations corporelles, qui se détachent des objets et frappent l'œil. Mais Empédocle est également visé (cf. *Gén. corr.*, I, 8, 324 b 25-33). Et Aristote lui-même (*Du sens*, 2, 437 b 10 et sqq.) rapproche les émanations ou effluves corporelles d'Empédocle de la position défendue par

s'agirait également d'une sorte de corps dans ces conditions, mais de la présence du feu ou d'un élément analogue au sein de la transparence[1]. Et, de fait, deux corps ne peuvent se trouver ensemble au même endroit[2]. On croit, en plus, que la lumière est le contraire de l'obscurité. Or l'obscurité consiste à priver de ce genre d'état la transparence[3]. Il est par conséquent évident que sa présence constitue la lumière. D'où le tort d'Empédocle et de quiconque, par ailleurs, aurait professé son opinion, d'après laquelle la lumière se déplacerait et couvrirait en un moment l'espace entre la terre et la périphérie, mais sans que nous nous en apercevions[4]. C'est, en effet, à la fois déroger à l'évidence de la raison[5] et mépriser l'enseignement des phénomènes. Car, sur une courte distance, le déplacement peut bien échapper, mais qu'il échappe sur la distance du levant au couchant, c'est demander beaucoup trop[6].

Par ailleurs, ce qui est susceptible de couleur, c'est l'incolore, tandis que ce qui susceptible d'être bruyant, c'est l'insonore. Et l'incolore, c'est le transparent et l'invisible ; ou bien c'est ce qu'on voit à peine, comme, semble-

Platon (*Timée*, 45 B-46 B), celle-ci suppose, en effet, la rencontre des effluves avec le feu sortant de l'œil.

1. Cette définition est une glose de la précédente : « acte de la transparence en tant que telle » (418 b 9-10). Le mot « présence » doit donc s'entendre, non comme celle du corps agent lui-même, mais comme celle de son acte, qu'il transmet.

2. Cf. *Mét.*, M, 2, 1076 b 1 (à propos de deux grandeurs solides). Le corps transparent (éclairé) ne reçoit pas la lumière (éclairante) comme un autre corps, mais comme un acte.

3. L'acte (lumineux) est assimilé à un état (*hexis*), sans que soit suggérée ici la possibilité d'une réalisation (seconde) de cet état.

4. Cf. *Du sens*, 6, 446 a 25 et sqq. Empédocle (Fr. A 57 D-K) plaçait, semble-t-il, l'origine de la lumière dans le soleil, qui, en fait, n'est pas à la périphérie de l'Univers. Mais les astres de la périphérie sont également lumineux et visibles. Son opinion sur le déplacement ultra rapide de la lumière pouvait être rapprochée par Aristote de celle de Platon (*Timée*, 58 C ; cf. *Ménon*, 76 C) et de Démocrite.

5. Autant la raison aristotélicienne admet l'altération ou la génération instantanées, parce qu'elles apparaissent à un moment au cours ou au terme du mouvement, autant le mouvement lui-même lui paraît nécessairement impliquer le temps.

6. En fait, Aristote paraît bien admettre lui aussi, dans le mécanisme de la vision, un mouvement corporel de l'air (transparent) situé entre l'objet coloré et l'œil (cf. *infra*, 419 a 13-15), mais cette agitation n'est pas un transport de lumière d'un point A à un point B ; c'est l'activation instantanée du corps lumineux, auquel l'œil est sensible, parce qu'il est en contact avec lui.

t-il, ce qui est obscur[1]. Or tel est bien le transparent, / [*30*] non, bien sûr, lorsque la transparence est réalisée, mais lorsqu'elle est potentielle, car c'est la même nature qui est tantôt obscurité, tantôt lumière. /

[***419 a 1***] Tout visible cependant ne l'est pas dans la lumière. Seule, l'est, au contraire, la couleur intime de chaque objet[2]. En effet, certaines choses ne se voient pas dans la lumière, alors qu'elles produisent une sensation dans l'obscurité. Tels sont les objets qui apparaissent ignés et brillants, bien qu'il n'y ait pas de terme unique pour les désigner[3]. Ainsi, / [*5*] les champignons agarics, la corne, les têtes de poissons, les écailles, les yeux[4]. Mais on ne voit la couleur intime d'aucun de ces objets[5].

Pour quel motif ces choses-là se voient-elles ? C'est, bien sûr, une autre question[6]. Mais, jusqu'ici, il y a au moins un fait évident, c'est que ce qui se voit dans la lumière est la couleur. Aussi ne se voit-elle pas sans lumière.

B.2.2.1.2. Le milieu entre le visible et la vue.

Ce qui fait d'elle, en effet, / [***10***] qu'elle est une couleur, c'est, on l'a dit[7], la propriété d'imprimer un mouvement à ce qui est actuellement transparent. Or la réalisation de la transparence est la lumière. Il en est, du reste, un indice évident : si l'on vient, en effet, à placer l'objet coloré sur la

1. Cf., plus loin, 422 a 20-23 et 425 a 20-22. L'obscurité totale et l'obscurité relative, liées respectivement au noir (absence de toute couleur) et à la couleur bleu foncé, sont deux états distincts du transparent, entre lesquels la vue fait la différence, comme instance de « discrimination » (cf. 418 a 14-15).

2. La couleur « intime » ou « propre » (*oikeion*) est celle des objets « visibles en soi » au sens précisé plus haut (418 a 30).

3. Cf. *supra*, 418 a 27-29. Le mot « ignés » traduit ici *purôdè* (« ayant l'aspect du feu »), non *purina* (« faits de feu »).

4. Sur ces objets phosphorescents, voir incidemment *Du sens*, 2, 437 a 31 et sqq.

5. Ce qui est censé prouver la validité de la théorie exposée plus haut (la lumière est nécessaire à la vision des couleurs) et montre que le visible, à ce moment, est autre chose qu'une couleur.

6. L'explication supputée est que ces objets (donnés pour lisses dans *Du sens*, 2, 437 a 31), jettent ainsi naturellement un éclat lumineux qui n'éclaire pas et que dissipe la lumière du jour. Ce qui se voit de la sorte, c'est, non pas quelque chose de l'objet lui-même, mais une source lumineuse trop faible pour mettre en acte la transparence du milieu entre elle et l'œil. Les (mêmes ?) objets lisses, sous la lumière du jour, rendent aussi parfois un éclat, cette fois trop brillant pour être vu (cf. *infra*, 422 b 21-22).

7. En 418 a 31-b 3.

vue elle-même, il ne se verra pas. Mais, en fait, la couleur imprime un mouvement au transparent, l'air, par exemple ; et c'est donc celui-ci qui, contigu à l'organe sensoriel, met ce dernier en mouvement[1]. Démocrite, en effet, ne rend pas bien compte du phénomène lorsqu'il croit que si l'entre-deux devenait vide, on verrait avec précision même une fourmi qui serait dans le ciel[2]. La chose, en fait, est impossible. Car c'est lorsque le sensoriel subit une certaine affection que se produit la vision[3]. Donc, si ce ne peut être sous l'effet de ce qu'on voit, c'est-à-dire la couleur elle-même, il reste que ce doit être sous l'effet du milieu. La réalité d'un intermédiaire est par conséquent nécessaire ; et, avec le vide, ce n'est pas la précision qu'on obtiendrait, mais l'impossibilité de rien voir du tout.

Donc, on a dit pour quel motif la couleur doit être nécessairement dans la lumière pour se voir, alors que le feu, lui, se voit dans les deux cas, aussi bien dans l'obscurité que dans la lumière. Ce qui tient également de la nécessité, puisque c'est grâce à lui que la transparence devient transparence.

Mais le même argument vaut aussi pour le son et l'odeur[4]. Car aucune de ces réalités ne touche le sensoriel pour produire une sensation. Au contraire, sous l'effet d'une odeur ou d'un son, c'est le milieu intermédiaire qui se trouve ébranlé, et, c'est par celui-ci que l'est chacun des organes sensoriels. Si l'on place, en revanche, l'objet sonore ou l'objet odorant sur le sensoriel lui-même, on ne produira aucune sensation. C'est d'ailleurs pareil pour le toucher et le goût, mais il n'y paraît pas ; et le motif en sera plus tard évident[5]. Quant au milieu intermédiaire,

1. L'action du milieu transparent, l'air le plus souvent, s'exerce sur ce que l'œil contient lui-même de transparent et qui est de l'eau : cf. *Du sens*, 2, 437 b 12-25.

2. C'est le témoignage A 122 D-K. Le milieu, pour Démocrite, semble en effet dissiper l'image-effluve de l'objet à la mesure de la distance de celui-ci.

3. L'affection du transparent interne de l'œil est celle du transparent externe (milieu) affecté par la couleur : c'est une « réfraction » de la couleur (*Du sens*, 2, 437 b 8-9). La vision est conditionnée par ce phénomène corporel inhérent de l'organe, mais ne consiste pas en ce phénomène.

4. L'extension de la théorie se fait d'abord aux sens à distance, où est évidente la possibilité d'une action exercée par un milieu intermédiaire.

5. Cf. *infra*, à partir de 422 a 8.

il s'agit, pour les sons, de l'air, mais, pour les odeurs, il n'a pas de nom. Il existe, en effet, une sorte d'affection commune à l'air et à l'eau, qui, analogue à la transparence pour la couleur, joue le même rôle pour ce qui possède une odeur, et qu'on retrouve dans ces deux / [*35*] éléments à la fois[1]. Car il apparaît que les animaux qui vivent dans l'eau / [***419 b 1***] possèdent un sens de l'odorat. Mais l'homme et tous ceux des animaux terrestres qui respirent, sont dans l'incapacité de percevoir les odeurs sans respirer. Et le motif, ici encore, en sera exposé plus tard[2]. / [***II, 8, 419 b 3***] Mais, pour l'instant, il faut d'abord que nous donnions des précisions sur le son et l'ouïe.

B.2.2.2. L'ouïe et le son.

B.2.2.2.1. Conditions du son actuel.

Or le son / [*5*] se présente de deux manières. D'un côté, en effet, c'est une réalité actuelle. Mais de l'autre, c'est une chose potentielle. Car nous prétendons que si certains objets ne sont pas sonores, comme l'éponge, la laine, d'autres, en revanche, le sont, comme le bronze ou tout ce qui est solide et plat, parce qu'ils sont capables de résonner, c'est-à-dire, de produire effectivement un son dans le milieu entre soi et l'ouïe[3].

D'autre part, le son actuel est / [***10***] toujours la réaction d'une chose à une autre, dans un certain milieu. C'est, en effet, le produit d'un coup[4]. Dès lors, le son est impossible

1. Tandis que l'air, en tant que tel, suffit à expliquer les sons, c'est une affection commune à l'air et à l'eau (deux milieux humides), qui doit expliquer les odeurs : cette affection est encore la transparence, « non en tant que telle, mais en tant que capacité à nettoyer et à laver la sécheresse inhérente à ce qui a du goût » (*Du sens*, 5, 443 a 1-2).

2. Cf. 421 b 9 et sqq.

3. La distinction entre les deux états, actuel et potentiel, du son, fait de celui-ci une détermination des objets sonores. La sonorité d'un objet est elle-même fonction de deux critères : sa « solidité » (comprise ici comme synonyme de résistance ; ce qui implique une composition terreuse : cf. Platon, *Timée*, 31 B), jointe à son caractère plat (ou lisse : *leios*). Sans cela, l'objet déplacé dans l'air n'est pas heurté par celui-ci ; il ne peut donc aucunement l'affecter et ne produit aucun son (cf. *Du ciel*, II, 9, 291 a 9 et sqq.).

4. La chose qui réagit est, semble-t-il, l'objet sonore qui émet effectivement un son en présence d'une autre chose qui la percute. Cette dernière, qui actualise la sonorité de l'objet, joue donc le rôle agent, analogue à celui de la lumière qui rend visible la couleur. Quant au milieu, c'est l'air, en sa capacité d'être affecté par l'acte de sonorité.

avec un seul objet, car on distingue le percuteur de l'objet percuté. Si bien que l'objet qui résonne réagit à un autre objet. Il n'y a, d'ailleurs, pas de coup sans transport[1].

Mais, comme nous le disions[2], un coup porté au hasard sur n'importe quoi ne donne pas le son. On ne produit, en effet, aucun son / [*15*], si c'est de la laine qu'on frappe. Mais le bronze, lui, résonne, ainsi que tous les objets plats et creux. Le bronze, c'est parce qu'il est plat. Quant aux objets creux, par répercution, ils multiplient les coups à la suite du premier, vu que l'air ébranlé est incapable de sortir[3].

B.2.2.2.2. Le milieu et l'ouïe.

De plus, on entend dans l'air et dans l'eau, mais moins[4]. Toutefois, ce qui régit fondamentalement le son, ce n'est pas l'air, ni l'eau. Il doit y avoir, au contraire, / [*20*] choc de solides l'un contre l'autre et contre l'air[5]. Or cela se produit quand l'air frappé offre une résistance et ne se dissipe pas. C'est pourquoi, en cas de coup rapide et violent, celui-ci rend un son. Le mouvement de l'objet qui bat l'air doit, en effet, devancer sa dissipation. C'est comme si l'on voulait frapper un amas ou un filet de sable qui est emporté / [*25*] rapidement[6].

Il y a, par ailleurs, écho, lorsque est constituée une masse d'air qui, en raison de la cavité qui la borne et l'empêche de se dissiper, vient faire rebondir l'air ambiant comme une balle[7]. Il semble, du reste, qu'il y ait toujours

1. Le transport est celui du percuteur vers l'objet percuté. Il constitue un déplacement dans un milieu (l'air) et représente la condition du coup porté. La condition première du son est donc un mouvement local.

2. En 419 b 6-7.

3. Pour Aristote, la cavité creuse d'un objet renferme de l'air qui, rebondissant d'une paroi à l'autre sous le choc porté à l'une de celles-ci, fait office de nouveau percuteur à plusieurs reprises. Cela suppose que, dans le cas d'un objet plat percuté, l'air, dans le voisinage immédiat, est aussi affecté de la même façon et transmet son affection à l'oreille (cf. *infra*, 420 a 3-4).

4. La raison du phénomène est suggérée dans *Du sens*, 6, 446 b 6-9.

5. Deux sons paraissent ainsi distingués : celui que produit le choc de deux solides communiqué à l'air et celui que produit sur l'air lui-même un corps déplacé très rapidement.

6. La comparaison doit mettre en relief la difficulté de faire résonner un corps qui, comme l'air, n'offre pratiquement aucune résistance. Les grains de sable entassés s'éparpillent sous le coup qu'on veut leur porter et, s'ils s'écoulent, par exemple, d'un sablier, un coup porté de haut en bas sur le filet qu'ils forment, n'a pratiquement aucune chance de produire un son.

7. Cf. *supra*, 419 b 16-18 (à propos de la sonorité des objets creux) et, pour l'écho, *Problèmes*, XI, 8, 899 b 23-25 ; 23, 901 b 18 ; 51, 904 b 32-33. L'écho

un écho, mais pas clair, puisque aussi bien le son donne lieu au même phénomène que la lumière. La lumière, en effet, se réfléchit perpétuellement ; / [*30*] sinon, elle ne se répandrait point partout et il y aurait, au contraire, obscurité en dehors de ce qu'éclaire le soleil. Mais elle ne se réfléchit pas de la même façon qu'à partir de l'eau, du bronze ou de quelque autre objet plat, au point de pouvoir faire de l'ombre ; ce par quoi nous définissons la lumière[1].

Quant au vide, il est correct de dire qu'il joue un rôle fondamental dans l'audition, parce que l'opinion veut que l'air soit vide[2]. Toutefois, c'est l'air qui fait / [*35*] qu'on entend, chaque fois qu'il est ébranlé dans sa masse unique et continue[3]. Mais, vu son inconsi/stance, [***420 a 1***] il ne résonne que dans le cas où c'est un objet plat qui est percuté. C'est d'ailleurs alors qu'il acquiert du même coup son unité, en raison de la surface de l'objet plat, car cette dernière constitue une unité[4].

Donc, est susceptible de produire un son, ce qui peut

semble impliquer une exception à la règle de la dissipation de l'air. Une masse d'air cernée par une cavité résiste en effet, et se trouve, en partie, renvoyée en arrière. La sonorité actuelle d'un objet suppose donc l'affection instantanée de l'air ambiant, le déplacement de l'air ainsi affecté dans plusieurs directions et, dans le cas d'écho, le retour de cet air en sens opposé, en vertu d'une certaine élasticité, qu'Aristote ne reconnaît pas évidemment comme telle, mais qu'il paraît supposer. La description de notre passage est cependant obscure.

1. La répercussion paraît ainsi doublement analogue à la réflexion lumineuse (ou réfraction : *anaklasis*) : elle profite de toutes les surfaces et elle se manifeste pleinement à partir de certaines d'entre elles. L'écho est dès lors à l'oreille ce qu'est à l'œil la lumière réfléchie par un miroir. Mais l'écho suppose un transport du milieu, ce que ne suppose pas la réfraction lumineuse.

2. C'est l'opinion commune rapportée en *Phys.*, IV, 6, 213 a 22 et sqq., selon laquelle le vide est l'espace où ne se trouve pas de corps sensibles. Elle était déjà combattue par les anciens naturalistes, qui s'efforcaient de montrer que cet espace est rempli d'air. Cf. *Part. an.*, II, 10, 656 b 15 : « ce qu'on appelle vide est plein d'air ». Le vide absolu entre les atomes d'air était, en revanche, postulé par Démocrite, mais ce vide absolu pour Aristote, serait tout aussi inopérant dans le cas de l'audition que dans le cas de la vue (cf. *supra*, 419 a 20-21). Un vide relatif, cependant, est nécessaire.

3. Sans unité, ni continuité, la masse d'air qui se dissipe et se fractionne sur les obstacles entre l'objet sonore et l'oreille, perd l'affection que lui confère l'objet et que doit percevoir le sujet. D'où la nécessité d'un vide relatif entre les deux (cf. n. précédente).

4. Bien que la signification du texte ne soit pas ici très évidente, Aristote semble dire que la percussion d'un solide présentant une surface plate et lisse entraîne un choc tel que l'air est ébranlé d'un seul coup sur toute la masse attenante à la surface ; au lieu d'être fendu et dissipé, il constitue alors une unité qui résonne.

ébranler une unité d'air en continu jusqu'à l'ouïe[1]. Or celle-ci présente la même nature que l'air. Et du fait qu'elle est située à l'air, le / [5] mouvement de l'air externe s'accompagne d'un mouvement de l'air interne[2]. C'est précisément pourquoi n'importe quel membre ne sert pas à l'animal pour entendre et que le mouvement de l'air ne se transmet pas partout[3]. Car ce n'est pas partout que l'animal contient de l'air qui fasse office d'organe mobile et sonore[4].

L'air est donc un corps lui-même insonore, vu sa facilité à se dissiper. Mais lorsqu'on l'empêche de se dissiper, son mouvement devient un son. Quant à celui que contient les oreilles, il s'y trouve abrité de manière à / [*10*] être immobile, afin de sentir avec précision toutes les variations du mouvement[5]. C'est d'ailleurs pour cela que nous entendons également dans l'eau[6], parce que celle-ci ne pénètre pas jusqu'à l'air même qui est associé à notre nature, que

1. La continuité peut être en l'occurrence celle de la masse d'air et celle de son mouvement.

2. Aristote ne distingue pas ici explicitement entre le sens (l'ouïe) et son organe (l'oreille), mais suppose que ce dernier présente une partie externe (le pavillon et un orifice), située dans l'air ambiant, et une partie interne (le conduit auditif) remplie d'air, elle aussi, ou d'un élément de même nature que l'air : cf. *Gén. an.*, II, 6, 744 a 1-3. Cet élément est l'essence même de l'oreille, ce que l'eau (constitutive de la pupille) est à l'œil, parce qu'il reçoit l'affection de l'air extérieur, comme la pupille reçoit l'affection de la transparence du milieu.

3. Ceci vise probablement la thèse de Démocrite, qui, selon Théophraste (dans son propre *Du sens*, 54 ; 55 et 57) estimait que le son pénètre tout le corps de l'animal et faisait ainsi du corps entier l'organe de la sensation auditive.

4. Bien que l'idée ne soit pas douteuse, le texte grec se présente ici de manière difficilement intelligible et a été diversement corrigé. Les mots *to kinèsomenon meros kai empsuchon*, sans correction, ont été regardés comme une périphrase désignant l'animal ou comme une façon de désigner l'organe de l'audition et, dans les deux cas, tenus grammaticalement pour le sujet de la proposition. C'est que le mot *empsuchon* (animé) fait songer à l'animal et le mot *meros* (partie) à un organe, mais les deux termes sont coordonnés (*kai*) et cette coordination ne donne pas de sens. Les corrections proposées visent à restituer un sens plausible, mais sont aléatoires. La moins suspecte consiste à lire *empsophon* (sonore) pour *empsuchon*. On pourrait alors comprendre à la rigueur : « ce n'est pas partout (*pantêi*) que l'animal (sujet sous-entendu) contient de l'air en qualité de partie appelée à se mouvoir et sonore ». Nous avons traduit d'après cette suggestion. Mais, même alors, on attendrait *pantachou* au lieu de *pantêi*.

5. L'immobilité de l'air abrité dans l'oreille est cependant relative, car Aristote parlera plus loin de son mouvement propre (420 a 16-17). L'air interne, semble-t-il, est seulement à l'abri des mouvements qui le feraient se dissiper. En ce sens, il est stable *et* réceptif aux moindres mouvements de l'air extérieur.

6. Cf. *supra*, 419 b 18.

dis-je ? même pas jusqu'à l'oreille, en raison du labyrinthe[1]. Mais quand cela se produit, on n'entend pas plus que lorsque le tympan est atteint du genre de maladie qui affecte la peau sur la pupil/le[2]. [*15*] Il est cependant un indice permettant de savoir si l'on entend ou non, c'est le bruissement continu que fait l'oreille comme la corne[3]. L'air qui se trouve dans les oreilles est, en effet, perpétuellement agité d'un certain mouvement naturel. La sonorité, en revanche, lui est étrangère et n'est pas le propre de l'air. C'est d'ailleurs pour cela qu'on dit[4] entendre grâce au vide qui résonne. En fait, nous entendons grâce à un organe qui contient une portion d'air déterminée[5].

B.2.2.2.3. Origine du son et nature des différentes sonorités.

Est-ce que, / [*20*] d'autre part, le son est émis par l'objet percuté ou bien par celui qui percute ? Ou bien encore par les deux à la fois, mais de façon différente[6] ? Car le son constitue l'agitation du corps capable de cette sorte précise de mouvement que présentent les objets qui rebondissent à partir des surfaces plates, lorsqu'on les heurte[7]. Donc,

1. Le mot grec *helikes* (« spirales »), inspiré sans doute par la configuration du limaçon, s'applique à l'ensemble des conduits de l'oreille interne (l'oreille proprement dite), où l'eau ne pénètre pas.

2. C'est-à-dire, la cornée. Enveloppe transparente, celle-ci est censée protéger la pupille, comme le tympan protège l'oreille interne, en contenant à l'abri l'eau essentielle de l'organe visuel (la pupille n'étant pas, pour Aristote, un orifice, mais une substance aqueuse), comme le tympan contient à l'abri l'air essentiel de l'organe auditif. La maladie évoquée ici peut être comparée à celle que décrit le *Du sens*, 2, 438 a 17-18 : « il y a manifestement de l'eau qui s'écoule des yeux qui se corrompent ». L'altération de la cornée laisse l'eau s'échapper, comme celle du tympan laisse s'échapper l'air de l'oreille.

3. La corne creuse d'un animal qu'on applique contre le pavillon, plutôt que l'instrument de musique en corne (flûte) dans laquelle on souffle. — L'oreille perçoit un bruissement quand, paradoxalement, on la bouche, comme l'œil perçoit du feu quand on le frotte, les paupières closes (cf. *Du sens*, 2, 437 a 23-26). C'est apparemment qu'alors, ce qui perçoit devient en même temps ce qui est perçu. En grec, le « bruissement » est appelé proprement un écho (cf. *èchein* : 420 a 16), parce que le mouvement de l'air interne, dans sa cavité, correspond à une suite de répercussions.

4. Cf. *supra*, 419 b 33-35.

5. « Déterminé » (*hôrismenon*) ne semble pas avoir ici le sens de « délimité », mais de naturellement « défini », puisqu'il s'applique à « l'air associé à notre nature » (420 a 12).

6. Solution conforme à l'idée que le son est produit par le choc (de deux objets) : 419 b 10-11.

7. La définition est contournée parce qu'elle s'applique directement et

comme on l'a dit[1], tout objet percuteur ou percuté n'émet pas un son. Ainsi, une épingle qui frapperait une épingle. / [*25*] Mais l'objet percuté doit avoir une face plane, de façon que l'air puisse s'y ramasser pour rebondir et vibrer[2].

Quant aux différentes sortes de sonorités, elles se manifestent dans le son effectif. De même, en effet, que, sans lumière, les couleurs ne se voient pas, de la même façon, en l'absence de son, l'aigu et le grave ne se perçoivent pas non plus[3]. On en parle, toutefois, selon une métaphore tirée / [*30*] des objets tangibles. En effet, l'aigu ébranle le sens un bref instant en profondeur et le grave un long moment, mais peu. L'aigu n'est donc pas le rapide, ni le grave le lent, mais c'est par sa rapidité que le mouvement de l'aigu devient tel, et par sa lenteur celui du grave[4]. Ce qui, / [***420 b 1***] semble-t-il, présente une analogie avec l'aigu et l'obtus dans l'ordre du toucher. L'aigu, en effet, a l'air de piquer et l'obtus de presser, vu que le premier ébranle un bref instant et le second un long moment. Ainsi se fait-il que l'un soit rapide et l'autre lent.

proprement aux objets solides, plats ou creux, qui présentent une certaine élasticité, et indirectement à l'air lui-même, qui, en tant que masse, reçoit la vibration et rebondit en écho.

1. En 419 b 6-18.

2. Dans un instrument à cordes, auquel Aristote ne pense pas ici, l'objet percuté n'est pas ce genre de surface plane, mais la corde. L'air agité par la corde qu'on détend, selon cette théorie, doit sans doute se ramasser et vibrer contre la caisse de résonance.

3. Comparées aux couleurs, les sonorités sont donc des qualités distinctes d'objets, que le choc de ces objets révèle à l'ouïe. Aristote examine ensuite le rapport de ces qualités sonores aux différences de mouvements. Aux sensations auditives correspondent, en effet, des mouvements, dont l'air est affecté. Il s'agit de savoir si les qualités respectives de ces mouvements désignent proprement des différences sonores.

4. Aristote conteste ici l'*identité* des qualités sonores et des caractères du mouvement auxquels elles correspondent. Cette identité, défendue par les Pythagoriciens (spécialistes de l'harmonie numérique cf. *Top.*, I, 15, 107 a 15-16 et Archytas, Fr. B 1 D-K), était soutenue par Platon (*Timée*, 67 B et 80 A) contre les sensualistes (Aristoxène ?), parce qu'elle engage, semble-t-il, avantageusement à placer l'essence du son dans une raison numérique que saisit l'intelligence, plutôt que dans une détermination sensible à l'oreille (cf. *Républ.*, VII, 531 A-C). Pour Aristote, au contraire, elle a le défaut de réduire l'affection auditive à ce qui en est seulement la condition : la lenteur et la rapidité d'un mouvement. Celles-ci sont mesurables et représentent, en effet, une condition du grave et de l'aigu (cf. *Gén. an.*, V, 7, 787 a 14-18), mais ne constituent pas le grave et l'aigu en tant que tels.

B.2.2.2.4. Le son vocal.

En ce qui regarde le son, / [*5*] l'on se bornera donc à ces précisions. Quant à la voix, elle constitue la sorte de son qu'émet un être animé[1]. Aucun des objets inanimés n'a, en effet, de voix. C'est seulement en raison d'une similitude qu'on parle, par exemple, de la voix d'une flûte, d'une lyre et de tous les autres objets inanimés[2] qui possèdent un registre, un timbre et un langage[3]. Il y a, de fait, ressemblance, puisque la voix possède aussi ces déterminations.

Beaucoup d'animaux, cependant, n'ont pas / [***10***] de voix : les non-sanguins, par exemple, ainsi que, parmi les sanguins, les poissons. Et c'est parfaitement rationnel, puisque le son constitue un mouvement de l'air[4]. Il en est bien dont on dit qu'ils ont une voix, par exemple, des poissons de l'Acheloüs[5]. Mais ce sont des bruits qu'ils profèrent par leurs branchies ou un autre organe similaire. Or la voix, c'est le son qu'émet l'animal, mais pas à l'aide de n'importe laquelle de ses parties. Au contraire, puisque

1. La voix (*phônè*) se distingue de la parole (*logos*) : « c'est la matière de la parole » (*Gén. an.*, V, 7, 786 b 21-22), le genre, si l'on veut, dont la parole est la forme spécifique, propre à l'homme. C'est la voix, plutôt que le son, qui servait, chez Platon, à expliquer la sensation auditive : « globalement, nous poserons donc que la voix est le choc transmis par l'air, à travers les oreilles, le cerveau et le sang, jusqu'à l'âme, tandis que le mouvement déclenché par le choc, qui commence à la tête et aboutit au siège du foie, c'est l'audition » (*Timée*, 67 B).

2. Cf. *Mét.*, Δ, 12, 1019 b 13-15 : « les êtres inanimés présentent, en effet, une faculté semblable ; par exemple, les instruments ; on dit, en effet, que telle lyre peut faire entendre sa voix et telle autre non, si elle est mal accordée ».

3. Le mot *apotasis* (traduit par « registre ») désigne, semble-t-il, ce qui distingue la tessiture des voix, celle d'un homme et celle d'une femme, par exemple (cf. *Hist. an.*, V, 14, 545 a 17). Le mot *melos* (traduit ici par « timbre »), paraît désigner, en l'occurrence, une différence mélodique indépendante de la hauteur et de l'intensité du son, en rapport avec la tonalité (cf. *Mét.*, I, 2, 1053 b 35 ; *An. sec.*, I, 23, 84 b 39). Le mot *dialektos* (traduit par « langage »), expressément défini ailleurs comme l'articulation de la voix (*Hist. an.*, IV, 9, 535 a 30-31), semble désigner, dans le son instrumental, ce qu'il doit de spécifique à l'instrument lui-même. Mais toutes les traductions sont approximatives.

4. L'explication vaut pour les poissons et certains « non-sanguins » (les crustacés), mais pas pour tous (insectes, gastéropodes, céphalopodes,...) ; cf., pour les poissons, *Hist. an.*, IV, 9, 535 b 14-15 : « les poissons n'ont pas de voix, car ils n'ont ni poumon, ni trachée, ni larynx ».

5. Ce poisson de l'Acheloüs (l'Aspopotamo, le plus grand fleuve de Grèce continentale) est cité, parmi d'autres, qui ont la même propriété, sous le nom de *kapros* dans *Hist. an.*, IV, 9, 535 b 18.

chaque son suppose la percussion / [*15*] d'un objet sur un autre dans un certain milieu, c'est-à-dire, l'air[1], il y a là une bonne raison pour que, seuls, puissent avoir de la voix ceux qui sont réceptifs à l'air.

D'emblée, en effet, la respiration sert à la nature pour deux opérations, tout comme la langue sert au goût et au langage[2]. Le goût, dans ce cas, répond à une nécessité et, pour cette raison, il appartient à une grande majorité d'animaux, tandis que la faculté de se faire / [*20*] comprendre[3] répond à une fin de bien-être[4]. De la même façon, le souffle inhalé sert ensemble à la chaleur interne, en raison d'une nécessité (on en dira le motif ailleurs[5]), et à la phonation, qui vise à conférer le bien-être. Or l'instrument nécessaire à la respiration, c'est le larynx[6] ; et cet organe est au service du poumon. C'est grâce à ce dernier organe, en effet, que le degré / [*25*] thermique des animaux pédestres dépasse celui des autres[7]. Mais ce qui a aussi besoin de la respiration, c'est d'abord la région qui enveloppe le cœur[8]. Il est donc nécessaire que l'air pénètre à

1. Cf. *supra*, 419 b 9-14.

2. Comparez *Part. an.*, II, 16, 659 b 34-660 a 1 ; III, 1, 662 a 16 et sqq. ; et, surtout, *De la respiration*, 17, 476 a 17-22 : « la nature se sert du même organe à deux fins [...] ; de même que chez certains, elle fait servir la langue aux saveurs et à la communication verbale, de la même façon, chez ceux qui ont des poumons, elle fait servir ce qu'on appelle la bouche à l'opération de nutrition et à l'expiration et l'inspiration ».

3. La « faculté de se faire comprendre » ou « communication verbale » (*hermeneia*) n'est pas strictement le propre de l'homme ; cf. *Part. an.*, II, 17, 660 a 35-b 1 (à propos de certains petits oiseaux) : « ils se servent tous de la langue également pour se faire comprendre les uns des autres, mais certains plus que d'autres, si bien que, chez quelques-uns, il peut sembler y avoir un apprentissage mutuel ».

4. La distinction entre ce qui relève du nécessaire (imposé par une condition corporelle aveugle) et ce qui relève du bien (visé rationnellement) est une distinction très générale héritée de Platon (cf. *Timée*, 75 B). Aristote en fait de multiples applications, notamment dans son analyse de la nature, où elle lui permet de dire, dans le cas d'une double finalité des organes, que les instruments de la nécessité, servant au maintien de l'être, sont utilisés à des fins supérieures, pour un mieux-être : cf. *Part. an.*, III, 7, 670 b 23 et sqq. ; 10, 672 b 12 et sqq. ; etc.

5. *De la respiration*, 7, 470 b 24 et sqq. ; 14, 474 b 20 et sqq. ; 16, 475 b 16 et sqq. ; 476 a 7 et sqq. ; 21, 478 a 11 et sqq. ; comparez *Part. an.*, III, 6, 668 b 33-669 a 6 ; *Du sens*, 5, 444 a 25-28.

6. Cf. *Part. an.*, III, 3, 664 a 16-17 ; *Resp.*, 5, 470 a 5 et sqq. Aristote ne distinguait pas clairement entre larynx et trachée-artère (dont il parle plus loin, 420 b 28) : cf. *Hist. an.*, I, 12, 493 a 5-8.

7. Cf. *Resp.*, 13, 477 a 14 et sqq.

8. Pour la même raison, parce que le cœur, comme le poumon, est gorgé de sang chaud (dont l'air frais inhalé, selon Aristote, maintient le degré ther-

l'intérieur du sujet qui respire. Par conséquent, la voix, c'est le coup que frappe l'air inspiré par l'âme inhérente à ces organes, lorsqu'il porte sur ce qu'on appelle la trachée-artère[1].

Tout son produit par un animal n'est pas, en effet, / [*30*] vocal, comme nous disions[2]. Car on peut aussi émettre un son avec la langue ou lorsqu'on tousse. Il faut, au contraire, un organe percuteur animé et qui s'accompagne d'une certaine représentation[3]. Car la voix constitue un son significatif[4], et non le bruit de l'air inspiré, comme la toux. / [***421 a 1***] Avec cet air inspiré, au contraire, on frappe contre la trachée artère l'air qu'elle contient. Et un indice, c'est qu'on ne peut donner de la voix lorsqu'on inspire, ni lorsqu'on expire, mais lorsqu'on retient sa respiration. Car c'est avec cet air qu'on retient que l'on déclenche le mouvement vocal[5]. On voit d'ailleurs aussi pourquoi les poissons n'ont pas de voix : c'est qu'ils n'ont pas de larynx[6]. Et s'ils ne / [*5*] possèdent pas cet organe, c'est qu'ils n'inhalent pas l'air et ne respirent pas. Pour quel motif ? C'est une autre question[7].

B.2.2.3. L'odorat et l'odeur.

[***II, 9, 421 a 7***] L'odeur, de son côté, ou ce qui est odorant, est un sujet moins facile à traiter que ceux dont on a parlé. Car l'odeur n'est pas un genre de chose[8] qui se

mique : cf. *Du sommeil*, 2, 456 a 3-10), mais surtout parce qu'il est le principe même de la chaleur vitale.

1. Le cœur est considéré comme le lieu d'où partent tous les mouvements animés et la sensibilité (cf. *Sommeil*, 2, 456 a 5-6) ; c'est lui d'abord qui représente le siège de l'âme sensitive et motrice : « le [moteur] c'est l'âme, laquelle se distingue de la grandeur [organe corporel], mais lui est inhérente » (*Mouvem. an.*, 9, 703 a 2-3). Quant aux organes qui servent directement à l'âme pour projeter le souffle sur la trachée, ce sont, probablement, les poumons et le thorax.

2. En 420 b 13-14.

3. La capacité de représentation sensible (434 a 5-7) existe chez les animaux non-humains : cf. (à propos du « langage » des animaux) *Hist. an.*, IV, 9, 536 a 20 et sqq.

4. Alors que « la parole est une voix qui peut signifier par convention » (*De l'interprét.*, 4, 16 b 26 ; cf. 17 a 1-2).

5. La retenue du souffle suspend le mouvement respiratoire naturel, comme la toux ; et celle-ci est une émission sonore de l'air pulmonaire, comme la voix, mais, semble vouloir dire Aristote, elle n'est pas provoquée par la retenue du souffle.

6. Cf. *supra*, n. 1, p. 178.

7. Cf. *Part. an.*, III, 6, 669 a 1-5 et *Respir.*, 15, 474 b 25-475 a 11.

8. « Genre de chose » (*poion ti* : cf. 407 b 20) est synonyme de nature.

laisse clairement définir, comme c'est le cas du son, de la lumière ou de la couleur, pour le motif que ce genre de sensation, nous ne le possédons pas avec acuité, mais à un moindre degré de perfection que beaucoup d'animaux[1].

B.2.2.3.1. Comparaisons avec les autres sens et les autres sensibles.

L'homme, en effet, possède un mauvais odorat et il ne perçoit aucun des objets odorants sans qu'il ne paraisse désagréable ou agréable. Comme quoi cet instrument sensoriel manque d'acuité[2]. On est fondé à croire, toutefois, que c'est de cette manière également que les animaux aux yeux durs[3] perçoivent les couleurs : ils ne peuvent voir de façon claire les différences de couleurs que par la crainte qu'elles suscitent ou non[4]. Or telle est aussi la façon dont le genre humain distingue les odeurs[5].

Car s'il semble bien y avoir une analogie avec le goût, c'est-à-dire, une similitude entre les espèces de saveurs et celles de l'odeur[6], malgré tout, nous avons le goût plus fin, parce que c'est une sorte de toucher[7] et que ce dernier sens, chez l'homme, est le plus aiguisé qu'il possède[8]. Pour le reste, en effet, l'homme le cède à bien des

1. L'acuité du sens se mesure à la capacité de saisir précisément toutes les différences olfactives, mais aussi à la capacité de les percevoir de loin (*Gén. an.*, V, 2, 781 a 15-18).

2. Toute sensation, à commencer par celle du toucher, est liée à l'agrément et au désagrément (cf. *supra*, 414 b 4-5). Et le fait, en soi, ne prouve pas le manque d'acuité des sens. L'idée ici exprimée est sans doute que l'homme n'est vraiment sensible qu'à certaines odeurs, en tant qu'elles lui plaisent ou lui déplaisent et sont agréables ou désagréables « en soi », parce qu'elles ne servent pas à exciter l'appétit de la nourriture (cf. *Du sens*, 5, 443 b 16-444 a 19). Ces odeurs étant réputées « propres à l'homme » (*Ibid.*, 444 a 4-5), on peut soupçonner que les autres, liées à la nourriture, lui sont moins perceptibles qu'aux autres animaux. Mais voir, ci-dessous, n. 5.

3. Ces animaux (poissons, crustacés, insectes,... : *Hist. an.*, IV, 2, 526 a 8 ; 10, 537 b 12 et sqq.) voient comme à travers une membrane qui leur sert de paupières ; ils ont donc la vue moins aiguë, inconvénient pallié, chez les insectes, par une plus grande mobilité des yeux.

4. Cette analogie est invoquée aussi dans *Du sens*, 5, 444 b 22-28.

5. L'homme fuit, par exemple, les odeurs pernicieuses, qui ne gênent pas les autres animaux et dont ils ne s'embarrassent pas, sauf pour leur nourriture (cf. *Du sens*, 5, 444 a 16-19 et b 28-445 a 4). Le désagrément chez l'homme l'emporte sur l'odeur elle-même ; de même l'agrément des parfums l'emporte, chez lui, sur la perception des différences entre les arômes.

6. Voir, à ce sujet, *Du sens*, 4, 440 b 29-30 ; 441 b 19-21 ; 5, 443 a 7 et 9-21.

7. Cf. *infra*, 422 a 8 et sqq.

8. Cf. *Hist. an.*, I, 15, 494 b 16-19.

animaux[1], mais pour ce qui regarde le toucher, il dépasse de beaucoup les autres en acuité[2]. Aussi est-il également le plus sagace des animaux[3]. Et ce qui l'indique, c'est que même à l'intérieur du genre humain, la ligne de partage entre les bien doués et ceux qui ne le sont pas, est tracée par cet instrument sensoriel et par aucun / [*25*] autre. Ceux dont la chair est dure, en effet, ne sont pas doués intellectuellement, tandis que ceux qui ont la chair tendre le sont[4].

Mais on peut comparer avec la saveur, qui est tantôt douce, tantôt amère[5]. Il en va ainsi des odeurs, bien que certaines choses ont l'odeur et la saveur qui se correspondent (je veux dire, par exemple, une odeur douce et une saveur douce), tandis que d'autres présentent une situation contraire[6]. Pareillement, il existe aussi une odeur / [*30*] aigre, âcre, acide et onctueuse[7], bien que, comme

1. Cf. *Gén. an.*, V, 2, 781 b 17-18.
2. Cf. *Part. an.*, II, 16, 660 a 11-13.
3. Et c'est pour cela qu'il a des mains : *Part. an.*, IV, 10, 687 a 9-10.
4. La vue est en elle-même regardée par ailleurs comme le sens supérieur, pour son utilité dans l'acquisition des choses nécessaires à la vie, et l'ouïe comme celui qui contribue le plus à la sagacité, mais par accident, parce qu'elle est liée à la parole (*Du sens*, 1, 437 a 3-5 et 13-17). Le lien entre le tact et l'intelligence ne paraît pas, lui, accidentel, sans doute parce que le toucher perçoit les différences, non dans un seul genre, comme les autres sens (différences de couleurs, pour la vue, ou de sons, pour l'ouïe), mais dans plusieurs (cf. *infra* : 422 b 23-27 ; *Gén. corr.*, II, 2, 329 b 18 et sqq. ; *Part. an.*, II, 1, 646 a 16 et sqq.), et parce que, en outre, les différences fondamentales, constitutives des éléments (chaud, sec, humide, froid), comptent parmi les choses tactiles. Comment, à ce titre, la connaissance tactile peut-elle favoriser, plus qu'aucune autre connaissance sensible, l'intelligence mise en œuvre dans l'action (sagacité) ? Aristote ne le précise pas. A cet égard, la prétendue corrélation entre l'intelligence et la tendresse de la chair (toutes choses égales par ailleurs) chez les individus de l'espèce humaine, est un fait difficile à constater ; car la chair en rapport avec le toucher, n'est pas seulement l'épiderme, ni l'ensemble des tissus charneux sous la peau (qui, on le verra plus loin, ne représentent, pour Aristote, qu'un milieu entre le sens du toucher et son objet), mais aussi celle de l'organe proprement dit du sens tactile, qui est interne et paraît être le cœur (cf. *Part. an.*, II, 10, 656 b 34-36). Mais le fait est qu'Aristote établit une corrélation entre tendresse corporelle, acuité du sens et sagacité.
5. L'évidence des saveurs est, en effet, *pour l'homme*, plus nette que celle des odeurs (cf. *Du sens*, 4, 440 b 30 ; et *supra*, 421 a 9-10). Ainsi Aristote peut-il proposer, avec le doux et l'amer, deux espèces d'odeurs plus sûrement définies que celles sur lesquelles se rabattait Platon, faute, disait-il, d'évidence : les odeurs agréables et les odeurs désagréables (*Timée*, 66 D-67 A, thèse visée par *Du sens*, 5, 443 b 15-18).
6. L'exemple type observé semble être celui de la plupart des parfums, doux à l'odeur et amers au goût.
7. Les trois premières sont répertoriées parmi les saveurs chez Platon

nous le disions[1], on ne saisisse pas les odeurs de manière aussi nette que les saveurs. C'est donc de celles-ci qu'elles ont tiré leurs / [***421 b 1***] noms, en vertu de la ressemblance des choses en cause. Il y a, en effet, la douceur du safran ou du miel, d'un côté, et, de l'autre, l'aigreur du thym ou des choses de ce genre[2] ; et il en va de la même façon dans les autres cas.

On peut, d'ailleurs, comparer avec l'ouïe et chacun des sens. L'un porte sur ce qui est audible / [*5*] ou ne l'est pas, l'autre, sur ce qui est visible ou ne l'est pas[3] et l'odorat sur ce dont on peut saisir l'odeur ou qui est inodore. Mais une chose est inodore, tantôt parce qu'elle ne peut avoir d'odeur du tout, tantôt parce qu'elle en a peu ou que son odeur est mauvaise. Or c'est ainsi que s'entend également l'insipide[4].

B.2.2.3.2. La question de l'odorat en milieu liquide.

D'autre part, l'olfaction s'opère aussi à travers un milieu, comme l'air ou bien l'eau. / [***10***] Car les animaux aquatiques, sanguins et non-sanguins pareillement, passent pour percevoir une odeur, tout comme ceux qui vivent à l'air[5]. Certains d'entre eux se dirigent, en effet, de loin vers la nourriture, lorsqu'ils la subodorent.

C'est pourquoi se pose manifestement une question embarrassante[6]. On fait l'hypothèse que tous perçoivent les odeurs de façon semblable ; mais l'homme, pour cela, respire et, s'il ne le fait pas / [***15***] et qu'au contraire, il expire ou retienne son souffle, il ne perçoit point d'odeur, ni de loin, ni de près, pas même si on lui introduit l'objet contre la narine. Le fait, certes, qu'un objet placé sur

(*Timée*, 65 C-66 C), mais, dit ailleurs Aristote, « les saveurs sont infinies » (*Du sens*, 4, 442 b 22).

1. Cf. *supra*, 421 a 9-10.
2. A l'odeur âcre (*drimeia*) du thym, devrait correspondre la saveur de certaines épices brûlantes, selon Platon (*Timée*, 65 E).
3. Une analogie entre les différentes couleurs et les différentes saveurs se trouve dans *Du sens*, 4, 442 a 14 et sqq.
4. Cf. le développement sur l'insipidité de l'eau dans *Du sens*, 4, 441 a 3 et sqq.
5. Ces derniers sont à la fois les volatiles et les animaux terrestres ; parmi les animaux aquatiques, les sanguins sont les poissons, et les non-sanguins les gastéropodes : cf. *Du sens*, 5, 443 a 2-4 et 444 b 7 et sqq. (l'odorat des insectes, qui, pourtant, ne respirent pas).
6. Même aporie en *Du sens*, 5, 444 b 15 et sqq.

l'organe sensoriel lui-même soit imperceptible est commun à tous[1] ; mais le fait de ne pas percevoir sans respirer est propre au cas des hommes. On le voit d'ailleurs à l'épreuve[2]. Par conséquent, / [*20*] les non-sanguins, dès lors qu'ils ne respirent pas, devraient avoir quelque autre sens en dehors de ceux dont on parle. Mais ce n'est pas possible, puisque c'est l'odeur qu'ils perçoivent[3]. La sensation de ce qui a une odeur, qu'elle soit incommode ou suave, constitue, en effet, l'olfaction. Et, de plus, ils périssent manifestement, eux aussi, sous l'action des mêmes odeurs fortes que l'homme, par exemple, celles du gou/dron, [*25*] du soufre ou des choses de ce genre[4]. Donc, ils perçoivent nécessairement les odeurs, mais sans respirer !

Il semble bien, toutefois, que, chez les hommes, cet organe sensoriel présente une différence par rapport à celui des autres animaux. C'est comme leurs yeux par rapport à ceux des animaux qui ont l'œil dur. Leurs yeux sont, en effet, pourvus d'une membrane et d'une sorte d'enveloppe, que constituent les paupières. Or s'il n'a bougé et / [*30*] relevé celles-ci, l'homme ne voit pas. Les animaux à œil dur, en revanche, ne possèdent rien de semblable, mais voient directement ce qui se produit dans le milieu transparent. Ainsi donc l'organe sensoriel qui permet de saisir les odeurs serait, lui aussi, / [***422 a 1***] chez les uns, à découvert, comme l'œil ; mais chez les autres, qui sont réceptifs à l'air, il posséderait un élément protecteur qui s'écarterait à l'inspiration, quand se dilatent les veines et les pores[5].

1. Et vrai des autres sens : cf. *supra*, 419 a 25-30. Cela prouve aussi que l'odorat diffère du toucher.

2. Soit essayer, sans respirer, de percevoir une odeur.

3. L'argument signifie que ce à quoi ils réagissent, c'est bien ce que l'homme perçoit comme une odeur (liée à la nourriture), incommode, s'ils fuient, et suave, s'ils la recherchent.

4. Périr sous l'effet d'une chose odorante n'implique pas, cependant, que l'odeur de cette chose soit perçue, sauf s'il paraît encore que la victime par exemple, cherche à l'éviter ; ce que précise, avec les mêmes exemples, le *Du sens*, 5, 444 b 32-445 a 1.

5. Cette dernière précision ne figure pas dans le passage parallèle du *Du sens* (5, 444 b 22-23 : « chez ceux qui respirent, le souffle écarte la sorte de couvercle placé sur l'organe ; c'est pourquoi ils ne sentent pas sans respirer »). La précision permet de supposer que, pour Aristote, lors de l'inspiration, les orifices veineux des parois nasales se dilatent, sous la pression du souffle intérieur que les veines contiennent avec le sang, et que cette dilatation

Et c'est pourquoi ceux qui respirent ne perçoivent pas d'odeur en milieu humide. Car il leur est nécessaire, / [5] pour sentir une odeur, de respirer. Or il est impossible de le faire en milieu humide. L'odeur est, au reste, relative au sec, comme la saveur à l'humide[1], et l'organe sensoriel qui permet de sentir l'odeur a potentiellement une qualité de ce genre[2].

B.2.2.4. Le goût et la saveur.

B.2.2.4.1. Singularité du sens sans intermédiaire.

[*II, 10, 422 a 8*] L'objet du goût, de son côté, est quelque chose de tangible[3]. Et cela explique qu'il ne soit pas sensible à travers le corps intermédiaire qui lui est étranger, / [*10*] car le toucher ne suppose rien de tel non plus[4]. Et, d'ailleurs, le corps qui contient la saveur, le corps sapide, a l'humidité pour matière, ce qui constitue une chose tangible[5]. Aussi, quand bien même nous serions

supprime, par le fait même (?), la fermeture des canaux veineux ; ceux-ci, véhicules des sensations vers le cœur, deviennent alors réceptifs à l'affection olfactive que l'air inhalé contient. Cf. *Gén. an.*, II, 6, 743 b 37-744 a 5.

1. Cette affirmation très laconique est difficile à entendre. Elle suppose que la saveur et l'odeur sont au fond une même affection, mais inhérente à des milieux différents et donc perçue par des organes différents (*Du sens*, 4, 440 b 29). La saveur, perçue par la langue, est une affection de l'humide (salive) par le sec (sucre, épice, etc.), qui s'y dissout ; autrement dit, c'est ce que le sec produit dans l'humide (cf. *Ibid.*, 441 b 19-21, 24 ; 5, 442 b 27). L'odeur, de son côté, perçue par les narines ou ce qui en tient lieu, est une affection de la puissance commune à l'air et à l'eau (*Ibid.*, 5, 443 b 12-14), c'est-à-dire, de la transparence, non comme telle, cependant, mais en tant qu'elle est capable de « rincer » le sec sapide (*Ibid.*, 443 a 1 ; b 4 et 445 a 13) ; autrement dit, la nature de l'odeur est celle du sec sapide dans la transparence qui le rince (*Ibid.*, 443 a 7). En schématisant, Aristote rattache apparemment ici la saveur à l'humide (modifié par le sec) et l'odeur au sec (sapide inhérent à l'humidité commune de l'air et de l'eau). Mais ceci paraît forcé.

2. Potentiellement, l'organe olfactif est sec ; c'est dire qu'il est effectivement humide, mais capable de s'assécher sous l'effet du milieu odorant.

3. La gustation implique, en effet, un toucher lingual : « la langue (de l'homme) est tendre, car elle est très apte au toucher ; or le goût est une sorte de toucher » (*Part. an.*, II, 17, 660 a 21-22 ; cf. 10, 656 b 37-657 a 1).

4. Ces deux sens, comme les autres sens à distance, supposent également un milieu, mais celui-ci n'est pas constitué par un corps distinct du vivant lui-même ; on verra plus loin, à propos du toucher (422 b 34 et sqq.), qu'il s'agit de la chair ; ici, Aristote note surtout que le goût nécessite un contact direct sur la langue, comme dans le toucher proprement dit.

5. L'eau, comme telle insipide (cf. *Du sens*, 5, 443 a 10-11), mais tangible, reçoit le sapide, comme une matière sa forme. La phrase paraît contenir grammaticalement un repentir : c'est le sapide qui a l'humidité pour matière, non le corps qui contient la saveur, celui-ci (l'eau) étant justement la matière.

dans l'eau, nous aurions la perception du sucre qu'on y aurait introduit. Or cette sensation ne nous viendrait pas par le truchement du milieu, mais du fait d'un mélange avec l'élément humide, comme dans le cas de la boisson[1]. La couleur, en revanche, / [*15*] ne se voit pas ainsi, du fait qu'elle se mélangerait, ni du fait de ses effluves[2].

B.2.2.4.2. Comparaisons avec les sens à distance.

Donc, rien ne fait office de milieu[3]. Néanmoins, la saveur représente ce qui est perceptible au goût, au même titre que la couleur ce qui est perceptible à la vue[4]. Or rien ne produit une sensation de saveur sans humidité, c'est-à-dire, sans contenir, actuellement ou potentiellement, de l'humidité. Ainsi, le salé, qui peut, en effet, lui-même se dissoudre aisément et agir comme dissolvant sur la langue[5]. /

[*20*] Mais la comparaison va plus loin. La vue porte ensemble sur le visible et l'invisible, puisque l'obscurité est invisible et que c'est la vue qui en juge[6]. Elle porte en outre sur ce qui est brillant à l'excès, puisque cet objet, lui aussi, est invisible, bien que d'une autre façon que l'obscurité[7]. Pareillement, l'ouïe, de son côté, porte ensemble sur le son et le silence, qui sont, l'un, audible, l'autre, non. Elle porte aussi sur le grand bruit / [*25*] tout comme la vue sur le brillant. De même, en effet, que le son faible est

1. Dans la boisson sucrée, il y a mélange de deux corps, d'un corps humide insipide et d'un corps sec sapide (cf. *Du sens*, 5, 443 a 12-13, à propos de l'eau de mer), et non pas affection d'un seul corps par une détermination sensible, qu'il transmettrait. Dans le mélange, le corps sapide est directement perçu.

2. Pour la réfutation des théories qui corporalisent les couleurs, voir *supra*, 418 b 15.

3. Entendez : « rien d'étranger au corps du vivant lui-même » (cf. 422 a 9).

4. « De la même façon » implique qu'une saveur n'est perceptible qu'à la condition de se trouver dans la même situation que la couleur sous la lumière (cf. 418 b 2) ; cette condition, sans laquelle une saveur n'est pas perceptible, c'est l'humidité.

5. Le goût potentiel d'un solide, pour être perceptible, est ainsi soumis à la condition que ce solide puisse s'humidifier et se présenter effectivement comme un liquide. La production de salive permet cette liquéfaction. Mais la salive, sécrétée par le corps, n'est pas proprement le milieu intermédiaire de la gustation, pas plus que ne l'est l'eau absorbée (cf. n. 1, ci-dessus) ; elle forme un mélange avec le sapide solide et ne représente que la condition nécessaire de la gustation (cf. n. 4, ci-dessus).

6. Sur le sens comme faculté de discernement, voir *infra*, par exemple, 432 a 16 et ci-dessus, n. 1, p. 170.

7. Cf. ci-dessus, n. 6, p. 170.

inaudible, d'une certaine façon le grand bruit violent l'est aussi. Par ailleurs, on parle d'invisible, tantôt, à propos de ce qui n'est pas visible du tout, exactement comme, en d'autres cas, on parle d'impossible, tantôt, lorsqu'on a affaire à une nature visible qu'on ne voit pas ou qu'on voit mal, comme on parle de l'animal apode ou du fruit sans noyau[1]. Et c'est ainsi que le goût, lui aussi, concerne ensemble ce qui a de la saveur / [*30*] et ce qui est insipide, mais celui-ci peut être une chose qui a peu de saveur ou une mauvaise saveur, ou encore une chose susceptible de faire disparaître le goût[2]. L'opinion, de son côté, veut qu'au départ, il s'agisse de ce qui est potable ou non. De fait, on goûte en quelque sorte dans les deux cas, sauf que le second cas correspond à une mauvaise saveur[3] ou à une sensation susceptible de faire disparaître le goût, tandis que le premier cas représente une sensation conforme à la nature.

B.2.2.4.3. Conditions du goût et espèces de saveurs.

Par ailleurs, le potable concerne en commun le toucher et le goût[4]. Mais dès lors que l'objet savoureux est humide, / [*422 b 1*] il faut encore nécessairement que l'organe sensoriel correspondant ne soit, ni déjà réellement humide, ni incapable de s'humidifier. Car le goût subit

1. L'invisible absolu est ce qui, comme tel, ne peut absolument pas être vu (le son, par exemple). Mais l'invisible par privation (l'obscur) est un visible potentiel, qu'on peut encore comprendre de deux façons : il est potentiellement visible par nous mais ne l'est pas effectivement, faute de lumière, ou bien potentiellement visible parce qu'éclairé, il ne peut être vu, ou guère, par nous, en raison de son état défectueux ou de sa petitesse (cf., à ce sujet, *Mouv. an.*, 4, 699 b 18-21). Les exemples de l'animal dit « apode » et du fruit réputé sans noyau illustrent l'idée de privation dans *Mét.*, Δ, 12, 1022 b 34-1023 a 2 : « ... on est invisible quand on n'a pas du tout de couleurs ou quand on en est pauvrement pourvu et apode quand on n'a pas du tout de pieds ou quand on en est pauvrement pourvu ; et la privation se dit encore en raison d'une petitesse, comme en parlant d'un fruit sans noyau, mais c'est alors en raison d'un état en somme défectueux ». Sur les faux apodes (certains oiseaux), voir *Hist. an.*, I, 1, 487 b 24-27.

2. A ce sujet, voir *infra*, 429 a 31 et sqq.

3. « Mauvais » (*phaulè*) signifie pauvre en saveur (cf. ci-dessus, n. 1, le texte de *Mét.*, Δ), mais, dans le cas de l'imbuvable, cela n'exclut pas la nuance de déplaisir, liée à une mauvaise saveur.

4. Toute boisson et tout aliment sont, en effet, susceptibles d'être perçus dans ses doubles nuances tangibles et sapides ; mais Aristote veut dire que la notion de potable ne peut être, précisément pour cela, synonyme de sapide, plutôt que de tangible.

une certaine affection de la part de l'objet savoureux en tant que tel[1]. Ce qui implique nécessairement l'humidification de ce qui peut l'être en se conservant[2], mais ne l'est pas, c'est-à-dire de / [5] l'organe sensoriel propre au goût. Et ce qui l'indique, c'est que la langue n'a de sensibilité, ni lorsqu'elle est complètement sèche, ni lorsqu'elle est trop humide. Car le contact, alors, se fait avec l'humidité primitive, comme lorsqu'on a préalablement goûté une forte saveur et qu'on en goûte une autre. C'est encore ainsi qu'aux malades, tout paraît amer, du fait qu'ils perçoivent avec la langue chargée d'une humidité / [*10*] qui a ce genre de saveur[3].

Quant aux espèces de saveurs, tout comme dans le cas des couleurs, il y a, d'abord, les saveurs simples, qui sont contraires, le doux et l'amer[4] ; puis, rattaché au premier, l'onctueux et, rattaché au second, le salé ; enfin, parmi les saveurs intermédiaires, l'aigre, l'âpre, l'astringent et l'acide. Ce sont à peu près là, en effet, les différences de saveurs que reconnaît l'opinion[5]. / [*15*] Si bien que le sens gustatif est ce qui, potentiellement, possède ce genre de déterminations, tandis que l'objet savoureux est ce qui peut les lui faire effectivement posséder[6]. /

1. Cf., plus généralement, 418 a 3 et sqq.

2. La précision semble signifier que le mélange humide qui contient le sapide ne doit pas affecter l'organe du goût de façon telle qu'il ne puisse plus sentir les saveurs. De même qu'une boisson trop chaude empêche de percevoir ses saveurs, une mauvaise salivation ne conserve pas à l'organe ses capacités gustatives. L'indice qu'invoque ensuite Aristote à l'appui de son affirmation, concerne un excès ou un défaut de salivation, mais la quantité d'humeur salivaire n'est pas seulement en cause, comme le prouve, plus loin, la référence à la pathologie.

3. L'amertume sur la langue, conséquence d'un dysfonctionnement humoral, servait aux médecins à diagnostiquer diverses pathologies.

4. Cf. *Du sens*, 4, 442 b 12-13 : « De même que les couleurs procèdent d'un mélange du blanc et du noir, de la même façon les saveurs procèdent d'un mélange du doux et de l'amer... ».

5. Le *Du sens*, 4, 442 b 13 et sqq. donne les correspondances avec les couleurs, en signalant que les saveurs, comme elles, présentent des rapports numériques déterminés lorsqu'elles sont agréables. Aristote précise encore qu'il y a sept saveurs, mais, étrangement, il en dénombre huit, comme ici ! Si l'on observe que toutes, sauf une (l'onctueux, rattaché au doux, comme le salé à l'amer) figuraient déjà chez Platon (*Timée*, 65 D-66 C), il apparaît que l'« opinion » invoquée ici est en partie celle de Platon, à qui l'on doit la spéculation sur le nombre et les rapports numériques des saveurs en liaison avec les couleurs (cf. *Timée*, 67 D), spéculation conservée par Aristote, en dépit du fait que l'adjonction d'une huitième saveur modifie le système platonicien.

6. Illustration du principe énoncé plus loin : 424 a 1-2.

B.2.2.5. Le toucher et le tangible.

B.2.2.5.1. Exposé de deux apories.

[***II, 11, 422 b 17***] Le tangible, par ailleurs, et le toucher appellent le même raisonnement[1]. Si le toucher, en effet, n'est pas un sens unique, mais représente plusieurs sens, nécessairement les objets tangibles seront aussi des sensibles multiples. Or on se le demande : est-ce qu'il s'agit de plusieurs / [***20***] sens ou d'un seul[2] ? Et quel est l'organe sensoriel qui correspond à la faculté tactile ? Est-ce ou non la chair et son équivalent chez les autres animaux[3] ? Ou bien, au contraire, ceci constitue-t-il l'intermédiaire, le siège fondamental de la sensibilité étant quelque autre organe interne[4] ?

(*a*) Chaque sens paraît, en effet, saisir une seule contrariété. Ainsi, pour la vue, le blanc et le noir, pour l'ouïe, l'aigu et le / [***25***] grave ou, pour le goût, l'amer et le doux[5]. Or le tangible implique plusieurs contrariétés : chaud-froid, sec-humide, dur-mou et toutes celles de ce genre qu'on peut identifier par ailleurs[6]. Il y a bien une façon de résoudre l'embarras, du moins sur ce point, vu que, même dans le cas des autres sens, il est de multiples contrariétés. Ainsi, dans la voix, il y a, non / [***30***] seulement l'aigu et le grave, mais aussi la force et la faiblesse, la douceur et la rugosité ou d'autres caractères semblables[7]. Et il existe

1. Le texte grec ici n'est pas clair. On pourrait comprendre : « le tangible et le toucher appellent les mêmes considérations *que ce qui précède* ». Mais Aristote, qui, selon sa méthode habituelle, commence l'étude du toucher par celle de son objet, le tangible, introduit visiblement une aporie signalant que celui-ci n'a pas plus d'unité évidente que le sens lui-même ne paraît en avoir.

2. La raison de cette interrogation est clairement donnée plus loin, 422 b 23 et sqq.

3. Sur l'équivalent « charnu », chez certaines espèces, voir *Hist. an.*, III, 16, 519 b 26-30 et *Part. an.*, II, 8, 653 b 19-22.

4. Entendez : la région du cœur, où convergent les conduits de tous les organes sensoriels et qui constitue le principe des sens : cf. *Gén. an.*, V, 2, 781 a 20-23 ; *Part. an.*, II, 10, 656 a 27-31 ; b 34-36 ; *Du sens*, 2, 439 a 1-2 : « ... c'est contre le cœur que se trouve l'organe sensoriel du goût et du toucher ». Aristote ne défendra plus loin cette proposition que de façon indirecte, en montrant que la chair n'est pas l'organe du toucher.

5. L'odorat n'est pas mentionné en raison de la parenté, déjà observée, entre les odeurs et les saveurs dont elles tirent leurs noms (cf. *supra*, 421 a 26-27, 32-b 3).

6. C'est-à-dire : lourd-léger, rugueux-lisse, épais-fin et consistant-friable (cf. *Gén. corr.*, II, 2, 329 b 18-20).

7. Ces distinctions, toutefois, ne sont pas proprement sonores et paraissent relever de sensibles « communs », dans l'acceptation définie *supra* (418 a

aussi, pour la couleur, d'autres différences du même genre. Mais quel objet unique, tel le son pour l'ouïe, serait sous-jacent au toucher, c'est ce qu'on ne voit pas clairement[1].

(*b*) Est-ce que, d'autre part, l'organe sensoriel est interne, ou bien est-ce qu'il s'agit, au contraire, direc/tement [***423 a 1***] de la chair ? Aucun indice, semble-t-il, n'est à chercher dans le fait que la sensation se produit en même temps que le contact. Car, en réalité, si l'on entoure la chair d'une sorte de membrane artificielle, on donnera pareillement le signal de la sensation dès qu'on la touche. Pourtant, il est évident que la membrane ne contient pas / [*5*] l'organe sensoriel.

B.2.2.5.2. Solutions.

Mais supposons encore que celle-ci devienne congénitale[2] : le parcours de la sensation sera plus rapide encore. C'est pourquoi la partie du corps qui ressemble à cette membrane paraît bien se comporter comme l'enveloppe d'air qui nous encercle, si elle faisait partie de notre nature[3]. Nous aurions, en effet, alors l'impression de percevoir par quelque unique organe et le son et la couleur et l'odeur, avec le sentiment que la vue, l'ouïe et l'odorat sont un seul sens / [***10***] quelconque[4]. Mais en réalité, vu que les mouvements se produisent à travers un milieu distinct, les organes sensoriels qu'on a dits se présentent manifestement comme différents. Or, dans le cas du toucher, la distinction, en réalité, n'apparaît pas.

16-20). C'est le cas de la force (en fait, grandeur : *megethos*). L'opposition doux (lisse)-rugueux (en grec, *leios -trachus*) est, elle, métaphoriquement empruntée à l'ordre tactile.

1. Platon avait suggéré le solide : « il n'y a pas de tangible sans quelque solide et pas de solide sans terre » (*Timée*, 31 A). La solution satisfaisante de cette aporie n'apparaîtra qu'avec la solution de la seconde.

2. Ce qu'est la chair : une enveloppe congénitale (de l'organe proprement dit).

3. Cf. *Part. an.*, II, 8, 653 b 26-27 : « c'est comme si l'on adjoignait à la pupille [de l'œil] tout le [milieu] transparent ».

4. L'air, en effet, milieu nécessaire au son, contient la transparence, qui, en tant que telle, est le milieu nécessaire des couleurs et, accidentellement, le milieu nécessaire des odeurs (cf. *Du sens*, 3, 439 a 21-25 ; 5, 442 b 28-443 a 3). Si un tel milieu faisait partie de notre nature sans la distinction des organes sensoriels, l'impression serait celle qu'on a avec le toucher : un même sens paraîtrait percevoir plusieurs espèces de sensibles différents.

Si l'air, en effet, ou l'eau ne peuvent constituer le corps animé, parce qu'il doit être quelque chose de solide, il lui reste à être un mélange de terre et de ces éléments, tel que se veulent la chair et son correspondant. De sorte que, nécessairement[1], le corps doit aussi constituer pour le sens tactile, un milieu intermédiaire intégré à notre nature, à travers lequel se produisent les sensations, lesquelles sont multiples. Et ce qui montre qu'elles sont multiples, c'est le toucher dans le cas de la langue. Car on perçoit toutes les déterminations tactiles par la même partie du corps qui perçoit aussi la saveur. Donc si le reste de la chair percevait également la saveur, on aurait le sentiment que le goût et le toucher constituent un seul et même sens, alors qu'en réalité, ils sont deux, parce qu'il n'y a pas de réciprocité[2].

B.2.2.5.3. L'illusion du contact.

Mais on peut être embarrassé dans l'hypothèse où tout corps possède une profondeur, c'est-à-dire la troisième dimension[3]. Deux corps qui ont entre eux quelque intermédiaire ne peuvent être eux-mêmes mutuellement en contact. D'autre part, il n'y a pas d'humidité incorporelle,

1. Cette nécessité d'ordre logique n'est pas évidente. En effet, trois « éléments » sont ici mentionnés comme constituants du corps. Or l'air de l'oreille interne fait partie de notre nature, et est ce qui est affecté par les sons (cf. 420 a 9-10) ; de même, l'eau transparente, constitutive de la pupille et, par elle, de notre œil (cf. *Du sens*, 2, 438 a 16) est ce qui est affecté par les couleurs. Il aurait donc été rationnel de penser que la chair, essentiellement terreuse, soit de même un organe, d'autant que les sensations tactiles sont ressenties là où précisément il y a contact avec l'objet extérieur. Aristote, il est vrai, raisonne à partir de l'impossibilité, pour l'eau et l'air, d'entrer en nous sans la terre solide, pour constituer le corps. Mais de là, il ne pouvait conclure « nécessairement » que la chair, formée de ces trois éléments, est en nous un milieu intermédiaire, comme le sont les deux premiers éléments en dehors de nous ; car cela représente une simple possibilité. La « nécessité » serait que, dans l'hypothèse où la chair est un milieu, elle soit, vu sa composition, l'intermédiaire de sensations multiples.

2. Au total, la solution plausible de la seconde aporie (la chair est plutôt un milieu qu'un organe) indique quelle peut être la solution de la première : le toucher ne semble pas un sens parfaitement un, parce qu'il suppose un milieu complexe, la chair, qui fait partie de notre nature. Que prouve la gustation ? D'un côté, que la chair est effectivement le milieu de plusieurs sens distincts et, de l'autre, que le toucher peut encore réunir plusieurs sensations distinctes.

3. Cette nouvelle difficulté, à laquelle Aristote introduit par une réflexion sur l'apparent contact des corps, est destinée à fournir un argument supplémentaire à la thèse que le toucher ne suppose pas de contact direct entre l'organe et son objet.

/ [*25*] même artificielle[1]. Au contraire, cela implique nécessairement de l'eau ou une chose qui contient de l'eau. Or les objets en contact mutuel dans l'eau, dont les bords ne sont pas secs, doivent nécessairement avoir entre eux de l'eau, qui submerge leurs extrémités. Mais, si cela est vrai, ils ne peuvent se toucher l'un l'autre dans l'eau. Et il en va de même dans l'air aussi, car l'air se comporte / [*30*] envers ce qu'il contient, tout comme l'eau envers ce qui se trouve dans l'eau elle-même. Mais cela nous échappe davantage, comme les animaux aquatiques / [***423 b 1***] qui ne voient pas que c'est une chose mouillée qui en touche une autre[2]. Par conséquent, est-ce que tous les objets de la sensation sont perçus de la même façon ou bien certains le sont-ils d'une manière et les autres autrement, d'après ce qui est en réalité l'opinion : le goût et le toucher grâce au contact et les autres à distance ?

Mais non ! Au contraire, le dur et le mou nous sont également sensibles / [*5*] au travers d'autres choses[3], exactement comme le sonore, le visible et l'odorant, sauf qu'ici, c'est de loin et, là, de près. Dès lors, ça nous échappe. Le fait est bien que toutes nos sensations s'opèrent par le truchement d'un milieu, mais dans ces cas-là, on ne s'en avise pas. Et, pour sûr, ainsi que nous le disions déjà auparavant[4], si nous venions à percevoir tous les tangibles à travers une membrane sans nous avi/ser [***10***] qu'elle nous en sépare, nous nous comporterions comme nous le faisons en réalité dans l'eau ou dans l'air, où nous avons effectivement le sentiment de toucher les objets sans aucun intermédiaire[5]. Mais la différence du tangible par

1. « Artificielle » traduit ici le terme grec *dieron*, qui désigne une variété de l'humide (*hugron*), celle d'un corps mouillé en surface par un liquide qui lui est étranger (cf. *Gén. corr.*, II, 2, 330 a 16-17).

2. Deux solides dans l'air, pense Aristote, ne semblent en contact direct que pour ceux qui, vivants dans l'air, sont insensibles au milieu. L'argument n'est pas invoqué pour établir l'existence d'un intermédiaire, qui serait également l'air, entre l'objet tactile et la peau, puisque la thèse d'Aristote est précisément que c'est la peau, la chair, et non l'air, qui constitue cet intermédiaire. L'argument veut au contraire suggérer que, dans la sensation tactile, la chair est un intermédiaire qui passe autant inaperçu que l'air de notre environnement, situé entre deux objets que nous croyons en contact direct.

3. A travers, par exemple, un vêtement ou des gants ; ce qui laisse voir la possibilité, pour la chair, d'être aussi un intermédiaire.

4. Cf. *supra*, 423 a 2 et sqq.

5. Il reste vrai, par ailleurs, qu'entre la peau et les solides tangibles, l'air peut être un intermédiaire, mais qui, selon Aristote, ne compte pour rien dans

rapport aux déterminations visibles ou sonores, c'est que nous percevons ces dernières par un effet que l'intermédiaire produit sur nous, alors que nous sentons les tangibles, non par l'effet de l'intermé/diaire, [*15*] mais en même temps que lui, comme lorsque quelqu'un a reçu un coup au travers d'un bouclier. Ce n'est pas que le bouclier, après avoir reçu un coup, l'ait frappé ! Ce qui est arrivé, au contraire, c'est que les deux ont ensemble reçu le coup[1].

Et, en somme, il semble bien qu'il en aille de la chair et de la langue[2] comme il en va de l'air ou de l'eau en rapport avec la vue, l'ouïe et l'odorat : elles se trouvent, à l'égard de l'organe sensoriel, dans le même rapport / [*20*] que chacun de ces éléments-là. Quand, d'ailleurs, l'organe sensoriel lui-même est touché, il ne peut y avoir de sensation, ni là, ni ici[3]. Ainsi, quand on place un corps blanc contre l'extrémité de l'œil.

Par où il est également évident que l'organe sensoriel du tangible est interne. Car ainsi, il peut en être exactement comme dans le cas des autres sens. Placés, en effet, contre l'organe / [25] sensoriel, les sensibles ne se perçoivent pas ; mais placés contre la chair, ils le sont. Par conséquent, la chair constitue l'intermédiaire du sens tactile.

B.2.2.5.4. Conclusions : les tangibles.

Donc, les tangibles correspondent aux différences que présente le corps en tant que tel. J'entends les différences qui définissent les éléments : chaud-froid, sec-humide, dont nous avons parlé au préalable dans les exposés

l'analyse du toucher, car l'air, qu'il faut dire en contact direct avec la peau (sous peine d'avoir à postuler le vide ou, à l'infini, d'autres intermédiaires toujours plus subtils), est lui-même un corps tangible. Lorsqu'il est en mouvement (vent) ou que nous sommes en mouvement, nous le sentons, non par la chair, mais à travers elle : cf. *infra,* 424 a 14.

1. La « simultanéité » (cf. *hama,* 423 b 15 et 16) vient au fond de l'indistinction entre le milieu, c'est-à-dire, la chair, et le sujet qui perçoit à travers elle. Ce sujet n'est pas corporellement localisé ailleurs (cf. *Phys.*, V, 3, 226 b 21-22). L'analogie avec le coup porté à travers le bouclier est évidemment contestable, mais elle veut suggérer que, bien qu'intermédiaire, la chair ne répercute pas vraiment l'effet qu'elle subit (comme le milieu qui réfracte les couleurs sur l'œil, par exemple), parce qu'elle fait partie du sujet sentant.

2. Cette conclusion vaut pour le sens du goût, propre à la chair de la langue, et pour le toucher, propre à toute partie charnelle.

3. L'insensibilité de l'organe interne du toucher (région du cœur), lorsqu'il est atteint par un contact direct, est ici implicitement postulée.

consacrés aux éléments[1]. Quant à l'organe sensoriel du tact qui les saisit et où, fondamentalement, réside le sens qu'on appelle le toucher[2], c'est la partie qui présente potentiellement ces qualités. Sentir, en effet, c'est subir quelque chose[3]. Par conséquent, l'agent rend tel qu'il est réellement lui-même ce qui l'est potentiellement.

Aussi ne sentons-nous pas ce qui est chaud ou froid, dur ou tendre au même degré que nous, mais bien les excès. Comme quoi le sens présente une sorte d'état moyen entre les contraires qu'on trouve dans les sensibles[4]. Et telle est la raison pourquoi il juge des sensibles. C'est que la moyenne permet de juger. Elle devient, en effet, chacun des extrêmes par rapport à l'autre. Et s'il faut, quand on veut percevoir le blanc et le noir, n'être ni l'un ni l'autre actuellement, mais l'un et l'autre à la fois potentiellement (et cela vaut aussi dans le cas des autres sens), il faut aussi, dans le cas du toucher, n'être ni chaud, ni froid[5].

En outre, tout comme la vue, on l'a dit[6], porte sur le visible et l'invisible d'une certaine manière, et pareillement les autres sens sur des déterminations opposées, de la même façon le toucher porte également sur ce qui est tangible et intangible. Or est intangible, ce qui présente à un degré tout à fait infime l'une des distinctions tangibles, comme c'est le cas de l'air, ainsi que, parmi les déterminations tangibles, celles qui sont des excès, comme les éléments destructeurs[7].

1. Référence à *Gén. corr.*, II, 2 et 3. Ces différences sont des accidents propres au corps, contrairement, par exemple, à la couleur, puisque tous les corps ne sont pas colorés. Ainsi, le toucher est le sens de la corporéité.

2. Cf. *supra*, 422 b 22 (« le siège fondamental de la sensibilité »).

3. Cf. *supra*, 416 b 2-3 et 33-34 ; 417 b 12-20.

4. L'organe propre du toucher, quoique interne, détermine en effet le juste degré de chaleur et de dureté de tout le corps.

5. Entendez : ni trop chaud, ni trop froid et ni trop dur, ni trop mou, etc. Cf. *Météor.*, IV, 4, 382 a 18-21 : « nous déterminons le dur et le mou simplement, par rapport au toucher, en nous servant du toucher comme d'une médiété. C'est pourquoi nous prétendons dur ce qui l'est plus que le sens et mou ce qui l'est moins ».

6. Cf. *supra*, 422 a 20 et sqq.

7. Aristote pense avant tout aux excès dans l'ordre du chaud et du froid, au corps de haute température (ignés) ou de basse température (surgelés) qu'on ne peut toucher sans détruire le sens lui-même et, avec lui, l'organisme entier (cf. *infra*, 435 b 13-19). Mais il tient cela pour vrai de tout excès tactile (trop de dureté, de pesanteur, etc.).

Voilà donc, pour chaque sens, un exposé schématique. /

B.2.3. L'immatérialité du sens et de la sensation.

[*II, 12, 424 a 17*] Mais de toute sensation, en général[1], on doit concevoir l'idée que le sens constitue ce qui est propre à recevoir les formes sensibles sans la matière[2].

Ainsi, la cire reçoit la marque de la bague / [*20*] sans le fer et l'or ; et elle prend la marque d'or ou celle de bronze, mais pas en tant qu'or ou bronze[3]. De façon analogue, chaque fois que le sens perçoit, il pâtit de ce qui a une couleur, une saveur ou une sonorité ; ce n'est pas, cependant, de la chose qu'on dit avoir l'une de ces qualités, mais de la qualité précise en question et dans l'ordre formel[4]. Quant au siège fondamental de la sensation, / [*25*] il est la réalité où se trouve cette sorte de capacité[5].

Donc, il est identique à cette capacité, mais d'essence différente. Car si l'organe qui perçoit[6] peut être une

1. En fait, la conclusion générale d'Aristote ici et les considérations qui vont suivre sont tirées de la seule perception des sensibles « propres », tels que définis en 418 a 11 et sqq.

2. « Le sens », ici au singulier (*hè aisthèsis*), désigne collectivement chaque sens particulier et les facultés plutôt que les organes sensoriels, car les organes peuvent être affectés matériellement dans une certaine mesure (la pupille refléter les couleurs, l'air de l'oreille résonner en écho des sons, etc.), alors que la perception proprement dite consiste à seulement appréhender la forme inhérente à ces affections (cf. 403 a 25).

3. Sur cette analogie, cf. déjà 412 a 7. Il s'agit, cependant, d'une simple analogie. La forme reçue par le sens est « *comme* une trace » d'un chaton de bague (cf. *De la mémoire*, 1, 450 a 31), mais ce n'est pas une trace, elle-même sensible, telle que l'est, dans la cire, la figure imprimée du chaton ; car la faculté, qui n'est pas un corps, n'a en commun avec la cire corporelle qu'une propriété : la capacité d'assimiler ce qui formellement détermine autre chose, tout en restant formellement soi-même.

4. Nous avons ici trois précisions. 1) Le sujet qui perçoit est réellement affecté par un objet extérieur. La sensation n'est donc pas un phénomène purement subjectif ; elle exclut d'ailleurs l'illusion dans la saisie des sensibles propres (cf. 418 a 12). 2) Le sujet sentant qui est ainsi affecté de l'extérieur ne l'est pas, cependant, par les substances auxquelles s'attribuent, par exemple, les couleurs qu'il voit. Ces substances ne sont que des sensibles accidentels (au sens de 418 a 20-23). 3) Enfin, le sujet affecté par les qualités sensibles ne prend pas lui-même ces qualités. Il conserve les siennes et ne reçoit des qualités sensibles extérieures que leur forme.

5. Cf. ci-dessus, n. 2, p. 194. Est en cause, encore une fois, le cœur (ou la région du cœur), qui fait office, on l'a vu, d'organe interne du toucher (423 b 23), reconnu auparavant comme sens fondamental (413 b 2 et 4-10), mais qui apparaît aussi comme étant le siège fondamental de tous les sens (cf. *Part. an.*, II, 10, 656 a 16-28), l'organe qui, relié aux autres organes des sens, permet leur unité (cf. *De la jeunesse*, 1, 467 b 28 et sqq.). Celle-ci est nécessaire à l'explication des sensibles « communs », dont il sera question plus loin.

6. Le grec dit simplement « le sentant/percevant » (*to aisthanomenon*) ; ce

certaine grandeur, à coup sûr, l'être du sensitif, pas plus que le sens, ne constitue une grandeur, mais une sorte de raison et une capacité de cet organe[1].

Ce qui, d'ailleurs, fait aussi apparaître pourquoi, à l'occasion, les perceptions sensibles à l'excès détruisent les organes sensor/iels[2]. [*30*] En effet, chaque fois que le mouvement de l'organe sensoriel devient trop fort, sa raison (c'est-à-dire le sens), se dissipe, tout comme l'accord et le ton d'un instrument dont les cordes seraient heurtées violemment[3].

Et on voit aussi pourquoi, en fait, les plantes n'ont pas de sensations, bien qu'elles possèdent quelque parcelle d'âme[4] et qu'elles subissent quelque peu l'effet des réalités tangibles elles-mêmes, puisqu'elles sont sensibles au froid / [***424 b 1***] et au chaud. Le motif, en réalité, c'est qu'elles ne présentent pas d'état moyen[5], ni le genre de principe capable de recevoir les formes des objets sensibles, mais subissent matériellement leurs effets[6].

On pourrait néanmoins se demander si un sujet peut être affecté de quelque façon par une odeur, s'il est incapable d'olfaction, ou par une couleur, / [*5*] s'il est incapable de vision, et pareillement dans le cas des autres

qui peut vouloir dire aussi le sujet (animal) qui perçoit. L'ambiguïté n'est pas du tout fâcheuse dans l'esprit d'Aristote, mais nous l'avons levée, en raison du contexte.

1. Cf., à propos de l'âme, 407 a 3-4.
2. Cf. ci-dessus, « les éléments destructeurs » (424 a 15).
3. Ceci rappelle les considérations sur l'âme-harmonie de 407 b 31 et sqq. Mais ici Aristote parle par analogie. On verra un peu plus loin que la destruction de l'organe en tant que tel n'est pas l'effet du sensible proprement dit, mais du milieu intermédiaire.
4. La parcelle « nutritive » : cf. *supra*, 414 a 32-33.
5. Cette condition nécessaire à la sensation tactile (cf. 424 a 4-5) n'est pas remplie chez le végétal, en raison d'une nature trop terreuse et donc trop froide, mais aussi, semble-t-il, par manque de régulation thermique interne constante.
6. Cette raison est en partie liée à la première. Le végétal subit matériellement l'effet des sensibles qui l'environnent, non formellement (cf. 424 a 18-19) : il s'échauffe, mais ne perçoit pas la chaleur, réagit à la lumière, mais ne voit pas les couleurs, etc. Le défaut de « principe » est ici l'absence d'un sensoriel fondamental (l'équivalent d'un cœur ?). « Subir matériellement » (avec la matière) signifie, en l'occurrence, être affecté corporellement par une qualité, plutôt qu'absorber quelque substance corporelle extérieure.

sens[1]. Mais si ce qui est perceptible à l'odorat, c'est l'odeur, dans l'hypothèse où l'odeur produit un effet, ce sera l'olfaction. De sorte qu'aucun sujet incapable d'olfaction n'est en mesure d'être affecté par une odeur. Et la même raison s'applique aussi aux autres cas. D'ailleurs, chacun des sujets capables de perception n'est affecté que dans les limites de sa capacité sensitive[2]. Et l'évidence tient encore à ceci : / [***10***] ce n'est pas, en effet, la lumière ou l'obscurité, ni le son, ni l'odeur qui affectent les corps en quoi que ce soit, mais les choses qui les contiennent. Ainsi l'air, qui, chargé du tonnerre, fait éclater le bois.

Pourtant, les déterminations tangibles et les saveurs produisent cet effet[3] ! Sinon, de quoi pourraient bien pâtir les êtres inanimés et s'altérer ? Est-ce donc que les autres sensibles le produisent aussi ? C'est plutôt que n'importe quel corps n'est pas sujet à subir l'effet d'une o/deur [***15***] ou d'un son, et que ceux qui le subissent sont indéfinis et sans consistance[4], comme l'air, puisqu'il dégage une odeur comme après avoir subi quelque chose. Qu'est-ce donc que saisir une odeur, en dehors du fait de subir quelque effet ? Eh bien, saisir une odeur, c'est aussi avoir une sensation, tandis que l'air, lui, s'il a subi un effet, a tôt fait d'être sensible[5]. /

1. La question est appelée par les considérations précédentes sur les plantes, qui réagissent au sensible qu'elles ne sentent et ne perçoivent pas. Elle donne lieu à des précisions qui concernent l'animal autant que le végétal.

2. Il faut entendre : « affecté » par le sensible en tant que tel. Car l'animal, qui n'existe pas sans le sens du toucher, n'est pas seulement formellement affecté par le tangible senti et perçu, mais il est aussi affecté matériellement, comme le végétal, par ce tangible : la chair se refroidit, en même temps que l'être charnu a la sensation de froid.

3. Le corps affecté (brûlé) par de l'eau bouillante, ne l'est pas par l'eau, mais par sa chaleur, qui excède la capacité du sens. Aristote, sans doute, levait l'objection en reconnaissant dans la brûlure l'action du feu ; mais il saisit plutôt dans l'objection l'occasion d'une précision touchant le milieu intermédiaire.

4. « Indéterminés » (*aorista*) et « sans consistance » (*ou menei*) vont de pair : le premier terme est appliqué à l'air et à l'eau dans *Du sens*, 3, 439 b 1, parce que ces deux corps simples sont particulièrement instables et perpétuellement mobiles, comme la nature d'Héraclite (cf. Fr. A 6 D-K).

5. L'opposition des effets de l'odeur sur le corps inanimé (qui devient odorant) et de ses effets sur le corps sensitif (qui a une sensation) marque la différence spécifique entre l'altération et la sensation, assimilées par l'opinion (415 b 24).

B.2.4. Sens et sensibles communs.

B.2.4.1. Préambule[1].

[*III, 1, 424 b 22*] C'est un fait, par ailleurs, qu'il n'est pas d'autre sens que les cinq que j'appelle la vue, l'ouïe, l'odorat, le goût, le toucher. On peut s'en persuader par les arguments que voici[2].

En effet, si (*a*) tout ce dont le toucher donne la sensation, / [*25*] nous en avons effectivement la sensation (parce que toutes les déterminations du tangible en tant que tel nous sont sensibles par le toucher[3]), il faut nécessairement que (*b*) si quelque sens fait défaut, nous fasse également défaut un organe sensoriel quelconque[4]. Et (*c*) c'est tout ce que nous sentons en le touchant nous-mêmes qui se trouve

1. Les conclusions qui précèdent sur chaque sens « en général » (cf. 424 a 17) mettaient l'accent sur ce qu'ont en commun les perceptions des sensibles propres par les différents sens. Elles préparaient en cela l'étude de ce que les mêmes sens ont, par ailleurs, en commun : d'abord, la perception de formes sensibles, différentes de celles examinées jusqu'ici. Un préambule, indiquant qu'il n'y a que les cinq sens déjà répertoriés, doit montrer que la perception de ces nouvelles formes sensibles est effectivement commune.

2. La thèse, peut-être dirigée contre quelque naturaliste antérieur (Démocrite ?), est défendue au fil d'un long exposé, tortueux et passablement obscur, qui conclut en 425 a 11-13. Sa signification n'est pas du tout évidente. Certains commentateurs inclinent à penser qu'elle équivaut à dire : il n'y a pas de sixième sens possible, parce que tout sensible connaissable est épuisé par la connaissance que fournissent les cinq sens que nous avons. Mais justement, il y a des sensibles (comme le mouvement et la grandeur : cf. 418 a 17) qu'on ne peut mettre proprement sur le compte d'aucun sens déjà répertorié. L'argument d'Aristote doit donc être légèrement différent. Il consiste à montrer, semble-t-il, que la nature corporelle élémentaire ne permet pas de supposer, chez le sujet, une constitution qui ferait place à un autre organe sensitif que ceux dont il a été question pour définir l'appréhension des sensibles propres. Dans un deuxième temps, il apparaîtra ainsi nécessaire d'attribuer en commun aux mêmes sens l'appréhension d'autres sensibles. L'argumentation développée à cet effet peut être décomposée en six propositions, que nous avons marquées dans le texte (*a*, *b*, *c*, etc.).

3. Cette proposition règle le cas de toutes déterminations du tangible en tant que tel (celles des corps simples élémentaires) : elles sont à la portée de tout animal par le toucher, sens fondamental (cf. 413 b 2), le seul dont l'animal ait vraiment besoin. Aristote dira plus loin comment (proposition c). Les qualités gustatives, dont il ne sera pas ici question, sont probablement incluses dans ce constat, puisque le sapide est une sorte de tangible (cf. 422 a 8).

4. C'est une prémisse capitale : l'animal ne pourrait manquer d'un sens nécessaire à la perception du corporel élémentaire, que par défaut d'organe approprié. La suite du développement consistera à montrer que les organes dont il dispose sont, au contraire, appropriés. Comment cette proposition (b) peut-elle se tirer « nécessairement » de la proposition (a) ? Sans doute parce que celle-ci implique que le sensoriel fondamental (le cœur) est donné à l'animal, mais non à la plante, ce qui a été indiqué (cf. 424 b 2).

sensible par le toucher dont nous sommes doués[1]. En revanche, (*d*) tout ce que nous percevons à travers les intermédiaires et sans / [*30*] contact direct, nous est accessible grâce aux éléments simples, j'entends tels que l'air et l'eau[2]. Or l'état des choses veut que (*e*), si un seul intermédiaire laisse percevoir plusieurs sensibles qui diffèrent génériquement les uns des autres, l'on soit nécessairement en mesure, avec l'organe sensoriel de ce type, de les percevoir toutes les deux à la fois : ainsi, dans l'hypothèse où l'organe sensoriel se compose d'air et où l'air constitue le milieu, on devrait percevoir le son et la coloration[3]. Et (*f*) si / [***425 a 1***] plusieurs milieux supportent le même sensible (ainsi, pour la coloration, l'air et l'eau, puisque l'un et l'autre sont transparents[4]), alors, celui qui contient l'un des deux éléments seulement percevra le sensible qui se perçoit à travers les deux[5]. Or (*g*), parmi les éléments simples, il n'y a que ces deux-là qui constituent des organes sensoriels : l'air et l'eau. La pupille, en effet, est formée d'eau, l'ouïe / [5] d'air et l'odorat de ceci ou de cela[6]. Le feu, pour sa part, ou bien

1. Ceci fait écho à la proposition (a), mais en précisant la condition de possibilité du toucher, qui est le contact direct du tangible avec le sujet.

2. Le cas des déterminations sensibles fondamentales étant réglé (a et c), c'est le point critique : le reste des sensibles, accessibles à distance, ne peut l'être que par un intermédiaire. Aristote pose qu'il s'agit de l'air et de l'eau, en conformité avec ce qu'il a dit de la couleur, du son et de l'odeur (418 b 6 ; 419 b 18 ; 421 b 9). Vu la proposition (b), la question est donc : l'animal possède-t-il les organes adéquats à ces milieux ? Les deux propositions suivantes (e et f) préparent sa réponse.

3. Aristote envisage cela, semble-t-il, parce qu'il est trois genres de sensibles pour deux milieux corporels intermédiaires seulement et que chacun de ces deux milieux peut servir d'intermédiaire aux trois genres. La capacité accordée à l'organe sensoriel constitué d'un corps servant d'intermédiaire est « nécessaire », parce que, constitutif du milieu et de l'organe, le même corps est également capable d'être affecté par le sensible et que, dans l'organe, il est susceptible de pâtir de son semblable situé dans le milieu (cf. 416 b 35 et sqq.).

4. La situation est la même pour l'odeur et le son (cf. passages cités n. 2, ci-dessus).

5. L'hypothèse envisagée par cette proposition (f) est l'inverse de la précédente (e), mais elle correspond, comme elle, à la réalité, puisque les deux corps servent chacun de milieu aux trois genres de sensibles. La conclusion qui s'impose dans cette hypothèse (qui, donc, n'exclut pas la première) et selon laquelle l'organe constitué d'un seul des deux corps faisant office de milieu suffit en fait à percevoir les trois genres de sensibles, rend justice à l'égale capacité que certains animaux, se trouvant dans l'air ou dans l'eau, ont de percevoir les trois sensibles à distance.

6. L'eau, qui constitue la pupille et, ainsi, définit essentiellement l'œil sur le plan corporel (cf. *Du sens*, 2, 438 a 5 et sqq. ; *Gén. an.*, V, 1, 779 b 21 et sqq.),

n'est constitutif d'aucun organe, ou bien il est commun à tous, puisqu'il n'y a pas d'animal en mesure de percevoir sans chaleur[1]. Quant à la terre, ou bien elle n'est constitutive d'aucun, ou bien elle entre surtout dans le mélange constitutif du toucher[2]. C'est pourquoi il ne peut y avoir, par suite, aucun organe sensoriel en dehors de l'eau et de l'air[3]. Ce sont là, du reste, les organes que possèdent en réalité certains animaux[4]. Donc, tous les sens sont détenus / [***10***] par les animaux, à la condition de n'être pas incomplets, ni atrophiés[5] ; car, manifestement, même la taupe a les yeux sous la peau[6]. Par conséquent, à moins

est un corps simple qui, dans la pupille, ne compose pas avec un autre élément. Il en va de même de l'air dans l'oreille (cf. *supra*, 420 a 4 et sqq.). Dans le cas de l'odorat, la signification du propos d'Aristote est controversée, d'autant que le *Du sens*, 2, 438 b 20, semble rattacher l'odorat au feu ! Sur ce dernier point, il n'y a probablement pas contradiction, malgré les apparences, car l'olfaction est, au plan corporel, une sorte de dessication, où l'organe devient ce qu'il est en puissance (comme l'explique le contexte dans *Du sens* et comme le laisse entendre plus haut le *DA*, qui rattache l'odeur au « sec » : 422 a 6) ; potentiellement sec, l'organe est donc actuellement humide, ce qui est une caractéristique essentielle et de l'eau et de l'air. Notre passage dit que l'odorat (entendez : son organe) est *thateron* de ces deux éléments ; nous comprenons « fait de l'un *ou* de l'autre » (plutôt que « de l'un *et* de l'autre »), non seulement parce que la comparaison avec l'air de l'oreille et l'eau de la pupille suggère la constitution d'un organe par un élément simple sans mélange, mais aussi parce qu'il semble qu'Aristote envisage respectivement ainsi le cas des animaux qui respirent et celui des animaux aquatiques qui ne respirent pas, deux cas longuement comparés plus haut (421 b 9 et sqq.).

1. Ce n'est pas une véritable alternative. Il est vrai à la fois que le feu ne constitue aucun organe sensoriel (pas même l'œil : cf. *Du sens*, 2, 437 a 22-23 et 11-12, contre Empédocle, Platon et tous les naturalistes) et que, d'une certaine façon, il les détermine tous par la chaleur vitale, sans laquelle l'animal n'est pas réellement ce qu'il est (un être capable de sensation).

2. Cf. *Du sens*, 2, 438 b 30-439 a 1 (qui concerne aussi le goût). Non seulement la terre ne constitue proprement aucun organe des sens à distance, mais là où elle constitue un élément de l'organe sensoriel, elle entre dans un mélange avec les deux autres éléments, l'air et l'eau (cf. *supra*, 423 a 12-15).

3. C'est la conclusion de la proposition (g). Elle signifie que, pour les sens à distance, qui perçoivent à travers l'air *et* l'eau les sensibles que véhicule l'air *ou* l'eau (cf. propositions e et f), les organes sensoriels des animaux sont constitués, l'un (celui de la vue) par de l'eau, l'autre (celui de l'ouïe) par de l'air et le troisième (celui de l'odorat), tantôt par de l'air, tantôt par de l'eau, éléments qui entrent, l'un et l'autre, dans le mélange constituant de l'organe des sens à contact direct.

4. Seul l'homme, en effet, et les vivipares terrestres et sanguins ont les cinq organes des sens (cf. *Hist. an.*, IV, 8, 532 b 33-533 a 2).

5. Cf., à ce sujet, déjà : 415 a 27.

6. Cette remarque (que fait aussi *Hist. an.*, IV, 8, 533 a 2 et sqq.) est destinée à montrer que la taupe, qui se classe parmi les animaux qui devraient avoir les cinq sens, ne constitue pas une exception, même si elle est aveugle. C'est à peine, dans son cas, une atrophie, car l'organe de la vue existe sous la peau.

que n'existe quelque autre corps ou une affection que ne possède aucun des corps d'ici-bas, aucun sens ne peut être omis[1].

B.2.4.2. La perception des sensibles communs et l'unité des sens propres.

Mais il ne saurait y avoir non plus, pour les sensibles communs, quelque organe sensoriel propre[2]. Ce sont des déterminations que chaque sens / [*15*] nous permet de percevoir accidentellement, comme le mouvement, la stabilité, la figure, la grandeur, le nombre, l'unité[3]. Tout cela, en effet, nous le percevons grâce au mouvement[4]. Ainsi, la grandeur se perçoit par le mouvement, de sorte que la figure aussi, puisque la figure est aussi une certaine grandeur[5], tandis que l'état de repos, c'est par l'absence de

1. Cette conclusion ne comporte pas une réserve de pure forme ; elle vise un « cinquième corps » élémentaire qui, pour Aristote, constitue réellement le ciel, avec des propriétés qui, en dehors des traces visibles de son mouvement (sensible commun), ne se définissent que négativement, au rebours des sensibles connaissables : ni léger, ni lourd, inengendré, incorruptible, inaltérable, incapable d'accroissement ou de décroissement,... (*Du ciel*, I, 2).

2. En vertu des propositions (e) et (f) ci-dessus, un même organe peut percevoir deux affections sensibles (l'une propre et l'autre commune), et deux organes différents peuvent percevoir la même affection (commune).

3. Cf. *supra*, 418 a 17-18. La liste est la même, sauf qu'Aristote ajoute ici l'unité. La perception du mouvement par l'œil, en même temps qu'il perçoit proprement la couleur, est dite, en cela, accidentelle, parce qu'il se fait que la couleur perçue est en mouvement et que, à l'occasion, celui-ci est également perçu. Mais il reste entendu que le sensible commun (par exemple, le mouvement) est un sensible en soi, non par accident, selon les précisions de 418 a 20-23.

4. On ne voit pas clairement ce que veut dire Aristote. En principe, le mouvement peut être ici celui de l'objet sensible (le premier des sensibles communs permettrait ainsi de connaître tous les autres en quelque sorte) ou bien celui du sujet sentant (c'est-à-dire l'impression mobile reçue par l'organe et déclenchée par tous les sensibles communs). La seconde hypothèse, bien que généralement retenue, se heurte à de sérieuses difficultés. Ainsi, sauf à prendre « mouvement » au sens d'acte (cf. *Du sens*, 2, 438 b 5) — mais cela ne donne plus alors la moindre signification —, la marque d'une grandeur et d'une figure colorées sur l'eau de la pupille n'est pas un mouvement ; la perception de celles-ci, *a fortiori* lorsque le sensible coloré est lui-même immobile, ne peut donc passer pour un mouvement. On inclinera, pour cela, à retenir la première hypothèse, non sans considérer toutefois que la notion de mouvement peut être comprise ici de manière différente selon les cas et représente plutôt une *ratio cognoscendi*. En réalité, il semble qu'Aristote, attentif au fait que le premier sensible commun est le mouvement proprement dit (déplacement local du sensible), se représente la perception de tout ce qui est par ailleurs sensible commun, comme la saisie de ce que le mouvement laisse percevoir par ailleurs : par exemple (425 a 18), percevoir le repos, c'est juger de l'absence de mouvement (comme percevoir l'obscurité, c'est juger de l'absence de lumière).

5. Percevoir par le sens un plus ou moins grand, c'est, semble-t-il, saisir

mouvement ; et le nombre, c'est par la négation du continu et grâce aux sensibles propres, car chaque / [*20*] sens perçoit une détermination unique[1].

Si bien qu'il est évidemment impossible qu'il y ait un sens propre pour percevoir l'une quelconque de ces déterminations, comme le mouvement[2]. Car il en irait alors comme lorsque nous percevons effectivement par la vue ce qui est sucré[3]. Mais cela, c'est parce qu'il se trouve que nous avons une perception de deux choses ; laquelle nous permet de les connaître ensemble lorsqu'elles coïncident[4]. Sinon, nous n'en aurions absolument pas la perception, / [*25*] si ce n'est par accident, comme lorsqu'on voit le fils de Cléon. Car la vue ne dit pas que c'est le fils de Cléon, mais qu'il est blanc, bien que cet objet se trouve être le fils de Cléon[5]. Or, des sensibles communs, nous en avons bel et

une étendue ou un durée de déplacement ; non imaginaire, comme dans la saisie du temps (cf. *De la mémoire*, 2, 452 b 7-23), mais réellement éprouvé, ce déplacement peut être celui du sensible qui défile devant les yeux ou glisse sur la main, par exemple, ou bien celui du sens le long de cet objet. — La figure paraît être celle que constitue une grandeur spatiale par ses limites.

1. Le mouvement peut être assimilé à la continuité ou à la permanence du sensible, ainsi perçu comme un ; il peut être aussi assimilé à son interruption, passage de l'un à l'autre (ou à son contraire, de la lumière à l'obscurité, par exemple) ; ce qui correspond à la perception d'une quantité discrète (c'est-à-dire du nombre : cf. *Cat.*, 6, 4 b 32). Une double perception, celle d'une couleur et d'un son, par exemple, donne aussi la perception du nombre (deux sensibles propres) selon un mouvement, car leur sensation ne peut être exactement simultanée (cf. *Du sens*, 7, 447 b 22-24).

2. Cette conclusion est tirée, non de ce qui précède immédiatement, mais plutôt des considérations antérieures sur l'absence d'un sixième sens dont l'organe échapperait. Elle va être appuyée par l'argument qui suit.

3. La signification, controversée, de ce passage nous semble être simplement la suivante : un sens *propre* du mouvement (etc.), rigoureusement distinct (par exemple, de la vue qui le perçoit), voudrait dire que la vue du mouvement serait comme la vue du sucré, étant donné que celui-ci est l'objet d'un autre sens *propre*, le goût. La réfutation d'Aristote consiste à montrer que, dans ce dernier cas, nous sommes en présence d'une perception *accidentelle* du sucré par la vue (accidentelle au sens défini en 418 a 20-23), alors que le mouvement est un sensible « en soi », perçu notamment par la vue.

4. Le texte est incertain ; plusieurs manuscrits ont, par exemple, reconnaître (*anagnôrizomen*) au lieu de connaître ensemble (*hama gnô* —). La perception du sucré par la vue paraît analysée comme l'effet (« c'est parce que ») d'une double perception, semble-t-il habituelle, d'un même objet, à la fois blanc pour la vue et sucré pour le goût. Ce qui fait que, par association, la vue du blanc nous donne justement, non peut-être la sensation, mais la connaissance du sucré, lorsque ces deux qualités coïncident effectivement dans l'objet sensible qu'on a sous les yeux. Le « sinon » qui suit envisage, non pas ce manque de coïncidence, mais l'absence d'une double perception habituelle.

5. Cf. 418 a 20-23. Sans l'association habituelle du blanc et du sucré dans la perception, on n'a pas le sentiment du sucré que l'on voit blanc, bien qu'il le

bien une perception commune, non par accident[1]. Il n'est donc pas de sens qui leur soit propre ; car, autrement, nous n'en aurions la perception d'aucune façon, sauf à la manière dont on dit que / [***30***] nous voyons le fils de Cléon[2].

Ce sont, au contraire, leurs déterminations propres, des uns et des autres, que les sens perçoivent par accident, dans la mesure où ils représentent, non des sens autonomes[3], mais une unité, chaque fois qu'/ils [***425 b 1***] ont ensemble la perception de la même chose. Ainsi, lorsqu'on perçoit, de la bile, qu'elle est amère et jaune. Car il ne revient certainement pas à un sens différent de dire que les deux forment une unité[4]. Et c'est pourquoi le sens s'abuse et qu'en présence du jaune, il s'imagine qu'il s'agit de la bile[5].

soit, comme est le fils de Cléon ce que la vue nous donne simplement comme blanc.

1. Perception « commune » (cf. *Part. an.*, IV, 10, 686 a 31 ; *De la mém.*, 1, 450 a 10 et *Du sommeil*, 2, 455 a 12) signifie ici liée à celle des sensibles propres.

2. Le raisonnement conclut à l'absurde : si le mouvement, par exemple, comme le sucré, relevait d'un sens propre, on ne pourrait en avoir le moindre sentiment par la vue sans le genre d'association habituelle qui unit la vue du blanc et le goût du sucré dans la perception d'un même objet. Autrement dit, le mouvement serait, comme le fils de Cléon, en dehors de la perception visuelle et des quatre autres perceptions sensorielles répertoriées !

3. Le texte n'est pas sûr ; nous avons suivi la leçon des manuscrits, qui paraît avoir été celle que lisait Simplicius : *autai* (« autonomes »), plutôt que *hai autai* (« identiques »).

4. Autre chose est de percevoir tantôt du jaune, tantôt de l'amer, et de percevoir la saveur du jaune ou la couleur de l'amer ; ce qui suppose la perception du jaune, par exemple, avec le sentiment que c'est la couleur de ce qui est, par ailleurs, perçu comme amer. Ce sentiment qui accompagne la simple perception du jaune n'est pas évidemment la manifestation d'un troisième sens, distinct du goût et de la vue, mais celle de leur coordination : à la vue du jaune est associée la *mémoire* de l'amer. Dans l'exemple par lequel Aristote illustre son propos, la vue en effet ne perçoit pas la couleur en même temps que le goût la saveur. Une certaine mémoire sensitive, mais pas un troisième sens, doit donc ici entrer en jeu pour que la saveur du jaune ou la couleur de l'amer soient perçues comme des accidents, l'un du jaune, l'autre de l'amer.

5. Réapparaît ici le problème de l'illusion évoqué plus haut (418 a 15-16), qu'Aristote ne situe pas au niveau de la simple perception des sensibles propres, parce que celle-ci n'implique aucune association qui ressemble à une attribution (prédication). Or la vue du jaune avec le sentiment que c'est la couleur de l'amer, implique ce genre d'association, qui peut ne pas correspondre au réel. Le sens qui s'abuse ne conclut pas explicitement « il s'agit de la bile », comme le dit Aristote, mais il donne le sentiment d'une association du jaune et de l'amer, qui, dans le langage et chez l'homme, pourrait s'exprimer sous la forme d'une telle conclusion.

On peut, d'ailleurs, se demander à quelle fin nous possédons plusieurs sens / [5] au lieu d'un seul uniquement, si ce n'est pour que ne passent pas inaperçus les sensibles secondaires et communs, comme le mouvement, la grandeur ou le nombre[1]. Car si nous n'avions que la vue, laquelle perçoit du blanc[2], ces déterminations nous échapperaient davantage et il nous semblerait que toutes reviennent au même, parce que couleur et grandeur s'accompagnent mutuellement. Mais, en réalité, le fait que, dans un autre sensible, / [*10*] se retrouvent aussi les déterminations communes, rend évident que chacune d'elles constitue une certaine détermination distincte.

B.2.4.2.1. Le sentiment de sentir.

B.2.4.2.1.1. Difficultés.

[***III, 2, 425 b 12***] Puisque, d'autre part, nous sentons que nous voyons et entendons, il faut nécessairement, ou bien que ce soit la vue qui permette de sentir que l'on voit, ou bien que ce soit un autre sens[3]. Mais le même sens alors percevra la vue et la couleur qui lui est sujette. De sorte que, ou bien deux sens porteront sur / [*15*] le même sensible, ou bien le même sens se percevra lui-même[4]. Et,

1. La question vise la situation des animaux supérieurs, comme l'homme, où les sensibles communs peuvent être perçus de plusieurs façons, alors qu'en principe, un seul sens suffirait à les faire connaître. Aristote semble ici répliquer incidemment à une thèse de Platon (*Timée*, 47 A-C), pour qui la finalité de la vue était de nous faire percevoir des mouvements célestes, qui procurent une idée du nombre et permettent ainsi une spéculation sur la nature. La vue seule, réplique Aristote dans la suite, ne donnerait pas une perception suffisamment distincte de ces sensibles communs, qui permettent, en effet, la science mathématique et la science physique.

2. « Blanc », plutôt que « couleur », comme dans la suite, parce qu'ici le blanc et le noir sont au corps ce que la lumière et l'obscurité sont à l'air (cf. *Du sens*, 3, 439 b 16-18) ; or, Aristote, qui réplique à Platon, pense ici aux corps célestes.

3. La dimension « consciente » de toute perception sensitive n'est pas démontrée par Aristote, mais reçue comme un fait qui pourrait être invoqué contre la position qu'il défend. Le sentiment de voir du blanc pourrait, en effet, s'analyser comme la perception de la vue elle-même par un sens distinct de celle-ci, qui perçoit le blanc ; « car, de fait, ce n'est pas par la vue qu'on voit que l'on voit » (*Du sens*, 2, 455 a 17). Aristote, en fin de compte, admet la prémisse : ce n'est pas *proprement* la vue qui donne le sentiment de voir ; mais il refuse la conclusion qu'on en pourrait tirer et soutient que ce n'est pas non plus un sens *distinct* (l'un des quatre autres ou un sixième sens), parce qu'un tel sentiment est commun à toute perception. — Les deux arguments qui suivent ont pour but de montrer dans un premier temps que seule, la vue est en jeu lorsqu'on a le sentiment de voir du blanc.

4. Si un sens *x* différent de la vue *V*, qui perçoit la couleur *C*, était le sens

de plus, si l'on suppose que c'est un autre sens qui perçoit la vue, ou bien l'on risque d'aller à l'infini, ou bien il y aura un sens qui se perçoit lui-même. De sorte qu'il faut faire l'hypothèse à propos du sens de départ[1].

Mais on reste dans l'embarras. Si, en effet, percevoir par la vue, c'est voir, et si ce que l'on voit, c'est la couleur ou le coloré, dans l'hypothèse où l'on peut voir ce qui voit, alors ce qui voit au départ possédera aussi / [*20*] une couleur[2].

Il est, toutefois, manifeste que percevoir par la vue ne se réduit pas à une seule chose. Car, lorsque nous ne voyons pas, c'est encore par la vue que nous jugeons de l'obscurité et de la lumière, mais pas de la même façon[3]. Et, par ailleurs, même ce qui voit se trouve comme coloré, puisque le sensoriel est l'organe propre à recevoir le sensible sans la matière, dans chaque cas[4]. C'est pourquoi, même après que les objets sensibles s'en sont allés, les / [*25*] sensations et représentations demeurent dans les organes sensoriels[5].

qui perçoit *V*, il ne pourrait percevoir *V* sans *C* (parce que *V* est la vue de *C*) ; de sorte que le même objet *C* serait l'objet de deux sens différents, *V* et *x* (ce qui est absurde). On conclut donc, provisoirement, que la vue de *C* ne peut être elle-même perçue que par *V*.

1. Au lieu de « sens de départ » (*prôtès*), certains comprennent « sens fondamental », comme une allusion à la sensibilité non différenciée, commune à tous les sens. Mais la référence plus loin à « ce qui voit au départ » (*to horôn prôton* : 425 b 19-20) qui désigne l'aperception immédiate des couleurs, plaide en faveur de notre interprétation.

2. L'objection est moins absurde qu'il n'y paraît, dans la mesure où le sentiment qu'*un autre* voit pourrait être donné par l'observation de la coloration que prendrait son œil : on voit qu'il voit grâce à la coloration de sa vue. Mais si tant est que les couleurs se reflètent dans l'eau de la pupille, celles-ci, *pour le sujet*, donnent lieu seulement à la vision, qu'on ne peut dire elle-même proprement colorée pour expliquer sa dimension consciente. Aristote, cependant, s'apprête à dire, en réponse à l'objection, qu'elle est vraie d'une certaine façon.

3. Cf. *supra*, 422 a 20-21 ; 424 a 10-11. La sensation de l'obscurité, comme celle de la lumière, est une sensation visuelle, preuve que celle-ci n'est pas un phénomène simple, d'une part, et que, d'autre part, elle peut avoir pour objet ce qui n'est pas proprement coloré. Or, s'il y a sensation de l'obscurité, lorsqu'en fait, on ne perçoit rien, c'est que le sens alors n'a d'autre objet que lui-même et qu'il se perçoit comme ne percevant rien ; de la même façon peut-il se percevoir comme percevant quelque chose.

4. Cf. *supra*, 424 a 17 et sqq. La sensation du blanc n'est pas un blanchissement que l'on perçoit, mais c'est tout de même la réception par ce sens de la forme de cette couleur, acte où le sens se perçoit comme ainsi informé.

5. Pour la permanence de l'impression visuelle, voir *Du rêve*, 2, 459 b 5-7 ; 460 b 2-3 ; et pour sa relation avec la représentation, siège de la mémoire, voir *De la mémoire*, 1, 450 a 22 et sqq.

B.2.4.2.1.2. Solution : unité des activités sensitive et sensible.

Du reste, l'activité du sensible et du sens constitue une seule et même activité, bien que leur essence ne soit pas identique[1]. Et je prends l'exemple du son, lorsqu'il est effectif, et de l'ouïe, lorsqu'elle est en activité. On peut, en effet, quand on possède l'ouïe, ne pas entendre, et ce qui est sonore n'émet pas toujours un son ; mais, lorsque se met en activité / [***30***] le sujet capable d'entendre et que produit un son l'objet capable de résonner, à ce moment-là, l'ouïe en activité va de pair avec le son effectif. / [***426 a 1***] Et l'on peut appeler cela, audition et, ceci, résonance. Si donc le mouvement, la production et l'effet du son, se trouve là où il est produit[2], nécessairement, le son et l'ouïe en activité prennent place également dans l'ouïe potentielle, car l'activité de l'agent productif / [***5***] et moteur réside dans le sujet qui subit l'affection[3]. C'est pourquoi le moteur n'est pas nécessairement mû[4].

Donc, l'activité de l'objet sonore constitue le son ou la résonance, tandis que celle du sujet auditif constitue l'ouïe ou l'audition, vu que l'ouïe peut vouloir dire deux choses

1. Ces considérations sont suggérées par l'assimilation qui vient d'être faite entre le sens en activité (« ce qui voit ») et la forme sensible qu'il appréhende (ce qui « se trouve comme coloré »). Elles permettent de comprendre pourquoi toute sensation d'un objet comporte une dimension consciente, c'est-à-dire, s'accompagne d'une perception de soi-même : c'est qu'elle n'est pas pure réception passive d'*autre* chose, mais en même temps, actualisation d'une puissance que nous avons et donc réalisation de *nous-mêmes*. Ceci ne va pas sans cela, bien que ceci ne soit pas cela. Dans l'exemple cité pour illustrer ce propos, l'audition et la résonance sont numériquement le même acte, mais où se distingue essentiellement ce qui est le fait du sujet et ce qui est le fait de l'objet.

2. Cette proposition est l'application d'une théorie très générale ; l'acte du sujet percevant est regardé comme un mouvement reçu, produit par l'objet perçu, mais identique à celui de cet objet : car l'acte du sensible (moteur) se trouve dans le sentant (mû) en autant qu'il sent : cf. *Phys.*, III, 3, 202 a 11 et sqq.

3. Autrement dit, l'ouïe contient potentiellement son acte (l'audition) et celui du son (la résonance), qui sont identiques. Ainsi se vérifie logiquement, pour l'ouïe susceptible d'entendre un son, la possibilité de se percevoir dans le même temps.

4. Le « moteur » est ici l'objet sensible, sans la présence duquel, on le sait, il n'y a pas de sensation (cf. 417 b 24-26) ! Ce n'est donc pas le sensible potentiel, mais le sensible effectif (la résonance) ; ce moteur n'est donc pas « mû », puisqu'il se distingue de ce qu'il produit (l'audition).

et le son également[1]. Or le même raisonnement vaut aussi dans les autres exemples de sens et de sensibles. Et, tout comme l'acte de produire et celui de subir prennent place dans le patient qui subit, non dans l'agent qui produit, de la même façon l'activité du sensible et celle du sensitif prennent place dans le sujet capable de sentir. Sauf que, dans certains cas, elles ont chacune un nom, par exemple, la résonance et l'audition, alors que, dans certains autres cas, l'une des deux n'en a pas. On parle, en effet, de vision pour désigner l'activité de la vue, mais celle de la couleur n'a pas de nom ; ou de gustation, pour désigner celle du gustatif, mais celle de la saveur reste anonyme.

Par ailleurs, puisque l'activité du sensitif et du sensible est unique malgré la différence d'essence, c'est nécessairement ensemble que disparaissent et se conservent l'ouïe et le son compris de la sorte[2], et donc aussi la saveur et le goût, de même que les autres exemples. Alors que, comprises comme potentialités, ces choses ne sont pas nécessairement simultanées. C'est, au contraire, un point sur lequel ceux qui ont antérieurement parlé de la nature ne se sont pas bien exprimés, s'imaginant qu'il n'y a ni blanc ni noir sans la vue, ni saveur sans le goût[3]. Car si, d'un côté, leur affirmation est correcte, d'un autre côté, elle ne l'est pas, vu que le sens et le sensible s'entendent de deux façons, selon la puissance, d'un côté, selon l'activité de l'autre. Dans ce dernier cas, leur affirmation correspond donc à la réalité, mais pas dans le premier. Eux, par contre, simplifiaient, en parlant de choses qui ne s'entendent pas de manière simple[4].

1. Cf. *supra*, par exemple, 412 a 22 et sqq. : différence entre réalisation première et réalisation seconde.

2. Entendez : l'ouïe et le son en activité, c'est-à-dire, l'audition et la résonance, par opposition aux potentialités correspondantes dont il va être question (426 a 19 et sqq.).

3. Ces remarques semblent viser au premier chef le subjectivisme des atomistes. Démocrite, en effet, réduisait les sensibles à n'être proprement qu'une affection du sens, qui ne renseigne pas sur la nature de l'objet (cf. Théophraste, *Du sens*, 60) ; mais une position similaire était observée chez un autre Abdéritain : Protagoras (cf. *Mét.*, Θ, 3, 1047 a 4-7).

4. Le sensible est une réalité objective qui existe indépendamment du sens (cf. *Cat.*, 7, 7 b 36-38), même s'il n'est alors que potentiel : « il est impossible que les sujets qui produisent la sensation n'existent pas sans la sensation, car l'objet que le sens perçoit n'est évidemment pas lui-même ; il y a, au contraire, en dehors du sens, une autre chose nécessairement antérieure au sens ; le

B.2.4.2.2. Le discernement des différents sensibles.
B.2.4.2.2.1. Introduction : le plaisir des sens.

Si, d'autre part, la voix représente une certaine harmonie[1], si elle forme, avec l'ouïe, une certaine unité (bien qu'elle n'en forme pas une en un autre sens[2]), et que l'harmonie constitue une proportion[3], l'ouïe doit nécessairement aussi constituer une certaine propor/tion[4]. [*30*] Et c'est pour cela que chaque excès, tant de l'aigu que du grave, peut même avoir des effets destructeurs sur l'ouïe[5]. Dans le cas des saveurs, c'est sur le goût, dans / [*426 b 1*] le cas des couleurs, c'est sur la vue, si l'objet est fort brillant ou s'il est fort sombre, et, dans le cas de l'odorat, l'odeur forte, douce ou amère. Comme quoi le sens constitue une certaine proportion[6]. Ce qui explique aussi qu'il y a plaisir quand des sensibles qui sont purs et sans mélange[7] conduisent à la proportion[8] / [*5*] (comme le piquant, le sucré ou le salé, qui sont alors agréables, en effet), alors que, d'une façon générale, le mélange constitue une harmonie[9], plutôt que l'aigu ou le grave. Et, au toucher, c'est

moteur est, en effet, naturellement antérieur au mobile... » (*Mét.*, Γ, 5, 1010 b 33-1011 a 1).

1. Cf. *Du sens*, 7, 447 b 2-3 et *Mét.*, H, 2, 1043 a 10-11 : « est harmonie tel mélange précis d'aigu et de grave ». Sur la voix, cf. *supra*, 420 b 5, 13, 29-33 ; et, sur les différences de l'aigu et du grave, 420 a 26-29. — Le texte grec n'est pas ici établi sûrement.

2. Bien que le texte grec, ici encore, soit incertain, l'idée semble claire : la voix est une sorte de son (420 b 5), son acte (la résonance) est donc identique à l'audition, bien que d'essence différente (425 b 25-28 ; 426 a 15-17).

3. Cf. *Mét.*, N, 5, 1092 b 14 et sqq. ; A, 9, 991 b 13-14.

4. Cf. *supra*, 424 a 4 (les considérations sur la chair comme « médiété »).

5. Cf. 424 a 14-15, 29 et sqq.

6. Cf. 424 a 30-31. La proportion est ici le mélange ou l'équilibre entre les contraires du registre sensible.

7. Ce qui est le critère du plaisir sensuel, selon Platon (*Philèbe*, 51 D et 53 B).

8. La signification de cette phrase est très discutable. Il semble (d'après *Du sens*, 3, 439 b 24 et sqq.) que, pour Aristote, une façon d'expliquer le plaisir sensuel soit de supposer que les extrêmes d'un registre sensible servent à former les intermédiaires de ce registre par un mélange selon des proportions, déterminées numériquement ou non. Dans le premier cas, le mélange de ces extrêmes serait très agréable. Mais Aristote paraît concéder ici que les extrêmes sans mélange sont également agréables « lorsqu'ils conduisent à la proportion » ; il faut sans doute comprendre : lorsqu'ils restent proportionnés au sens qui les perçoit.

9. La référence paradigmatique au plaisir musical tiré d'un mélange proportionné, ne paraît pas viser, pourtant, un accord harmonique de plusieurs sons simultanés (ce que la musique grecque ne connaissait pas), mais plutôt un

ce qui pourrait être échauffé ou refroidi[1]. Le sens, d'ailleurs, c'est la proportion, tandis que les excès sont ou bien désagréables ou bien destructeurs.

B.2.4.2.2.2. L'instance unique de discernement.

Donc, chaque sens porte sur le sensible qui lui est assujetti[2], avec pour résidence l'organe sensoriel en tant que / [*10*] tel, et il juge des différences que présente ce sensible qui lui est assujetti. Si, par exemple, la vue distingue le blanc et le noir, le goût, par contre, distingue le doux et l'amer, et il en va de même dans les autres cas. Mais, dès lors que nous discernons aussi le blanc et le doux et chacun des sensibles par rapport à chaque autre, c'est qu'un moyen quelconque nous permet encore de sentir cette différence[3]. Ce moyen est donc nécessairement un sens, / [*15*] puisqu'il s'agit de différences sensibles[4]. Par où l'on voit aussi que ce n'est pas la chair qui constitue l'ultime organe sensoriel[5], car ce serait nécessairement au contact de l'objet que devrait alors juger l'instance de discernement[6]. Et, donc, on ne peut admettre qu'avec des

accord mélodique de plusieurs sons successifs. La succession mélodique de l'aigu et du grave (ou réciproquement) peut donc être en cause dans notre passage, ainsi que la tonalité où se situe la ligne mélodique, entre l'aigu et le grave.

1. Cette phrase a été suspectée par certains éditeurs, mais elle est dans la note de ce qui précède : ni ce qui est brûlant, ni ce qui est glacial, n'est agréable au toucher.

2. Le sens est appelé « faculté judicative innée » dans *An. sec.*, V, 19, 99 b 36, par référence à une double capacité qu'Aristote va ici distinguer : le discernement des différences sensibles à l'intérieur d'un même registre (le visible ou le sapide, par exemple) et le discernement des registres entre eux (le visible et le sapide).

3. Nous avons traduit positivement (« par un moyen quelconque ») et entendu comme un indéfini le mot *tini*, qui pourrait représenter l'interrogatif (« par quel moyen ? »).

4. Aristote prend ici position contre Platon (*Théétète*, 184 E).

5. Cf. *supra*, 422 b 34 et sqq. Un sensoriel « ultime » sera invoqué plus loin, 431 a 19. Il s'agit du cœur, on le sait, organe du premier sens (le toucher) et, en même temps, centre de toute sensation. Aristote revient à cette question, parce que la nécessité d'un sens pour distinguer les sensibles de registres différents, suppose la nécessité d'un organe commun à tous les sens ; cf. *Du sommeil*, 2, 455 a 17-21 : « on juge et on peut juger que les choses douces se distinguent des choses blanches, non par le goût ou la vue ou les deux, mais par quelque partie commune à tous les organes sensoriels ; car le sens est un et l'organe souverain de la sensation aussi ». Aristote saisit ici, au passage, l'occasion de redire que cet organe, qui sert proprement au toucher, n'est pas la chair.

6. L'argument paraît être le suivant : si la chair, qui entre en contact avec le tactile, était l'organe du toucher et du discernement des registres sensibles, il

sens séparés, l'on puisse juger de la distinction du doux par rapport au blanc[1]. Ce doit être, au contraire, par une instance unique quelconque qui voit clairement les deux. Car, sinon, quand bien même ce serait moi qui saisis le premier et toi le second, / [*20*] il pourrait être évident qu'ils diffèrent l'un de l'autre. Or ce doit être une seule instance qui exprime la distinction. Celle-ci, en effet, est celle du doux par rapport au blanc. Elle est donc prononcée par la même instance. De sorte qu'elle pense et perçoit, comme elle prononce[2].

Donc il est impossible, avec des sens séparés, de juger des sensibles qui le sont évidemment. Et même le faire à un moment séparé est impossible, d'après ce qui suit. En effet, tout comme c'est la même instance / [*25*] qui prononce la différence du bon et du mauvais[3], ainsi, au moment où le sens exprime la distinction de l'une, celle de l'autre est affirmée aussi à ce moment-là, cette circonstance n'étant pas accidentelle. Ce que je veux dire, c'est que, par exemple, je puis exprimer maintenant qu'il y a différence, sans toutefois soutenir qu'il y a différence maintenant ; mais le sens, lui, exprime maintenant ce qui est maintenant, donc, de façon simultanée. Il est par conséquent une instance où il n'y a pas de séparation et qui opère dans un temps sans séparation[4].

faudrait que les sensibles de tous les registres entrent en contact avec elle pour être discernés. Ce qui est absurde.

1. Non séparés veut dire, en l'occurrence, coordonnés, quoique distincts, car ce qui est en jeu, c'est le sentiment de la distinction de deux sensibles quant à eux « séparés » (cf. 426 b 23), mais perçus simultanément (cf. *Du sens*, 7, 447 a 12-15 et 448 b 20 et sqq.).

2. L'argument exprime bien qu'il s'agit ici encore, comme antérieurement (425 b 12 et sqq.), de la conscience qui accompagne la perception des sensibles propres. Et, à cet égard, il est significatif qu'Aristote affirme du sens judicatif qu'il « pense » (*noei* ou, selon certains manuscrits, *phronei*).

3. Le bon et le mauvais sont des contraires, analogues à ceux que l'on trouve dans chaque registre sensible (le blanc et le noir, dans le registre visible, par exemple). Et ils sont aussi l'objet d'une connaissance sensitive (cf. *infra*, 434 a 5-6) ; celle-ci, qui explique l'action des animaux, est évidemment unique, car le mauvais est ce qui n'est pas bon. Aristote donne à entendre que, semblablement, la même instance (la vue) qui perçoit le blanc, distingue celui-ci du noir dans le même temps et le même acte, et que, dans le jugement sensitif qui prononce sur la distinction de deux sensibles appartenant à des registres différents, il en va de même.

4. La discrimination sensitive connaît nécessairement (et non accidentellement) une différence qui existe simultanément dans l'objet, car cette différence n'est sensible qu'au moment de sa perception. Le temps du jugement et le temps de l'événement constaté coïncident. Le sentiment de la distinction entre

Il est pourtant bien impossible / [*30*] que simultanément, les mouvements contraires agitent le même sujet, dans la mesure où il est indivisible, et ce, dans un temps indivisible. Car si le doux imprime à la sensation / [***427 a 1***] et à la pensée un mouvement comme ceci et l'amer un mouvement contraire, le blanc lui imprime encore un autre mouvement[1].

Ne serait-ce donc pas que l'instance de discernement constitue ensemble une unité numériquement indivisible et temporellement inséparable, mais qui se trouve séparable par l'essence[2] ? Donc, d'une certaine manière, pourrait-on dire, le divisible perçoit les déterminations distinctes / [*5* ***a***] et, d'une autre manière, il opère en tant qu'indivisible, puisqu'il est divisible par l'essence, / [*5* ***b***] mais indivisible spatialement, temporellement et numériquement[3].

Mais cela ne se peut. Car, potentiellement, la même instance indivisible est aussi divisée contradictoirement[4], mais, quant à l'essence, ce n'est pas le cas ; et, par son activité, elle est divisible et ne peut être à la fois du blanc et du noir[5], ni, par conséquent, non plus recevoir leurs

deux sensibles, spécialement lorsqu'ils appartiennent à des registres différents, suppose donc, dans le jugement sensitif, deux actes perceptifs simultanés. Ce qui pose le problème dont Aristote débat ensuite.

1. L'unité du sens, exigée par ce qui précède, rend difficile à comprendre la simultanéité de deux actes différents (cf. *Du sens*, 7, 448 b 20 et sqq.). Le « mouvement » proprement dit a été refusé antérieurement à l'âme sensitive ou noétique (cf. *supra*, dès 405 b 31 et sqq.) : le mot désigne donc ici l'acte sensitif.

2. Même conclusion dans *Du sens*, 7, 449 a 17-20 : « dans le cas de l'âme, on ne compte qu'une seule et même instance pour tout percevoir, bien qu'elle comporte des différences essentielles pour percevoir des choses différentes quant au genre et quant à l'espèce ; de sorte que l'âme peut aussi percevoir simultanément par une seule et même instance qui s'exprime différemment ». — Genre et espèce font ici allusion respectivement aux sensibles de registres différents (mais du genre sensible) et aux sensibles du même registre (mais contraires) —. Cette conclusion est toutefois provisoire et Aristote va indiquer dans un instant pourquoi.

3. En parlant d'indivisibilité « spatiale », Aristote laisse comprendre assez clairement qu'il envisage ainsi le sens avec son organe unificateur (le cœur). Sa divisibilité « essentielle » correspond à la multiplicité de ses actes.

4. Cf. *Phys.*, VIII, 1, 251 a 30 : « la science des contraires semble être unique ». Cela signifie qu'une même science indivisible peut connaître deux contraires, parce qu'en puissance, elle est divisée : elle peut être connaissance de l'une et connaissance de l'autre ; de même, le sens peut connaître le chaud et le froid. — Le texte de notre passage n'est pas, cependant, clairement établi.

5. Cf. *Mét.*, Z, 13, 1039 a 7 : « la réalisation, en effet, sépare ». Cela signifie que l'acte qui réalise la puissance de connaître deux contraires, est connaissance de l'un *ou* de l'autre. C'est pourquoi une même faculté ou puissance (le sens de

formes, puisque tel est le phénomène de la sensation et de la pensée[1].

Par contre, / [*10*] elle ressemble à ce que certains appellent la limite ponctuelle[2], laquelle se trouve divisible dans l'exacte mesure où elle vaut pour une chose ou pour deux[3]. En tant donc qu'indivisible, l'instance de discernement est une et opère simultanément ; mais en tant que divisible, elle ne présente pas cette unité, parce qu'elle use du même indice deux fois en même temps[4]. Dans la mesure donc où elle fait un double usage de la limite, elle discerne deux choses, qui sont séparées comme par un instrument séparé[5] ; mais, dans la mesure où elle n'use que d'une seule limite, elle opère simultanément. /

la vue, par exemple, ou le sens en général), que l'on divise essentiellement et uniquement par ses actes, ne paraît pas pouvoir simultanément connaître en acte deux contraires.

1. Aristote, en fait, ne dit pas « recevoir », mais « subir » (*paschein*). A l'impossibilité de subir simultanément, Théophraste (selon Priscien) opposait la possibilité d'« agir » (*energein*) simultanément et semblait indiquer ainsi la solution de l'aporie qu'énonce Aristote et qu'il résoudra dans un instant. Alexandre opposait aussi l'acte de discernement à l'affection passive du corps. Mais nous pensons que notre passage se réfère en l'occurrence à la réception des formes, définie plus haut comme l'acte même de la sensation (cf. 424 a 17 et sqq., spécialement a 23 : *paschei*). Il est encore question ici, comme plus haut (427 a 1 et déjà 426 b 22), de la « pensée » (*noèsis*), non qu'Aristote anticipe sur des considérations valables aussi pour l'intelligence proprement dite, mais plutôt parce que la sensation discriminative, conscience d'une distinction, est analogue à une forme d'intelligence.

2. Aristote dit simplement « le point » (*stigmên*), mais il l'entend à la façon des mathématiciens : un indivisible, qui constitue la limite de deux segments de ligne (cf. *Mét.*, B, 5, 1002 b 3-11).

3. Cf. *Phys.*, IV, 11, 220 a 10-11 : « le point assure en effet la continuité de la longueur et constitue sa borne, car il représente le début de quelque chose et la fin d'autre chose ». — Le texte de notre passage (d'ailleurs incertain) justifie la divisibilité du point, indivisible comme un, par le fait qu'il représente doublement un début et une fin.

4. L'interprétation de cette analogie n'est pas évidente. L'« indice » (*sèmeion*) est ici apparemment la forme sensible, spécifiquement ou génériquement une, appréhendée par le sens commun. Mais cette appréhension unique n'est pas simple, puisque, dans le cas du sensible spécifique (par exemple, le visible), le blanc saisi par la vue est simultanément opposé au noir et, dans le cas du sensible générique, le blanc est simultanément opposé au doux, saisi par le toucher. Donc, la forme sensible est simultanément considérée de deux façons comme le serait une limite. Ce qui fait du jugement discriminatif lui-même l'analogue d'une limite ponctuelle, puisque l'acte du sensible et celui du sens sont uniques, ainsi qu'on l'a vu.

5. Le texte de cette clausule, qui n'est pas douteux (*hôs kechôrismenôi*) ne peut être traduit que de façon conjecturale. Il semble que ce « moyen séparé » soit une allusion à ce dont Aristote nie l'existence : un sens distinct des cinq sens.

[*15*] Voilà donc pour le principe qui nous permet de prétendre que l'animal est doué de sensation. On s'en tiendra à ce genre de précision. /

B.3. L'intellectif.

B.3.1. Contre la confusion du sens et de l'intelligence.

[***III, 3, 427 a 17***] Mais on sait que l'âme se définit couramment par deux traits distinctifs principaux : le mouvement, qui est déplacement, et la pensée, le discernement et la sensation[1]. Or l'opinion veut que penser et avoir quelque chose à l'esprit, c'est comme / [*20*] avoir une certaine sensation, puisque, dans les deux cas, l'âme discerne et connaît quelque chose de la réalité[2]. Pour leur part, les anciens[3] prétendent aussi qu'avoir une chose à l'esprit et avoir une sensation, c'est la même chose. Comme Empédocle l'a dit : « ... car au gré de ce qui se présente, croît le génie humain[4] ». Et ailleurs : « Ainsi toujours, ils ont présentes à l'esprit / [*25*] d'autres sortes de choses[5] ». C'est, du reste, la même idée que veut encore exprimer le mot d'Homère : « car telle est la pensée[6]... ».

1. Là-dessus, cf. *supra*, 403 b 25-27, où Aristote présentait une opinion qui réunit le sens et l'intelligence sous la même notion (*aisthanesthai*). Le texte de notre passage est, à cet égard, très douteux : certains manuscrits hésitent entre *krinein* (cf. « discernement »), que nous avons adopté, et *phronein* (« avoir une chose à l'esprit »); certains n'ont pas *aisthanesthai* (cf. « sensation », qu'on pourrait rendre ici, comme dans la suite, par « perception »).

2. Cette opinion est ici donnée pour commune, même si elle se trouve soutenue par certains naturalistes (cf. *supra*, notamment, 410 b 17-18).

3. Cf. *Mét.*, Γ, 5, 1009 b 13-14 (à propos, particulièrement, de Démocrite et d'Empédocle).

4. Ce texte fragmentaire d'Empédocle (Fr. B 106 D-K) est encore cité dans *Mét.*, Γ, 1009 b 18, où l'on voit qu'Aristote l'entend comme un indice que son auteur liait l'intelligence (propre du « génie humain ») à un état corporel variable (« ce qui se présente »).

5. De ce texte (Fr. B 108 D-K), il faut encore rapprocher celui que reproduit le passage parallèle de *Mét.* (1009 b 20 a et b) : « autant variait leur nature, autant ils avaient toujours à l'esprit d'autres choses ». D'après les commentateurs anciens qui semblent avoir connu le contexte, Empédocle y parlait particulièrement des pensées qui surgissent pendant les rêves. Voir encore, *supra*, 404 a 30 (allégations semblables).

6. Même genre de référence dans *Mét.* (1009 b 28) et *supra*, 404 a 29-30. Est ici évoqué un passage de l'*Odyssée* (XVIII, 136) que tout connaisseur d'Homère pouvait reconstituer de mémoire : « Car telle est bien la pensée des hommes sur la terre : celle que, chaque jour, suggère le père et des hommes et des dieux ». Aristote l'interprète comme si, pour Homère, les circonstances matérielles du temps qu'il fait chaque jour et dont Zeus est le maître, conditionnaient la pensée humaine.

Tous ces auteurs font, en effet, l'assomption que penser est un phénomène corporel, comme sentir, et que, dans les deux cas, on saisit le semblable par le semblable, comme nous l'avons précisé dans les exposés du début[1].

Mais ils auraient dû, en même temps, parler aussi de l'/illusion, [***427 b 1***] qui est, en effet, plus proprement caractéristique des animaux et où l'âme se complaît plus de temps. Ce qui entraîne nécessairement, ou bien, comme certains l'affirment, que tout ce qu'on se représente est vrai[2], ou bien que l'illusion consiste dans le contact avec le dissemblable, puisque c'est là le contraire de / [*5*] connaître le semblable par le semblable. Or l'opinion veut aussi que l'illusion et la science des contraires soient identiques[3] !

Donc il est clair que sentir et penser ne revient pas au même. Car si tous les animaux ont en partage la première faculté, peu, en revanche, ont la seconde[4]. Et c'est vrai aussi de l'intelligence, où il y a place pour une forme correcte et pour une forme incorrecte. La forme correcte correspond, en effet, / [***10***] à la sagacité, la science et l'opinion vraie, et la forme incorrecte à leurs contraires[5]. Or ce n'est pas non plus la même chose que sentir, car si la perception des sensibles propres est toujours vraie[6] et appartient à tous les animaux[7], en revanche, la réflexion

1. Rappel de 404 b 10 et sqq.

2. Cf. *Mét.*, 1009 b 1 et sqq. ; et *supra*, 404 a 28-29. Ces deux textes, comme notre passage, désignent les apparences sous le même nom de *phainomena* (« tout ce qu'on se représente »).

3. L'objection (tirée de l'opinion et donc de nature dialectique) est que l'illusion ne porte pas sur un objet contraire à celui de la science, mais, comme la science, sur les mêmes objets, contraires entre eux : cf. *An. sec.*, I, 12, 77 b 26-27 (à propos de l'ignorance). L'illusion n'est pas le contraire de la science parce qu'elle et la science ont des objets contraires, mais parce qu'elles sont des appréhensions contraires des mêmes objets.

4. La faculté de « penser » (*phronein*), qu'Aristote distingue ici de la faculté de sentir, n'est pas, rappelons-le, proprement humaine : elle est reconnue aux animaux dont le comportement est guidé par certaines représentations procurées par les sens (cf. *Mét.*, A, 1, 980 b 22-27 ; *Gén. an.*, III, 2, 753 a 14).

5. Pour ces trois formes correctes de l'intelligence, qu'Aristote ne distingue que formellement de la pensée (puisqu'il y range la sagacité : *phronèsis*), voir Platon, *Lois*, III, 688 B-689 B. Leurs contraires (formes incorrectes) sont plutôt à entendre, dans les deux premiers cas, comme des privations de la vertu correspondante : le manque de sagacité (cf. *aphrones* : *Éth. à Eud.*, VII, 1, 1247 a 4 et sqq.) et l'ignorance (*agnoia* : cf. *An. sec.*, I, 12, 77 b 26).

6. Cf. *supra*, 418 a 11-12.

7. Ceci n'est vrai que du toucher : cf. 413 b 4-5.

admet aussi l'erreur et n'appartient à aucun animal qui ne possède également la raison[1].

La représentation, en effet, se distingue et de la sensation et / [*15*] de la réflexion[2] : elle n'a pas lieu sans la sensation et, sans elle, il n'y a pas de croyance[3]. D'ailleurs, il est clair qu'elle n'est pas elle-même pensée et croyance[4], parce que cette passion est à notre discrétion quand nous le souhaitons. Devant les yeux, on peut, en effet, se mettre des fictions, comme font ceux qui, dans les exercices de mémoire, évoquent et / [*20*] fabriquent des images[5]. Or se faire une opinion n'est pas à notre discrétion. C'est, en effet, nécessairement se tromper ou dire vrai[6]. Et, de plus, lorsque nous arrivons à l'opinion d'une chose terrible ou effrayante, d'emblée nous éprouvons avec elle une émotion ; et il en va de même, s'il s'agit d'une chose rassurante. Mais, au fil de la représentation, nous avons exacte-

1. La « réflexion » (*dianoeisthai*) n'est peut-être pas ici proprement la pensée discursive, au sens technique du terme (par opposition à l'intellection intuitive, dont Aristote dira plus loin l'infaillibilité dans la saisie des indivisibles : 430 a 26 et sqq.), mais elle constitue, sans aucun doute, une forme supérieure de la pensée, liée au raisonnement proprement humain (cf. *Mét.*, A, 1, 980 b 27-28).

2. La confusion du sens et de la pensée, contre quoi s'élève Aristote, s'opère, en effet, par le biais de la représentation (cf. ci-dessus, n. 2, p. 214) qui se rencontre avec l'une et l'autre faculté (cf. *infra*, 434 a 5-7). Il importe donc de la distinguer de l'une et de l'autre ; ce que le philosophe va s'employer à faire longuement.

3. Sur ce dernier point, cf. *supra*, 403 a 8-9. Le terme « croyance » (*hupolèpsis*) embrasse génériquement toute espèce de pensée, vraie ou fausse, particulière ou générale, que l'on peut spécifier, au besoin, comme simple opinion ou comme science (cf. *Phys.*, V, 4, 227 b 13).

4. Ceci paraît lever l'espèce d'alternative que présentait explicitement 403 a 8-9 et qu'on retrouve implicitement plus loin : bien que l'intelligence, qui ne va pas sans représentation (cf. *infra* : 431 b 2), puisse être donnée pour une sorte de représentation (cf. *infra* : 433 a 10), celle-ci n'est pas « elle-même » pensée ou croyance.

5. Cf. *Top.*, VIII, 14, 163 b 28-30 ; *De la mémoire*, 2, 452 a 12-16 ; *Des rêves*, 1, 458 b 20-22. Le procédé mnémotechnique en question, inventé, paraît-il, par le poète Simonide, consistait à se représenter des lieux, des figures ou des objets visuels, qui, associés à certaines notions dont il faut se ressouvenir, permettent de se rappeler celles-ci. De telles représentations sont totalement libres et gratuites ; ayant pour fin d'évoquer autre chose, elles ne sont elles-mêmes en rien considérées comme la représentation, vraie ou fausse, d'une réalité quelconque. Preuve que la représentation est sans rapport avec la croyance.

6. La pensée, opinative ou non, est évidemment aussi à notre discrétion (cf. 417 b 24), en ce sens que nous pouvons décider ou non de penser à ceci ou à cela. Mais nous ne sommes pas libres de croire ou non à ce que nous pensons, comme à ce que nous nous représentons simplement. Penser, c'est nécessairement croire que ceci ou cela est vrai ou faux.

ment la même attitude qu'en voyant en peinture ces choses terribles ou rassurantes[1].

B.3.2. Préambule : la représentation.

Mais, / [25] dans la croyance elle-même, il y a aussi des différences (la science, l'opinion, la sagacité et leurs contraires) ; et ce sont des différences dont il est ailleurs question[2]. Notre propos, cependant, est la pensée : puisqu'elle se distingue de la sensation, mais qu'elle passe pour être, d'un côté, représentation et, de l'autre, croyance[3], il faut avoir donné des précisions sur la représentation, pour toucher un mot de celle-ci. /

[***428 a 1***] Si, donc, il s'agit de la représentation en vertu de laquelle nous disons avoir une sorte d'apparition devant nous et qu'on ne l'entend pas dans quelque sens dérivé[4], c'est une quelconque de ces dispositions, facultés ou états, en vertu de laquelle nous exerçons notre discernement pour dire, soit le vrai, soit le faux. Or, tels sont le sens, l'opinion, / [5] l'intelligence, la science[5].

1. Ce deuxième argument corrobore le premier : si la représentation peut nous laisser sans les émotions qu'inspire la réalité, c'est qu'elle n'est pas nécessairement, comme l'opinion ou la pensée, une forme de croyance à la réalité. Dans cet argument, on remarquera que la pensée et l'opinion peuvent porter, comme la représentation, sur des choses particulières. Exemple : je *pense* mon père malade, à tort ou à raison, mais je m'en afflige, car je le crois malade ; ou je *me représente* mon père malade, mais sans considérer la réalité, et je ne m'en afflige pas.

2. La distinction, signalée plus haut (427 b 10), intéresse moins l'étude naturaliste de l'âme que l'étude rationnelle de l'intelligence (épistémologie) ou l'étude morale des excellences intellectuelles (éthique). C'est pourquoi elle est en somme écartée ici.

3. Cette opinion, dans ce qui précède (427 b 6-24), vient d'être reconnue partiellement vraie (la pensée est croyance) et partiellement fausse (la pensée n'est pas représentation). Mais, sur ce dernier point, Aristote ne se contente pas d'une simple réfutation sommaire. Il va entreprendre, au terme d'une réfutation en règle, de montrer positivement ce qu'est la représentation, avant de montrer ce qu'est la pensée. Cette reprise a été regardée par certains, comme une deuxième rédaction du passage précédent.

4. En un sens dérivé, le terme « représentation » pourrait convenir à toutes les formes de connaissance (mentionnées dans la suite : 428 a 4-5). Le sens propre, identifié conformément à l'étymologie (la représentation [*phantasia*] est l'avènement d'une apparition [*phantasma*] devant nous), renvoie vaguement à l'impression de quelque chose posé « devant les yeux » (cf. ci-dessus, 427 b 18 et *De la mémoire*, 1, 450 a 5). C'est pourquoi, d'ailleurs, Aristote commence par considérer l'éventuelle assimilation de la représentation et de la sensation (428 a 5 et sqq.).

5. La liste est plus large que celle des « croyances », puisqu'elle inclut la sensation (dont le caractère judicatif a été analysé : cf., en particulier, 426 b 8-12) ; mais, curieusement, elle exclut la sagacité, qui pourtant est éminemment

(*a*) Dans ces conditions, on verra, par ce qui suit, qu'il ne s'agit pas du sens. Le sens est, en effet, ou bien potentialité ou activité, par exemple, vue ou vision. Or il y a représentation même quand ni l'une ni l'autre ne sont en cause. Ainsi, les apparitions dans les moments de sommeil[1]. Ensuite, le sens est toujours présent[2], mais non la représentation. Or, si c'était en acte la même chose, on pourrait admettre que / [***10***] toutes les bêtes soient douées de représentation. Mais il semble que ce ne soit pas le cas. Ainsi, chez la fourmi, l'abeille ou le ver[3]. Et puis, les sens sont toujours vrais[4], alors que les représentations ont une allure presque toujours trompeuse. De plus, ce n'est pas quand nous exerçons nos sens précisément sur leur objet, que nous disons de celui-ci qu'il nous paraît représenter un homme ; mais c'est plutôt quand notre perception sensible / [***15***] manque d'évidence. Et c'est alors aussi qu'elle est vraie ou fausse[5]. Enfin, comme nous disions auparavant[6], même avec les yeux fermés, on a des apparitions visuelles.

(*b ; c*) Mais, en fait, ce ne sera aucune non plus des dispositions qui prononcent toujours en vérité, comme la science ou l'intelligence[7], dès lors que la représentation

critique (cf. *Éth. à Nicom.*, VI, 11, 1143 a 8-10). L'intelligence, prise ici comme vertu intuitive toujours vraie (on le verra : 428 a 17-18), en tient lieu d'une certaine façon, bien que ce soit la science qui, raisonnante, s'apparente le plus à la sagacité.

1. Dans le sommeil, en fait, la sensation potentielle subsiste, puisqu'elle n'est jamais abolie. Mais elle n'est pas en cause lorsque survient une représentation onirique. Celle-ci, autrement dit, n'est pas un acte de la faculté (potentialité) sensitive, parce que, dans le sommeil, cette potentialité n'est pas activée par son objet. C'est évident dans le cas de la vue.

2. Entendez : le sens est présent « chez tous les animaux » (cf. 413 b 2-5 et 414 b 3). Il s'agit de la potentialité.

3. La formule est réservée (« il semble que »), car Aristote reconnaît une forme, au moins indéfinie, de représentation à tous les animaux (cf. 434 a 4-5 et 413 b 22-23) ; et il n'y a pas lieu de corriger ici le texte des manuscrits, comme le font certains éditeurs, sous prétexte que l'abeille et la fourmi sont des animaux « sagaces », pour ne refuser qu'au ver une représentation digne de ce nom.

4. Seule, en réalité, la perception des sensibles propres est toujours vraie (cf. 427 b 14-24).

5. Cette dernière phrase est suspectée par les éditeurs, mais sans raison vraiment contraignante.

6. Sans doute ci-dessus, 428 a 5-9 (cf. 425 b 24-25).

7. Cf. *Éth. à Nicom.*, VI, 3, 1139 b 15 et sqq., où sont distinguées cinq vertus intellectuelles « qui permettent à l'âme de dire vrai quand elle affirme ou nie » : l'art, la science, la sagacité, la sagesse, l'intelligence. Cette dernière est plutôt considérée, en l'occurrence, comme la saisie (intuitive) des principes

peut aussi être fausse. Reste donc à voir s'il s'agit de l'opinion, puisqu'il arrive à l'opinion d'être vraie et d'être fausse.

(*d*) Mais, / [***20***] en fait, l'opinion s'accompagne de conviction[1]. On ne saurait, en effet, se forger des opinions sans en être convaincu[2]. Or la conviction ne se prête à aucune des bêtes, tandis que la représentation se prête à beaucoup[3]. De plus, si toute opinion entraîne la conviction et celle-ci la persuasion, la persuasion, de son côté, entraîne la raison[4]. Or quelques-unes, parmi les bêtes, sont effectivement pourvues de représentation, mais pas de raison.

(*e*) Il est clair / [***25***] en tout cas que la représentation ne peut être, ni l'opinion liée au sens, ni conçue à travers la sensation, ni non plus un complexe d'opinion et de sensation[5], pour ces raisons et évidemment parce que l'opinion n'a pas ainsi d'autre objet mais porte sur ce dont il y a sensation ; je veux dire que la représentation, c'est ainsi le complexe qui résulte de l'opinion et de la sensation du blanc, non de l'opinion qu'on a du bien, d'un côté, et de la sensation qu'on a du / [***428 b 1***] blanc, de l'autre ; donc avoir une représentation serait avoir une opinion de ce dont on a la sensation, sans qu'il y ait là coïncidence accidentelle[6]. Or on a pourtant ainsi des représentations fausses d'objets dont on a simultanément une idée vraie.

(1141 a 7), qui, par là, se distingue de la science (discursive). Ce pourrait être le cas dans notre passage.

1. La conviction (*pistis*) est une forte croyance (*hupolèpsis*) : cf. *Top.*, IV, 5, 126 b 17-19.

2. Cf. *supra*, 427 b 14-21 (distinction par rapport à la simple croyance).

3. Voir cependant *supra*, 428 a 8-11 et notre note 3, p 217.

4. Cf. *Rhétorique*, I, 1, 1370 a 25 : « sont accompagnés de raison, tous les désirs que l'on suit par persuasion ». C'est une prise de position contre Platon (*Timée*, 51 A).

5. Cette remarque additionnelle, que n'annonçait pas le début du développement (428 a 4-5), prend en compte les thèses de Platon (*Timée*, 52 A ; *Sophiste*, 264 A ; *Théétète*, 152 C ; cf. *Philèbe*, 39 B), pour qui la représentation est une sorte d'opinion : l'opinion accompagnée, issue ou mêlée de sensation.

6. Ainsi développée, l'hypothèse qu'Aristote conteste serait que la représentation est une sensation à laquelle on croit *comme telle* ou, ce qui revient au même, une opinion dont on est convaincu parce qu'elle porte sur ce qui est perçu par les sens. Cf. *Théétète*, 152 C : « quand une telle affection (opinative) est présente dans une (âme) quelconque, non par elle-même, mais par l'effet d'une sensation, est-ce qu'on ne peut pas dire justement qu'il ne s'agit que d'une représentation ? ».

Ainsi, le soleil apparaît avec la grandeur d'un pied, mais on est persuadé qu'il est plus grand que la terre habitée[1] ! Ce qui / [*5*] voudrait donc dire, ou bien qu'on a renoncé, sans l'oublier, ni raison d'en changer, à l'opinion vraie qu'on avait personnellement d'une affaire qui n'a pas changé[2], ou bien, si l'on maintient quelque peu son opinion, que nécessairement la même opinion est vraie et fausse, mais est devenue fausse quand, à notre insu, l'affaire en cause s'est modifiée[3] !

La représentation, par conséquent, n'est pas l'une quelconque de ces dispositions, ni leur combi/naison.

[***10***] Mais, partons du fait que, telle chose précise étant en mouvement, une autre chose peut être mise en mouvement par elle. La représentation semble être, pour sa part, une sorte de mouvement, qui ne va pas sans le sens, mais, au contraire, implique des sujets sentants et des objets qui sont ceux du sens[4]. Or il peut y avoir un mouvement déclenché par l'activité sensitive. Et ce mouvement doit nécessairement ressembler à la sensation[5]. Donc, / [***15***] ce mouvement-là ne peut se concevoir sans la sensation, ni

1. Même exemple dans *Des rêves*, 1, 458 b 28-29 ; 2, 460 b 18-19 (« le soleil apparaît avec la grandeur d'un pied, mais quelque chose d'autre se prononce à l'encontre de cette représentation »).

2. Pour maintenir la thèse platonicienne et expliquer l'exemple susmentionné, il faudrait faire au choix deux suppositions absurdes. La première, ici envisagée, est que l'opinion, initialement conforme à la sensation et regardée comme vraie pour cela, a été modifiée sans raison (puisque la sensation de l'objet inchangé est restée la même), mais n'a pas été oubliée, puisqu'elle forme toujours, avec la sensation, le complexe en quoi consiste la représentation fausse !

3. La seconde supposition est que ce n'est pas l'opinion qui a changé, mais son objet (le soleil) ou la sensation qu'on en a, et cela à notre insu ; de telle sorte que, vraie au départ, l'opinion est devenue à la fois vraie et fausse à l'arrivée : vraie parce qu'elle s'est maintenue, sans la sensation, et fausse parce que, l'objet s'étant modifié, elle forme, avec la sensation nouvelle, le complexe de la représentation !

4. Le « mouvement » dont parle Aristote et qu'implique la sensibilité, paraît devoir être ici entendu au sens propre, comme une affection corporelle. Même idée dans *Phys.*, VIII, 3, 254 a 29-30 : « la représentation et l'opinion semblent être des sortes de mouvements », et pareille altération subsiste après l'acte sensitif lui-même.

5. L'activité sensorielle implique, en effet, une véritable affection de l'organe et de ce qui le touche ; cf. *Des rêves*, 2, 459 b 5-7 : « cette affection se trouve dans les organes, non seulement lorsqu'ils perçoivent, mais lorsqu'ils ont cessé de le faire ; et ce, en profondeur comme en surface ». La persistance du mouvement impliqué dans la sensation donne lieu alors à ce qui ressemble à la sensation : la représentation (cf. *Ibid.*, 460 b 2-3).

s'attribuer à des êtres qui ne sentent pas. Et le sujet qui possède ce mouvement doit aussi, par lui, produire et recevoir plusieurs représentations, lesquelles sont vraies ou encore fausses[1]. Ce qui, du reste, tient aux raisons que voici.

Le sens, lorsqu'il porte sur ses objets propres, est vrai ou ne contient qu'infiniment peu d'erreur[2]. Mais il porte, à titre second, / [***20***] sur le sujet auquel appartiennent accidentellement les sensibles en question et, sur ce point, il est déjà sujet à se fourvoyer. Quant à dire, en effet, qu'il y a du blanc, pas d'erreur, mais quant à dire si c'est cela ou autre chose qui est blanc, il y a place pour l'erreur[3]. Et il porte, à un troisième titre, sur les sensibles communs, accompagnant les sujets accidentels des sensibles propres[4] ; je veux dire, par exemple, le mouvement et la grandeur, qui constituent des accidents pour ces sensibles[5]. Et c'est / [***25***] principalement sur ce point justement qu'on peut être victime d'illusions dans l'ordre du sens[6]. Or le mouvement qui se produit sous l'effet de l'activité sensitive va présenter des différences, dès lors qu'il provient de ces trois sensations-là. Et, bien que le premier, au moment de la sensation, soit vrai, les autres, en revanche, à ce moment-là comme après, peuvent être trompeurs ; et c'est surtout le cas quand le sensible est / [***30***] éloigné[7].

1. Si « la représentation est le mouvement qui résulte du sens en activité » (*Des rêves*, 1, 459 a 17-18), et dont le résultat est « une affection du sens commun » (*De la mémoire*, 1, 450 a 10), le sujet de cette affection n'est pas simplement passif, mais actif : il se sert du mouvement résiduel imprimé par la sensation, pour produire des images.

2. Cf. *supra*, 418 a 11 et sqq. L'erreur minime ici admise pourrait être le manque de discrimination nette entre deux sensibles voisins dans le même registre (deux couleurs assez proches, par exemple).

3. Cf. *supra*, 418 a 20-23.

4. Cf. *supra*, 418 a 17-20.

5. Cette dernière proposition, considérée comme une glose interpolée par certains, est transposée plus haut par d'autres. Mais le texte est plausible : les sensibles communs sont, en effet, des accidents des sensibles propres, attribués eux-mêmes aux objets, sensibles par accident.

6. « Principalement », parce que l'erreur commise sur un sensible par accident, ne concerne pas un sensible « en lui-même » (418 a 8-9).

7. Cet éloignement est à entendre plutôt dans le temps que dans l'espace (malgré l'exemple particulier de la représentation que l'on a de la « grandeur » du soleil, sensible commun) : à mesure que s'éloigne le moment de l'activité sensorielle qui a produit le mouvement représentatif, celui-ci perd, en effet, de sa netteté et ce qu'il représente correspond de moins en moins à la réalité, tandis qu'au moment de l'activité sensorielle, il a exactement le degré de vérité que

Si, donc, la représentation ne comporte aucune autre détermination que celles dont on a fait état, / [*429 a 1*] et c'est ce qu'on a dit[1], la représentation sera le mouvement qui se produit sous l'effet du sens en activité[2].

Par ailleurs, dès lors que la vue constitue le sens par excellence[3], le nom [grec de la représentation : *phantasia*] se trouve aussi tiré du [mot qui signifie] lumière [*phaos*], parce qu'on ne peut voir sans lumière[4]. Le fait que les représentations soient durables / [5] et ressemblent aux sensations explique encore que les animaux règlent sur elles beaucoup de leurs actions, les uns, parce qu'il leur manque l'intelligence, comme c'est le cas des bêtes[5], les autres, parce que leur intelligence s'obscurcit quelquefois par l'effet de la passion, de la maladie ou du sommeil, comme c'est le cas des hommes[6].

Voilà, donc, au sujet de la représentation. L'on bornera là les considérations touchant sa nature et sa cause. /

B.3.3. Analyse de l'intellectif.

[***III, 4, 429 a 10***] Quant à la partie de l'âme qui lui permet de connaître et de penser[7], qu'elle soit séparable ou encore qu'à défaut de l'être en grandeur, elle le soit en

comporte la sensation elle-même, selon son objet (propre, accidentel ou commun).

1. Allusion probable à la signification propre du mot défini en 428 a 1-2 ; apparition volontiers trompeuse, liée à la sensation, la représentation n'est fondamentalement rien d'autre.

2. Cf. n. 1, p. 220.

3. Cf. *Du sens*, 1, 437 a 4 : « à considérer ce qui nous est nécessaire, la vue est en soi le sens supérieur » et *Mét.*, A, 1, 980 a 22-24 : « indépendamment de leur utilité, les sensations sont aimées pour elles-mêmes et, par-dessus tout, celles que permettent les yeux ».

4. Cf. *supra*, 418 b 2 et sqq.

5. Cf. *supra*, 415 a 10-11 et *Éth. à Nicom.*, VII, 5, 1147 b 4-5 : « (les bêtes) n'ont pas de croyance générale, mais la représentation et la mémoire des choses particulières ».

6. Cf. *Des rêves*, 2, 460 b 4 et sqq. (pour les passions), b 11 et sqq. (pour les maladies). Le sommeil laisse la place aux représentations oniriques, sur lesquelles se règlent certains hommes, à tort ou à raison (cf. *De la divination*, 1, 462 b 14-17).

7. Il est possible qu'ici, « connaître » (*ginôskei*) et « penser » (*phronei*) désignent respectivement les deux opérations, spéculative et exécutive, de l'intelligence.

raison[1], il faut examiner quel est son trait distinctif et comment l'intelligence peut bien arriver à opérer[2].

B.3.3.1. La potentialité intellective (ses degrés).

Si, donc, l'opération de l'intelligence se compare à celle du sens[3], ou bien elle consistera à subir quelque chose sous l'effet de l'intelligible, ou bien / [*15*] elle sera une autre opération du même genre[4]. Il doit donc y avoir un principe indéterminé, mais capable de recevoir la forme[5], un principe tel en puissance que celle-ci, mais qui n'est pas celle-ci[6]. Et la relation du sensitif aux sensibles doit être celle de l'intelligence aux intelligibles. Dès lors donc qu'elle saisit tout[7], l'intelligence doit être nécessairement « sans mélange », comme dit Anaxagore, de manière à « dominer » son objet, c'est-à-dire, de façon à pouvoir con/naître[8]. [*20*] L'interférence de l'étranger crée, en effet, un obstacle et doit faire écran[9]. De sorte qu'elle ne peut

1. Cf., à ce sujet, déjà, 403 a 7-16 ; 407 a 6-10 ; 408 b 18-30 ; 413 b 14 et sqq. ; etc. Il est déjà acquis, dans ce qui précède, que l'intelligence n'est pas une grandeur localisable, pas plus qu'aucune autre « partie » de l'âme et on a vu (cf. 427 b 6-7) qu'elle doit être distinguée (en raison) du sens. De plus, la question de la séparabilité n'est posée pour aucune autre partie, car toutes sont séparées de l'intelligence (chez les bêtes et les plantes) ; et, de ce point de vue, l'intelligence n'est jamais séparée du sens (chez les mortels), bien que distincte. Donc, il semblerait que la séparabilité ici évoquée soit envisagée par rapport à ce dont le sens est inséparable, c'est-à-dire, le corps.

2. Cf. le principe de méthode énoncé en 402 b 14 et sqq. : il faut considérer l'opération avant la faculté et l'objet de celle-ci avant la faculté elle-même. Mais, ici, Aristote ne considère pas systématiquement la nature de l'intelligible, avant d'analyser les opérations de l'intelligence.

3. Cette hypothèse est suggérée implicitement par l'idée qui conduit volontiers à l'identification du sens et de la pensée : ils ont en commun de juger des choses (cf. 427 a 19-21).

4. Cf., à propos du sens, spécialement 418 a 3-6 (résumé).

5. Cf., toujours à propos du sens, 424 a 17-19.

6. Contrairement à la théorie des idées innées, corrigée *infra* 429 a 27-29.

7. Cette formule abrupte (où « tout » représente tous les intelligibles) oppose l'intelligence aux sens, qui ont chacun des sensibles propres.

8. Cette référence à Anaxagore (Fr. A 100 D-K), dont les idées sur l'intelligence ont déjà été évoquées plus haut (403 b 1 ; 405 a 13 et 405 b 29), est partiellement littérale, comme l'atteste une référence parallèle de Platon (*Cratyle*, 413 C). Mais l'expression « sans mélange », qui voulait dire, chez l'ancien naturaliste, « non mêlé à d'autres corps », est prise ici comme synonyme de « indéterminé » (*apathes* : 429 a 15), soit, semble-t-il, dépourvu de forme (intelligible) propre.

9. Ainsi parlait Platon, notons-le, du « réceptacle » (matière) des figures corporelles : s'il n'était dénué de toute figure, il n'épouserait pas certaines d'entre elles, « en faisant *interférer* son propre aspect » (*paremphainon* [*Timée*, 50 E] est le mot d'Aristote).

même avoir la moindre nature, en dehors de celle qui consiste à être un possible !

Par conséquent, ce qu'on appelle l'intelligence de l'âme[1] — et, par là, j'entends ce qui permet à l'âme de réfléchir et tends ce qui permet à l'âme de réfléchir et de se former des idées[2] — n'est effectivement aucune des réalités avant de penser. C'est pourquoi, en bonne logique, / [*25*] elle ne se trouve pas non plus mêlée au corps. Car elle aurait alors une qualité, devenant ou chaude ou froide, et elle disposerait de quelque organe, comme la faculté sensitive, alors qu'en fait, elle n'en a aucun[3]. L'on a donc bien raison de dire aussi que l'âme est lieu des formes[4], sauf qu'il ne s'agit pas de l'âme entière, mais de l'âme intellective, et que les formes n'y sont pas réellement, mais des formes potentiellement.

Par ailleurs, l'impassibilité du sensitif ne / [*30*] ressemble pas à celle de l'intellectif. On le voit, dans le cas des organes sensoriels et du sens. Le sens ne peut, en effet, perce/voir [***429 b 1***] quand le sensible a été violent. Ainsi, percevoir un son à la suite des grands bruits ou, après l'impression des couleurs ou des odeurs fortes, avoir une sensation visuelle ou olfactive[5]. Alors que l'intelligence, quand elle a saisi un intelligible de haut niveau, ne saisit pas moins distinctement les choses qui sont d'un degré inférieur d'intelligibilité ; elle les saisit, au contraire,

1. L'expression, qui vise une partie de l'âme, paraît vouloir écarter des considérations présentes l'éventualité d'une forme d'intelligence substantielle, comme celle que présente *Mét.*, Λ (7-9).

2. La distinction semble celle de deux opérations (l'une discursive et l'autre non) ou de deux modes d'opération (l'un scientifique et l'autre opinatif) de l'intelligence. Mais elle est vague et il se pourrait qu'Aristote entende signifier surtout ce que ces actes cognitifs ont en commun : une connaissance intellectuelle qui ne peut se confondre avec les opérations du sens.

3. L'incorporéité totale de l'intelligence est conforme à sa rigoureuse indétermination. Peut-être ces remarques s'opposent-elles à l'idée de l'« implantation » de l'intelligence dans le corps défendue par le *Timée*, 42 A-B.

4. L'allusion semble viser les platoniciens. L'expression « lieu des formes » ne se trouve pas chez Platon, mais, encore une fois, le « réceptacle » décrit par le *Timée* comme un lieu ou une étendue spatiale « exempte de toutes les formes qu'elle doit recevoir de l'extérieur » (50 D), fait songer à ce dont il est ici question, bien que le « réceptacle » ne soit pas l'âme.

5. Cf. *supra*, 422 a 20-31 ; 424 a 28-34 ; 426 a 27-b 7.

encore mieux[1]. C'est que le / sensitif ne va pas sans le corps, tandis que l'intelligence en est séparée[2].

Quand, du reste, elle se compare, étant devenue chaque chose, à celui qu'on appelle le savant effectif, c'est-à-dire, quand elle est capable de déployer son activité par elle-même[3], bien qu'elle demeure, même alors, potentielle d'une certaine façon, ce n'est plus, en vérité, de la même façon qu'avant d'avoir appris et trouvé[4]. Et elle-même, d'ailleurs, est alors capable de se penser elle-même[5]. /

B.3.3.2. Les différents intelligibles[6] et leur intellection.

Le fait est, d'autre part, qu'il y a une différence entre la grandeur et l'essence de la grandeur ou entre l'eau et l'essence de l'eau. Et c'est le cas de bien d'autres choses encore, mais non de toutes, car il y a identité dans certains cas[7]. Dès lors, on juge de l'essence de la chair et de la chair

1. L'excès et le défaut, quand il s'agit de l'intelligible, représentent, aux extrêmes, le sommet et la base d'une hiérarchie des formes (comme chez Platon) : le plus et le moins dans l'ordre conceptuel du « général ». Ainsi l'appréhension d'une forme générique (en particulier des genres de l'être), loin de handicaper l'appréhension ultérieure des formes spécifiques, la facilite au contraire.

2. Ainsi l'absence de trouble dans la réceptivité de l'intelligible, qui manifeste la différence entre l'impassibilité de l'intellectif et celle du sensitif, est mise sur le compte de l'indépendance où l'intelligence se trouve par rapport au corps, n'ayant pas d'organe. Mais cette différence, comme indiqué *supra* (408 b 18-30), est minime pour deux raisons : d'abord, parce que le sens, en soi, est également inaltérable même s'il s'altère et vieillit au gré de l'organe dont il est la forme ; et ensuite, parce que l'intelligence, qui vieillit, elle aussi, d'une certaine façon, est indirectement tributaire des organes du sens (cf. 421 a 22-26 et *Du sens*, 1, 437 a 16-17 : « les aveugles-nés sont plus intelligents que les sourds-muets »).

3. Cf., pour la science ou le savant, 412 a 10 et 417 a 22-b 2. L'activation de la pure puissance intellective s'opère lorsque la pensée devient les formes intelligibles qu'elle reçoit par l'apprentissage ; se crée alors une disposition permanente (réalisation première) qu'on appelle science (voir encore 417 b 16-18).

4. Cf. *supra*, 417 a 26-29.

5. Cf. *supra*, 417 b 19-26, qui fournit la raison de cette capacité : les intelligibles reçus sont dans l'âme elle-même, non à l'extérieur. Constituée par les formes intelligibles qu'elle a reçues, la disposition intellective qui s'active (réalisation seconde) en considérant ces formes-là, se considère du même coup elle-même ; d'où la dimension consciente de l'acte d'intellection.

6. La distinction des différents intelligibles se place, on le voit, après les précisions au cours desquelles la pure puissance intellective a été distinguée de la faculté d'intellection réalisée ; c'est, en effet, cette dernière qui se trouve comparable au sens, quant à lui, donné dès la naissance (cf. 417 b 16-18).

7. L'essence est ici l'équivalent approximatif de la forme intelligible ; celle-ci diffère des individualités, dont elle est la forme, par son immuabilité (cf. *Phys.*, V, 1, 224 b 5 et *Mét.*, Z, 8, 1033 b 17). La réserve (« il y a identité

par une instance, soit différente, soit disposée autrement. Car la chair ne va pas sans la matière et représente au contraire, comme le camus, telle chose inhérente à telle autre[1].

Si, donc, / [*15*] la faculté sensitive permet de juger du chaud et du froid, ainsi que des qualités dont la chair constitue une certaine proportion[2], en revanche, c'est une autre instance qui permet de juger de l'essence de la chair, une instance, soit séparée, soit disposée autrement, comme lorsqu'elle est étendue, la ligne brisée par rapport à elle-même[3]. Et si l'on prend le cas des choses qui existent dans l'abstrait[4], la droite se présente encore comme le camus, puisqu'elle se donne avec la continuité[5]. Mais ce

dans certains cas ») concerne l'essence de réalités premières et en soi (comme le bien) ou de réalités individuelles (comme Socrate) ou de réalités situées au-delà des genres (comme l'être) ou de choses non réalisées actuellement (comme le point),... C'est aussi le cas de l'essence de l'âme et de l'âme (cf. *Mét.*, H, 3, 1043 b 2), car celle-ci coïncide avec sa « formule commune » (414 b 23), qui n'est le propre d'aucune âme, alors que l'essence de l'âme humaine se distingue des âmes humaines individuelles.

1. Le « camus », c'est-à-dire le concave *inhérent au* nez, est l'exemple type qui sert à illustrer ce que connaît la science naturelle (cf. *Mét.*, E, 1, 1025 b 30 ; Z, 5, 1030 b 17 ; etc.). Aristote pose ici, semble-t-il, que l'intelligence qui connaît ce genre de forme (le camus) se distingue du sens qui perçoit les configurations sensibles des objets (les nez) ayant en commun la forme en question ; mais comme cette dernière se conçoit abstraction faite de la matière où elle est inhérente, Aristote n'exclut pas, semble-t-il, qu'elle puisse être appréhendée par la même instance qui perçoit la configuration sensible des nez, pourvu qu'elle soit « disposée autrement ». La signification de pareille affirmation est controversée ; mais il semble qu'elle illustre l'idée que l'intelligence ne va pas sans représentation (cf. déjà, 403 a 8-9 et *infra*, 433 a 9-10), celle-ci étant un mouvement résiduel du sens (cf. 428 b 12-13).

2. Cf. *Mét.*, Z, 17, 1041 b 17-19 ; *Part. an.*, I, 2, 642 a 18-22 ; et *supra*, 408 a 18 et sqq.

3. Cette comparaison rappelle les considérations de 411 a 5-7, sur la droite (ici, le redressement de la ligne angulaire) qui, comme la règle, permet de « juger » ce qui est droit et ce qui ne l'est pas. Aristote suggère, par conséquent, encore une fois, que l'instance qui saisit l'essence de la chair pourrait n'être pas séparée du sensitif qui perçoit la chair, mais constituée par une autre disposition de celui-ci, qui, redressée en quelque sorte, comme peut l'être la ligne brisée, mesurerait désormais ce que le sensitif ne pouvait faire. Cette suggestion est de nature à laisser entendre que l'« intelligence de l'âme » (429 a 22) n'est séparable du sens qu'en raison et procède du sens, dès lors qu'elle saisit une forme naturelle comme l'essence de la chair, bien qu'elle soit, par ailleurs, une potentialité séparée du corps (429 b 5).

4. Cf., à ce sujet, 403 b 15. Il ne s'agit plus cette fois des formes appréhendées par la science naturelle, mais de celles que saisit la science mathématique en faisant abstraction de leur matière d'inhérence.

5. L'essence de la droite et la droite (objet mathématique) semblent pourtant identiques, dans la mesure où celle-ci résulte d'une abstraction (cf. *Mét.*, Z, 10, 1036 a 18) ; et la concavité (autre objet mathématique) est une

qui la définit essentiellement, si tant est que l'essence / [*20*] de la droite diffère de la droite, c'est autre chose. Mettons, en effet, que ce soit la dyade[1]. Par conséquent, l'on en juge par une instance différente ou disposée différemment. Et d'une façon globale, par conséquent, la manière dont les choses sont séparées de la matière, est aussi celle des instances qui relèvent de l'intelligence[2].

B.3.3.3. Difficultés relatives à l'intellection.

Mais on peut être embarrassé. (*a*) Dans l'hypothèse où l'intelligence est simple et impassible et où elle n'a rien de commun avec rien, comme le prétend Anaxagore[3], comment va-t-elle opérer, si / [*25*] son opération équivaut à subir une certaine impression ? Car c'est dans la mesure où les deux termes ont quelque chose en commun, que l'un, semble-il, produit et l'autre subit une impression[4]. De plus (*b*), est-ce que, par ailleurs, elle sera, elle aussi, intelligible[5] ? (*b.1.*) Ou bien, en effet, l'intelligence sera attribuée à tout le reste, si ce n'est pas en vertu d'autre chose qu'elle est elle-même intelligible et si l'intelligible présente une certaine unité spécifique. (*b.2.*) Ou bien elle

forme qui se prend sans matière, alors que le « camus » est la même forme qui se prend avec une matière (cf. *Mét.*, E, 1, 1025 b 32-34). Mais, note ici Aristote, la forme mathématique (la droite) présente d'une certaine façon la même dualité que la forme intelligible des objets naturels (le camus) ; car, à la matière inclue dans la forme de ces derniers, peut correspondre une autre matière inclue dans la forme du premier : la continuité (l'étendue ininterrompue d'un parcours rectiligne). Voir, cependant, la suite.

1. La droite géométrique, en effet, qui se prend avec l'étendue continue, se définit essentiellement sans elle et son essence ne l'inclut donc pas. Aristote ne se prononce pas ici sur l'identification de cette essence, dont il accorde, semble-t-il, aux platoniciens qu'elle puisse être la dyade (cf. *supra*, 404 b 20 ; 409 a 4 ; *Mét.*, Z, 11, 1036 b 12 ; H, 3, 1042 a 34).

2. Le mode de séparation ou de distinction de l'intelligible par rapport à sa matière est aussi celui de l'intelligence et de ses opérations par rapport au sens. Ce mode est donc variable entre deux extrêmes représentés par les cas où la chose, identique à son essence, est soit un pur intelligible (le bien, l'être, etc.), soit un singulier sensible (Socrate) : entre les deux, les objets physiques et la plupart des objets mathématiques, différents de leur essence, sont pensés essentiellement, les uns, avec leur matière, les autres sans.

3. Rappel de 405 a 16-17, mais en termes différents.

4. Cf. *Gén. corr.*, I, 7, 323 b 31-33 : « il faut nécessairement que ce qui produit et ce qui subit une impression soient, quant au genre, semblables et identiques, mais, quant à l'espèce, dissemblables et contraires ».

5. Ce qui a été affirmé en 429 b 9-10.

contiendra un élément quelconque qui s'y mêle et la rend intelligible comme tout le reste[1].

(*Ad a*) Ou alors subir une impression par la vertu d'/une [*30*] chose commune implique la précision donnée antérieurement[2], savoir que c'est potentiellement que l'intelligence s'identifie d'une certaine façon aux intelligibles ; mais elle n'est effectivement rien avant d'opérer[3]. Et il doit en être com/me [***430 a 1***] sur un tableau où aucun dessin ne se trouve réalisé[4], ce qui est très précisément le cas de l'intelligence. Par ailleurs (*Ad b.2.*), elle est, elle aussi, intelligible, au même titre que les intelligibles, car, dans le cas des choses immatérielles, il y a identité du sujet intelligent et de l'objet intelligé. La science de nature spéculative et / [*5*] l'objet de cette science sont, en effet, identiques, bien qu'il faille examiner le motif pourquoi l'intelligence n'opère pas perpétuellement[5]. Mais (*Ad b.1.*), dans le cas des choses qui possèdent une matière, chaque intelligible n'existe qu'en puissance, si bien qu'on ne peut attribuer l'intelligence à ces intelligibles-là, puisque l'intelligence de pareilles choses est une puissance qui les saisit sans matière[6] ; mais, elle, elle aura la propriété d'être intelligible. /

1. Cette seconde hypothèse est contraire à la thèse de départ (l'intelligence est sans mélange) et la première est absurde (tout intelligible n'est pas intelligent). Elles assument en commun l'idée irrecevable que l'intelligible est *spécifiquement* un, idée qui entraîne l'impossibilité de « subir », évoquée dans la première aporie (cf. texte cité dans la n. 4, p. 226).

2. Cf. 417 b 2-17.

3. Cf. 429 a 24. Entre l'intelligence capable de penser et l'intelligible qu'elle pense, la différence spécifique est celle de la puissance et de l'acte.

4. Pour cette comparaison célèbre avec la « table rase », cf. Platon, *Théétète,* 91 C. En fait, la pure puissance intellective ne se compare pas avec la table qui peut recevoir un dessin, mais avec le dessin qui se trouve potentiellement inscrit sur la table, celle-ci étant l'être ou le sujet potentiellement intelligent.

5. Une chose immatérielle, dénuée de toute potentialité, n'existe que dans l'acte constitutif de l'intelligence non potentielle qui la saisit (cf. *Mét.*, Λ, 9, 1075 a 3-5) ou dans celui de la science spéculative (qui, par définition, ne porte sur aucun particulier, sensible et matériel). La question de savoir pourquoi, toujours ainsi capable de se saisir, l'intelligence de celui qui a la science ne pense pas toujours, est une question qu'Aristote n'aborde pas explicitement plus loin, mais qui trouve peut-être des éléments de réponse à partir de 430 a 10.

6. Il s'agit de montrer que tout intelligible n'est pas intelligent. La preuve qui en est apportée est élémentaire : un intelligible potentiel (immanent à la matière) ne l'est pas, parce qu'il n'est que potentiellement intelligible, alors que seul, l'intelligible en acte et donc sans matière, s'identifie à l'intelligence.

B.3.3.4. L'intelligence productrice de l'intelligible.

[***III, 5, 430 a 10***] Mais c'est un fait que, partout dans la nature, une chose fait office de matière pour chaque genre[1] et représente ce à quoi s'identifie l'ensemble des objets potentiels du genre en question, alors qu'une autre chose tient le rôle de responsable et de producteur, du fait qu'elle produit tous ces objets[2], à la manière de l'art par rapport à sa matière[3]. Il faut donc nécessairement que, dans l'âme aussi, se retrouvent ces différences. Et c'est ainsi qu'il y a, d'un côté, l'intelligence caractérisée par le fait qu'elle devient / [***15***] toutes choses, et, de l'autre, celle qui se caractérise par le fait qu'elle produit toutes choses, comme une sorte d'état comparable à la lumière. Car, d'une certaine façon, la lumière aussi fait que les couleurs potentielles soient des couleurs effectives[4]. Et cette intelligence est séparée, sans mélange et impassible, puisqu'elle est substantiellement activité[5]. Toujours, en effet, ce qui produit surpasse en dignité ce qui subit et le

1. Allusion aux genres suprêmes de l'être, comme en 402 a 23-25.

2. Cf. *Phys.*, II, 3, 194 b 23-26 et 29-32 (présentation des causes « matérielle » et « efficiente ») ; *Mét.*, Z, 7, 1032 a 12 et sqq. ; H, 6, 1045 a 30 et sqq. ; θ, 8, 1049 b 24 et sqq.

3. Cf. *Ibid.*, 194 a 21-22 (« l'art démarque la nature ») ; la production des *artefacta* s'analyse donc comme celle des *naturalia*.

4. Ce passage (et la suite jusqu'en 430 a 25) est l'un des plus discutés du *DA*. De ce que l'intelligible est non seulement reçu, mais produit par l'intelligence, Aristote dédouble celle-ci et introduit « dans l'âme » (430 a 13) du sujet intelligent un facteur, semble-t-il, durable (une sorte d'état : *hexis*), qui, comme la lumière actualisant le visible (cf. 418 b 18-20), actualise l'intelligible (une comparaison semblable se trouve chez Platon [*Rép.*, VI, 509 A]). A ce facteur, donneur de formes, certains ont cru pouvoir identifier l'Intelligence qui transcende l'Univers (Dieu). C'est pour le moins douteux. Mais, étant ce qui actualise l'intelligence (ou l'intelligible, ce qui est tout un), ce « principe » (cf. *infra*, 430 a 19) doit lui-même être un acte d'intelligence (cf. *Mét.*, θ, 8, 1049 b 24-25 : « l'être en puissance devient toujours l'être en acte par l'effet d'un être en acte »). Il est donc difficile de reconnaître ce principe à l'âme du sujet individuel (l'enfant, par exemple) avant tout exercice de l'intelligence et toute instruction (cf. *Éth. à Nic.*, II, 1, 1103 a 15-16 : « la vertu intellectuelle, pour la toute grosse part, tient de l'enseignement son apparition et son accroissement »). Et, dans ces conditions, Aristote paraît penser plutôt à un acte commun à l'*espèce* intelligente (l'homme), transmis d'individus à individus et éternel comme l'espèce elle-même.

5. Ces qualités (cf. 429 a 15, 18, b 5) sont conférées ensemble, quoique à des titres différents, à la puissance passive et à la puissance active de l'intelligence chez l'individu, la première, qui « devient toutes choses », devient, en effet, ainsi la seconde, « qui produit toutes choses ».

principe surpasse la matière[1]. [La science en exercice, / [*20*] d'autre part, s'identifie à ce dont elle traite ; et, si la science potentielle a une priorité chronologique chez l'individu, globalement, par contre, elle n'a aucune priorité, même chronologique[2]]... Or il est exclu que l'intelligence tantôt opère, tantôt non[3]. Une fois séparée d'ailleurs, elle se réduit à son essence[4], et il n'y a que cela d'immortel et d'éternel[5]. Nous

1. Cf. *Gén. corr.*, II, 1, 732 a 3-9 et *Mét.*, Λ, 9, 1074 b 20-21 : « c'est parce qu'elle pense qu'on accorde à la pensée sa dignité ». Donc, *a fortiori*, doit-on reconnaître à l'intelligence qui produit l'intelligible les qualités qu'on reconnaît à la pure capacité de le recevoir.

2. Après les mots « la matière » (*tès hulès* : 429 b 19), figure dans les manuscrits un très court passage qu'on retrouve mot à mot quelque quarante lignes plus loin (l'espace moyen d'une colonne d'écriture sur les anciens papyrus) et cela, après les mêmes mots *tès hulès* d'une autre phrase (430 b 31). Faisant distraitement un saut du même au même, un ancien scribe a probablement commencé à recopier ici le texte qu'il lisait là, dans son modèle, sur une colonne en regard. Les lignes transcrites à tort et probablement mal identifiées comme une erreur de transcription, semblent avoir été fidèlement conservées ici par le ou les copistes ultérieurs qui se sont servis de la copie fautive. C'est pourquoi nous les traduisons entre crochets. Ces lignes ont peut-être même pris la place d'une portion de texte disparue et l'on peut supposer une lacune avant 430 a 22.

3. Les mots « Or il est exclu que » (en grec : *all'oukh*) ont été suspectés par certains pour qui, en affirmant, au lieu de l'exclure, l'interruption de l'acte de penser, Aristote répondait ici à la question évoquée plus haut (430 a 5-6) : pourquoi l'intelligence n'opère-t-elle pas perpétuellement ? Si l'on maintient le texte, la continuité de l'acte d'intelligence qu'Aristote envisage, pourrait être celle de l'acte constitutif de l'espèce intelligente (cf. *supra*, n. 4, p. 228), sans lequel l'intelligence chez les individus ne peut advenir (« devenir toutes choses »), plutôt que la continuité de l'activité intelligente chez l'individu, laquelle n'existe pas (cf. *Éth. à Nic.*, X, 4, 1175 a 4-5 : « rien de ce qui est humain ne peut être continuellement en activité »).

4. Cette phrase, l'une des plus énigmatique du *DA*, vise, selon certains, l'intelligence pure d'êtres divins, séparée (*chôristheis*) de toute corporéité, contrairement à celle de l'homme ; selon d'autres, ce serait l'intelligence de l'homme, une fois séparée (*chôristheis*) du corps et de toute potentialité après la mort, lorsqu'elle est rendue à elle-même. C'est bien, pensons-nous, l'intelligence de l'homme qui se trouve en question, mais une fois séparée (*chôristheis*) de toute potentialité dans l'acte purement spéculatif, quand elle coïncide avec son « essence » (*touth'hoper esti*), c'est-à-dire, quand « il n'y a pas de différence entre ce qui est pensé et la pensée » (*Mét.*, Λ, 9, 1075 a 3-4). Cet état d'activité où est « l'intelligence humaine... un certain temps » (*Ibid.*, 1075 a 7-8) n'est pas seulement, ni peut-être d'abord, distingué d'un état où, à d'autres moments, elle serait inactive, mais d'un état où, active, elle ne serait pas « séparée » de la représentation et du sens, parce qu'appliquée à la connaissance du particulier (la forme intelligible dans le particulier n'est pas en effet séparée de la matière).

5. « Cela » peut être, encore une fois, l'intelligence divine transcendante, ou l'intelligence humaine individuelle (encore que « éternel », dans ce dernier cas, s'explique plus difficilement). Nous croyons qu'il s'agit d'abord de la forme intelligible ou de l'essence avec laquelle s'identifie l'acte de l'intelligence spéculative et qui, en tant que telle, échappe à tout devenir (« ce qu'on appelle forme ou substance ne devient pas » : *Mét.*, Z, 8, 1033 b 17 ; cf. 5-6). De ce fait

avons, d'autre part, des défauts de mémoire parce que, si cette essence est impassible, l'intelligence propre à subir les impressions / [25] est, elle, corruptible et que, sans elle, on ne pense rien[1]. /

B.3.3.5. L'intellection des simples et la combinaison spéculative.

[***III, 6, 430 a 26***] Donc, l'intellection des indivisibles a lieu dans les cas que ne concerne pas l'erreur[2]. Là où, par contre, il y a place et pour le faux et pour le vrai, il y a d'emblée une certaine composition des concepts, lorsque ceux-ci forment une sorte d'unité[3]. Comme disait Empédocle, « là où bien des chefs, ma foi, sans leur cou ont poussé », / [*30*] il y a ensuite composition sous l'effet de l'amour[4]. De façon semblable, les concepts séparés entrent en composition. Ainsi, l'incommensurable et la diagonale[5]. Et, s'il s'agit de choses / [***430 b 1***] passées ou futures,

— et Aristote l'a signalé souvent (« ce n'est pas l'âme qui apprend ou réfléchit, mais l'homme par son âme » : 408 b 14-15) — l'intelligence en acte qui coïncide avec une forme intelligible immuable est, elle-même, soustraite à toute espèce de devenir et présente la même éternité que son objet. Pour Aristote, il semble que l'acte de l'intelligence soit, en ce sens, impersonnel, général et commun à tout ce qui pense ; ce qui est personnel, c'est la participation de l'individu à cet acte ; chaque homme pense par le même acte.

1. Nouvelle énigme, mais qui rappelle de très près un passage antérieur (408 b 18-30). On y a vu l'explication du fait que, après la mort, notre intelligence n'aurait pas souvenir du passé ou que, pendant notre vie, nous n'aurions pas mémoire d'une existence antérieure (!). Il nous semble qu'Aristote prévient l'objection que soulève, au plan individuel, le caractère inaltérable de l'intelligence dont nous participons ; l'altération est le fait de la capacité à recevoir les formes, tributaire des sens et de la représentation ; cette capacité sans laquelle la pensée n'a pas de contenu est altérable à la mesure des organes de la sensibilité.

2. Cf., à propos de sens, 418 a 14-16. La notion d'« indivisible », appliquée à l'intelligible, vise un objet non seulement unique, mais simple et sans parties, qui exclut tout mouvement de l'intelligence pour le parcourir (cf. *Mét.*, Λ, 9, 1075 a 5-6).

3. Cf. *Mét.*, E, 4, 1027 b 18 et sqq. L'unité constituée par plusieurs concepts peut être soit propositionnelle, soit elle-même conceptuelle.

4. Dans une description dont Aristote se fait l'écho ailleurs (*Gén. an.*, I, 18, 722 b 19-20 ; *Du ciel*, III, 3, 300 b 29-31), Empédocle représentait la formation des systèmes organiques comme l'effet de la réunion de membres épars par la force aveugle de l'amour (Fr. B 57 et 20 D-K). La synthèse organique donne une idée assez juste de l'unité conférée par l'intelligence aux intelligibles qu'elle associe.

5. Ni vrais ni faux lorsqu'ils sont pris chacun à part soi, ces deux intelligibles forment ensemble une notion complexe ou une proposition sujette à l'erreur (l'incommensurabilité de la diagonale au côté du carré) : cf. *An. prem.*, I, 23, 41 a 26 ; *Phys.*, IV, 12, 221 b 24 ; *Mét.*, Δ, 29, 1024 b 27 ; etc.

c'est avec, en plus, l'idée du temps que l'on forme une composition[1]. L'erreur, en effet, implique toujours une composition. Car si l'on affirme que le blanc n'est pas blanc, on a fait entrer le non-blanc dans une composition[2]. On peut aussi prétendre, au rebours, qu'il s'agit partout de division[3] ; mais en tout cas, ce qui est faux ou vrai[4], c'est l'idée, non seulement que Cléon est blanc, mais aussi qu'il l'était ou le sera. Or ce qui produit l'unité de cette idée, c'est l'intelligence à chaque fois.

L'indivisible, cependant, s'entend de deux façons, soit potentiellement, soit effectivement[5]. Rien n'empêche donc l'intelligence de saisir l'indivisible quand elle saisit la longueur, puisque celle-ci est effectivement indivisible ; ni même de le faire en un temps indivisible, car le temps est divisible et indivisible à la façon de la longueur[6]. On ne peut donc dire ce qui se trouve dans l'intelligence à chaque moitié du temps, puisqu'il n'est pas question de moitié sans division, si ce n'est potentiellement[7]. Toutefois, en pensant à

1. Le cas est illustré plus loin par un exemple (430 b 4-5) ; il concerne tous les jugements contingents et empiriques.

2. Le jugement n'est pas ici celui du sens (qui ne se trompe pas sur la couleur : cf. 418 a 15), mais celui de l'intelligence qui associe la couleur blanche perçue à l'idée de non-blanc et nie ainsi ce que le sens perçoit. Par où l'on voit que l'erreur du jugement sur les sensibles propres est, pour Aristote, une erreur, non du sens, mais de l'intelligence, qui nie ce que le sens perçoit.

3. Cf. *De l'interprét.*, 1, 16 a 12-13 : « le vrai et le faux concernent une composition et une division ». La division dissocie à raison ou à tort, quand la composition associe à tort ou à raison : associer A et B, c'est dissocier A de non-B.

4. Vraies ou fausses, la négation et l'affirmation impliquent une certaine discursivité de la pensée (*dianoia* : cf. *Éth. à Nicom.*, VI, 2, 1139 a 21), mais la synthèse en quoi elle consiste est une intellection simple.

5. Toute forme que l'intelligence saisit, dans un acte simple et infaillible, est, comme telle, un indivisible (cf. *Mét.*, I, 1, 1052 a 29-31) ; Aristote entreprend ici de le prouver, en considérant d'abord le cas des quantités continues qui apparaissent évidemment divisibles, donc impossibles à saisir dans un acte simple. La difficulté est résolue par la distinction de l'indivisible potentiel (qui est d'ordre sensible : une longueur effectivement divisible) et de l'indivisible effectif, qui n'est que potentiellement divisible (à l'infini d'ailleurs et constitue l'intelligible continu des mathématiques).

6. Autrement dit, la saisie de l'indivisible effectif (la longueur intelligible des mathématiciens), s'opère dans l'instant, indivisible, et non dans la durée divisible (comme si l'on parcourait successivement du regard ou en imagination les parties d'une grandeur sensible) ; cf. *Phys.*, VI, 2, 233 a 11-12.

7. Aristote semble ici parer à l'objection venant du fait que le sujet pensant est, lui, dans le temps ou la durée, effectivement divisible en deux parties. Sa réponse est que rien ne correspond à cette division dans la pensée, dès lors que l'indivisible qu'elle saisit reste potentiellement divisible seulement.

part chacune des deux moitiés, on divise aussi le temps par la même occasion, mais alors, de la même façon que la longueur[1]. Et si la pensée la saisit en tant que constituée de ses deux moitiés ensemble, c'est aussi dans le temps qui marque la constitution de l'ensemble[2].

De son côté, l'indivisible, non selon la quantité, mais selon le for/mel[3], [*15*] est saisi par l'intelligence en un temps indivisible et en un acte indivisible de l'âme. Par accident, toutefois, et sans les considérer comme cela, l'acte de la pensée qui opère et le temps où elle opère sont divisibles, mais c'est en tant qu'indivisibles qu'ils sont considérés[4]. Car il se trouve, même en eux, quelque chose d'indivisible, quoique sans doute inséparable[5], qui rend un le temps et la

1. Cf. *Phys.*, VIII, 8, 263 a 21 et sqq. L'hypothèse revient à dire qu'on ne pense plus alors un continu indivisible, mais deux ; la discontinuité introduite dans l'intelligible et dans la pensée avec laquelle il coïncide, divise du même coup le temps en deux instants successifs, correspondant à la saisie des deux intelligibles.

2. L'hypothèse apparaît comme l'inverse de la précédente ; mais pas plus que la précédente n'envisageait une opération intellectuelle de division, celle-ci n'envisage une opération de synthèse ; dans les deux cas, il s'agit de l'appréhension d'un terme simple, non de l'association et de la dissociation de plusieurs intelligibles. Donc, il s'agit ici de l'appréhension de la grandeur, qui succède à celles de ses deux moitiés. Dans l'indivisible unique appréhendé, les moitiés ne sont plus que potentiellement intelligibles et l'appréhension du tout se fait dans l'instant.

3. On pourrait traduire aussi : « selon l'espèce » (*tôi eidei*). Il s'agit de la forme intelligible une qui correspond, soit aux objets sensibles, soit, à titre d'essence, aux objets mathématiques : cf. *Mét.*, B, 3, 999 a 2-3 (« tout indivisible l'est selon la quantité ou selon la forme ») ; Δ, 6, 1016 b 23-24 (« partout, l'un est indivisible, soit en quantité, soit par la forme ») et I, 1, 1053 a 18-20.

4. Le sens de cette phrase est très controversé et sa traduction conjecturale. Nous comprenons qu'une forme spécifique ou essentielle, considérée accidentellement par l'intelligence qui saisit seulement ce dont elle est forme ou essence, est ainsi considérée dans le temps et au fil de plusieurs actes ; mais que ce n'est pas le cas lorsqu'elle est considérée comme telle, c'est-à-dire comme indivisible. Ainsi, on peut multiplier à l'infini dans le temps, les actes de l'intelligence qui considère une ligne ou une surface, parce que la ligne est potentiellement divisible à l'infini et la surface extensible à l'infini. Mais ce sont là des accidents de la ligne et de la surface, qui ont chacune une essence indivisible, distincte de leurs accidents (cf. *Mét.*, Δ, 6, 1016 a 35-b 1 ; *Phys.*, VIII, 8, 263 b 7-9).

5. L'indivisible, qui constitue l'essence des grandeurs mathématiques, n'est pas, comme le pensaient les partisans (platoniciens) des « Idées », séparable (de ses accidents), c'est-à-dire, une réalité « en soi ». Aristote précise ici ce que pouvait avoir d'ambigu son propos antérieur sur la « dyade » comme essence de la droite (429 b 19-20) : cf. *Mét.*, Z, 11, 1036 b 13-15 : « parmi ceux qui parlent d'Idées, les uns prennent la dyade, les autres la forme de la ligne, pour en faire la ligne en soi »).

longueur. Et cette chose se retrouve pareillement dans tout ce qui est continu, / [*20*] temps et longueur.

Le point, par contre, et toute division, ainsi que l'indivisible de ce genre[1], se donnent à voir comme la privation[2]. Et on en dira autant du reste : par exemple, comment connaître le mal ou le noir[3] ? Car c'est en quelque sorte par son contraire qu'on peut le connaître[4]. Toutefois le sujet connaissant doit être potentiellement ce contraire et l'unité résider en lui[5]. Si, en revanche, ce n'est pas / [*25*] un contraire à quoique ce soit parmi les causes, c'est le sujet lui-même qui se connaît, étant en acte et séparé[6].

De son côté, l'énonciation consiste à dire quelque chose d'un sujet, comme l'affirmation, et elle est toujours vraie ou fausse[7]. Mais ce n'est pas toujours le cas de l'intelligence. Au

1. Entendez : tout ce qui, comme le point, constitue une limite, c'est-à-dire, tout ce qui divise, tout en étant soi-même une unité indivisible (l'instant, par exemple, ou l'unité elle-même) : cf. *Mét.*, K, 2, 1060 b 13-19 et B, 5, 1002 a 18 et sqq.

2. Le point et l'unité, autrement dit, se connaissent négativement, comme les privations : par la négation même de la divisibilité. Cf. *Mét.*, Δ, 6, 1016 b 25-26 : « le totalement indivisible et qui n'a pas de position, c'est l'unité ; et le totalement indivisible qui a une position, c'est le point ».

3. Cf. *supra*, 426 b 29 et sqq. (à propos de la sensation déjà comparée, là, à la pensée).

4. Cf. *Mét.*, Z, 7, 1032 b 2-5 : « les contraires, en effet, ont d'une certaine façon la même forme, car la substance d'une privation, c'est celle qui lui est opposée : ainsi la santé est celle de la maladie ; car c'est par l'absence de santé que se voit la maladie et la santé est la forme qui réside dans l'âme ». — Le contraire d'un indivisible, qui divise, devrait être le divisible ; cf. *Mét.*, I, 3, 1034 a 26-29 : « l'un se dit et se fait voir à partir de son contraire, l'indivisible par le divisible, parce que la multiplicité et le divisible sont plus sensibles que l'indivisible, de sorte qu'en raison, la multiplicité est antérieure à l'indivisible à cause de la sensation ».

5. Le texte, ici, n'est pas sûr. Sous cette réserve, nous comprenons que le sujet qui connaît l'indivisible par son contraire divisible, doit être potentiellement indivisible et donc effectivement divisible ; c'est une référence à l'intelligence potentielle, qui « devient tout » (430 a 14-15) ou au sujet sentant, mais potentiellement intelligent (cf. note précédente), qui saisit l'unité (sensible) divisible (cf. 425 a 16). Nous comprenons aussi que l'unité (intelligible) indivisible se trouve en lui, comme elle se trouve dans le sensible divisible qu'il connaît.

6. Malgré l'obscurité de cette phrase, qui a suscité des commentaires en sens divers, on ne peut guère voir ici qu'une référence au pur indivisible sans contraire, qui est l'essence même de l'indivisible ou de l'un (« l'être de l'un » : cf. *Mét.*, Δ, 6, 1016 b 17-18), qui se donne à l'intelligence indivisiblement avec la conscience de son acte et qu'Aristote présente comme « séparée » (au contraire de l'essence des grandeurs continues : 430 b 18), parce que l'acte unique en quoi consiste l'intelligence non potentielle l'est aussi (cf. 430 a 17-21, avec les notes).

7. L'affirmation (*kataphasis*) est, comme la négation (*apophasis*), une espèce

contraire, lorsqu'elle saisit ce qu'est une chose conformément à son essence, elle est vraie, sans dire quoi que ce soit d'un sujet[1]. Il en va plutôt comme de la vue, qui est vraie en saisissant son objet propre, alors que pour décider si / [*30*] l'objet blanc est un homme ou non, elle ne tranche pas toujours en vérité[2]. Ainsi en va-t-il de tout objet immatériel[3]. /

B.4. Le cognitif en général.

[***III, 7, 431 a 1***] D'autre part, la science en exercice s'identifie à ce dont elle traite. Et si la science potentielle a une priorité chronologique chez l'individu, globalement, par contre, elle n'a aucune priorité, même chronologique[4]. Car c'est d'un être réalisé que résulte tout ce qui se produit[5]. Et, manifestement, c'est bien l'objet sensible, qui tire de son être potentiel le / [*5*] sensitif, et produit un être d'activité. Celui-ci, de fait, ne souffre pas, ni ne s'altère[6]. Aussi bien est-ce là une autre espèce de mouvement. Car le mouvement, on le sait, représente l'activité de ce qui est inachevé, mais l'activité tout simplement s'en distingue, étant le fait de ce qui se trouve achevé[7].

de l'énonciation (*phasis*), opération par laquelle l'intelligence associe ou dissocie au moins deux termes : cf. *supra* (430 a 27-b 5).

1. La saisie non énonciative de l'essence est l'appréhension d'attributs essentiels que l'intelligence n'attribue pas à un sujet, mais se borne à « toucher » dans leur réalité éternelle (cf. *Mét.*, θ, 10, 1051 b 24-26).

2. Cf. *supra*, 418 a 14-16.

3. Cf. *Mét.*, H, 6, 1045 b 23.

4. Ce texte (redoublé en 430 a 19-21) illustre un principe universel : la nécessaire priorité de l'acte sur la puissance, impliquant l'éternité de l'acte (cf. *Mét.*, Λ, 6, 1071 b 14-15 et 19).

5. Cf. *Mét.*, θ, 8, 1049 b 24-25 (« de l'être potentiel procède toujours l'être effectif par l'effet d'un être effectif ») ; Z, 9, 1034 b 17-19 ; Λ, 3, 1070 a 4-5.

6. Cf. *supra*, 417 b 5 et sqq. ; 16-29 ; 424 b 3-9 ; 426 a 2-8 et *Mét.*, Γ, 5, 1010 b 35-1011 a 2.

7. Cf. *Mét.*, θ, 6, 1048 b 28-35. — Ce petit développement, qui rappelle en fait la distinction entre l'acte cognitif, dont il a été question jusqu'ici, et le mouvement, est, semble-t-il, destiné à introduire les considérations qui suivent sur les actes cognitifs qui commandent le mouvement et où il est question ensemble de l'intelligence et du sens.

B.4.1. Les actes comparés de l'intelligence et du sens dans l'action.

Donc, sentir équivaut à faire uniquement une énonciation, et à penser[1]. Mais quand c'est agréable ou pénible, c'est comme si la sensation disait oui ou non : il y a mouvement de pour/suite [*10*] ou de fuite[2]. Éprouver du plaisir ou de la peine, c'est exercer une activité des sens en équilibre par rapport à ce qui est bon ou mauvais en tant que tels[3]. L'aversion et le désir, c'est encore la même chose du point de vue de l'activité, et il n'y a pas de différence entre les facultés d'appétit et d'aversion ; elles ne se distinguent ni l'une de l'autre, ni de la faculté sensitive ; c'est, au contraire, l'essence de ces activités qui varie[4]. De son côté, l'âme douée de réflexion dispose / [*15*] des représentations qui tiennent lieu de sensations. Et quand un bien ou un mal se trouve énoncé ou nié, il y a également un mouvement de fuite ou de poursuite. Aussi l'âme ne pense-t-elle jamais sans représentation[5].

Par ailleurs[6], l'air a conféré telle qualité précise à la pupille, mais celle-ci a elle-même opéré sur autre chose et l'ouïe a fait de même ; or le terme ultime de ces opérations est unique et constitue un seul milieu d'équilibre, bien que son essence / [*20*] soit multiple[7]. Et qu'est-ce qui permet

1. Cf. *supra*, 430 b 26-31 (perception des sensibles propres et appréhension énonciative des essences sont toujours vraies).

2. Cf. *Éth. à Nicom.*, VI, 2, 1139 a 21-22 : « ce qui, dans la pensée réfléchissante, est affirmation et négation, correspond, dans l'appétit, à la poursuite et à la fuite ».

3. L'équilibre du sens, par rapport à l'objet sensible, a déjà été évoqué (cf. 424 a 4 et b 1) ; il est question ici de cet équilibre par rapport à ce que l'objet présente de bon ou de mauvais pour le sujet.

4. Il a été question incidemment du désidératif en 408 a 13 et b 2 ; seul, ici, son rapport au cognitif est considéré ; il sera, comme tel, envisagé plus loin (432 a 15 et sqq.).

5. Cf. *supra*, 403 a 8-10 ; *De la mém.*, 1, 449 b 30-450 a 5 ; *Du sens*, 6, 445 b 16-17 ; *Mouvement des an.*, 6, 700 b 19-20 ; *Éth. à Nic.*, VI, 12, 1143 b 4-5 ; *An. sec.*, I, 19, 700 a 3-9. Ce lien de l'intelligence avec la représentation et, par elle, avec le sens est vrai de toute opération intellective (même spéculative) ; mais, là où l'intelligence commande l'action, il est doublement vrai, car l'action exige une connaissance du particulier à un double titre : pour connaître le général à partir du particulier et pour reconnaître ce général dans le particulier.

6. Sans transition, Aristote explique ici comment, de sensations multiples, peut procéder, via la représentation, l'unité requise pour l'exercice de la pensée. Mais ce passage pourrait être interpolé.

7. Allusion à l'organe sensoriel commun (le cœur), auquel aboutissent toutes les affections sensibles (cf. *Des rêves*, 2, 459 b 5-8) et qu'Aristote situe

de juger de la distinction entre douceur et chaleur[1] ? On l'a déjà dit auparavant[2], mais il faut en parler maintenant encore. C'est, en effet, une instance unique, du reste comparable à la limite[3]. Et, puisqu'elle est analogiquement et numériquement une, elle contient ces qualités sensibles en présence, dans le même rapport qu'elles ont entre elles[4]. Qu'importe, en effet, qu'on demande comment se discriminent les données non homogènes / [*25*] ou les données contraires, comme le blanc et le noir[5] ? Soit, donc, le rapport de A (le blanc) à B (le noir), auquel est identique celui de C à D, qui sont comme les deux premiers termes entre eux. Par conséquent, il y a encore identité après permutation[6]. Si donc les qualités C D appartiennent à un seul sujet, elles auront exactement le même rapport que les qualités A B, qui sont une seule et même chose, bien que d'essence non identique[7] ; et les sensibles non homogènes auront aussi un rapport sem-

« au milieu » du corps (cf. *De la vie et de la mort*, 4, 469 a 24 et sqq.) ; organe unique (et unificateur de la sensibilité), il a plusieurs fonctions, donc, une « essence multiple ».

1. « Douceur » est, ici, une qualité gustative, distincte de la qualité tactile du même nom (cf. 420 a 31-b 1) et de la chaleur, elle aussi tactile ; mais ces deux qualités sensibles relèvent au fond du même sens, puisque le goût est une variété du toucher.

2. Cf. *supra*, 426 b 8-427 a 14.

3. La « limite » est ce qui était appelé le point en 427 a 10.

4. L'idée de cette phrase (dont le texte est douteux) semble être la suivante : l'unité du sens commun est exactement celle du sensible extérieur ; il est un « numériquement », parce que le même objet sensible est à la fois doux et chaud ; et il est un « analogiquement », parce que le doux (sapide) est l'analogue du chaud (tangible) ; la même limite qui distingue l'un et l'autre objectivement, dans le sensible, se retrouve, subjectivement, dans le sens.

5. Non homogènes sont les sensibles propres de registres différents ; et sont contraires, les sensibles du même registre. Cf. *Du sens*, 7, 448 a 13-17 (à propos de la même question) : « ... les sensibles qu'on dit en série, mais d'un genre différent, ont entre eux plus de distance et de différence que ceux qu'on dit du même genre ». Les contraires sont homogènes, mais, dit ici Aristote, leur distinction, dans le sens, s'explique de la même façon que celle des sensibles non homogènes. Dans les deux cas, il faut poser un même objet considéré de deux façons différentes.

6. Le rapport des contraires homogènes A/B est identique au rapport C/D, si C et D sont eux aussi des contraires homogènes (le doux et l'amer, par exemple). Et alors, l'identité A/B = C/D devient, par permutation, A/C = B/D, où sont identifiés deux rapports entre termes non homogènes.

7. Aristote veut dire sans doute que les contraires, *quels qu'ils soient* (AB ou CD), lorsqu'ils sont attribués au même sujet, forment dans le sens commun qui les discrimine une réalité unique qui, prise comme limite entre les contraires, présente deux faces différentes.

blable[1]. Or le raisonnement / [***431 b 1***] reste identique, même si A représente le doux et B le blanc[2].

Donc, la faculté intellective saisit les formes immanentes aux représentations. Et vu que, dans ces formes-là, se trouve déterminé par elle ce qui est à poursuivre ou à fuir[3], même en dehors de la sensation, on se met en mouvement, quand on s'applique aux / [5] représentations. Ainsi, alors que le sens, devant la torche, perçoit du feu, on arrive à savoir grâce au sens commun, quand on la voit bouger, qu'elle signale un ennemi[4] ; mais parfois, grâce aux représentations ou aux idées que l'âme contient, on arrive à raisonner comme si l'on avait les choses sous les yeux, l'on délibère sur l'avenir en fonction du présent et, lorsqu'on prononce, comme là, sur l'agréable ou le pénible, on se met alors à fuir ou à poursuivre cet objet[5]. / [***10***] En somme, dans l'action, le vrai et le faux, qui se trouvent d'ailleurs aussi indépendamment de l'action, appartiennent au même genre que le bon et le mauvais, à la différence, toutefois, qu'il s'agit là d'une donnée absolue et, ici, d'une donnée relative[6].

1. Nous explicitons ainsi ce que nous croyons être la conclusion tirée du fait de la permutabilité des termes signalée plus haut. Le texte dit seulement : « et elles pareillement » (*kâkeina homoiôs*). Mais l'interprétation du passage est tout à fait sujette à caution.

2. Si les rapports de départ sont entre termes non homogènes, la permutation peut les transformer en rapports entre termes contraires. Ce que l'on dit en raisonnant sur les uns, reste donc vrai, de toutes les façons, pour les autres.

3. La traduction de cette proposition est conjecturale : là où nous entendons « dans ces formes-là » (*en ekeinois*), certains entendent « dans les objets sensibles ».

4. Allusion aux signaux lumineux en usage dans les armées (cf. THUCYDIDE, II, 94 ; III, 22 ; 80 ; VIII, 102) ; ici, l'intelligence décode une forme intelligible à fuir (l'ennemi) dans une perception sensible propre (le feu visible) et commune (le mouvement du feu).

5. L'intelligence « délibérative » ou « calculatrice » (cf. *Éth. à Nicom.*, VI, 2, 1139 a 12) n'ignore pas totalement le présent, ni, donc, les données sensibles concomitantes, mais elle porte sur l'avenir (cf. *Ibid.*, 1139 b 8), qui ne peut être que représenté à partir du présent et qui appelle le mouvement de fuite ou de poursuite. C'est donc dans la représentation du futur que l'intelligence peut saisir alors quelque forme intelligible sous le rapport du bien, ou que, « comme là » (c'est-à-dire, comme dans la représentation fournie concomitamment par le sens), elle peut se prononcer sur le caractère, plaisant ou non, de ce qui paraît pouvoir susciter le mouvement.

6. Aristote paraît ici distinguer le vrai et le faux tels qu'ils sont posés par l'intelligence responsable de l'action (cf. *Éth. à Nicom.*, VI, 2, 1139 a 26-31), du vrai et du faux tels qu'ils sont posés par l'intelligence spéculative. Dans les deux cas, semble-t-il dire, le vrai et le faux sont du « même genre » que le bien et le mal ; non précisément parce que le vrai est le contraire du faux comme le

B.4.2. L'âme cognitive et le réel.

Quant aux objets contenus, comme on dit, dans l'abstraction, ils sont saisis par l'intelligence comme s'il s'agissait du camus[1] : en tant que tel, le camus se pense sans séparation, mais si c'était en tant que concave qu'on le pensait effectivement, il serait saisi par l'intelligence sans / [*15*] la chair où réside le concave. C'est ainsi que les objets mathématiques, bien qu'inséparables, sont conçus comme séparés quand l'intelligence les appréhende.

Mais, globalement, l'intelligence qui est en activité s'identifie aux affaires qu'elle pense[2]. Est-ce qu'on peut admettre, par ailleurs, qu'elle appréhende un quelconque objet séparé sans être elle-même séparée de la grandeur ? Ou ne le peut-on pas ? La question devra être examinée plus tard[3]. / [***III, 8, 431 b 20***] Mais, pour l'instant, résumons ce qu'on a dit de l'âme, en répétant que l'âme est, d'une certaine façon, l'ensemble des réalités.

Celles-ci, en effet, sont ou bien sensibles ou bien intelligibles. Or la science constitue ce qu'on peut savoir d'une certaine façon[4] et le sens ce qui peut être senti[5] ; mais on doit chercher de quelle façon il en est ainsi.

On découpe donc la science et le sens en fonction des choses qui leur correspondent : / [*25*] il y a celle, poten-

bien est le contraire du mal (cf. *Mét.*, Γ, 2, 1004 b 27 et sqq.), mais parce que c'est le même genre d'intelligible complexe qui associe à raison ou à tort plusieurs termes pour dire ce qui est et pour dire ce qui doit être. Cependant, dans le cas de l'intelligence spéculative, ce qui doit être est considéré « absolument » (c'est ce qu'il faut faire en général), tandis que, dans le cas de l'intelligence non spéculative, mais exécutive, ce qui doit être est considéré « relativement » à nous (c'est ce que nous-mêmes devons faire) ; cf. *infra*, 432 b 26 et sqq.

1. Cf. *supra*, 429 b 18-22. Ce retour à l'intelligence du mathématicien est sans doute entrepris pour distinguer la forme spéculative de cette intelligence, de celle qui opère dans les mathématiques appliquées, lorsque la forme abstraite (le concave) est considérée dans l'objet naturel qui la contient (le camus).

2. Cf. *supra*, 431 a 1-2 (où Aristote parlait cependant de la science, non de l'intelligence).

3. Le *DA* n'aborde pas cette question, qui concerne la connaissance, par l'intelligence humaine (non séparée de la grandeur, parce que liée aux sens), des pures formes non immergées dans la matière, que sont les substances « métaphysiques » (séparées de toute grandeur).

4. Cf. 429 b 8-9 ; 430 a 4-5 ; 430 b 23-24 ; 431 a 1-2 ; 431 b 11-12.

5. Cf. 425 b 26 et sqq.

tielle, qui correspond aux objets en puissance et celle, réalisée, qui correspond aux objets réalisés. Or les facultés de l'âme propres à sentir et à savoir sont en puissance ces objets qu'on peut respectivement savoir et sentir. Mais, nécessairement, ce sont ou bien les objets eux-mêmes, ou bien leurs formes. Eux-mêmes, évidemment pas ; car ce n'est pas la pierre qui se trouve dans l'âme, mais sa for/me[1]. [***432 a 1***] Si bien que l'âme ressemble à la main. La main, en effet, constitue un instrument d'instruments et l'intelligence, de son côté, une forme de formes, ainsi que le sens une forme de sensibles[2].

Puisque, par ailleurs, il n'est absolument rien de séparable en dehors des grandeurs sensibles, comme le veut l'opinion[3], c'est dans / [*5*] les formes sensibles, que se trouvent les intelligibles, les réalités qu'on dit abstraites et toutes celles qui forment les états ou les affections des grandeurs sensibles[4]. Et c'est pour cela que, sans l'exercice des sens, on ne peut rien apprendre, ni comprendre[5], et que la spéculation implique nécessairement la vue simultanée de quelque représentation[6]. Les contenus de la représentation sont, en effet, comme des données du sens, / [***10***] sauf qu'ils sont sans matière[7].

La représentation, du reste, est autre chose qu'une énonciation ou une négation, puisque le vrai ou le faux

1. Cf. 424 a 18-28 ; 429 a 27-29 ; etc.

2. Cf. *Part. an.*, IV, 10, 687 a 19-21 : « La main semble bien être, non pas un instrument unique, mais plusieurs ; car elle constitue comme un instrument qui tient lieu d'instruments ». La main est potentiellement plusieurs instruments dans le sens où elle peut avoir plusieurs usages (couper, frapper,...), non dans le sens où elle peut devenir plusieurs instruments (une scie, un marteau,...). De la même façon, l'âme est potentiellement tout ce qui est connaissable, dans le sens où elle peut recevoir toutes les formes (intelligibles et sensibles), non dans le sens où elle peut devenir tout ce qui est (à la fois sensible et intelligible).

3. Opinion que partage Aristote (et qui l'oppose aux partisans des Idées), mais sous réserve : elle ne vaut que pour l'analyse du naturaliste et du mathématicien, qui considère les formes *des* grandeurs.

4. Cf. *Du sens*, 1, 437 a 2-3 : « (les sensations qui portent sur les objets extérieurs) apportent de multiples traits distinctifs dont procède la pensée des intelligibles » ; et 6, 445 b 16-17.

5. Cf. *An. sec.*, I, 18, 81 a 38 et sqq. : « si quelque sens fait défaut, nécessairement quelque science fait aussi défaut, qu'on ne peut acquérir »...

6. Cf. *supra*, 431 b 2.

7. Cf. *supra*, 429 a 5 ; 431 a 15. L'activité du sens suppose, en effet, la présence d'objet matériel, alors que la représentation ne l'implique pas nécessairement.

constituent un tissu de concepts[1]. Par ailleurs, en quoi se signaleront les concepts de base[2], en dehors du fait de n'être pas des représentations, si ce n'est que les autres n'en sont pas non plus, mais ne vont pas sans représentations ? /

B.5. La faculté motrice ou appétitive.

[***III, 9, 432 a 15***] Mais la définition de l'âme se réfère à deux capacités, dès lors qu'il s'agit de l'âme des animaux : la capacité de juger, qui est affaire de réflexion et de sensation, et, en outre, celle d'imprimer le mouvement de déplacement[3]. On bornera donc là les précisions qui concernent le sens et l'intelligence ; mais, concernant le principe moteur, la question de savoir quelle partie de l'âme peut bien remplir cette fonction, est une question qui mérite examen. Est-ce une seule partie de l'âme, / [***20***] qui se trouve à part en grandeur ou en raison[4] ? Ou bien est-ce l'âme entière ? Et, dans le premier cas, est-ce une partie propre, en dehors de celles qu'on mentionne habituellement et dont il a été question, ou bien est-ce l'une quelconque de ces dernières[5] ?

B.5.1. Difficultés de réellement séparer les facultés.

Or on est de suite dans l'embarras pour décider en quel sens on doit parler de parcelles d'âme et quel serait leur nombre ? Car, d'une certaine façon, elles sont manifestement en nombre infini ; et il n'y a pas seulement celles dont certains font état / [25] en distinguant des parties pour le calcul, pour l'ardeur et pour le désir[6], ou, selon

1. Cf. *supra*, 428 b 18-30 ; 427 b 16-21.

2. Les concepts « de base » (*prôta*) semblent être ici, comme dans *An. sec.*, II, 19, 100 a 15-b 3, les formes simples et indivisibles qui se présentent d'abord à l'intelligence, avant toute « synthèse » (430 a 27-28) en quoi consiste le vrai et le faux.

3. Cf. *supra*, 403 b 25-27 ; 411 a 24-26 ; 427 a 17-19.

4. Sur ces modes de séparation, cf. *supra*, notamment 413 b 13-22 et 429 a 11-12.

5. Ces deux questions ont déjà été partiellement résolues ; il est exclu que l'âme entière soit motrice, puisqu'il y a des animaux fixés sur place, et il est exclu qu'une seule des parties de l'âme déjà étudiées soit motrice, puisque le sens et l'intelligence appréhendent l'agréable ou le pénible qu'il faut poursuivre et éviter. Mais Aristote reprend les questions *ab ovo*.

6. Cf., en particulier, Platon qui localise les parties en question dans différentes parties du corps (cf. *Républ.*, IV, 435 B et sqq. ; IV, 438 D et sqq. ; IX, 580 D et sqq. ; *Timée*, 69 C et sqq. ; *Phèdre*, 246 A et sqq. ; etc.).

d'autres, la partie qui contient la raison et la partie irrationnelle[1]. En effet, si l'on se réfère aux différences qui fondent la séparation de ces parties, il est manifeste qu'il y en a d'autres encore, qui présentent un écart plus net que celles-là. Et ce sont précisément celles dont il vient d'être question : la partie nutritive, qui appartient aussi bien aux plantes qu'à / [*30*] tous les animaux ; la partie sensitive, qu'on ne peut aisément ranger, ni comme irrationnelle, ni comme rationnelle[2] ; et encore la partie représentative, / [***432 b 1***] qui diffère de toutes les autres par l'essence[3], et dont on serait fort embarrassé de dire à laquelle de celles-là elle s'identifie ou s'oppose, dans l'hypothèse d'une séparation des parties de l'âme[4]. Or il y a, en plus, la partie responsable de l'appétit, qui semblerait ne se distinguer de toutes les autres qu'en raison et en puissance[5]. D'autre part, il est déplacé / [*5*] de la mettre en morceaux. Car dans la partie propre au raisonnement, prend naissance le souhait[6] et dans la partie irrationnelle, le désir et l'ardeur[7] ; et, si l'âme a trois parties, chacune contiendra l'appétit !

B.5.2. Difficultés d'attribuer la fonction motrice à une autre faculté que l'appétitif.

Ainsi donc, pour revenir au propos où l'on en était resté à l'instant, qu'est-ce qui imprime le mouvement local à l'animal ? Le mouvement de croissance et de dépérisse-

1. Platon encore, pour qui la partie rationnelle coïncide avec celle qui calcule tandis que la partie irrationnelle réunit l'ardeur et le désir (cf. *Rép.*, X, 608 D et sqq. ; *Timée*, 65 A et sqq. ; 69 C et sqq. ; 72 D ; *Lois*, XII, 961 D et sqq. ; etc.) ; ce que confirme [ARIST.], *Grandes Morales*, I, 1, 1182 a 23 et sqq. Mais cette subdivision bipartie était très commune chez les platoniciens et Aristote lui-même s'en sert à l'occasion très librement, pour distinguer deux genres de vertus (cf. *Éth. à Nicom.*, I, 13, 1102 a 26-28 ; VI, 2, 1139 a 3-9 ; etc.

2. Parce que, chez l'homme, le discernement est affaire de sens et d'intelligence (432 a 16) et que l'intelligence est dépendante du sens (432 a 3-8).

3. Cf. *supra*, 427 b 14 et sqq. ; 428 a 5 et sqq.

4. Issue du sens (cf. 428 b 12-13), la représentation est condition de l'intelligence (cf. 432 a 8-14) ; elle ne peut donc être dissociée ni de l'un, ni de l'autre.

5. Cf. *supra*, 431 a 13 (l'appétitif et le sensitif ne diffèrent que par l'essence, donc en raison) ; la différence est aussi potentielle, dans la mesure où le sensible peut être ou ne pas être objet d'appétit.

6. Le « souhait » (*boulèsis*) est ici un appétit qui réside dans « la partie propre au raisonnement » ou « calculatrice » (cf. *Top.*, IV, 5, 126 a 13).

7. Ceux-ci, avec le souhait, représentent trois sortes d'appétit, qui correspondent aux trois parties de l'âme platonicienne ; cf. *Éth. à Eudème*, II, 7, 1223 a 26-27 : « l'appétit se subdivise en trois choses, le souhait, l'ardeur et le désir » ; comparez *Mouvem. des an.*, 6, 700 b 22.

ment, que possèdent tous les animaux, semblerait, en effet, devoir être mis sur le compte de la partie, commune à tous, qui est responsable de la génération et de la nutrition[1]. Quant à l'inspiration et l'expiration, le sommeil et l'éveil, il faudra leur réserver un examen plus tard, car ils suscitent, eux aussi, beaucoup d'embarras[2]. Mais il faut considérer la question du mouvement local : qu'est-ce qui imprime à l'animal le mouvement de locomotion ?

Or donc, ce n'est pas la capacité nutritive, évidemment, parce que le mouvement en question, qui vise toujours un but, s'accompagne, soit de représentation, soit d'appétit[3]. S'il ne manifeste pas, en effet, d'appétit ou d'aversion, nul ne se met en mouvement, sauf contraint par violence[4]. En outre, même les plantes, alors, seraient aptes au mouvement et posséderaient quelque partie susceptible de servir d'organe à ce type de mouvement.

De même, ce n'est pas non plus la partie sensitive, parce qu'il est beaucoup d'animaux qui possèdent bel et bien le sens, mais restent sur place, sans être doués de mouvement, tout le long de l'existence[5]. Si donc la nature ne fait rien en vain, ni ne néglige quoi que ce soit de nécessaire[6], sauf dans le cas des êtres atrophiés et celui des êtres incomplets[7] ; si, d'autre part, ces sortes d'animaux sont complets et ne montrent pas d'atrophie (or c'est ce qu'indique le fait qu'ils sont aptes à se reproduire, arrivent à maturité, puis dépérissent[8]), il en résulte qu'ils

1. Ce type de mouvement a été étudié *supra* : 415 a 23-25 ; 416 a 18-b 31.

2. Ces autres types de mouvement, qui relèvent de l'âme nutritive (respiration) et de l'âme sensitive (sommeil), sont étudiés dans des petits traités séparés, qui complètent le *DA*. Mais c'est aussi le cas du déplacement des animaux et, plus particulièrement, du déplacement des animaux marcheurs.

3. Cf. *Mouv. des an.*, 6, 700 b 15-18. Le but du déplacement fait l'objet d'une représentation et d'un appétit ; c'est pourquoi, même si ce but est de la nourriture, le déplacement n'est pas commandé par la faculté nutritive.

4. A ce titre, le mouvement naturel des corps inanimés qui, spontanément et sans contrainte, se portent dans une direction (cf. la chute des corps), s'explique par l'analogue d'un appétit ; l'analogue seulement, parce qu'ils se portent invariablement dans la même direction, déterminée par leur nature corporelle.

5. Cf. *supra*, 410 b 19-21 ; 413 b 2-4.

6. Le principe de finalité qui, chez Aristote, rend compte des systèmes naturels, implique la nécessité des moyens en vue de cette fin. Ainsi, la main (cf. n. 2, p. 239) est une nécessité pour l'animal le plus sagace.

7. Cf. *supra*, 415 a 27 et 425 a 10.

8. Cf. 415 a 26 et sqq.

devraient également posséder les parties susceptibles de servir d'organe à la marche.

Mais ce n'est pas non plus la partie intellective ou ce qu'on appelle l'intelligence[1], qui imprime le mouvement. L'intelligence spéculative, en effet, ne considère aucune action à accomplir[2] et ne dit rien de ce qui est à fuir ou à poursuivre, alors que l'action implique toujours la fuite ou la poursuite de quelque chose. Mais, lors même qu'elle considère une chose de cette / [*30*] sorte, elle ne commande pas, pour autant, de la fuir ou de la poursuivre[3]. Ainsi, souvent réfléchit-elle à quelque chose d'effrayant ou de plaisant, mais ne commande pas d'avoir peur ; et c'est le cœur / [*433 a 1*] qui est agité ou, dans le cas d'une chose plaisante, un autre organe[4]. En outre, quand bien même l'intelligence ordonne et la réflexion dit de fuir ou de poursuivre quelque chose, on ne bouge pas ; et l'action, au contraire, s'aligne sur le désir. Ainsi font les gens qui ne sont pas maîtres d'eux-mêmes[5]. Et, généralement, nous voyons d'ailleurs que celui qui détient la science médicale ne prodigue pas de soin, comme quoi / [*5*] c'est autre chose qui décide souverainement de le faire selon la science, et non la science[6].

B.5.3. L'unité de l'appétitif et du cognitif.

Mais ce n'est même pas l'appétit qui décide souverainement de ce mouvement, car les gens maîtres d'eux-mêmes, malgré leur appétit et leur désir, n'accomplissent pas les

1. Sur cette expression, cf. 407 a 4 et 429 a 22.

2. Entendez : une action à accomplir par le sujet qui spécule (un bien relatif ; cf. n. 6, p. 237). Autrement dit, la spéculation n'est pas une délibération sur ce qu'on doit faire.

3. Ici, l'intelligence n'est plus spéculative, mais délibère ; cependant, elle résiste à ce qu'elle voit d'effrayant ou de séduisant : c'est l'intelligence inhérente à la vertu qu'Aristote appelle « maîtrise de soi » (cf. *Éth. à Nicom.*, VII, 2, 1145 b 8 et sqq.).

4. Aristote pense sans doute à l'excitation des glandes salivaires ou des organes sexuels, puisque les plaisirs que concerne la vertu sont ceux, corporels, de la nourriture et du commerce amoureux (cf. *Éth. à Nicom.*, VII, 6, 1147 b 25-28).

5. C'est l'inverse de la situation décrite plus haut : « qui n'a pas la maîtrise de soi sait qu'il fait mal et agit par passion » (*Éth. à Nicom.*, VII, 2, 1145 b 12-13).

6. Savoir soigner n'implique pas effectivement soigner ; ce qui consacre, dans les corporations médicales grecques, la distinction entre le médecin, maître de l'art, et son personnel soignant, qui exécute ses prescriptions (cf. *Polit.*, III, 11, 1281 b 40-1282 a 4).

actions dont ils ont l'appétit, mais obéissent à l'intelligence[1] ! / [***III, 10, 433 a 9***] Cependant, il est au moins manifeste qu'il y a là deux principes qui, alternativement, sont à l'origine du mouvement : l'appétit et l'intelligence, si / [***10***] l'on veut bien poser la représentation comme une sorte d'intellection[2]. Car bien des démarches qui dérogent à la science obéissent aux ordres de la représentation[3] et, chez les autres animaux, il n'est pas question d'intellection, ni de raisonnement, mais de représentation. Ce sont donc là ensemble les deux principes de nature à imprimer le mouvement local : l'intelligence et l'appétit[4].

Mais il s'agit de l'intelligence qui raisonne en vue d'un but et qui est propre à exécuter l'action[5] (elle diffère d'ailleurs / [***15***] de l'intelligence spéculative par sa fin[6]), et

1. Cf. *Éth. à Nicom.*, VII, 2, 1145 b 13-14 : « qui est maître de soi sait que ses désirs sont mauvais et ne leur obéit pas en vertu de la raison ». — De tout ce qui précède, il résulte qu'aucune faculté déjà étudiée, ni celle de l'appétit, ne peut, *à elle seule*, constituer le principe moteur de l'animal.

2. Cf. *supra*, 427 b 27 et sqq. L'appétit est commun à tous les animaux qui se déplacent, mais l'intelligence ne l'est pas ; au lieu d'invoquer celle-ci du côté cognitif, Aristote aurait donc pu, semble-t-il, invoquer directement la représentation qui, elle aussi, est commune aux mêmes animaux et constitue le trait d'union entre le sens et l'intelligence. Mais, en vérité, la représentation, pour lui, n'est pas une faculté distincte du sens. Comme elle n'implique pas nécessairement l'intelligence, alors que l'intelligence l'implique, c'est donc celle-ci qu'Aristote invoque pour indiquer l'élément cognitif responsable du mouvement local. C'est néanmoins la représentation qui paraît universellement en cause, tantôt avec, tantôt sans l'intelligence ; et, en ne présentant pas les choses ainsi, Aristote fait une place à l'intelligence animale ailleurs que chez l'homme, celui-ci n'ayant véritablement en propre qu'une intelligence capable de spéculation, c'est-à-dire, la capacité de dissocier son intelligence de son appétit.

3. Cf. *Éth. à Nicom.*, VII, 8, 1150 b 27-28 : « (certains) ne s'en tiennent pas à la raison, parce qu'ils sont enclins à obéir à la représentation ».

4. Cette conclusion récuse l'alternative enregistrée plus haut (433 a 9) et l'idée platonicienne que, chacune de leur côté, la partie appétitive (irrationnelle) et la partie intellective (rationnelle), seraient indépendamment capables de susciter le mouvement. Celui-ci exige l'association des deux ; ainsi, « le principe de l'action (humaine), c'est la décision ; (or) la décision, c'est une intelligence appétitive ou un appétit intellectif » (*Éth. à Nicom.*, VI, 2, 1139 a 31 et b 4-5) ; cf. *Mouv. des an.*, 6, 700 b 15 et sqq.

5. Cf. *Éth. à Nicom.*, VI, 2, 1139 a 35-36 : « la réflexion ne met rien en mouvement elle-même, mais quand elle vise un but et qu'elle est propre à exécuter l'action ».

6. La fin de l'intelligence spéculative étant la spéculation ; « mais la fin des sciences productives est différente de la science et de la connaissance » (*Éth. à Eud.*, I, 5, 1216 b 16-18) ; et, dans le cas de l'intelligence, non spéculative, qui fait exécuter une action, « la fin, c'est la bonne action » (*Éth. à Nicom.*, 1139 b 3-4).

de l'appétit qui vise toujours un but. C'est, en effet, l'objet de l'appétit qui constitue le point de départ de l'intelligence exécutive alors que son terme ultime constitue le point de départ de l'action[1]. Il est par conséquent tout à fait logique que les deux principes qui apparaissent moteurs soient l'appétit et la réflexion exécutive. Car c'est l'objet de l'appétit qui déclenche le mouvement. Et la raison pourquoi la réflexion est motrice, c'est qu'elle a pour point de départ cet / [***20***] objet de l'appétit. De même la représentation, lorsqu'elle imprime un mouvement, ne le fait pas sans l'appétit[2].

Il n'y a donc qu'une seule chose à jouer, au départ, un rôle moteur : c'est l'objet de l'appétit[3]. Car s'il y en avait deux à le faire, l'intelligence et l'appétit, elles le feraient en vertu de quelque forme commune[4]. Mais voilà : l'intelligence, de son côté, ne déclenche manifestement pas de mouvement sans appétit, puisque le souhait est un appétit[5]

1. Sur tout ceci, voir *Éth. à Nicom.*, III, 5, 1112 b 11-28 ; VI, 5, 1140 b 16-17 ; 12, 1143 a 35-b 11 ; *Éth. à Eud.*, II, 11, 1227 b 25-1228 a 2 ; *Mouv. des an.*, 6, 700 b 23-28 ; *Mét.*, Z, 7, 1032 b 6-10. En résumé, Aristote note ici que l'intelligence raisonnante qui commande l'action prend pour point de départ et pour but (A) de son raisonnement, l'objet de l'appétit et que le point d'arrivée ou la conclusion (B) de ce raisonnement est la première action qu'elle décide pour atteindre l'objet de l'appétit. Ainsi l'intelligence, qui délibère à l'aide de la représentation, parcourt en quelque sorte dans le sens A-B la distance et les étapes que l'action décidée pour atteindre l'objet de l'appétit va parcourir réellement dans le sens B-A.

2. Selon cette analyse, l'appétit n'est pas un premier moteur, dont l'intelligence ou la représentation prendrait le relais. Car l'objet de l'appétit ne se découvre que dans un acte de connaissance ou de représentation ; l'inconnu ne peut être désiré. L'appétit et l'intelligence ou la représentation vont donc de pair. Et ce que veut indiquer Aristote, c'est que le principe du mouvement n'est pas un objet simplement connu, mais un objet connu comme désirable.

3. Ici, comme plus haut (433 a 18), plusieurs manuscrits, que suivent à tort certains éditeurs, ont *orektikon* (la [partie] appétitive), à la place de *orekton* (l'objet de l'appétit). Mais la partie appétitive ou l'appétit ne peut être ce « premier » moteur, comme l'indique le *Mouv. des an.*, 6, 700 b 23-24 et 35-701 a 1 : « ce qui meut d'abord, c'est l'objet de l'appétit (*orekton*) et de la pensée [...] ; donc, le premier moteur n'est pas mû, tandis que l'appétit et la partie appétitive (*orektikon*) mettent en mouvement en étant mus ».

4. Ceci n'est pas contredit par *Mouv. des an.*, 700 b 23 (« la décision est chose commune à la pensée et à l'appétit »), car la réunion de la pensée et de l'appétit, constitutive de la décision (cf. *Éth. à Nicom.*, texte cité n. 4, p. 244), est autre chose qu'une *forme* commune ; celle-ci ferait, en effet, de la décision une réalité générique ou spécifique dont l'appétit et la pensée seraient les espèces ou les expressions particulières. C'est précisément cette absurdité qu'Aristote relève ici.

5. Cf. *supra*, 432 b 5-7.

et que, lorsque le mouvement se règle sur le raisonnement, il se règle aussi / [*25*] selon le souhait ; tandis que l'appétit, de son côté, déclenche un mouvement qui déroge au raisonnement, puisque le désir est une espèce d'appétit[1]. Donc, l'intelligence est toujours correcte[2], mais l'appétit et la représentation sont corrects ou ne le sont pas. Aussi, c'est bien toujours l'objet de l'appétit qui imprime le mouvement, mais cet objet est soit le bien, soit l'apparence du bien[3]. Et ce n'est pas n'importe quel bien, mais celui qui peut être exécuté dans l'action, c'est-à-dire, / [*30*] celui qui pourrait aussi être autrement[4].

B.5.4. L'unité spécifique de l'appétitif.

Donc, il est clair que le genre de faculté de l'âme qui imprime le mouvement est ce qu'on appelle l'appétit, mais ceux / [***433 b 1***] qui divisent l'âme en parties, s'ils opèrent leur division et leur séparation d'après les facultés[5], vont se trouver en face d'un grand nombre de parties : nutritive, sensitive, intellective, délibérative et, en plus, appétitive (car celles-ci diffèrent davantage entre elles que la partie qui donne le désir et celle qui donne l'ardeur)[6]. / [*5*]

1. C'est le cas noté, plus haut (433 a 3), des gens qui ne sont pas maîtres d'eux-mêmes et qui suivent une représentation plutôt que la raison (cf. texte cité n. 3, p. 244). Ce qu'ils suivent ainsi, c'est une représentation fausse, contraire à la raison.

2. Bien qu'elle puisse se tromper dans le raisonnement, l'intelligence, on l'a vu (430 a 26-27 et b 27-31), ne se trompe pas dans la saisie des indivisibles simples, qui fournissent les principes du raisonnement délibératif. Encore faut-il les saisir : « car les principes des actions à exécuter, c'est le but qu'elles ont en vue ; or, celui qui est rompu par le plaisir ou la peine ne se représente pas, du coup, de principe »... (*Éth. à Nicom.*, VI, 5, 1140 b 16-18). Mais le défaut de principe est précisément un défaut d'intelligence. C'est pourquoi Aristote dit ici que l'intelligence est toujours correcte : c'est celle qui est soutenue par une représentation correcte, une représentation incorrecte ne permettant pas l'exercice de l'intelligence dans la saisie des principes.

3. Cf. *Éth. à Nicom.*, III, 6, 1113 a 15 et sqq. (spécialement 25-26, 29-31 et 33-b 2) et 7, 1114 b 1-3 (« si chacun est en somme personnellement responsable de son état, il est aussi en somme personnellement responsable de sa représentation ») ; *Éth. à Eud.*, II, 10, 1227 a 21 et sqq.

4. Cf. *Éth. à Eud.*, I, 8, 1218 b 4 ; *Éth. à Nicom.*, VI, 5, 1140 b 2-3 (« ce qui peut être exécuté dans l'action peut être autrement ») et, 8, 1141 b 10-11 (« personne ne délibère sur des choses qui ne peuvent pas être autrement »).

5. Cf. *supra*, 432 a 23-b 7.

6. Le désir et l'ardeur, dont Platon situait le siège respectivement, en-dessous et au-dessus du diaphragme (cf. *Timée*, 69 E-70 B), restent distingués par Aristote (*Éth. à Nicom.*, VII, 7, 1149 a 24 et sqq.), mais ramenés à l'unité spécifique de l'appétit, qui contient aussi le souhait.

Or c'est un fait que les appétits peuvent aussi se contrarier mutuellement, que cela se produit quand la raison et les désirs sont contraires et que c'est le cas chez les animaux qui ont le sens du temps[1] (l'intelligence, en effet, commande de se réfréner à cause de l'avenir, tandis que le désir opère en raison de l'immédiat, car l'agrément immédiat lui paraît et simplement agréable et bon simplement du fait qu'il ne voit pas l'avenir)[2]. Dans ces conditions, il y aura bien une unité spécifique dans le moteur constitué par l'appétitif en tant que tel[3], mais le premier de tous les moteurs, c'est l'objet de l'appétit[4], puisqu'il met en mouvement sans être mû, du fait d'être l'objet de l'intelligence ou donné dans une représentation, et, numériquement, les moteurs sont multiples[5].

B.5.5. Les principes du mouvement animal.

On sait, par ailleurs, qu'il y a trois choses en question[6] : l'une est le moteur, tandis que la deuxième est ce par quoi il opère et puis la troisième, ce qui est mû. D'autre part, le moteur peut être de deux genres : l'un est immobile et l'autre un moteur qui est lui aussi en mouvement. Or le moteur immobile, c'est le bien à exécuter dans l'action, et le moteur en mouvement, c'est la faculté appétitive[7]. Si celui qui manifeste un appétit se trouve en mouvement, c'est, en effet, en tant qu'il manifeste cet appétit ; et

1. Pour la perception du temps, voir *Phys.*, IV, 11, 218 b 21 et sqq. ; 14, 223 a 25-28.

2. Cf. *Éth. à Eud.*, III, 1, 1228 b 18-28. L'avenir est souvent le but souhaité ; et l'intelligence cherche, dans le présent, les moyens permettant de l'atteindre ; or ces moyens ne coïncident pas nécessairement avec l'objet plaisant du désir éprouvé sur le moment ; l'attrait du plaisir fait dès lors que l'on perd de vue le but souhaitable : « chez la plupart, l'égarement semble se produire par le fait du plaisir ; on se le représente, en effet, comme un bien qu'il n'est pas ; on choisit donc le plaisir comme un bien et on fuit le chagrin comme un mal » (*Éth. à Nicom.*, III, 6, 1113 a 33-b 2).

3. Cf. ci-dessus, n. 6, p. 246. L'unité spécifique, qui englobe le souhait, n'est donc pas constituée en opposition au rationnel : elle englobe celui-ci

4. Ici, *orekton*, sans variante dans les manuscrits ; cf. ci-dessus, n. 3, p. 245 ; et *Mét.*, Λ, 7, 1072 a 26-27 : « ainsi meuvent l'objet de l'appétit et l'objet de l'intelligence ; ils meuvent sans être mus ».

5. « Numériquement » semble ici viser les trois sortes d'appétit qui forment la partie appétitive de l'âme, plutôt que le nombre des choses (moteurs premiers) qui sont objets de ces trois sortes d'appétits.

6. Mêmes considérations en *Phys.*, VIII, 5, 256 b 14 et sqq.

7. Cf. *Mouv. des an.*, 10, 703 a 5 : « l'appétit est le moyen terme, qui constitue un moteur en mouvement ».

l'appétit constitue une sorte de mouvement en tant qu'activité. De son côté, ce qui est mû, c'est l'animal. Quant à l'instrument par lequel le désir met en mouvement, c'est déjà quelque chose / [*20*] de corporel[1]. Aussi faut-il considérer ces sujets parmi les opérations communes au corps et à l'âme[2] ; mais, pour dire les choses en bref à présent, le moteur instrumental est le point où s'identifient un début et une fin, comme le pivot[3]. Là, en effet, le convexe et le concave constituent, l'un, une fin, et l'autre, un début[4]. C'est pourquoi l'un reste coi et l'autre est en mouvement, parce qu'ils diffèrent en / [*25*] raison, bien qu'ils soient inséparables en grandeur. Tout, en effet, se meut par poussée et traction. Aussi doit-on avoir, comme dans la roue, un point qui soit fixe et d'où parte le mouvement[5].

B.5.6. La représentation motrice.

En somme, comme on l'a dit, c'est donc dans la mesure où il est capable d'appétit, que l'animal est apte à se mouvoir lui-même. Mais il n'est pas capable d'appétit sans représentation. Or toute représentation est ou bien calculatrice ou bien sensitive[6]. Donc, / [*30*] les autres animaux en sont également doués. / [***III, 11, 433 b 31***] Mais il

1. Allusion à la force corporelle, immanente aux êtres animés, localisée dans le cœur et agissant, par extension et contraction, sur les membres locomoteurs, dont parle *Mouv. des an.* (10, 703 a 5 et sqq.) sous le nom de « souffle inné ».

2. Point de vue des *Parva naturalia* et du traité *Mouv. des an.*, dont l'un des passages est résumé ci-après.

3. Ce pivot est le cœur. Il occupe donc une position centrale dans le corps (cf. plus bas, 433 b 26 : le centre de la roue). Il est le siège du « souffle inné », qui est ainsi l'organe de l'appétit (la matière dont la faculté appétitive est la forme). Ses mouvements (de contraction et d'extension) supposent un point fixe (immobile), qui est le cœur lui-même, sur lequel il prend appui, tandis qu'il s'étend ou se contracte, comme la partie mobile d'une articulation ; cf. *Mouv. des an.*, 8, 702 a 22-23 ; 24-26 : « l'articulation, on l'a dit, est début de quelque chose et fin d'autre chose [...]. Quand un mouvement part de là, il faut nécessairement que l'une des extrémités reste en repos et que l'autre se meuve ».

4. Le pivot est ici représenté comme le gond d'une porte.

5. Cf. *Mouv. des an.*, 10, 703 a 19-22 : « les opérations du mouvement sont la poussée et la traction, de sorte que l'organe doit pouvoir s'accroître et se contracter ; or telle est la nature du souffle ».

6. Cf. *Mouv. des an.*, 8, 702 a 17-19 : « les parties qui servent d'organes sont adéquatement fournies par les passions ; les passions par l'appétit ; et l'appétit par la représentation ; or celle-ci se produit, soit à travers l'intellection, soit à travers la sensation ».

faut encore voir, dans le cas des animaux incomplets, ce qui joue le rôle de moteur. / [***434 a 1***] Ceux qui n'ont que le sens du toucher, est-ce que, oui ou non, l'on peut admettre qu'ils sont doués de représentation et de désir[1] ? Visiblement, en effet, on trouve chez eux peine et plaisir. Or, dans ces conditions, on trouve aussi le désir, nécessairement[2]. Mais la représentation, comment y aurait-elle une place ? A moins qu'à l'instar de leurs mouvements, qui sont in/définis, [*5*] ces choses ne se rencontrent aussi chez eux, mais d'une façon indéfinie[3].

Donc, la représentation sensitive, comme on l'a dit[4], appartient également aux animaux privés de raison, tandis que la représentation délibérative appartient aux animaux doués de raison. En effet, décider entre cette action-ci ou celle-là, c'est déjà une opération qui relève du calcul[5] et qui, nécessairement, implique toujours une unité de mesure[6], puisque, de deux choses, on poursuit celle qui offre le plus d'intérêt ; d'où la capacité de faire l'unité à partir de plusieurs représentations[7]. / [***10***] Et le motif

1. La question se pose déjà pour les animaux qui n'ont pas la vue (cf. *Hist. des an.*, I, 9, 491 b 26-27), vu que la représentation, comme l'a dit Aristote (429 a 3-4), tire son nom (en grec) de la lumière.

2. Cf. *supra*, 413 b 22-24 (même argument).

3. Cf. *Éth. à Nicom.*, V, 14, 1137 b 29-30 : « ce qui règle l'indéfini est également indéfini ». Aristote peut viser l'imprécision des mouvements ou les mouvements inchoatifs (ce qui est plus ou moins mouvement : cf. *Ibid.*, X, 2, 1173 a 16-17).

4. Ci-dessus, 433 b 29 ou déjà 413 b 21-24.

5. Le calcul ou raisonnement (*logismos*) constitue la délibération, opération qui consiste à évaluer le ou les meilleurs moyens (actions) permettant d'atteindre une fin ; cf. *Éth. à Nicom.*, III, 5, 1112 b 11 et sqq. ; VI, 2, 1139 a 11-15 ; 5, 1140 a 24 et sqq. ; *Éth. à Eud.*, II, 10, 1216 b 10 et sqq. ; etc.

6. Cette unité de mesure est un troisième objet de représentation auquel on puisse comparer les deux éventualités d'action entre lesquelles il faut choisir ; donc, c'est une représentation de la fin à poursuivre qui s'ajoute à celles des moyens permettant éventuellement de l'atteindre.

7. La représentation de la fin-mesure est ainsi plus générale que celles des moyens ; celles-ci ne mettent en jeu qu'une représentation sensitive (des particuliers), celle-là, au contraire, constitue le propre de la représentation délibérative. La capacité de réunir en une seule, plusieurs représentations sensibles conservées en mémoire, est ce qu'Aristote appelle ailleurs, l'expérience (*empeiria* : cf. *Mét.*, A, 1, 980 a 27 et sqq. ; *An. sec.*, II, 19, 99 b 36-100 a 6). Elle est le fait, jusqu'à un certain point, des animaux supérieurs auxquels Aristote reconnaît une sorte de sagacité, ainsi que de l'homme, bien entendu, chez qui la représentation unifiée des objets sensibles accompagne la pensée de cet objet intelligible ; cf. *De la mémoire*, 1, 450 a 4-5 : « bien qu'il ne pense pas sa dimension, celui qui pense un objet, se place devant les yeux une dimension, mais il ne le pense pas comme déterminé quantativement ».

pourquoi un animal semble n'avoir pas d'opinion, c'est qu'il ne possède pas celle que fournit un raisonnement conclusif, alors que la représentation délibérative l'implique[1]. Aussi l'appétit ne suppose-t-il pas la faculté délibérative. D'ailleurs, quelquefois, il remporte sur elle la victoire et déclenche le souhait[2] ; et, d'autres fois, c'est l'opinion qui l'emporte sur la représentation délibérative, comme une sphère, l'appétit sur l'appétit, quand il n'y a pas maîtrise de soi[3] ; bien que, par nature, ce soit toujours / [*15*] l'appétit supérieur qui ait le plus d'autorité et imprime le mouvement[4]. De sorte que voilà déjà trois mouvements de transport[5]. La faculté de savoir, cependant, n'a pas de mouvement et demeure, au contraire, en

1. Étant donné le caractère elliptique et allusif du texte grec, notre traduction est conjecturale. Nous comprenons que la représentation purement sensitive, qui ne suppose aucune décision de la part de l'animal, constitue néanmoins une sorte d'opinion, mais différente de celle, générale, qu'implique la délibération (cf. *Éth. à Nicom.*, VII, 5, 1147 a 25 et b 2-5).

2. Si le sujet de la phrase est bien l'appétit, comme nous le pensons, le cas visé semble être celui de l'intempérant, dont les désirs ont à ce point annihilé le sens du bien qu'ils dictent leur loi à l'intelligence, laquelle ne souhaite plus que le plaisir immédiat (cf. *Éth. à Nicom.*, VII, 4, 1146 b 22-23 : « il se décide en pensant qu'on doit toujours poursuivre le plaisir présent »).

3. Le texte des manuscrits, en 434 a 13-15, peut-être corrompu, résiste à toute lecture satisfaisante. Aristote envisage, selon toute vraisemblance, une autre victoire de l'appétit sur la faculté délibérative « quand il n'y a pas maîtrise de soi ». Cette victoire du désir sur la raison est présentée ici comme celle de l'appétit sur l'appétit et elle est analysée ailleurs sous l'angle de la science naturelle (*Éth. à Nicom.*, 1147 a 35-b 3), comme celle d'une opinion sur l'opinion droite qui devrait commander l'action : l'opinion (A) « tout ce qui est doux est agréable » triomphe de l'opinion (B) « il ne faut pas goûter à ce qui est doux », lorsque la sensation présente un objet doux que l'on désire. Ces deux opinions générales sont des formes de souhait, donc d'appétit. La première (A) se conjugue avec une représentation sensible et commande l'action, tandis que la seconde (B) se conjugue avec une représentation délibérative et reste inopérante. Seuls, deux mots dans le texte grec (434 a 13) expliquent cela : *ekeinè tautèn* (« c'est l'opinion qui l'emporte sur la représentation délibérative ») ; ils font pièce à *hautè de ekeinèn* de 434 a 11-12 (« la représentation délibérative implique l'opinion »). — La comparaison avec une « sphère » est parfaitement obscure ; elle pourrait faire allusion aux mouvements périodiques de la cosmo-psychologie de Platon (cf. *Timée*, 43 A-44 B).

4. Nous comprenons, mais sans garantie : c'est « l'appétit intellectuel » (cf. *Éth. à Nicom.*, VI, 2, 1139 b 5) qui, chez l'homme, commande toujours quand est respectée la hiérarchie naturelle du rationnel sur l'irrationnel (cf. *Ibid.*, I, 13, 1102 b 26-31).

5. L'identification de ces trois sortes de transports est très discutée. Nous inclinons à penser qu'il s'agit des mouvements imprimés par l'appétit sans représentation rationnelle : 1) celui de l'animal privé de raison ; 2) celui de l'homme dont la raison droite est annihilée et 3) celui de l'homme chez qui la raison droite est inopérante.

repos[1]. Du reste, il faut distinguer, d'une part, l'idée qui exprime le général et, d'autre part, celle qui exprime le particulier[2]. La première dit qu'on doit accomplir tel genre d'action, et la seconde que ceci constitue maintenant ce genre d'action et que moi, j'ai la qualité pour l'accomplir. Par conséquent, cette dernière opinion suffit pour imprimer / [*20*] le mouvement, pas l'opinion générale[3]. Ou bien les deux sont en cause, mais alors la première est plutôt en repos, tandis que la seconde ne l'est pas[4]. /

C. Nécessité de l'âme[5].

C.1. Nécessité de l'âme nutritive.

[***III, 12, 434 a 22***] Donc, l'âme nutritive est nécessairement le fait de tout être, quel qu'il soit, qui a la vie et est animé, depuis sa naissance jusqu'à sa disparition. L'être qui est né exige, en effet, nécessairement croissance, maturité et / [*25*] dépérissement. Or cela ne se peut sans nutrition. Nécessairement, donc, la capacité nutritive se trouve chez tous les êtres qui se développent et dépérissent[6].

1. La distinction de la « faculté de savoir » (*epistèmonikon*), par rapport à la faculté « délibérative » (*bouleutikon*) ou « calculatrice » (*logistikon*), est clairement posée en *Éth. à Nicom.*, VI, 2, 1139 a 6-15 ; ces deux parties de l'âme rationnelle ont des objets génériquement différents ; la première porte sur des choses « dont les principes ne peuvent être autrement » et n'est donc pas en jeu quand opère la seconde ; autrement dit, elle n'est pas impliquée dans l'opération intellectuelle qui, associée à l'appétit, commande le mouvement.

2. Ce sont les deux prémisses de ce qu'on appelle traditionnellement « le syllogisme pratique » ; cf. *Éth. à Nicom.*, VI, 8, 1141 b 10-22 ; 10, 1142 a 17-33 ; 11, 1143 a 32-33 ; 1144 a 31-33 ; VII, 3, 1147 a 29-b 17 ; *Mouv. des an.*, 7, 701 a 7 et sqq.

3. Cf. *Éth. à Nicom.*, VI, 8, 1141 b 16-18 : « c'est pourquoi certains ignorants sont plus aptes à l'action que d'autres qui savent et c'est d'ailleurs le cas des gens qui ont l'expérience ».

4. C'est, semble-t-il, le cas lorsqu'il n'y a pas maîtrise de soi (cf. ci-dessus, n. 3, p. 250). L'opinion générale correcte qui constitue la prémisse majeure est présente à l'esprit du sujet, mais elle est inopérante (car la prémisse mineure, qui porte sur le sensible, décide de l'action en raison d'une autre majeure qui, dans l'instant, éclipse la première).

5. La dernière section du *DA*, qui sert de conclusion, se rattache mal à ce qui précède. Il n'est pas impossible que cette section ait été au départ rédigée pour faire suite aux développements qui s'achèvent beaucoup plus haut en 416 b 31. Mais voir, plus loin, n. 4, p. 257.

6. Cf. *supra*, 413 b 9-10 ; 414 a 1 et b 33-415 a 1.

Mais le sens ne se trouve pas avec la même nécessité chez tous les vivants. Car on ne peut admettre, ni que ceux dont le corps est simple possèdent le toucher[1], ni que, sans lui, on puisse être un animal quelconque, ni que le possède aucun de ceux qui sont incapables de recevoir les / [*30*] formes sans la matière[2].

C.2. Nécessité du sens.

L'animal, en revanche, doit nécessairement posséder le sens, si la nature ne fait rien en vain[3]. Tout ce qui est naturel, en effet, se trouve répondre à un but, à moins d'avoir affaire à une coïncidence de choses qui visent un but[4]. Si donc tout corps capable de locomotion n'est pas un corps doué du sens, il va périr / [***434 b 1***] sans parvenir à sa fin, alors que c'est ce à quoi travaille la nature. Comment, en effet, se nourrira-t-il[5] ? Car ceux qui sont fixés sur place, disposent, quant à eux, du milieu naturel dont ils sont précisément constitués[6]. D'autre part, il est impossible à un corps d'être animé et d'avoir une intelligence judicative, sans avoir le sens, dès lors qu'il n'est pas fixé sur place et peut être engendré (et c'est d'ailleurs impossible aussi pour un corps inengendré[7]). / [*5*] En vertu de

1. Les végétaux ne sont pas, cependant, des corps simples ; mais, chez eux, l'élément « terreux » (froid et sec) domine souverainement (cf. *Gén. des an.*, III, 11, 761 b 13 et *De la respiration*, 14, 477 a 27-28) ; ils n'ont pas dès lors l'« équilibre » permettant la sensibilité tactile (cf. 424 a 32-b 1).

2. Cf., à peu près dans les mêmes termes, 424 b 2-3.

3. Pour cette maxime, voir déjà 432 b 21-22.

4. Cette rencontre accidentelle, produit du hasard, explique la naissance des monstres (cf. *Gén. des an.*, IV, 770 b 3 et 10, 778 a 7-9 : « les principes qui empêchent les générations et les corruptions selon la nature sont souvent responsables des coïncidences contre nature »).

5. L'argument (le sens est nécessaire à l'animal locomoteur pour se nourrir) est étrange pour prouver que l'animal doit avoir la sensibilité, puisque Aristote admet (et rappelle ci-après 434 b 2) qu'il est des animaux qui ne se déplacent pas. La thèse défendue ici, en vertu du principe de finalité, est donc que le mouvement implique la sensation et que la sensation, dans la nature, a pour fin le mouvement.

6. Ceci vaut pour les plantes et certains animaux « enracinés » (cf. *Part. an.*, IV, 7, 683 a 4 et sqq., spécialement 18-20 : « tous les ostracodermes ont la tête en bas ; et la raison, c'est qu'ils tirent leur nourriture d'en bas, comme les plantes par les racines »).

7. Cette parenthèse, qui vise probablement les corps célestes (éternels), est considérée par beaucoup d'éditeurs comme un ajout apocryphe au texte d'Aristote ; certains manuscrits de l'Antiquité omettaient d'ailleurs cette parenthèse. Mais elle ne paraît pas sans raison ; car les corps célestes en mouvement, à qui la théologie astrale de Platon donnait l'intelligence sans le sens (cf. *Timée*,

quoi l'aurait-il, en effet[1] ? Car il faudrait que ce soit à l'avantage ou de l'âme ou du corps. Or, en fait, ce ne serait ni de l'un, ni de l'autre, puisque l'âme ne pourrait mieux penser, ni le corps mieux se conserver pour cela. Par conséquent, aucun corps en mouvement ne possède une âme sans le sens.

C.2.1. Nécessité des sens de contact.

Mais, d'un autre côté, s'il possède le sens, il faut nécessairement que le corps soit ou bien simple, ou bien mixte. Or il ne peut être simple, car, sinon, il ne possédera pas le toucher[2] ; or celui-ci lui est nécessaire. Ce qu'on peut d'ailleurs faire voir de la façon suivante. Puisque l'animal constitue un corps animé et que tout corps est tangible, c'est-à-dire, sensible au toucher, il faut encore nécessairement que le corps de l'animal soit capable de tact, si l'animal veut assurer sa conservation. Car les autres sens, comme l'odorat, la vue, l'ouïe, perçoivent à travers des milieux différents ; mais, s'il n'a pas de sensation quand il est touché, l'animal sera incapable de fuir ceci et de prendre cela[3]. Or, dans ces conditions, il lui sera impossible d'assurer sa conservation.

C'est pourquoi le goût, lui aussi, se présente comme une sorte de toucher[4], parce qu'il porte sur la nourriture[5]. Or la nourriture, c'est le corps qu'on peut toucher. Le son, en revanche, la couleur et l'odeur ne servent pas de nourriture et ne produisent, ni croissance, ni dépérissement[6]. Par conséquent, le goût constitue nécessairement

38 C et sqq.), pouvaient être invoqués contre l'impossibilité dont parle ici Aristote.

1. La question vise encore la position platonicienne et met en cause l'avantage présumé qu'il y aurait, pour un corps animé, à posséder une intelligence sans le sens.

2. Cf. ci-dessus, 424 a 27-29 et n. 1, p. 252.

3. Ceci et cela étant, comme la suite l'indique (434 b 18), la nourriture : cela est un corps (comestible), ceci un autre corps (non comestible) également palpable ou consistant. Le toucher révèle au sujet corporel ce qui est également corporel, donc susceptible de l'alimenter : cf. 414 b 7.

4. Cf. *supra*, 421 a 19 et 422 a 8.

5. Cf. *Du sens*, 1, 436 b 15-18 (où la saveur est même donnée pour « une affection de la faculté nutritive »).

6. Cf. *supra*, 414 b 9-11 (ils ne servent de nourriture que « par accident ») et *Du sens*, 1, 436 b 19-437 a 1 : « (les sens à distance) servent à la conservation de tous ceux qui les possèdent, leur permettant de sentir par avance la nourriture qu'ils recherchent et les mauvaises choses ruineuses qu'ils évitent ».

une sorte de toucher, parce qu'il est la sensation du tangible qui peut faire office d'aliment.

C.2.2. Nécessité des autres sens.

Voilà donc les sens nécessaires à l'animal ; et il est clair qu'il ne peut y avoir d'animal sans le toucher. Les autres sens, en revanche, ont pour but le bien-être[1] et ils sont / [*25*] donnés, non d'emblée à n'importe quel genre d'animaux au hasard, mais à certains, comme le genre capable de locomotion[2], qui les possède nécessairement. S'il veut, en effet, assurer sa conservation, l'animal de ce genre doit avoir une sensation, non seulement lorsqu'il est touché, mais encore à distance. Or la chose est possible à condition d'avoir une faculté capable de sentir à travers le milieu intermédiaire, parce que celui-ci subit l'effet du sensible qui l'ébranle, et que la faculté est elle-même affectée par ce milieu.

C'est, en effet, ainsi / [*30*] que, lors du mouvement local, le moteur produit un changement jusqu'à un certain point, sa poussée fait en sorte qu'autre chose exerce une poussée, le mouvement passe à travers un intermédiaire et, cependant que le premier terme moteur exerce une poussée sans en subir, le dernier terme, en revanche, subit seulement une poussée sans en exercer, tandis que le moyen terme joue les deux rôles ; / [***435 a 1***] il est d'ailleurs plusieurs moyens termes[3]. Or c'est ainsi que les choses se passent dans le cas de l'altération, sauf que l'altération se produit avec un sujet qui reste à la même place. Si, par exemple, on enfonce un objet dans la cire, celle-ci est affectée jusqu'au point où on l'a enfoncé. La pierre, par contre, ne le serait nullement. Mais l'eau serait agitée jusque très loin. Quant à l'air, il s'agite au plus haut degré, / [*5*] produisant et subissant des effets, s'il reste stable et constitue une seule masse[4].

C'est pourquoi, concernant encore le reflet, plutôt que de parler de la vue qui sort pour se réfléchir[5], il vaut mieux

1. Cf. *supra*, 420 b 20 ; *Du sens*, 1, 437 a 1 ; *Part. an.*, II, 10, 656 a 3-6.
2. Cf. *Du sens*, 1, 436 b 18-19.
3. Cf. *supra*, 433 b 13-20 ; *Des rêves*, 2, 459 a 29-31 ; et, plus généralement, *Phys.*, VIII, 10, 266 b 28-267 a 17.
4. Cf. *supra*, 429 b 25 (à propos de l'écho).
5. Cf. *Du sens*, 2, 437 b 10 et sqq. ; et *supra*, 419 b 27-33. C'est Platon (cf. *Timée*, 45 B-46 C, suivant ici partiellement Empédocle) qui se trouve mis

dire que c'est l'air qui subit l'effet de la figure et de la couleur, aussi longtemps précisément qu'il constitue une seule masse. Or, sur la surface lisse, il forme une masse unique[1]. C'est pourquoi celle-ci ébranle la vue comme si l'empreinte dans la cire se transmettait jusqu'à / [*10*] la limite[2]. /

C.2.3. Primauté du toucher.

[***III, 13, 435 a 11***] Il est clair, par ailleurs, que le corps de l'animal ne saurait être simple ; je veux dire tel que tout de feu ou d'air[3]. Sans le toucher, en effet, il est exclu qu'il possède aucun autre sens[4], puisque tout corps a la faculté de tact, s'il est animé, comme on l'a dit[5]. Or les / [*15*] autres éléments, en dehors de la terre, peuvent donner des organes sensoriels[6], mais tous produisent la sensation du fait qu'ils perçoivent à travers autre chose et par le truchement de milieux intermédiaires[7], tandis que le toucher, c'est le contact avec les objets eux-mêmes. C'est précisément pourquoi il possède ce nom[8]. Certes, les autres organes sensoriels aussi perçoivent par un toucher[9], mais c'est à travers autre chose, tandis que, lui, semble le seul à percevoir de lui-même[10]. De sorte qu'/aucun [***20***] des

en cause, pour sa théorie de la vision (le feu naturel de l'œil va à la rencontre de l'objet lumineux).

1. La surface lisse est ici celle du globe oculaire (cf. *Du sens*, 2, 437 b 7) sur laquelle, pour Aristote, se réfléchissent les affections de l'air lumineux.

2. La cire n'est pas, dans cette comparaison, l'équivalent d'une quelconque partie de l'œil (la rétine fonctionnant comme une plaque photographique sensible, par exemple), mais l'équivalent du milieu lumineux qui, de part en part, de l'objet visible à l'œil qui voit, est altéré. L'œil, lui, est la « limite » jusqu'à laquelle est en quelque sorte poussée l'altération que le visible fait subir à la « transparence » de l'air (cf. 418 b 1).

3. Cette thèse pourrait viser certaines croyances selon lesquelles il y aurait, à côté des animaux terrestres, d'autres animaux (sur les astres ou dans l'air ?), constitués à partir de chaque élément non terreux : cf. [Platon], *Épinomis*, 981 C et 984 D et sqq.

4. Cf. 415 a 3-4.

5. En 434 b 10 et sqq.

6. C'est vrai de l'air et de l'eau, mais pas du feu, comme Aristote l'a dit lui-même plus haut (425 a 3-6), malgré l'opinion apparemment accréditée dans *Du sens*, 2, 438 b 20-21 (à propos de l'odorat).

7. Cf. 424 b 22 et sqq.

8. En grec, *haphè* signifie à la fois le tact et le contact.

9. Sur cette continuité, voir, par exemple (pour la vue), 419 a 14, 19-20 ; etc. ; et, ci-dessus, 435 a 9-10.

10. Aristote dit « semble », car, en fait, la chair n'est pas, pour lui, proprement l'organe du toucher (cf. 422 b 34 et sqq.).

éléments de cette nature ne peut constituer le corps de l'animal.

Celui-ci ne peut donc être non plus un corps entièrement fait de terre[1], parce que le toucher représente comme un équilibre de toutes les qualités tangibles et que son organe sensoriel est susceptible d'enregistrer, non seulement toutes les caractéristiques de la terre, mais encore le chaud, le froid et toutes les autres qualités tangibles[2]. Et la raison pour laquelle nous n'avons pas de sensation / [*25*] par les os, les cheveux et les parties de ce genre, c'est qu'elles sont / [***435 b 1***] formées de terre[3]. Et les plantes n'ont pas de sensation pour la même raison : c'est qu'elles sont formées de terre[4]. Or, sans le toucher, aucun autre sens ne saurait leur être attribué et l'organe de ce sens n'est formé exclusivement ni de terre, ni d'aucun autre élément[5].

Il est clair, d'autre part, qu'il s'agit du seul / [*5*] sens dont la privation entraîne nécessairement la mort des animaux. Car il est impossible de l'avoir, sans être un animal, et il n'est pas nécessaire, lorsqu'on est un animal, d'en avoir un autre que celui-là. Et c'est pour cette raison que les autres sensibles, comme la couleur, le son et l'odeur, par leurs excès d'intensité, ne détruisent pas l'animal, mais seulement les organes sensoriels[6]. A moins de / [***10***] rencontres accidentelles ; par exemple, si le son s'accompagne d'une poussée ou d'un coup, et si des objets visuels ou une odeur mettent en branle d'autres phénomènes destructeurs au toucher[7]. De son côté, la saveur est également destructrice dans la mesure où elle se trouve en même temps relever du toucher[8]. Quant à l'excès d'intensité des choses tangibles, comme le sont les choses chaudes, froides et dures, il supprime l'animal. / [***15***] C'est

1. Cf. *Du sens*, 2, 438 b 30 (« la faculté du toucher tient de la terre »).
2. Cf. 424 a 2-4.
3. Cf. 410 a 30-b 2 (discussion des thèses d'Empédocle).
4. Cf. 434 a 27-30 (avec la n. 1, p. 252) et 424 a 32-b 1.
5. Cf. *Part. an.*, II, 1, 647 a 14-19.
6. Cf. 424 a 28-32 ; 426 a 30-b 8 ; 429 a 31-b 3.
7. Cf. *Du sens*, 5, 444 b 28-30 : « De même, aucun des autres animaux, quel qu'il soit, n'est incommodé par l'odeur des choses fétides en elles-mêmes, à moins que d'aventure ce ne soit une chose pernicieuse ».
8. Cf. ci-dessus, 434 b 18 ; 414 b 11-14 ; 422 a 8.

que l'excès de tout sensible supprime l'organe sensoriel, de sorte que le tangible supprime aussi le toucher. Mais c'est par celui-ci que se trouve définie la vie[1], puisque, sans le toucher, on a montré l'impossibilité d'être un animal[2]. C'est pourquoi l'excès d'intensité des tangibles ne détruit pas seulement l'organe sensoriel, mais aussi l'animal, parce que c'est l'unique sens qu'il soit nécessaire aux animaux de posséder.

Les au/tres [*20*] sens, en revanche, l'animal les possède, comme on l'a dit[3], non pour être animal, mais pour l'être bien. Ainsi, la vue, dès lors qu'il vit dans l'air et dans l'eau, de manière à y voir (mais, en somme, c'est du fait qu'il vit en milieu transparent) ; le goût, c'est en raison de l'agréable et du pénible, afin qu'il les perçoive dans l'aliment, qu'il en conçoive du désir et se mette en mouvement ; et l'ouïe, c'est pour qu'on puisse lui signifier quelque chose, tandis que la / [*25*] langue, c'est pour qu'il signifie quelque chose à autrui[4].

1. Cf. 413 b 4-5 ; 414 a 3 ; 415 a 4 ; 435 b 5-7.
2. *Supra*, 434 b 9-24.
3. En 434 b 24.
4. Cf. *Du sens*, 1, 437 a 1-17. La mention de la langue (pour sa fonction dans le langage en plus de sa fonction gustative : cf. *De la respiration*, 11, 476 a 18-19) peut paraître surprenante, vu qu'elle n'est pas un sens, comme l'ouïe, mais tout au plus l'organe d'un sens, le goût. Mais la remarque est assez naturellement appelée par les observations qui précèdent sur le goût et l'ouïe. — Ce dernier paragraphe (435 b 19-29), comme tous les développements qui servent de conclusion et qui portent aussi sur les facultés sensitives, ménage une transition entre le *DA* et le premier traité des *Parva naturalia* (*Du sens*).

BIBLIOGRAPHIE

Il n'existe pas de bibliographie qui recense de façon exhaustive les travaux d'érudition consacrés au *DA*. Mais le point sur les plus significatifs de ces travaux a été fait périodiquement dans certains recueils bibliographiques (comme, par exemple : W. TOTOK, *Handbuch der Geschichte der Philosophie,* t. I, Francfort, 1964, pp. 242-244) ou dans des ouvrages généraux (comme, par exemple, *Grundriss der Geschichte der Philosophie,* t. III, Hersg. von H. Flashar, Bâle-Stuttgart, 1983, pp. 215, 445-447). On trouvera par ailleurs des répertoires bibliographiques mis à jour dans la plupart des ouvrages signalés, ci-après, sous la rubrique « Études spécialisées » et dans la plupart des traductions commentées. Les listes les plus représentatives (660 titres) sont celles de G. MOVIA (**14** : pp. 415-439), établies en 1979. Les plus récentes (1992) se trouvent dans NUSSBAUM-RORTY (**53** : pp. 401-412).

1. — Éditions critiques.

Le texte grec du *DA* est conservé dans une centaine de manuscrits médiévaux. Une douzaine d'entre eux a servi sérieusement aux travaux des éditeurs. Ces travaux restent encore insatisfaisants sur plusieurs points. Certaines leçons peuvent être également vérifiées auprès des commentateurs grecs anciens cités ci-après (spécialement, **16**, **17** et **19**). L'édition canonique d'I. Bekker (*Aristoteles graecus,* t. I, Berlin, 1831, pp. 402 a-435 b) a éclipsé les textes antérieurement imprimés, depuis A. Manuce (Editio princeps, Venise, 1497). Elle a légué sa pagination aux éditions et aux traductions ultérieures. Les textes procurés au XIXe s., par

F.A. Trendelenburg (Iéna, 1833, 2e éd., Berlin, 1877), A. Torstrik (Berlin, 1862), E. Wallace (Cambridge, 1882) et H. Rabe (pour le livre II, Berlin, 1891) ont été utilisés par les éditeurs plus récents. L'édition de G. Biehl (Leipzig, Teubner, 1884 et 1896 ; 3e éd., par O. Apelt, 1911 et 1926) est encore parfois consultée. Celle de W.S. Hell (Londres-Cambridge, Mass., Loeb, 1936 [1964] n'a guère d'autorité. On se reportera plus volontiers à :

(**1**) G. Rodier : *Aristote. Traité de l'âme,* Traduit et annoté par G.R., 2 vol., Paris, 1900 — (réimpression anastatique ultérieure) — Le texte grec et sa traduction française figurent dans le vol. I.

(**2**) R. D. Hicks : *Aristotle De Anima,* With Translation, Introduction and Notes by R.D.H., Cambridge, 1907 (réimpression, New York, 1976 ; et Hildesheim-Zurich-New York, 1990).

(**3**) A. Förster : *Aristotelis De anima libri tres,* Recensuit A.F., Budapest, 1912. — Cette édition, qui a fait date, est fondée sur la collation de onze manuscrits.

(**4**) W. D. Ross : *Aristotelis De anima,* Recognovit breviqne adnotatione critica instruxit W.D.R., Oxford, C P, 1956 ; 2e éd., 1959. — Très souvent utilisée, cette édition est largement tributaire de celle, antérieure, de Förster et propose de nombreuses corrections textuelles. Elle est reprise, avec commentaire, dans *Aristotle. De Anima,* Edited with Introduction and Commentary by W.D. Ross, Oxford, 1961.

(**5**) P. Siwek : *Aristotelis Tractatus De Anima,* Edidit, versione latina auxit, commentario illustravit P.S., Rome, 1965. — C'est la reprise avec commentaire d'un travail antérieur épuisé (Rome, 1933 ; 3e éd., 1957).

(**6**) A. Jannone : *Aristote. De l'âme,* Texte établi par A.J. et traduit par E. Barbotin, Paris, LBL, 1966. — Malgré une nouvelle collation, totale ou partielle, de quinze manuscrits, cette édition propose un texte réputé « traditionnel » par son auteur. C'est le texte le plus fréquemment cité dans les récents travaux en langue française.

2. — Traductions.

Il existe, depuis le XIXe s., des versions du *DA* dans la plupart des langues modernes qui servent à l'érudition. En français, on peut citer, pour mémoire, celle de J. Barthélemy-Saint-Hilaire (Paris, 1846). Il en existe trois autres, plus récentes et aisément accessibles. Celle de G. RODIER (**1**), peu lisible, à dire le vrai, et celle, beaucoup plus élégante, d'E. BARBOTIN, dans l'édition d'A. JANNONE (**6**), ont été signalées plus haut ; on ajoutera :

(**7**) J. TRICOT : *Aristote. De l'Ame*. Traduction nouvelle et notes par J.T., Paris, J. Vrin, 1934 (1947, 1959,... nombreuses rééditions). — Le texte traduit, « en raison de sa grande commodité » (!), est, le plus souvent, celui de Biehl et Apelt (Leipzig, 1926).

En langues étrangères, où les traductions sont plus nombreuses, on se bornera à citer ici celles, récentes, qu'accompagnent une introduction, des notes ou un commentaire utiles à consulter :

En allemand :

(**8**) O. GIGON : dans *Die Werke von Aristoteles*. Eingeleitet und neu übertragen von O.G., t. II, Zürich, 1950.

(**9**) W. THEILER : *Aristoteles. Über die Seele,* Übersetzt von W.T., 6e éd., Darmstadt, 1983 [1959], Collection *Aristoteles Werke in deutscher Übersetzung,* von E. GRUMACH, Hersg. von H. Flashar, vol. XIII).

En anglais :

(**10**) D. W. HAMLYN : *Aristotle's De Anima. Book II and III (with Certain Passages from Book I*), Translated with Introduction and Notes, by D.W.H., Oxford, 1968.

(**11**) H. G. APOSTLE : *Aristotle's on the Soul* (*De anima*). Translation with Commentaries and Glossary by H.G.A., Grinnell (Iowa), 1981.

(**12**) H. LAWSON-TANCRED : *Aristotle. De Anima (On the Soul),* Translated with an Introduction and Notes by H.L.-T., New York, 1986.

Et en italien :

(**13**) R. LAURENTI : *Aristotele. Dell'Anima,* Traduzione, introduzione e note a cura di R.L., Naples-Florence, 1970 (3e éd., Bari, 1973).

(**14**) G. MOVIA : *Aristotele. L'anima,* Traduzione, introduzione e commento, a cura di G.M., Naples, 1979.

3. — Commentaires.

Le *DA,* en partie ou en tout, a été souvent étudié et commenté dans l'Antiquité. Les plus anciens jugements à son sujet, qu'on trouve chez Théophraste, sont connus principalement par PRISCIEN (**18**) et THEMISTIUS (**16**) et peuvent être reconstitués sur divers points : cf. BARBOTIN (**290**). Un excellent panorama des controverses soulevées par le *DA* chez les philosophes grecs au cours de l'histoire subséquente, se trouve dans MORAUX (**308**). Les premiers commentaires sont aujourd'hui perdus. Leurs traces, depuis Andronicos de Rhodes jusqu'à Galien, ont été recueillies dans MORAUX (**310**) : t. I, pp. 132-136, 172-176, 207-208, 229-231, 299-305, 480 ; t. II, 230-231, 406-425, 458-468, 576-577, 752-762 et 773-784. Les textes conservés sont plus tardifs. Ce sont :

(**15**) ALEXANDRE d'Aphrodise : *De anima Liber cum Mantissa* dans *Commentaria in Aristotelem Graeca,* Supplem. II, 1, Ed. I. Bruns, Berlin, 1887. — Le traité où Alexandre (II-IIIe s.) expose sa propre théorie de l'âme est en grande partie une interprétation de la théorie aristotélicienne qu'il avait analysée dans un commentaire perdu au *DA.* Ce commentaire perdu est connu par l'utilisation qui en est faite dans SIMPLICIUS (**17**), THEMISTIUS (**16**) et PHILOPON (**19**). Le *Mantissa* se présente comme un « second livre sur l'âme » ; il réunit en fait vingt-sept courts traités, dont un *De intellectu* (pp. 106-113), dont l'authenticité a été mise en question. Du même Alexandre, on peut encore consulter le Commentaire au *De sensu* (dans *Com. in Ar. Gr.,* III, 1, Ed. P. Wendland, Berlin, 1901), qui est en rapport avec plusieurs questions traitées dans le *DA.*

(**16**) THEMISTIUS : *In libros Aristotelis De Anima paraphrasis* dans *Com. in Ar. Gr.,* V, 3, Ed. R. Heinze, Berlin, 1899. — Ce commentaire du IVe s. contient de précieuses informations sur les travaux d'auteurs antérieurs que nous ne possédons plus. Sa traduction latine, qu'effectua, au XIIIe s., Guillaume de Moerbeke, a fait l'objet d'une édition critique par G. Verbeke (avec une « étude sur l'utilisation du commentaire dans l'œuvre de saint Thomas », Louvain-Paris, 1957). Il en existe une traduction italienne, par V. de Falco (Padoue, 1965).

(**17**) SIMPLICIUS : *In libros Aristotelis De Anima commentaria* dans *Com. in Ar. Gr.*, XI, Ed. M. Hayduck, Berlin, 1882. — Attribuée à Simplicius (VIe s.), ce commentaire pourrait bien être en réalité le travail de son contemporain Priscien de Lydie.

(**18**) PRISCIEN de Lydie : *Opera quae extant* dans *Com. in Ar. Gr.*, Supplem. I, 2, Ed. I. Bywater, Berlin, 1886. — Parmi ces œuvres, la *Metaphrasis in Theophrastum*, en particulier, instruit sur les premières controverses soulevées par le *DA*.

(**19**) J. PHILOPON : *In Aristotelis De Anima libros commentaria* dans *Com. in Ar. Gr.*, XV, Ed. M. Hayduck, Berlin, 1897. — Le commentaire au troisième livre du *DA* (424 b 22 et sqq.) n'est probablement pas de Philopon (VIe s.), mais d'Étienne d'Alexandrie (VI-VIIe s.). La traduction latine de l'ensemble, par G. de Moerbeke, a aussi fait l'objet d'une édition critique par G. Verbeke (« avec une introduction sur la psychologie de Philopon », Louvain-Paris, 1966).

Sauf exception, comme chez Rodier (**1**), les commentateurs grecs anciens ont été peu utilisés par les savants contemporains qui se sont occupés du *DA*, mais ils l'étaient par les auteurs du Moyen Age, dans la triple tradition byzantine, arabe et latine. De cette longue tradition, jusqu'aux Temps modernes, nous ne fournissons ci-après que des échantillons jugés aujourd'hui significatifs. Les titres (**20**) et (**22**) ne sont pas des commentaires, mais des traités inspirés du *DA*.

(**20**) AVICENNE : *Liber De Anima, seu sextus de naturalibus*, Ed. S. van Riet, 2 vol., Leyde, 1968 (pour les sections IV-V) et 1972 (pour les sections I-III).

(**21**) AVERROES : *Commentarium Magnum in Aristotelis De*

Anima libros, Ed. F.S. Crawford (« Corpus commentariorum Av. in Arist. », VI, 1), Cambridge (Mass.), 1953. — Pour les autres commentaires au *DA* composés par Averroès et d'autres auteurs arabes, voir F.E. Peters, *Aristoteles Arabus. The Oriental Translations and Commentaries on the Aristotelian Corpus,* Leyde, 1968, pp. 40-45.

(**22**) Albert le Grand : *De anima,* Ed. C. Stroick dans *Opera omnia,* VII, 1, Munster, 1968.

(**23**) Thomas d'Aquin : *In Aristotelis librum De Anima commentarium,* Cura ac studio A.M. Pirotta, Turin, 1959. — Il existe, de ce commentaire, une traduction italienne, par A. Caparello (Rome, 1975) et une traduction anglaise, qui accompagne celle de la version latine du *DA* par G. de Moerbeke (« Transl. by K. Forster and S. Humphries, with an Introduction by I. Thomas », Londres, 1951). La conception thomiste, inspirée d'Aristote, est approfondie dans les *Quaestiones de anima,* Ed. by J.H. Robb, Toronto, 1968). Voir encore, ci-après, Nardi (**312**).

(**24**) Anonymes : *Trois Commentaires anonymes sur le Traité de l'âme d'Aristote,* Ed. par M. Giele, F. van Steenberghen et B. Barzan, Louvain, 1971.

(**25**) Anonyme : *Anonymi Magistri Artium Lectura in librum de anima,* a quodam discipulo reportata (Ms Rom. Naz VE 828), Ed. R.A. Gauthier, Grottafferata, 1985.

(**26**) Sophonias : *In libros Aristotelis De Anima paraphrasis* dans *Com. in Ar. Gr.,* XXIII, 1, Ed. M. Hayduck, Berlin, 1883. — Ce commentaire byzantin semble être du XIVe s.

(**27**) Cajetan : *Commentaria in libros Aristotelis De anima libri III,* Editionem curaverunt G. Picard et G. Pelland, Bruges-Paris, 1965.

(**28**) Egide de Rome : *Expositio super libros De Anima Aristotelis,* Venise, 1496.

(**29**) S. Mauro : *De anima* dans *Aristotelis Opera omnia quae extant,* brevi paraphrasi et litterae perpetuo inhaerente expositione illustrata a S.M, Ed. A. Bringmann, t. IV, Paris, 1886.

(**30**) J. Zabarella : *In tres Aristotelis libros De anima,* Venise, 1605 (Francfort, 1606 ; etc.).

(**31**) Les Coimbres : *Commentarii Collegii Conimbriensis in tres libros De anima,* Venise, 1616.

(**32**) J. Pacius : *Aristotelis de Anima*, graece et latine cum commentariis, Hannovre, 1616 (Francfort, 1621).

De tous ces commentateurs, Thomas d'A. (**23**) est celui qui a le plus compté dans les travaux d'érudition contemporains. Ces derniers, à partir du XIXe s., cultivent un commentaire sous forme de notes, plus ou moins fournies, qu'on trouve dans la plupart des éditions et des traductions déjà signalées. Les plus vieilles publications (Trendelenburg, Torstrik,...) fournissent ces notes en latin ; c'est encore le cas de Siwek (**5**). En français, le second volume de Rodier (**1**) offre le matériel de très loin le plus riche ; les notes de Tricot (**7**), moins abondantes et d'inspiration plus thomiste, ont l'avantage d'une date plus récente. En langues étrangères, les plus utiles et les mieux documentées sont les notes de Movia (**14**), Hicks (**2**) et Ross (**4** : 1961).

Les notes de commentaire sont aujourd'hui complétées par de très nombreuses études spécialisées, monographies ou articles de revue, qui font de plus en plus rarement la synthèse des problèmes soulevés par le *DA*, mais poussent plus loin l'analyse de ses différents aspects.

4. — Études spécialisées.

Aucun classement de ces études n'échappe totalement à l'arbitraire. Celui, thématique, que nous proposons en privilégiant les publications récentes, donne une idée des orientations de la recherche actuelle. Ses différentes rubriques (sauf a et j) correspondent, en gros, à des portions de texte identifiables dans le *DA*. Nous ne fournissons, dans chaque rubrique, que les publications tenues aujourd'hui pour significatives en raison de leur sujet (directement en rapport avec le *DA*) ou de leur importance relative (dans les différentes traditions exégétiques).

4. a) — Travaux d'intérêt général, incluant les recueils d'études.

(**33**) R. Bambrough : *New Essays on Plato and Aristotle*, Ed. by R.B., Londres, 1965.
(**34**) J. Barnes-M. Schofield et R. Sorabji : *Articles on*

Aristotle, t. IV *Psychology and Aesthetics*, Ed. by J.B., M.S. and R.S., Londres, 1979.

(**35**) J.J. BEARE : *Greek Theories of Elementary Cognition from Alcmaeon to Aristotle*, Oxford, 1906.

(**36**) F. BRENTANO : *Die Psychologie des Aristoteles, insbesondere seine Lehre vom* νοῦς ποιητικός, Mayence, 1867 (Darmstadt, 1967) ; traduction anglaise, par R. George, sous le titre *The Psychology of Aristotle* (Berkeley, 1977).

(**37**) M.F. BURNYEAT : « Is an Aristotelian Philosophy of Mind still Credible ? (A Draft) » dans NUSSBAUM-RORTY (**53**), 15-26.

(**38**) H. CASSIRER : *Aristoteles'Schrift 'Von der Seele' und ihre Stellung innerhalb der aristotelischen Philosophie*, Tübingen, 1932.

(**39**) A.E. CHAIGNET : *Essai sur la psychologie d'Aristote*, Paris, 1883.

(***39bis***) S.M. COHEN : « Hylemorphism and Functionalism » dans NUSSBAUM-RORTY (**53**), 57-73.

(**40**) S.M. COHEN : « The Credibility of Aristotle's Philosophy of Mind » dans *Aristotle Today*. Essays on Aristotle's Ideal of Science, Ed. by M. Matthen, Edmonton, 1987, 103-125.

(**41**) W.W. FORTENBAUGH : « Recent Scholarship on the Psychology of Aristotle » dans *The Classical World*, 60 (1967), 316-327.

(**42**) W.W. FORTENBAUGH : *Aristotle on Emotion. A Contribution to Philosophical Psychology, Rhetoric, Poetics, Politics, and Ethics*, Londres, 1975.

(**43**) M. FURTH : *Substance, Form and Psyche : an Aristotelean Metaphysics*, Cambridge, 1987, spécialement 146-161.

(**44**) K. GLOY : « Aristoteles' Konzeption der Seele in De anima » dans *Zeitschrift für philosophische Forschung*, 38 (1984), 381-411.

(**45**) E. HARTMAN : *Substance, Body, and Soul : Aristotelian Investigations*, Princeton, 1977.

(**46**) F. INCIARTE : *Der Begriff der Seele in der Philosophie des Aristoteles* dans *Seele. Ihre Wirklichkeit, ihr Verhältnis zum Leib und zur menschlichen Person*, Hersg. von K. Kremer, Leyde, 1984, 46-65.

(**47**) T.H. IRWIN : « Aristotle's Philosophy of Mind »

dans *Psychology. Companion to Ancient Thought*, Ed. by S. Everson, Cambridge, 1991.

(**48**) E. VON IVANKA : « Zur Problematik der aristotelischen Seelenlehre » dans *Autour d'Aristote*, Recueil d'études de philosophie ancienne et médiévale offert à Monseigneur A. Mansion, Louvain, 1955, 245-253.

(**49**) V. KAL : *On Intuition and Discursive Reasoning in Aristotle*, Leyde, 1988.

(**50**) C. LEFEVRE : *Sur l'évolution d'Aristote en psychologie*, Louvain, 1972.

(**51**) G.E.R. LLOYD et G.E.L. OWEN : *Aristotle on Mind and the Senses*. Proceedings of the Seventh Symposium Aristotelicum, Ed. by L. and O., Cambridge, 1978.

(**52**) D.K.W. MODRAK : *Aristotle. The Power of Perception*, Chicago-Londres, 1987.

(**53**) M.C. NUSSBAUM et A.O. RORTY : *Essays on Aristotle's De anima*, Edited by M.C.N. and A.O.R., Oxford, 1992.

(**54**) M.C. NUSSBAUM et H. PUTNAM : « Changing Aristotle's Mind » dans NUSSBAUM-RORTY (**53**), 27-56.

(**55**) F. NUYENS : *Ontwikkelingsmomenten in de zielkunde van Aristoteles : Een historisch-philosophische studie*, Nimègue, 1939 ; traduction française sous le titre *L'Évolution de la psychologie d'Aristote*, Préface d'A. Mansion, Louvain-La Haye-Paris, 1948 (1973).

(**56**) G. PICHT : *Aristoteles' De anima*, Mit einer Einführung von Enno Rudolf, Stuttgart, 1987.

(**57**) H. POPPELREUTER : *Zur Psychologie des Aristoteles, Theophrast, Strato*, Diss., Leipzig, 1892.

(**58**) A.O. RORTY : « De anima and its Recent Interpreters » dans NUSSBAUM-RORTY (**53**), 7-13.

(**59**) P. SIWEK : *La Psychophysique humaine d'après Aristote*, Paris, 1930.

(**60**) F. SOLMSEN : « Antecedents of Aristotle's Psychology and Scale of Beings » dans *American Journal of Philology*, 76 (1955), 148-164. Texte repris dans F.S., *Kleine Schriften*, t. I, Hildesheim, 1968, 588-605.

(**61**) C. SHUTE : *The Psychology of Aristotle : An Analysis of the Living Being*, Notre Dame, 1964 (New York, 1961).

(**62**) E.E. SPICER : *Aristotle's Conception of the Soul*, Londres, 1934.

(**63**) G.M. Stratton : *Theophrastus and the Greek Physiological Psychology before Aristotle*, Londres, 1917.

(**64**) P. Van Schilgaarde : *De zielkunde van Aristoteles*, Leyde, 1938.

(**65**) H. Wijsenbeck-Wijler : *Aristotle's Concept of Soul, Sleep, and Dreams*, Amsterdam, 1976.

(**66**) W. Willi : « Probleme der aristotelischen Seelenlehre » dans *Eranos-Jahrbuch*, 12 (1945), 55-93.

4. b) — Concernant l'étude de l'âme par le naturaliste (cf. Introduction : 402 a 1-403 b 19 ; spécialement, 403 a 30 et sqq. [définition de la colère]).

(**67**) P. Aubenque : « Sur la définition aristotélicienne de la colère » dans *Revue philosophique de la France et de l'étranger*, 147 (1957), 300-317.

(**68**) H. Dörrie : « Gedanken zur Methodik des Aristoteles in der Schrift Περὶ ψυχῆς dans *Aristote et les problèmes de méthode*, Éd. par S. Mansion, 2e éd., Louvain-Paris, 1961, 223-244.

(**69**) A.J. Festugiere : « Notes aristotéliciennes, I : Les méthodes de la définition de l'âme (DA, I, 1, 402 a 10-22) » dans *Revue des sciences philosophiques et théologiques*, 20 (1931), 83-90. Texte repris dans *Études de philosophie grecque*, Paris, 1971, 335-342.

(**70**) J. Fillion-Lahille : « La colère chez Aristote » dans *Revue des études anciennes*, 72 (1970), 46-79.

(**71**) G.E.R. Lloyd : « Aspects of the Relationship between Aristotle's Psychology and His Zoology » dans Nussbaum-Rorty (**53**), 147-167.

(**72**) R. Mc Kay : « Touching the Bronze Spear at a Point. A note on De anima I. 1. 403 a 10-16 » dans *Apeiron*, 13 (1979), 86-91.

(**73**) G. Movia : « Annotazioni sul primo capitolo del De Anima di Aristotele » [402 a 22] dans *Saggi e ricerche*, Padoue, 1972, 15-25.

(**74**) G. Movia : « Note sul primo capitolo del De Anima di Aristotele [402 a 1-4] » dans *Scritti in onore di C. Giacon*, Padoue, 1972, 87-101.

(**75**) G. Movia : *Due studi sul De Anima di Aristotele* [*A 1 e B 3 ; B 9*], Padoue, 1974.

(**76**) R. RENEHAN : « Aristotle's Definition of Anger » dans *Philologus*, 107 (1963), 61-74.

*4. c) — Concernant la critique des opinions antérieures (cf. 403 b 20-411 b 30). Les titres **83-88-100-108** portent sur l'ensemble de la critique ; le reste concerne la critique de l'un ou de l'autre des présocratiques ou sur les platoniciens, sauf les titres **77-78-87-89-90** qui visent la célèbre conception de « l'âme-harmonie » (cf. 407 b 27 et sqq.).*

(**77**) J. BERNHART : *Platon et le matérialisme ancien. La théorie de l'âme-harmonie dans la philosophie de Platon*, Paris, 1971.

(**78**) W. CHARLTON : « Aristotle and the Harmonia Theory » dans *Aristotle on Nature and Living Things. Philosophical and Historical Studies presented to David M. Balme on his 70th Birthday*, Ed. by A. Gotthelf, Pittsburg-Bristol, 1985, 131-150.

(**79**) H. CHERNISS : *Aristotle's Criticism of Presocratic Philosophy*, Baltimore, 1935.

(**80**) H. CHERNISS : *Aristotle's Criticism of Plato and the Academy*, Baltimore, 1944 (réimpr. New York, 1962).

(**81**) G.S. CLAGHORN : *Aristotle's Criticism of Plato's Timaeus*, La Haye, 1954.

(**82**) G.H. CLARK : *Empedocles and Anaxagoras in Aristotle's De Anima*, PhD thesis, Univ. of Pennsylvania, Philadelphie, 1929.

(**83**) M. DANIELI : *Zum Problem der Traditionsaneignung bei Aristoteles. Untersucht am Beispeil von 'De Anima' I*, Königstein, 1984.

(**84**) H. DE LEY : « A Note on Aristotle, De Anima A 3, 406 b 1-3 » dans *Classical Quarterly*, 20 (1970), 92-94.

(**85**) H. DE LEY : « Democritus and Leucippus. Two Notes on Ancient Atomism » dans *L'Antiquité classique*, 37 (1968), 620-633.

(**86**) H. DE LEY : « On Aristotle, De Anima A 2, 404 b 27-405 a 13 » dans *L'Antiquité classique*, 36 (1967), 605-612.

(**87**) G. DELLA VALLE : « La teoria dell'anima-armonia di Aristosseno e l'epifenomenismo contemporaneo » dans *Rivista filosofica*, 7 (1905), 210-231.

(**88**) V. FAZIO ALLMAYER : « Studi sul De Anima, I : La

critica aristotelica della psicologia greca » dans *Giornale critico della filosofia italiana*, 4 (1923), 313-331.

(**89**) O. Gigon : « Zum antiken Begriff der Harmonie » dans *Studium Generale*, 19 (1966), 539-547.

(**90**) H.B. Gottschalk : « Soul as Harmonia » dans *Phronesis*, 16 (1971), 179-198.

(**91**) R.D. Hicks : « A Note on Aristotle, De Anima I, 2, 403 b 31-404 a 9 » dans *Proceedings of Cambridge Philological Society*, 70-72 (1905), 14.

(**92**) G.E. Howes : « Homeric Quotations in Plato and Aristotle » dans *Harvard Studies in Classical Philology*, 6 (1895), 153-237.

(**93**) P.M. Huby : « De Anima 404 b 17-27 » dans *Apeiron*, 1 (1967), 14-15.

(**94**) M. Isnardi Parente : « Per l'interpretazione di Aristotele, De an. 404 b 18 sgg. » dans *Philomathes. Studies and Essays in the Humanities in Memory of P. Merlan*, Ed. by R. Palmer and R. Hamerton-Kelly, La Haye, 1971, 146-170.

(**95**) A. Jannone : « Un essai d'explication du passage 404 b 16-21 du Traité de l'âme » dans *Aristote aujourd'hui*, Études réunies sous la direction de M.A. Sinacœur, Paris-Toulouse, 1988, 331-337.

(**96**) C.H. Kahn : « Religion and Natural Philosophy in Empedocles' Doctrine of the Soul » dans *Essays in Ancient Greek Philosophy*, Ed. by J.P. Anton with G.L. Kustas, Albany (New York), 1971, 3-38.

(**97**) P. Kucharski : « Aux frontières du platonisme et du pythagorisme. A propos d'un passage du *De Anima* d'Aristote » dans *Archives de philosophie*, 19 (1955), 7-43.

(**98**) A. Maddalena : « Eraclito nell'interpretazione di Platone e d'Aristotele » dans *Atti del Reale Istituto Veneto di scienze, lettere ed arti*, 98 (1938-39), 309-335.

(**99**) P. Manchester : « Time, Soul, Number. Late Platonic Light on an Obscurity in Aristotle » dans *The Philosophy of Order. Essays on History, Consciousness and Politics for E. Voegelin*, Stuttgart, 1981, 110-124.

(**100**) S. Mansion : « Le rôle de l'exposé et de la critique des philosophies antérieures chez Aristote » dans *Aristote et les problèmes de méthode*, Louvain, 1961, 35-56.

(**100 *bis***) A. NOLTE : « Aristoteles et theoria noëtica Anaxagorae » dans *Mnemosyne*, 10 (1942), 204-220.

(**101**) M.C. NUSSBAUM : « Ψυχή in Heraclitus » dans *Phronesis*, 17 (1972), 1-16.

(**102**) D. PESCE : *Idea, Numero e Anima. Primi contributi a una storia del platismo nell'antichità*, Padoue, 1961.

(**103**) A. SAMSON : « Aristote et les théories présocratiques sur la connaissance » dans *Laval théologique et philosophique*, 22 (1966), 22-44.

(**104**) C.J. SHIELDS : « Soul as a Subject in Aristotle's De anima » dans *Classical Quarterly*, 38 (1988), 140-149.

(**105**) R.E. SIEGEL : « Did the Greek Atomists consider a non-Corpuscular Visual Transmission ? Reconsideration of Some Ancient Visual Doctrines » dans *Archives internationales d'histoire des sciences*, 22 (1969), 3-16.

(**106**) D. TAGLIAFERRO : « La filosofia di Anassagora e le testimonianze aristoteliche » dans *Annali Triestini*, 7 (1953), 295-310.

(**107**) M. TWEEDALE : « Aristotle's Motionless Soul » dans *Dialogue*, 29 (1990), 123-132.

(**108**) CH. WITT : « Dialectic, Motion, and Perception : De anima Book I » dans NUSSBAUM-RORTY (**53**), 169-183.

4. d) — Concernant la définition « commune » de l'âme, le statut ontologique de l'âme ou des facultés et le problème des rapports âme-corps (cf., spécialement, 412 a 1 et sqq. ; mais ce sont les thèmes centraux du DA, *posés dès l'Introduction).*

(**109**) J.L. ACKRILL : « Aristotle's Definitions of Psuche » dans *Proceedings of the Aristotelian Society*, 72 (1971-72), 119-133. Texte repris dans BARNES-SCHOFIELD-SORABJI (**34**), 65-75.

(**110**) J. BARNES : « Aristotle's Concept of Mind » dans *Proceedings of the Aristotelian Society*, 72 (1971-72), 101-114. Texte repris dans BARNES-SCHOFIELD-SORABJI (**34**), 32-41.

(**111**) R. BOLTON : « Aristotle's Definitions of the Soul : De Anima II, 1-3 » dans *Phronesis*, 23 (1978), 258-78.

(**112**) S. CANTIN : « L'âme et ses puissances selon Aristote » dans *Laval Théologique et Philosophique*, 2 (1946), 184-205.

(**113**) A. CAPPELLETI : « El concepto de vida en Aristóteles » dans *Revista Venezolana de Filosofia*, 23 (1987), 25-38.

(**114**) W. CHARLTON : « Aristotle's Definition of Soul » dans *Phronesis*, 25 (1980), 170-186.

(**115**) A. CODE ET J. MORAVCSIK : « Explaining Various Forms of Living » dans NUSSBAUM-RORTY (**53**), 129-145.

(**116**) M. DE CORTE : « La définition aristotélicienne de l'âme » dans *Revue thomiste*, 45 (1939), 460-508.

(**117**) H.J. EASTERLING : « A Note on De Anima 413 a 8-9 » dans *Phronesis*, 11 (1966), 159-162.

(**118**) W.W. FORTENBAUGH : « A Note on De Anima 412 b 19-20 » dans *Phronesis*, 13 (1968), 88-89.

(**119**) M. FREDE : « On Aristotle's Conception of the Soul » dans NUSSBAUM-RORTY (**53**), 93-107.

(**120**) C.A. FREELAND : « Aristotle on Bodies, Matter, and Potentiality » dans *Philosophical Issues in Aristotle's Biology*, Ed. by A. Gotthelf and J.G. Lennox, Cambridge, 1987, 392-406.

(**121**) W.F.R. HARDIE : « Aristotle's Treatment of the Relation between the Soul and the Body » dans *Philosophical Quarterly*, 14 (1964), 53-72.

(**122**) R. HEINAMAN : « Aristotle on Housebuilding » dans *History of Philosophy Quarterly*, 2 (1985), 145-162.

(**123**) C. LEFEVRE : « Sur le statut de l'âme dans le *De Anima* et les *Parva Naturalia* » dans LLOYD-OWEN (**51**), 21-67.

(**124**) R. MANNING : « Materialism, Dualism and Functionalism in Aristotle's Philosophy of Mind » dans *Apeiron*, 19 (1985), 11-23.

(**125**) S. MANSION : « Deux définitions différentes de la vie chez Aristote » dans *Revue philosophique de Louvain*, 71 (1973), 425-450.

(**126**) S. MANSION : « Soul and Life in the *De Anima* » dans LLOYD-OWEN (**51**), 1-20.

(**127**) G.B. MATTHEWS : « *De Anima* 2. 2-4 and the Meaning of Life » dans NUSSBAUM-RORTY (**53**), 185-193.

(**128**) D.K.W. MODRAK : « The Nous-Body Problem in Aristotle » dans *The Review of Metaphysics*, 44 (1991), 755-774.

(**129**) D. O'MEARA : « Remarks on Dualismus and the

Definition of Soul in Aristotle's De anima » dans *Museum Helveticum*, 44 (1987), 168-174.

(**130**) J. OWENS : « Aristotle's Definition of Soul » dans *Philomathes. Studies and Essays in the Humanities in Memory of P. Merlan*, La Haye, 1971, 125-145.

(**131**) H. REGNÉLL : *Ancient Views on the Nature of Life. Three Studies in the Philosophies of the Atomists, Plato and Aristotle*, Lund, 1967.

(**132**) H. ROBINSON : « Mind and Body in Aristotle » dans *Classical Quarterly*, 28 (1978), 105-124.

(**133**) H. ROBINSON : « Aristotelian Dualism » dans *Oxford Studies in Ancient Philosophy*, 1, Oxford,1983, 123-144.

(**134**) T.M. ROBINSON : « Soul and Definitional Priority : De an. 414 a 4-14 » dans *Apeiron*, 4 (1970), 4-12.

(**135**) C. SHIELDS : « Soul and Body in Aristotle » dans *Oxford Studies in Ancient Philosophy*, 61, Oxford, 1988, 103-137.

(**136**) R.A. SHINER : « More on Aristotle, De Anima 414 a 4-14 » dans *Phoenix*, 24 (1970), 29-38.

(**137**) R. SORABJI : « Body and Soul in Aristotle » dans *Philosophy*, 49 (1974), 63-89. Texte repris dans BARNES-SCHOFIELD-SORABJI (**34**), 42-64.

(**138**) R.K. SPRAGUE : « Aristotle, De Anima 414 a 4-14 » dans *Phoenix*, 21 (1967), 102-107.

(**139**) R.K. SPRAGUE : « Aristotle and Divided Insects » dans *Methexis*, 2 (1989), 29-40.

(**140**) J. STALLMACH : *Dynamis und Energeia. Untersuchungen am Werk des Aristoteles zur Problemgeschichte von Möglichkeit und Wirklichkeit*, Meinsenheim a. G., 1959.

(**141**) T. TRACY : « The Soul-Boatman Analogy in Aristotle's De Anima » dans *Classical Philology*, 77 (1982), 97-112.

(**142**) J. WHITING : « Living Bodies » dans NUSSBAUM-RORTY (**53**), 75-91.

(**143**) K.V. WILKES : « Psuchè versus the Mind » dans NUSSBAUM-RORTY (**53**), 109-127.

(**144**) B. WILLIAMS : « Hylomorphism » dans *Oxford Studies in Ancient Philosophy*, 4, Oxford, 1986, 189-199.

(**145**) H. ZUCCHI : « Acto y potencia como principio o conceptos explicativos en *De anima* » dans *Discurso y Realidad*, (Argentine), 4 (1989), 55-74.

4. e) — Concernant l'âme « nutritive » et la reproduction (cf. 415 a 14-416 b 31).

(**146**) Ø. ANDERSEN : « Aristotle on Sense-Perception in Plants » dans *Symbolae Osloenses*, 51 (1976), 81-86.

(**147**) G. BARCO : *Aristotele, Dell'anima vegetativa e sensitiva. Saggio di interpretazione*, Turin, 1881.

(**148**) S. CANTIN : « Les puissances et les opérations de l'âme végétative dans la psychologie d'Aristote » dans *Laval théologique et philosophique*, 2 (1946), 25-35.

(**149**) A. CODE : « Soul as Efficient Cause in Aristotle's Embriology » dans *Philosophical Topics*, 15 (1987), 51-59.

(**150**) P. DEMONT : « La polysémie d'un verbe grec, τρέφω, cailler, coaguler, nourrir, élever (Homère, Hésiode, Aristote, Météor. 354 b 36) » dans *Études de littérature ancienne*, II, Paris, 1982, 111-122.

(**151**) W.K. KRAAK : « Aristote est-il toujours resté fidèle à sa conception que la plante se tient la tête en bas ? » dans *Mnemosyne*, 10 (1942), 251-262.

(**152**) P. LOUIS : « Le traité d'Aristote sur la nutrition » dans *Revue de philologie*, 26 (1952), 29-35.

(**153**) A.L. PECK : « The Connate Pneuma : An Essential Factor in Aristotle's Solutions to the Problems of Reproduction and Sensation » dans *Science, Medicine and History : Essays in Honour of Charles Singer*, Oxford,1953, 111-121.

4. f) — Concernant la perception et le sens en général (cf. 416 a 32 et sqq.). Les titres ***161-162-167-169-175-183-184-192-195*** *portent plus particulièrement sur le sens dit « commun » (traité à partir de 424 b 22) et les titres* ***163-186-187-188-191-193*** *sur le problème de la « conscience » (posé dès 425 a 13).*

(**154**) J. ANNAS : « Aristotle on Memory and the Self » dans *Oxford Studies in Ancient Philosophy*, 4, Oxford, 1986, 101-117.

(**155**) D.Z. ANDRIOPOULOS : « An Examination of Aristotle's Theory of Perception » dans *Platon*, 19 (1967), 45-76.

(**156**) B. BAERTSCHI : « Sensus est quodammodo ipsa sensibilia. Le réalisme aristotélicien et le problème des erreurs des sens » dans *Revue de Théologie et de Philosophie*, 118 (1986), 237-253.

(**157**) A. BARKER : « Aristotle on Perception and Ratios » dans *Phronesis,* 26 (1981), 148-166.

(**158**) A. BEN-ZEEV : « Aristotle on Perceptual Truth and Falsity » dans *Apeiron,* 18 (1984), 118-125.

(**159**) W. BERNARD : *Rezeptivität und Spontaneität der Wahrnehmung bei Aristoteles. Versuch einer Bestimmung der spontanen Erkenntuisleistung der Wahrnehmung bei Aristoteles in Abrenzung gegen die rezeptive Auslegung der Sinnlichkeit bei Descartes und Kant,* Baden-Baden, 1988.

(**160**) I. BLOCK : « Truth and Error in Aristotle's Theory of Sense Perception » dans *Philosophical Quarterly,* 11 (1961), 1-9.

(**161**) I. BLOCK : « On the Commonness of the Common Sensibles » dans *Australasian Journal of Philosophy,* 43 (1965), 189-195.

(**162**) I. BLOCK : « Aristotle on the Common Sense. A Reply to Kahn and Others » dans *Ancient Philosophy,* 8 (1988), 235-249.

(**163**) R. BODÉÜS : « Notes sur quelques aspects de la conscience dans la pensée aristotélicienne » dans *Phronesis,* 20 (1975), 63-74.

(**164**) T.W. BYNUM : « A New Look at Aristotle's Theory of Perception » dans *History of Philosophy Quarterly,* 4 (1987), 163-178.

(**165**) S. CANTIN : « L'âme sensitive d'après le *De Anima* d'Aristote » dans *Laval théologique et philosophique,* 3 (1947), 149-176.

(**166**) S. CANTIN : « L'objet des sens externes dans la conception aristotélicienne de la sensation » dans *Laval théologique et philosophique,* 15 (1959), 9-31.

(**167**) S. CANTIN : « La perception des sensibles communs au moyen du mouvement d'après Aristote » dans *Laval théologique et philosophique,* 17 (1961), 9-21.

(**168**) A.J. CAPPELLETTI : *La teoria aristotélica de la visión,* Caracas, 1977.

(**169**) A.J. CAPPELLETTI : « La Areas del sentido común según Aristotéles » dans *Revista Latinoamericana de Filosofia,* 5 (1979), 3-14.

(**170**) A.J. CAPPELLETTI : « El sentido del olfato según Aristotéles » dans *Rivista di storia della medecina,* 21 (1977),

131-164 ; et « El Sonido y il oído, según Aristotéles » dans *Revista Venezolana de Filosofia*, 5-6 (1976-77), 19-49.

(**171**) S. CASHDOLLAR : « Aristotle's Account of Incidental Perception » dans *Phronesis*, 18 (1973), 156-175.

(**172**) S.M. COHEN : « Sensations, Colors, and Capabilities in Aristotle » dans *The New Scholasticism*, 52 (1978), 558-568.

(**173**) P. COSENZA : *Sensibilità, percezione, esperienza secondo Aristotele*, Naples, 1968.

(**174**) R.M. DANCY : *Sense and Contradiction. A Study in Aristotle*, Dordrecht, 1980.

(**175**) M. DE CORTE : « Notes exégétiques sur la théorie aristotélicienne du sensus communis » dans *The New Scholasticism*, 6 (1932), 187-214.

(**176**) T. EBERT : « Aristotle on What is Done in Perceiving » dans *Zeitschrift für philosophische Forschung*, 37 (1983), 181-198.

(**177**) J. ELLIS : « The Trouble with Fragrance » dans *Phronesis*, 35 (1990), 290-302.

(**178**) C. FREELAND : « Aristotle on the Sense of Touch » dans NUSSBAUM-RORTY (**53**) 227-248.

(**179**) S. GAUKROGER : « Aristotle on the Fonction of Sense Perception » dans *Studies in History and Philosophy of Science*, 12 (1981), 75-89.

(**180**) A. GRAESER : « On Aristotle's Framework of Sensibilia » dans LLOYD-OWEN (**51**). 69-97.

(**181**) H.P. GRICE : « The Causal Theory of Perception » dans *Proceedings of the Aristotelian Society*, Suppl. vol. 35 (1961), 121-126.

(**182**) D.W. HAMLYN : « Aristotle's Account of Aesthesis in the De Anima » dans *Classical Quarterly*, 9 (1959), 6-16.

(**183**) D.W. HAMLYN : « Koine Aisthesis » dans *The Monist*, 52 (1968), 195-209.

(**184**) W.A. HAMMOND : « Aristotle's Doctrine of the Common Sense » dans *Transactions and Proceedings of the American Philological Association*, 28 (1897), 9-11.

(**185**) R.J. HANKINSON : « Explanatory Powers » dans *Apeiron*, 21 (1988), 181-196.

(**186**) W.F.R. HARDIE : « Concepts of Consciousness in Aristotle » dans *Mind*, 85 (1976), 388-411.

(**187**) C. KAHN : « Sensation and Consciousness in Aristotle's Psychology » dans *Archiv für Geschichte der Philosophie,* 48 (1966), 43-81. Texte repris dans BARNES-SCHOFIELD-SORABJI (**34**), 1-31.

(**188**) L.A. KOSMAN : « Perceiving that we Perceive : On the Soul III, 2 » dans *Philosophical Review,* 84 (1975), 499-519.

(**189**) H. KRIPS : « Aristotle on the Infaillibility of normal Observation » dans *Studies in History and Philosophy of Science,* 11 (1980), 79-86.

(**190**) A.A. LONG : « Aristotle, *De Anima* 424 b 31-425 a 5 » dans *Hermes,* 96 (1968), 372-374.

(**191**) T. MAUDLIN : « *De Anima* III, 1 : Is Any Sense Missing ? » dans *Phronesis,* 31 (1986), 51-67.

(**192**) D. MODRAK : « Koine Aisthesis and the Discrimination of Sensible Differences in *De Anima* III, 2 » dans *Canadian Journal of Philosophy,* 11 (1981), 405-423.

(**193**) D. MODRAK : « An Aristotelian Theory of Consciousness ? » dans *Ancient Philosophy,* 1 (1980-1981), 160-170.

(**194**) C. OSBORNE : « Aristotle, *De Anima* 3. 2. How do we perceive that we see and hear ? » dans *Classical Quarterly,* 33 (1983), 401-411.

(**195**) J. OWENS : « Aristotle on Common Sensibles and Incidental Perceptions » dans *Phoenix,* 36 (1982), 215-236.

(**196**) J. OWENS : « Form and Cognition in Aristotle » dans *Ancient Philosophy,* 1 (1980-1981), 17-27.

(**197**) K. PRITZL : « On Sense and Sense Organs in Aristotle » dans *Proceedings of the American Catholic Philosophical Association,* 59 (1985), 258-274.

(**198**) T. SLAKEY : « Aristotle on Sense Perception » dans *Philosophical Review,* 70 (1961), 470-484.

(**199**) R. SORABJI : « Aristotle on Demarcating the Five Senses » dans *Philosophical Review,* 80 (1971), 55-79. Texte repris dans BARNES-SCHOFIELD-SORABJI (**34**), 76-92.

(**200**) R. SORABJI : « Intentionaly and Physiological Process : Aristotle's Theory of Sense-Perception » dans NUSSBAUM-RORTY (**53**), 195-225.

(**201**) J.L. STOCKS : « Λόγος and μεσότης in the *De Anima* of Aristotle » dans *Journal of Philology,* 33 (1914), 182-194.

(**202**) J. THORP : « Le mécanisme de la perception chez Aristote » dans *Dialogue*, 29 (1980), 575-589.

(**203**) T.J. TRACY : *Physiological Theory and the Doctrine of the Mean in Plato and Aristotle*, Amsterdam, 1969.

(**204**) R.G. TURNBULL : « The Role of the Special Sensibles in the Perception Theory of Plato and Aristotle » dans *Studies in Perception. Inter-relations in the History of Philosophy and Science*, Ed. by P.K. Machamer and R.G.T., Columbus (Ohio), 1978, 3-26.

(**205**) J.K. WARD : « Perception and Λόγος in *De Anima* II, 12 » dans *Ancient Philosophy*, 8 (1988), 217-233.

(**206**) C.J. WELLER : *Two Studies in Ancient Accounts of Sense Perception. Plato and Aristotle*, Diss., Pittsburg, 1983.

(**207**) W. WELSCH : *Aisthesis. Gründzüge und Perspektiven der aristotelischen Sinneslehre*, Stuttgart, 1987.

4. g) — Concernant la représentation sensible (imagination : cf., spécialement, 427 b 14-429 a 9 et 433 b 27-434 a 9).

(**208**) R. BODÉÜS : « L'imagination au pouvoir » dans *Dialogue*, 29 (1990), 21-40.

(**209**) L. COULOUBARITSIS : « Le problème de l'imagination chez Aristote » dans *Actes du XVIIIe Congrès des Sociétés de philosophie de langue française*, Strasbourg, 1982, 153-158.

(**210**) F. DUGRÉ : « Le rôle de l'imagination dans le mouvement animal et l'action humaine chez Aristote » dans *Dialogue*, 29 (1990), 65-78.

(**211**) J. ENGMANN : « Imagination and Truth in Aristotle » dans *Journal of History of Philosophy*, 14 (1976), 259-265.

(**212**) D. FREDE : « The Cognitive Role of Phantasia in Aristotle » dans NUSSBAUM-RORTY (**53**), 279-295.

(**213**) J. FREUDENTHAL : *Über den Begriff des Wortes phantasia bei Aristoteles*, Göttingen, 1863.

(**214**) W.A. HAMMOND : « Aristotle's Theory of Imagination » dans *Transactions and Proceedings of the American Philological Association*, 32 (1901), 33-41.

(**215**) R.J. HANKINSON : « Perception and Evaluation : Aristotle on the Moral Imagination » dans *Dialogue*, 29 (1990), 41-63.

(**216**) H.J. HORN : « Aristote, Traité de l'âme, III, 3 et le concept aristotélicien de la φαντασία » dans *Études philosophiques* (1988), 221-234.

(**217**) J.-L. LABARRIERE : « Imagination humaine et imagination animale chez Aristote » dans *Phronesis*, 29 (1984), 17-49.

(**218**) K. LYCOS : « Aristotle and Plato on Appearing » dans *Mind*, 73 (1964), 496-514.

(**219**) D. MODRAK : « φαντασία Reconsidered » dans *Archiv für Geschichte der Philosophie*, 68 (1986), 47-69.

(**220**) Q. RACIONERO CARMONA : « Eidos, Psiquè, Phantasma. Sobre el proceso psicológico del conocimiento en Aristotéles » dans *Pensamiento*, 35 (1979), 237-266.

(**221**) D.A. REES : « Aristotle's Treatment of Phantasia » dans *Essays in Ancient Greek Philosophy*, Ed. by J.P. Anton with G.L. Kustas, Albany (New York), 1971, 491-504.

(**222**) T.G. ROSENMEYER : « Phantasia und Einbildungskraft » dans *Poetica*, 18 (1986), 197-248.

(**223**) M. SCHOFIELD : « Aristotle on the Imagination » dans LLOYD-OWEN (**51**), 99-140. Texte repris dans BARNES-SCHOFIELD-SORABJI (**34**), 103-132 et dans NUSSBAUM-RORTY (**53**), 249-277.

(**224**) G. WATSON : « Phantasia in Aristotle *De Anima* 3. 3 » dans *Classical Quarterly*, 32 (1982), 100-113.

(**225**) G. WATSON : *Phantasia in Classical Thought*, Galway, 1988.

(**226**) M.V. WEDIN : *Mind and Imagination in Aristotle*, New Haven, 1988.

4. h) — Concernant l'intelligence (cf., spécialement, 429 a 10-431 b 19). Les titres ***227, 232 et 254*** *concernent plus particulièrement l'intellection des « indivisibles » (cf. 430 b 6-31).*

(**227**) E. BERTI : « The Intellection of Indivisibles according to Aristotle, *De Anima* III, 6 » dans LLOYD-OWEN (**51**), 141-163.

(**228**) S. CANTIN : « L'intelligence selon Aristote » dans *Laval théologique et philosophique*, 4 (1948), 252-288.

(**229**) W. CHARLTON : « Telling the Difference between Sweet and Pale » dans *Apeiron*, 15 (1981), 103-114.

(**230**) W. CHARLTON : « Aristotle on the Place of Mind in Nature » dans *Philosophical Issues in Aristotle's Biology*, Ed. by A. Gotthelf and J.C. Lennox, Cambridge, 1987, 408-423.

(**231**) M. DE CORTE : *La doctrine de l'intelligence chez Aristote*, Paris, 1934.

(**232**) TH. DE KONINCK : « La noêsis et l'indivisible selon Aristote » dans *La naissance de la raison en Grèce*, Éd. par F. Mattéi, Paris, 1990, 215-228.

(**233**) J. FINAMORE : « Intellect and Common Sense in Aristotle's *De Anima* III, 7 » dans *Syllecta Classica*, 1 (1989), 27-41.

(**234**) L. FOSS : « Substance, Knowledge and nous in Aristotle » dans *The New Scholasticism*, 43 (1969), 379-399.

(**235**) O. HAMELIN : *La théorie de l'intellect d'après Aristote et ses commentateurs*, Ouvrage publié avec une introduction par E. Barbotin, Paris, 1953.

(**236**) P. HARVEY : « Aristotle on Truth and Falsity in *De Anima* III, 6 » dans *Journal of the History of Philosophy*, 16 (1978), 219-220.

(**237**) H.G. INGENKAMP : « Introspektion in naturwissenschaftlicher Psychologie (Zu Aristoteles, De an. III 5 und Verwandtens) » dans *Rheinisches Museum*, 120 (1977), 30-44.

(**238**) CH.H. KAHN : « Aristotle on Thinking » dans NUSSBAUM-RORTY (**53**), 359-379.

(**239**) L.A. KOSMAN : « What does the Maker Mind Make ? » dans NUSSBAUM-RORTY (**53**), 343-358.

(**240**) M. KATO : « Aristoteles über den Ursprung wissenschaftlicher Erkenntnis » dans *Phronesis*, 32 (1987), 188-205.

(**241**) H. KURFESS : *Zur Geschichte der Erklärung der aristotelischen Lehre vom sogenannten* νοῦς ποιητικός *und* παθητικός, Diss., Tübingen, 1911.

(**242**) M. LOWE : « Aristotle on Kinds of Thinking » dans *Phronesis*, 28 (1983), 17-30.

(**243**) A. MANSION : « L'immortalité de l'âme et de l'intellect d'après Aristote » dans *Revue philosophique de Louvain*, 51 (1953), 444-472.

(**244**) J.T.H. MARTIN : *Active Mind in the Context of Aristotle's De anima*, Diss., Toronto, 1989.

(**245**) D. MODRAK : « Aristotle on Thinking » dans *Proceedings of the Boston Area Colloquium in Ancient Philosophy*, 2, Ed. by J.J. Cleary, Lanham, 1987, 209-236.

(**246**) J. MOREAU : « Aristote et la vérité antéprédicative » dans *Aristote et les problèmes de méthode*, Louvain-Paris, 1961, 21-33.

(**247**) K. OEHLER : *Die Lehre vom noetischen und dianoetischen Denken bei Platon und Aristoteles*, Munich, 1962.

(**248**) J. OWENS : « A Note on Aristotle, *De Anima* III, 4, 429 b 9 » dans *Phoenix*, 30 (1976), 109-118.

(**249**) J. OWENS : « The Universality of the Sensible in the Aristotelian Noetic » dans *Essays in Ancient Greek Philosophy*, Ed. by J.P. Anton with G.L. Kustas, Albany (New York), 1971, 462-477.

(**250**) K. PRITZL : « The Cognition of Indivisibles and the Argument of *De Anima* 3. 6 » dans *Proceedings of the American Catholic Philosophical Association*, 58 (1984), 140-150.

(**251**) J. RIST : « Notes on Aristotle, *De Anima* 3. 5 » dans *Classical Philology*, 61 (1966), 8-20.

(**252**) L.M. RÉGIS : *L'opinion selon Aristote*, Paris-Ottawa, 1935.

(**253**) G. ROMEYER-DHERBEY : « L'âme est, en quelque façon, tous les êtres, *De Anima*, Γ 8 431 b 21 » dans *Elenchos*, 8 (1987), 363-380.

(**254**) S.H. ROSEN : « Thought and Touch : A Note on Aristotle's *De Anima* » dans *Phronesis*, 6 (1961), 127-137.

(**255**) H. SEIDL : *Der Begriff des Intellekts* (νοῦς) *bei Aristoteles im philosophischen Zusammenhang seiner Hauptschriften*, Meisenheim a. G., 1962.

(**256**) G. SOLERI : « Il nous aristotelico e le sue interpretazioni » dans *Sophia*, 23 (1955), 281-288.

(**257**) G. SOLERI : *L'immortalità dell'anima in Aristotele*, Turin, 1952.

(**258**) R.K. SPRAGUE : « A parallel with *De Anima* III, 5 » dans *Phronesis*, 17 (1972), 250-251.

(**259**) A. TOGNOLO : « Il problema del νοῦς nel *De Anima* di Aristotele » dans *Studia Patavina*, 10 (1963), 101-116.

(**260**) G. VERBEKE : « L'idéal de la perfection humaine chez Aristote et l'évolution de sa noétique » dans *Miscellanea G. Galbiati*, t. I, Milan, 1951, 79-95.

(**261**) K. WARE : « Nous and Noesis in Plato, Aristotle and Evagrius of Pontus » dans *Diotima*, 13 (1985), 158-163.
(**262**) M.V. WEDIN : « Tracking Aristotle's nous » dans *Human Nature and Human Knowledge*, Ed. by A. Donagan *et alii*, Dordrecht,1986, 167-197.
(**263**) M.V. WEDIN : « Aristotle on the Mechanics of Thought » dans *Ancient Philosophy*, 9 (1989), 67-86.

4. i) — Concernant la faculté « motrice » ou « appétitive » (cf. 432 a 15 et sqq.). Les titres ***280-281-287*** *concernent le problème de la partition de l'âme (en rapport avec cette faculté : cf. 432 a 22 et sqq.) ; et plusieurs titres relatifs au « syllogisme pratique » (cf., spécialement, 434 a 16-21) concernent ensemble le* DA *et le traité* Du mouvement des animaux *ou les développements sur « la maîtrise de soi » dans l'*Éthique à Nicomaque *(VII).*

(**264**) D.J. ALLAN : « The Practical Syllogism » dans *Autour d'Aristote,* Recueil d'études de philosophie ancienne et médiévale offert à Mgr A. Mansion, Louvain, 1955, 325-340.
(**265**) T. ANDO : *Aristotle's Theory of Practical Cognition*, La Haye, 1965.
(**266**) G.E.M. ANSCOMBE : « Thought and Action in Aristotle » dans BAMBROUGH (**33**), 143-158.
(**267**) S.G. ETHERIDGE : « Aristotle's Practical Syllogism and Necessity » dans *Philologus*, 112 (1968), 20-42.
(**268**) W.W. FORTENBAUGH : « On the Antecedents of Aristotle's Bipartite Psychology » dans *Greek, Roman and Byzantine Studies*, 11 (1970), 233-250.
(**269**) J. FRERE : *Les Grecs et le désir de l'être, des préplatoniciens à Aristote*, Paris, 1981, 287-437.
(**270**) D.J. FURLEY : « Self Movers » dans LLOYD-OWEN (**51**), 165-179 (spécialement, 171-177).
(**271**) S.D. HUDSON : « Reason and Motivation in Aristotle » dans *Canadian Journal of Philosophy*, 11 (1981), 111-135.
(**272**) D.S. HUTCHINSON : « Aristotle and the Spheres of Motivation : *De Anima* III. 11 » dans *Dialogue*, 29 (1990), 7-20.
(**273**) A. KENNY : « The Practical Syllogism and Incontinence » dans *Phronesis*, 11 (1966), 163-184.

(**274**) J.-L. LABARRIERE : « De la phronesis animale » dans *Biologie, logique et métaphysique chez Aristote*, Éd. par D. Devereux et P. Pellegrin, Paris, 1990, 405-428.

(**275**) J. LEAR : *Aristotle and the Desire to Understand*, Cambridge, 1988.

(**276**) A.R. MELE : « Aristotle on Akrasia, Eudaimonia, and the Psychology of Action » dans *History of Philosophy Quarterly*, 2 (1985), 375-393.

(**277**) D. MODRAK : « Aisthesis in the Practical Syllogism » dans *Philosophical Studies*, 30 (1976), 379-391.

(**278**) C. NATALI : *La sagezza di Aristotele*, Naples, 1989, 143-214.

(**279**) M.C. NUSSBAUM : « The "Common Explanation" of Animal Motion » dans *Zweifelhaftes im Corpus Aristotelicum. Studien zu einigen Dubia, Akten des 9. Symposium Aristotelicum*, Berlin, 1983. Hrsg. von P. Moraux und J. Wiesner, Berlin-New York, 1983, 116-156.

(**280**) D.A. REES : « Bipartition of the Soul in the Early Academy » dans *Journal of Hellenic Studies*, 77 (1957), 112-118.

(**281**) D.A. REES : « Theories of the Soul in the Early Aristotle » dans *Aristotle and Plato in the Mid-Fourth Century*, Ed. by I. Düring and G.E.L. Owen, Göteborg, 1960, 191-200.

(**282**) H.S. RICHARDSON : « Desire and the Good in De anima » dans NUSSBAUM-RORTY (**53**), 381-399.

(**283**) A. RORTY : « Plato and Aristotle on Belief, Habit and Akrasia » dans *American Philosophical Quarterly*, 7 (1970), 50-61.

(**284**) G. SANTAS : « Aristotle on Practical Inference, the Explanation of Action and Akrasia » dans *Phronesis*, 14 (1969), 162-189.

(**285**) J.B. SKEMP : « Ὄρεξις in *De Anima* III, 10 » dans LLOYD-OWEN (**51**),181-189.

(**286**) M. STOCKER : « Dirty Hands and Conflicts of Values and of Desires in Aristotle's Ethics » dans *Pacific Philosophical Quarterly*, 67 (1986), 36-61.

(**287**) P.A. VAN DER WAERDT : « Aristotle's Criticism of Soul Division » dans *American Journal of Philology*, 108 (1987), 627-643.

(**288**) S. Waterlow : *Nature, Change, and Agency in Aristotle's Physics : A Philosophical Study*, Oxford, 1982.
(**289**) D. Wiggins : « Weakness of Will, Commensurability, and the Objects of Deliberation and Desire » dans *Essays on Aristotle's Ethics*. Ed. by A.O. Rorty, Berkeley (Cal.), 1980.

4. j) — Concernant les interprétations célèbres des principaux commentateurs de l'Antiquité et du Moyen Age (cf. supra, section 3), on peut consulter, à titre indicatif :

(**290**) E. Barbotin : *La théorie aristotélicienne de l'intellect d'après Théophraste*, Louvain-Paris, 1954.
(**291**) B.C. Bazàn : « L'authenticité du De Intellectu attribué à Alexandre d'Aphrodise » dans *Revue philosophique de Louvain*, 71 (1973), 468-487.
(**292**) H.J. Blumenthal : « Neo-Platonic Interpretations of Aristotle on Phantasia » dans *Review of Metaphysics*, 31 (1977), 230-241.
(**293**) H.J. Blumenthal : « Neoplatonic Elements in the De Anima Commentaries » dans *Phronesis*, 21 (1976), 64-87.
(**294**) K. Bormann : « Wahrheitsbegriff und νοῦς-Lehre bei Aristoteles und einigen seiner Kommentators » dans *Studien zur mittelalterlichen Geistesgeschichte und ihre Quellen*, Hrsg. von A. Zimmermann, Berlin, 1982, 1-24.
(**295**) F. Brentano : *Aristoteles' Lehre vom Ursprung des menschlichen Geistes*, Leipzig, 1911.
(**296**) S.M. Cohen : « St Thomas Aquinas on the Immaterial Reception of Sensible Forms » dans *Philosophical Review*, 91 (1982), 193-209.
(**297**) M. De Corte : *Le Commentaire de Jean Philopon sur le troisième livre du « Traité de l'âme » d'Aristote*, Paris, 1934.
(**298**) J.C. De Groot : « Philoponus on *De Anima* II, 5, Physics III, 3, and the Propagation of Light » dans *Phronesis*, 28 (1983), 177-196.
(**299**) W. Gorman : « Albertus Magnus on Aristotle's Second Definition of the Soul » dans *Mediaeval Studies*, 2 (1940), 223-230.
(**300**) M. Grabmann : *Interpretazioni medioevali del νοῦς ποιητικός*, A cura di C. Giacon, Padoue, 1965.
(**301**) P. Henry : « Une comparaison chez Aristote,

Alexandre et Plotin » dans *Les Sources de Plotin*, Entretiens sur l'Antiquité classique, 5, Vandœuvres-Genève, 1960, 427-449.

(**302**) A. MAGER : « Der νοῦς παθητικός bei Aristoteles und Thomas von Aquin » dans *Revue néoscolastique de philosophie*, 36 (1934), 263-274.

(**303**) A. MANSION : « Conception aristotélicienne et conception averroïste de l'homme » dans *Atti del XII Congresso Internazionale di filosofia*, t. IX, Florence, 1960, 161-171.

(**304**) S.B. MARTIN : « The Nature of the Human Intellect as it is Expounded in Themistius' "Paraphrasis in libros Aristotelis *De Anima*" » dans *The Quest for Absolute*, Ed. by F.J. Adelman, La Haye, 1966, 1-21.

(**305**) R. MCINERNY : « Le terme 'âme' est-il équivoque ou univoque ? Note sur l'interprétation thomiste de *De Anima*, 414 b 20-32 » dans *Revue philosophique de Louvain*, 58 (1960), 481-504.

(**306**) P. MERLAN : *Monopsychism, Mysticism, Metaconsciousness. Problems of the Soul in the Neoaristotelian and Neoplatonic Tradition*, La Haye, 1963.

(**307**) J. MONTONA SAENZ : « Interpretación por Simplicio de la teoría aristotélica del "nous" » dans *Anales del Seminario de Metafisica*, (1968), 75-95.

(**308**) P. MORAUX : « Le *De Anima* dans la tradition grecque. Quelques aspects de l'interprétation du traité, de Théophraste à Themistius » dans LLOYD-OWEN (**51**), 281-324.

(**309**) P. MORAUX : *Alexandre d'Aphrodise exégète de la noétique d'Aristote*, Liège-Paris, 1942.

(**310**) P. MORAUX : *Der Aristotelismus bei der Griechen von Andronikos bis Alexander von Aphrodisias*, 2 vol., Berlin-New York, 1973-1984.

(**311**) G. MOVIA : *Anima e intelletto. Ricerche sulla psicologia peripatetica da Teofrasto a Cratippo*, Padoue, 1968.

(**312**) B. NARDI : *Tommaso d'Aquino, Trattato sull'unità dell'intelletto contro gli Averroisti*, Traduzione, commento e introduzione storica di B.N., Florence, 1947.

(**313**) D. PAPADIS : « Die Einheit und die Vielheit der Seele nach Aristoteles, Alexander von Aphrodisias und

Thomas von Aquin » [en grec, résumé en allemand] dans *Philosophia*, 15-16 (1985-86), 298-317.

(**314**) A. PÉGIS : « The Separated Soul and Its Nature in St. Thomas » dans *St. Thomas Aquinas : 1274-1974, Commemorative Studies*, Ed. by A.A. Maurer, t. I, Toronto, 1974, 131-158.

(**315**) R. REYNA : « On the Soul : a Philosophical Exploration of the Active Intellect in Averroes, Aristotle and Aquinas » dans *The Thomist*, 36 (1972), 131-149.

(**316**) T.M. ROBINSON : « Averroes, Moerbeke, Aquinas and a Crux in the *De Anima* » dans *Mediaeval Studies*, 32 (1970), 340-344.

(**317**) H.D. SAFFREY : « Une brillante conjecture de St Albert et la recensio nova du *De Anima* » dans *Revue des sciences philosophiques et théologiques*, 40 (1956), 255-263.

(**318**) S. SAMBURSKY : « Philoponus'Interpretation of Aristotle's Theory of Light » dans *Osiris*, 13 (1958), 114-126.

(**319**) F.M. SCHRAEDER : « The Analogy of the Active Intellect to Light in the 'De anima' of Alexander of Aphrodisias » dans *Hermes*, 109 (1981), 215-225.

(**320**) F.M. SCHROEDER ET R.B. TODD : *Two Greek Aristotelian Commentators on the Intellect. The De intellectu attributed to Alexander of Aphrodisias and Themistius Paraphrasis of Aristotle's* De anima, 3. 4-8., Introduction, Translation, Commentary and Notes by F.M.S. and R.B.T., Toronto, 1990.

(**321**) A. TOGNOLO : *La definizione aristotelica di anima nell'interpretazione di Averroè*, Padoue, 1974.

(**322**) G. VAN RIET : « La théorie thomiste de la sensation externe » dans *Revue philosophique de Louvain*, 51 (1953), 374-408.

5. — Varia.

(**323**) O. BLOCH : « Un imbroglio philologique, les fragments d'Aristote sur la colère » dans *Energeia*. Études aristotéliciennes offertes à Mgr A. Jannone, Paris, 1986, 135-144.

(**324**) I. BLOCK : « Three German Commentators on the Individual Senses and the Common Sense in Aristotle » dans *Phronesis*, 9 (1964), 58-63.

(**325**) W.G. BROWN : *An Inquiry into the Question about*

Truth and Sense in the Thinking of Heidegger and Aristotle, Diss., Penn. St. Univ., 1978.

(**326**) M. Burnyeat : « Aristotle on Understanding Knowledge » dans *Aristotle on Science*, Ed. E. Berti, Padoue, 1981, 97-139.

(**327**) S. Byl : « Note sur la place du cœur et la valorisation de la MESOTES dans la biologie d'Aristote » dans *L'Antiquité classique*, 37 (1968), 467-476.

(**328**) Ch.C. Chen : *Das Chorismos-Problem bei Aristoteles*, Diss., Berlin, 1940.

(**329**) A.H. Chroust : « The Psychology in Aristotle's Lost Dialogue Eudemus or On the Soul » dans *Acta Classica*, 9 (1966), 49-62.

(**330**) M. De Corte : « Notes critiques sur le Traité de l'âme d'Aristote » dans *Revue de philologie*, 6 (1932), 148-157 et 45 (1932), 163-194.

(**331**) B. Dumoulin : *Recherches sur le premier Aristote (Eudème, de la Philosophie, Protreptique)*, Paris, 1981, 15-40.

(**332**) D. Glidden : « Aristotelian Perception and the Hellenistic Problem of Representation » dans *Ancient Philosophy*, 4 (1984), 119-131.

(**333**) D.S. Hutchinson : « Restoring the Order of Aristotle's *De Anima* » dans *Classical Quarterly*, 37 (1987), 373-381.

(**334**) A. de Ivanka : « Sur la composition du *De Anima* d'Aristote » dans *Revue néoscolastique de philosophie*, 32 (1930), 75-83.

(**335**) P. Kucharski : « Sur la théorie des couleurs et des saveurs dans le *De Sensu* aristotélicien » dans *Revue des études grecques*, 67 (1954), 355-390.

(**336**) H.S. Lang : « On Memory. Aristotle's Corrections of Plato » dans *Journal of the History of Philosophy*, 18 (1980), 379-393.

(**337**) M.C. Nussbaum : « The Text of Aristotle's *De Anima* » dans Nussbaum-Rorty (**53**), 1-6.

(**338**) G. Purnelle : *Aristote. De Anima*. Index verborum. Listes de fréquence, Liège, 1988.

(**339**) P. Rodrigo : « Le philosophe, le trésor et la source : Marx, l'économie et le *De Anima* d'Aristote » dans *Philosophie*, 31 (1991), 9-28.

(**340**) A.O. Rorty : « Aristotle on the Metaphysical Status of πάθη » dans *The Review of Metaphysics*, 37 (1984), 521-546.

(**341**) F. Solmsen : « Aesthesis in Aristotelian and Epicurean Thought » dans *Mededelingen der Koninklijke Nederlandse Akademie van Wetenschappen, Afd. Letterkunde*, 24/8 (1961), 241-262.

(**342**) A. Stigen : « On the Alleged Primacy of Sight — with Some Remarks on Theoria and Praxis — in Aristotle » dans *Symbolae Osloenses*, 37 (1961), 15-44.

(**343**) F. Trabattoni : « La teoria dell'anima-armonia nell'Eudemo » dans *Acme*, 34 (1981), 345-368.

(**344**) T. Tracy : « Heart and Soul in Aristotle » dans *Essays in Ancient Greek Philosophy*, II, Ed. by P.P. Anton and A. Preus, Albany (New York), 1983, 321-339.

(**345**) P.A. Van Der Waerdt : « The Peripatetic Interpretation of Plato's Tripartite Psychology » dans *Greek, Roman and Byzantine Studies*, 26 (1985), 283-302.

(**346**) F. Weiss : *Hegel's Critique of Aristotle's Philosophy of Mind*, La Haye, 1969.

(**347**) P. Wilpert : « Zum aristotelischen Wahrheitsbegriff » dans *Philosophisches Jahrbuch der Görres-Gesellschaft*, 53 (1940), 1-16.

(**348**) F. Wolff : « Un cogito chez les anciens ? Le principe d'Aristote et celui de Descartes » dans *Études philosophiques*, 1988, 235-247.

INDEX DES PRINCIPALES NOTIONS

Le texte grec du *DA*, tel qu'établi dans la seconde édition de Ross (**4**), est un texte de 20 781 mots, recensés avec leurs références précises, sous 1 313 « lemmes » (mots différents) dans l'*Index verborum* de Purnelle (**338**), dressé par ordinateur.

De tels chiffres indiquent, chez l'auteur du texte, un vocabulaire relativement pauvre, peu diversifié. Cette relative pauvreté, à son tour, implique presque nécessairement la possibilité qu'un même terme serve à exprimer, sinon des notions différentes, du moins différentes nuances dans une même notion. La traduction a intérêt à rendre ces nuances, dans la mesure où elles ne masquent pas trop la simplicité du lexique aristotélicien. Mais un glossaire des traductions, qui recenserait séparément des termes correspondant à un même mot chez Aristote, créerait l'illusion fâcheuse que des distinctions introduites, peut-être à tort, par le traducteur se retrouvent dans le langage du philosophe. A un tel glossaire, source d'illusion, il faut préférer, pour le travail scientifique, celui qui, comme l'*Index* exhaustif de Purnelle, rappelé à l'instant, fournit le relevé des termes grecs de l'original.

J'ai dressé plus haut en translittération (pp. 70-71) la liste des principaux mots grecs dont la traduction pose problème, en indiquant les équivalents, le plus souvent conventionnels, que j'ai adoptés pour les rendre en français. Il se fait que ces termes principaux, sauf exception, correspondent à des notions ou, pour mieux dire, des réalités analysées dans des sections précises du *DA*. C'est donc là qu'ils apparaissent le plus souvent et que leur usage paraît le plus significatif. De telles sections du texte, avec les notions dont chacune traite particulièrement, sont identifiées clairement dans la partie bibliographique qui précède, sous les rubriques 4. b)-i).

Sont répertoriées ci-après, sous différents chefs, les notions fondamentales, liées entre elles, qui sont thématisées dans le *DA* ou dont Aristote, dans ce texte, fait un usage fréquent. Les références sont données selon les pages et les colonnes de l'édition canonique de Bekker, telles que reproduites dans les dessus de pages de la traduction et, plus précisément, dans le texte de la traduction elle-même. Les références en **gras** signalent les passages les plus instructifs. A la suite des références, figurent les mots grecs à partir desquels peuvent être effectuées des recherches lexicologiques.

TABLE

GF – TEXTE INTÉGRAL – GF

93/08/M2047-IX-1993 – Impr. MAURY Eurolivres SA, 45300 Manchecourt.
Nº d'édition 14651. – septembre 1993. – Printed in France.